现代交际礼仪实训教程
（第2版）

张岩松　主编

清华大学出版社
北京

内 容 简 介

本书作为反映高等院校教学改革最新理念的新型实用教材，是项目课程开发的有益尝试。本书内容体系根据企、事业单位日常交际活动所涉及的各方面礼仪而设定，分为个人形象礼仪、日常交际礼仪、交际活动礼仪三大项目，每个项目下设若干个任务（总计 11 个任务），各具体任务分别为：仪容、服饰、仪态、会面、通信、宴请、职场、交谈、涉外、会务、服务。全书体例新颖，内容翔实，实训项目设计科学得当，让学生学中做，做中学，学做结合，旨在提高其交际礼仪各项技能的应用能力。

本书适合作为本科和高职高专各专业学生的礼仪教材，也可作为各界人士提高礼仪素养和交际能力的优秀读物及自我训练手册，还是各企事业单位进行礼仪岗位培训的创新型实用教材。

本书封面贴有清华大学出版社防伪标签，无标签者不得销售。
版权所有，侵权必究。举报：010-62782989，beiqinquan@tup.tsinghua.edu.cn。

图书在版编目(CIP)数据

现代交际礼仪实训教程/张岩松主编. —2 版. —北京：清华大学出版社，2022.6
ISBN 978-7-302-60875-2

Ⅰ. ①现… Ⅱ. ①张… Ⅲ. ①心理交往－社交礼仪－高等学校－教材 Ⅳ. ①C912.1

中国版本图书馆 CIP 数据核字(2022)第 079712 号

责任编辑：张龙卿
封面设计：范春燕
责任校对：李　梅
责任印制：丛怀宇

出版发行：清华大学出版社
　　　　　网　　址：http://www.tup.com.cn，http://www.wqbook.com
　　　　　地　　址：北京清华大学学研大厦 A 座　　邮　编：100084
　　　　　社 总 机：010-83470000　　　　　　　　　邮　购：010-62786544
　　　　　投稿与读者服务：010-62776969，c-service@tup.tsinghua.edu.cn
　　　　　质量反馈：010-62772015，zhiliang@tup.tsinghua.edu.cn
　　　　　课件下载：http://www.tup.com.cn，010-83470410
印 装 者：三河市铭诚印务有限公司
经　　销：全国新华书店
开　　本：185mm×260mm　　　印　张：18.5　　　字　数：426 千字
版　　次：2011 年 8 月第 1 版　2022 年 6 月第 2 版　印　次：2022 年 6 月第 1 次印刷
定　　价：59.00 元

产品编号：093256-01

前　言

现代交际礼仪的重要性日益显现,它是衡量人们文明程度的准绳,是个人交际技巧和应变能力的反映,也是现代人际交往的润滑剂。礼仪课也成为高校学生塑造自我形象、提升自身修养与素质的一个主要途径。2007年,大连职业技术学院张岩松教授主持的"现代交际礼仪"课程被评为国家精品课程,作为首门礼仪方面的国家精品课程,经过多年来的建设取得了丰硕的建设成果。2011年由清华大学出版社出版的《现代交际礼仪实训教程》正是"现代交际礼仪"国家精品课程改革与建设的结晶。该教材出版以来,受到兄弟院校的普遍欢迎,先后印刷12次,发行量达两万余册。现在此基础上进行了全面修订,出版《现代交际礼仪实训教程(第2版)》。与国内的同类教材相比,本版本的特色更加鲜明。

本书作为反映高等院校教学改革最新理念的新型实用教材,是项目课程开发的有益尝试,内容体系根据企、事业单位日常交际活动所涉及的各方面礼仪而设定的,分为个人形象礼仪、日常交际礼仪、交际活动礼仪三大项目,每个项目下设若干个任务(总计11个任务)。每个任务作为一个礼仪活动训练单元,由"任务目标""情景导入""任务分析""实训项目""案例讨论""课后练习"和"评价考核"等构成。本书克服了传统礼仪教材重理论、轻实践,重普及、轻实训的缺点,是具有工学结合特色的创新型教材。本书尤其强调在教学的全过程中,教师始终贯彻课程思政要求,对学生进行社会主义核心价值观教育,强化学生的道德意识、法律意识的培养,引导学生塑造良好的职业形象,不断提高职业素养,从而促进学生的全面发展。

本书由"现代交际礼仪"国家精品课程负责人张岩松主编,"现代交际礼仪"国家精品课程主讲教师侯晓霞、孙小杰担任副主编。张岩松与任课教师深入企业调研,充分借鉴企业礼仪规范标准,在与课程教学团队的每个专职、兼职教师充分研讨的基础上确定了全书的体系框架。具体分工如下:张岩松编写绪论、任务4、任务5、任务9和任务10;侯晓霞编写任务2、任务3和任务7;孙小杰编写任务1、任务6、任务8和任务11。全书由孙小杰统稿。另外,屈剑、赵祖迪、张楠完成了礼仪图片的拍摄工作和后期制作工作。

本书在编写过程中,集采众家之说,参考颇多,限于篇幅仅列出了主要参考文献,在此,向各位专家学者深表谢意。有些资料是参考互联网上发布或转发的信息,在此亦向各位原作者所付出的辛勤劳动表示衷心的感谢。

限于时间、条件、精力等,书中的不足之处在所难免,敬请广大读者批评指正。

"礼节乃是一封通行四方的推荐书"(培根),愿《现代交际礼仪实训教程(第2版)》助朋友们事业兴旺发达,有"礼"纵横天下!

编　者

2022年1月

目　录

绪论 ·· 1
  0.1　"现代交际礼仪"国家精品课程教学改革的研究与建设 ············· 2
  0.2　什么是现代交际礼仪 ·· 9
  实训项目 ·· 18
  案例讨论 ·· 19
  课后练习 ·· 21

项目一　个人形象礼仪

任务 1　仪容 ·· 26
  任务目标 ·· 27
  情景导入 ·· 27
  任务分析 ·· 27
  1.1　仪容的基本要求 ·· 27
  1.2　化妆 ·· 28
  1.3　饰发 ·· 32
  1.4　护手 ·· 33
  实训项目 ·· 34
  案例讨论 ·· 35
  课后练习 ·· 36
  评价考核 ·· 37

任务 2　服饰 ·· 38
  任务目标 ·· 39
  情景导入 ·· 39
  任务分析 ·· 39
  2.1　正装的穿着 ·· 40
  2.2　制服的穿着 ·· 45
  2.3　服装的色彩搭配 ·· 47
  2.4　服装的和谐 ·· 48

2.5　饰物佩戴 …………………………………………………………… 50
2.6　仪容仪表自我检测 ………………………………………………… 53
实训项目 ………………………………………………………………… 54
案例讨论 ………………………………………………………………… 55
课后练习 ………………………………………………………………… 56
评价考核 ………………………………………………………………… 57

任务 3　仪态 ……………………………………………………………… 58
任务目标 ………………………………………………………………… 59
情景导入 ………………………………………………………………… 59
任务分析 ………………………………………………………………… 59
3.1　姿态 ………………………………………………………………… 59
3.2　表情 ………………………………………………………………… 66
3.3　手势 ………………………………………………………………… 69
3.4　举止 ………………………………………………………………… 75
3.5　风度 ………………………………………………………………… 76
实训项目 ………………………………………………………………… 77
案例讨论 ………………………………………………………………… 80
课后练习 ………………………………………………………………… 83
评价考核 ………………………………………………………………… 84

项目二　日常交际礼仪

任务 4　会面 ……………………………………………………………… 86
任务目标 ………………………………………………………………… 87
情景导入 ………………………………………………………………… 87
任务分析 ………………………………………………………………… 87
4.1　称呼 ………………………………………………………………… 87
4.2　打招呼 ……………………………………………………………… 89
4.3　介绍 ………………………………………………………………… 90
4.4　握手 ………………………………………………………………… 93
4.5　馈赠 ………………………………………………………………… 97
4.6　拜访 ………………………………………………………………… 102
4.7　接待 ………………………………………………………………… 104
实训项目 ………………………………………………………………… 107
案例讨论 ………………………………………………………………… 109
课后练习 ………………………………………………………………… 114
评价考核 ………………………………………………………………… 116

任务 5　通信 ·· 117
　　任务目标 ·· 118
　　情景导入 ·· 118
　　任务分析 ·· 118
　　5.1　电话礼仪 ·· 118
　　5.2　手机礼仪 ·· 121
　　5.3　网络礼仪 ·· 122
　　实训项目 ·· 128
　　案例讨论 ·· 129
　　课后练习 ·· 130
　　评价考核 ·· 132

任务 6　宴请 ·· 133
　　任务目标 ·· 134
　　情景导入 ·· 134
　　任务分析 ·· 134
　　6.1　宴请概述 ·· 134
　　6.2　宴请的组织安排 ·· 135
　　6.3　中餐宴会礼仪 ·· 137
　　6.4　西餐宴会礼仪 ·· 141
　　6.5　冷餐宴会礼仪 ·· 147
　　6.6　鸡尾酒会礼仪 ·· 148
　　6.7　喝咖啡的礼仪 ·· 148
　　6.8　喝茶的礼仪 ·· 149
　　实训项目 ·· 151
　　案例讨论 ·· 152
　　课后练习 ·· 154
　　评价考核 ·· 155

任务 7　职场 ·· 156
　　任务目标 ·· 157
　　情景导入 ·· 157
　　任务分析 ·· 157
　　7.1　求职面试礼仪 ·· 157
　　7.2　办公室礼仪 ·· 164
　　实训项目 ·· 169
　　案例讨论 ·· 170

课后练习 ·· 175
　　评价考核 ·· 176

任务 8　交谈 ··· 177
　　任务目标 ·· 178
　　情景导入 ·· 178
　　任务分析 ·· 178
　　8.1　交谈的语言要求 ··· 178
　　8.2　交谈中的礼仪 ·· 180
　　实训项目 ·· 184
　　案例讨论 ·· 185
　　课后练习 ·· 186
　　评价考核 ·· 188

任务 9　涉外 ··· 189
　　任务目标 ·· 190
　　情景导入 ·· 190
　　任务分析 ·· 190
　　9.1　涉外礼仪修养 ·· 190
　　9.2　涉外基本礼仪 ·· 196
　　实训项目 ·· 221
　　案例讨论 ·· 222
　　课后练习 ·· 224
　　评价考核 ·· 225

项目三　交际活动礼仪

任务 10　会务 ··· 228
　　任务目标 ·· 229
　　情景导入 ·· 229
　　任务分析 ·· 229
　　10.1　专题会议礼仪 ·· 229
　　10.2　仪式活动礼仪 ·· 239
　　实训项目 ·· 245
　　案例讨论 ·· 247
　　课后练习 ·· 248
　　评价考核 ·· 250

任务 11　服务 251
　　任务目标 252
　　情景导入 252
　　任务分析 252
　　11.1　酒店服务礼仪 252
　　11.2　旅游服务礼仪 263
　　实训项目 274
　　案例讨论 278
　　课后练习 281
　　评价考核 283

附录 284

参考文献 287

绪 论

不学礼,无以立。

——《论语·季氏》

人无礼则不生,事无礼则不成,国无礼则不宁。

——《荀子·修身》

0.1 "现代交际礼仪"国家精品课程教学改革的研究与建设

对当今大学生加强礼仪教育是时代赋予我们的一项十分重要的任务。20世纪90年代初,"现代交际礼仪"课程成为文秘(涉外)专业学生的专业课,成为市场开发与营销、会计电算化、商务英语等经济管理类专业以及工科类各专业学生的通识教育课程(公共选修课)。为了做好这门课程的教学工作,我们重点突出了工学结合人才培养模式改革的特点,重视校内学习和实际工作的一致性,做到教学过程的开放性和职业性,大力加强学生实践能力的培养,经过多年的改革和建设,取得了良好的效果。2007年,大连职业技术学院"现代交际礼仪"课程成为国家精品课程,这是国家精品课程中的首门礼仪方面的精品课程。"现代交际礼仪"课程建设可以归结为以下几个方面。

1. 课程思政实施策略

2016年12月,习近平在全国高校思想政治工作会议上强调:"要坚持把立德树人作为中心环节,把思想政治工作贯穿教育教学全过程,实现全程育人、全方位育人,努力开创我国高等教育事业发展新局面。"[①]为"实现全程育人、全方位育人"的战略目标,一方面,高校继续坚持思想政治理论课程在思政教育中的核心地位,发挥思政教育的主战场作用;另一方面,加强其他课程的德育内涵,以思政为基础设计教学内容,探索教学改革之路,发挥课程思政的价值及引领作用。上海大学社会学系顾骏教授对"课程思政"的定义如下:"在非思政课的平台上通过激活或融入思政元素,优化教学方法,促进专业培养与立德树人相得益彰的教学形式。"可见,"课程思政"的内涵是将非思政课与思想政治课同心同行,合力协同,实现"专业培养"与"立德树人"二者相辅相成、相得益彰的教育理念。因此,一定要通过礼仪课程培养学生的礼仪素养,形成良好的道德习惯,"以礼引德,以礼显德,以礼行德",实现立德树人的思政教育功能。现代交际礼仪课程思政实施策略如下[②]。

(1) 将思想政治教育浸润于现代交际礼仪教育之中,引导学生树立正确的"三观"。要主动地将思想政治教育渗透到现代交际礼仪课程之中,大力提倡做有理想、有信念的人,引导大学生主动去学习科学知识,树立崇高的理想。使大学生们真正懂得自己肩负的责任,不辜负时代赋予的使命,做一名知礼、懂礼、守礼、用礼并被社会所接受的合格大学生,树立正确的世界观、价值观和人生观。

(2) 将思想政治教育与现代交际礼仪教育协同发力,提高学生的人际交往能力。要将思想政治教育与现代交际礼仪的教育有机结合,让学生认识到提高人际交往的能力对自己今后事业发展的重要性。让学生学会尊重他人、诚信友爱、平等合作,建立团队精神,从而提高自

---

① 习近平.把思想政治工作贯穿教育教学全过程开创我国高等教育事业发展新局面[N].人民日报,2016-12-9(1).
② 张丽.高校礼仪课程与思政教育的融合路径[J].内蒙古财经大学学报,2020(4):30-33.

信心,降低挫败感。让学生认识到良好行为举止和行为规范会对自己今后走入社会参加工作产生深远的影响。只有建立了健康和谐的人际关系,才能使自己在今后的事业中走向成功。

(3) 将思想政治教育与现代交际礼仪教育落到实处,促进学生"知行合一"。现代交际礼仪是一种行为规范,也是一种道德修养的自律,显然它的约束力在于自觉,是道德规范。教师在课堂上不仅要教给学生各种现代交际礼仪知识和规范,关键是要教育学生知与行的统一。要按照现代交际礼仪的原则去做,用理论指导实践,把现代交际礼仪教育落到实处。作为教师要经常鼓励大学生们做到"言必行,行必果",注重诚信形象,提倡"敏于行而慎于言",言行一致、表里如一,把知识转化成行为,把养成当作习惯。学习现代交际礼仪并不是在课堂上传授完知识就结束了,而是要落实到今后的实际工作与日常生活的行为中,每一个人都要自觉地遵守现代交际礼仪,并力争成为这方面的典范。

(4) 坚持将思想政治教育寓于现代交际礼仪活动之中,训练学生的心理素质。将思想政治教育通过现代交际礼仪活动的方式传递出去,调动学生活动参与的积极性。通过开展丰富多彩的大学生各类社团活动,在理论上对学生的心理素质进行有效调节,在技能与方法上给予其培训与指导,用现代交际礼仪规范学生的一言一行,在活动中要求学生举止优雅大方,谈吐与穿着得体,注重仪容仪表,与人交往不卑不亢。这些训练都有助于提高大学生的自信心,消除他们的自卑和胆怯心理,进而提高其抗压、抗挫折能力,使学生们的思想道德水平和人际交往能力不断提高。[①]

(5) 努力通过中华民族礼仪文化传承、渗透与交融,开展思想政治教育。真正的文化传承是多样文化的交融过程,现代交际礼仪课程就是要通过文化的传承、渗透与交融起到思政教育的作用。首先,要传承传统文化。中华优秀传统文化是以儒、释、道三家文化为主流,它不仅思想深邃圆融,而且内容广博浩繁,由此衍生出来的文字、语言、诗词、书法、音乐、节日、民俗更是其生气勃勃、绵延不尽的明证。在现代交际礼仪课程教学中,应以中华优秀传统文化中儒学为主体,以儒家思想资源为本课程的内涵支撑,通过精选切入点,建立并培养学生良好的日常行为规范,使他们逐渐树立"律己敬人"的礼仪观念,不断提升个人修养。通过师生课堂研讨活动、志愿者服务、中华优秀传统文化进校园、中华经典诵读、礼仪之邦舞蹈表演等形式,拓宽教学改革思路,丰富现代交际礼仪课程传承中华优秀传统文化的践行路径。其次,要渗透民族文化。我国幅员辽阔,地大物博,56个兄弟姐妹组成一个大家庭,因此中华民族文化具有极强的民族性。中国各民族的节日丰富多彩:蒙古族的那达慕,回族的开斋节、古尔邦节和圣纪节,傣族的泼水节,壮族的三月三,等等。通过现代交际礼仪课程中民族礼仪知识的讲解,一方面,让学生深入了解各个民族节日礼仪的规范及禁忌;另一方面,通过这些民族节日弘扬中华民族尊老敬贤、孝敬父母、长幼有序、与人为善、容仪有整、崇尚民族气节的礼仪精神,据此深化课程思政的教育功能。最后,要交融西方文化。教师在讲到涉外习俗礼仪之前,让学生收集中国传统节日(春节、清明节、端午节、中秋节、重阳节)及西方节日的相关资料,包括节日起源、发展及相关的传说、历史故事等,通过中外节日的比较展开教学内容。一方面,结合传统节日礼俗、禁忌等,教育学生要具备热爱祖国、尊老敬老、崇尚民族气节、诚实守信的中华民族传统美德;另一方面,在中外节日

[①] 张霞. 高职社交礼仪课程与思政教育的有机结合[J]. 天津职业院校联合学报,2020(4):62-65.

比较中，教育学生理解兼容开放、和而不同、推己及人、同舟共济，以及"己欲立而立人，己欲达而达人""己所不欲勿施于人"的文化传承精神，最终起到传承民族精神及树立民族自豪感的思政教育作用。

思想政治教育要想取得实效，不能只靠理论说教，应与现代交际礼仪教育及现代交际礼仪活动相互融合，将内在的道德修养与外在的现代交际礼仪行为有机结合，不仅使学生身心得到健康发展，还能帮助学生明辨是非，树立正确的价值观。教师只有在教学中认真贯彻"育人为本、德育为先"的原则，才能培养出具有较高道德素质和礼仪素养，并能引领社会进步的一代新人。

2. 基于岗位的课程内容设计

从文秘专业的培养目标出发，我们基于企事业单位秘书的职业能力和工作过程要求，对本课程进行了全方位改革，以工学结合为切入点重新对课程内容进行了设计。

秘书工作主要涉及调研、信访、会务管理、日常接待、商务谈判、沟通与协调、客户服务等业务工作，交际礼仪渗透在秘书各项日常业务工作之中，是秘书人员工作能力的重要体现，我们据此设计课程教学内容，形成"一大基础""五大项目"的现代交际礼仪课程内容体系。"一大基础"是指礼仪概述（礼仪的内涵、内容、特性、原则、功能等），"五大项目"是指个人形象礼仪、日常交际礼仪、语言沟通礼仪、商务活动礼仪、涉外民俗礼仪五个方面的内容。课程教学中普遍采用了项目导向的教学方法，每个项目由若干个工作任务，即礼仪活动训练单元组成，总计16项任务。由于秘书的各项业务工作都离不开交际礼仪，文秘专业的学生需要对礼仪进行较全面、较系统的掌握，因此该专业开设的本课程为45学时，安排在第一学期，它是"秘书原理与实务""公共关系原理与实务"等后续专业课程的基础。商务活动礼仪项目设推销、服务等工作任务，可以扩大文秘专业学生的就业面，增强其业务拓展能力，同时有助于对市场营销、酒店管理、旅游管理、对外贸易等专业的学生进行礼仪培训。

作为通识课程，我们对其他经济管理类专业学生以及工科各专业学生开设了本课程，目的是使学生掌握待人接物的基本交际礼仪及涉外礼仪，树立自身良好的礼仪形象，所以仅开设了24学时，重点涉及"一大基础"和个人礼仪、日常交际礼仪两个项目及语言沟通礼仪项目中任务"交谈"的内容，如表0-1所示。

表0-1 礼仪课中包括的项目和任务

序号	项目名称	任务(16项)
1	个人形象礼仪	仪容 仪表 仪态(3项)
2	日常交际礼仪	会面 通信 宴请 场所 职场(5项)
3	语言沟通礼仪	交谈 演讲 谈判(3项)
4	商务活动礼仪	会议 推销 服务(3项)
5	涉外民俗礼仪	涉外 民俗(2项)

3. 实践教学活动的组织与实施

在教学活动的设计和实施上，我们遵循应用型本科、高职课程建设的基本规律，突出了项目导向的课程教学模式,并重点贯彻实施了"现代交际礼仪"课程"四结合"的实践教学模式,即通识教育与职业教育相结合、知识讲授与实践训练相结合、课堂教学与课外活动相结合、系统学习与习惯养成相结合。这些教学活动的组织和实施,对实现课程的教学目标,提高学生的礼貌素养和交际能力,培养学生良好的礼仪行为习惯都发挥了重要作用。

1) 通识教育与职业教育相结合

礼仪素养是个人在社会交往中必不可少的基本素质,而职业素养又是个人专业素质的重要考核标准,礼仪常识教育是基础,专业礼仪教育是中心,因此将通识性礼仪教育与职业性礼仪教育相结合是礼仪教育模式设计的起点。礼仪教育应根据不同专业性质和职业特征进行差别设置,这种差别不仅指的是内容上的差别,还应该包括课时、教学计划安排,特别是实训项目设计上的差别。如文秘、公共关系、涉外导游等专业的礼仪课程应体现公共课和专业必修课的范畴;市场营销、财会、国际贸易等专业的礼仪课程应体现公共课和专业基础课的范畴;而对于理工科专业,如计算机、机械、电子、汽车等专业,礼仪课程应由公共基础课和就业培训的内容组成。要针对不同的专业设计相应的实训项目,更好地强化学生的职业能力培养,使其学有所用、学有所长。

2) 知识讲授与实践训练相结合

"现代交际礼仪"课程自身的特点决定了仅有课本上的理论知识是不够的,只有理论知识讲授与实践训练紧密结合,才能激发学生的学习兴趣,才能更有说服力,教师才能在教学中不断发现问题、分析问题、解决问题,使课程日臻完善。知识讲授与实践训练相结合一方面要按照不同章节拟实现的不同教育目的各司其职,该讲授知识、解释道理时以讲授为主,该掌握技能时以训练或社会实践为主。另一方面要使理论与实践做到"你中有我,我中有你",两者互为支持,互相补充,统一于教学需要中。在具体训练中有教师的讲解和示范,在专题讲授时有案例分析讨论、模拟训练等。知识讲授与实践训练相结合的教学模式,是符合理论联系实际的教学原则的,不但使学生学会运用知识的基本技能和方法,而且通过联系实际,使学生对知识的理解更深刻、更灵活。因此,将知识讲授与实践训练相结合,是应用型本科以及高职礼仪教育模式设计的核心。

3) 课堂教学与课外活动相结合

应用型本科、高职礼仪教育中存在一个普遍现象:学生在礼仪课程学习期间,进步明显,提高迅速,但是随着课程的结束和时间的推移,学生没有了特定的环境和老师的督促,言行又逐渐恢复到学习礼仪之前的状态。因此,将课堂教学与课外活动相结合,营造学习礼仪、讲究礼仪的良好氛围是十分必要的,这样可以充分发挥学生的自主性、创造性和独立性,强调相互协作和个性发展,这是符合高职教育规律的教学实践的,也是礼仪实践教学的又一集中体现。这种实践使礼仪教育与学生走得更近,也使更多师生参与到礼仪学习的行列中来,在校园中形成良好的礼仪风气和氛围,达到学以致用的目的。因此,课堂教学与课外活动相结合是应用型本科、高职礼仪教育的重要支撑。我们在教学实践中,主张"从实践中来,到实践中去",以"从小事做起,从现在做起,从我做起"为理念,鼓励学生立足于校园,在条件允许的情况下向社会延伸,积极参与课外活动和社会实践,如指导学生举办了公关礼仪大赛、个人形象设计大赛、校园主持人大赛等校园文化活动,组织学生承担了校内外各项活动的礼仪服务工作及让他们参与了产品促销等实践活动。通过课堂教学与课外活动的结合,学生实践能力大幅度提高,这样以后走上工作岗位才能很快适应各种交际场合,应付自如,表现出良好的礼仪修养。

4）系统学习与习惯养成相结合

礼仪体现了人的文化修养、道德水准、个性特征和综合素质,要使学生成为拥有健全人格、符合社会需要的人才,必须注重养成教育,这就需要他们从规范的行为习惯做起,使礼仪的系统学习与习惯养成相结合。我们在新生进校后的第一学期,就在各专业课程中安排了30学时、2学分的"现代交际礼仪"课程,使学生在进校之初就能系统地了解礼仪规范的基本要求。为促进学生礼仪习惯的养成,我们注重加强礼仪实训,各专业都安排了为期一周的礼仪实训内容,以迎宾礼仪、办公礼仪为主要内容,训练学生严格遵守礼仪规范的意识和自觉性。还在学生日常管理中特别提出礼仪规范要求,制定了细致的"学生礼仪规范",并在学生进校之初就进行宣讲。通过组织各种活动,礼仪观念深入人心,将学生的礼仪表现与班级、个人考核挂钩,对不良行为及时通报批评、纠正,对良好行为给予表扬、奖励。学校每年有一个月或一周作为礼仪月或礼仪周,届时举办丰富多彩的有关礼仪内容的活动,开展礼仪讲座、评选礼仪典型等活动,这些做法使学生做到了"讲文明、懂礼貌、重礼仪",将礼仪规范内化为自觉的行为,使他们养成良好的职业习惯,从而塑造了大学生的礼仪形象,形成了一个人人学礼、知礼、懂礼、守礼、行礼的氛围。

4. 教学手段和方法的改革

在教学手段和方法上,注重采取讲练式教学、模拟式教学、学生讲课式教学、讨论式教学等新颖多样的课堂教学方法,辅以课外礼仪文化活动,让学生在模拟的情景和真实的情景中掌握礼仪规范和操作方法,实现"现代交际礼仪"课程的教学目标。

1）讲练式教学

礼仪教育的理想方式是把讲授知识、模仿练习和人际交往实践结合运用。在课堂教学中应从不同角度、不同层面对礼仪进行综合阐述,通过图片、音像和示范等方式展示标准礼仪,要求学生进行站姿、坐姿、走姿、蹲姿、引导客人、介绍、握手、奉茶等具体礼节规范的训练,安排他们分组练习、互相观摩、互相纠正、共同提高。在训练过程中突出听、看、做、练等需要亲身体验的关键环节,在轻松自如中加深对礼仪知识的掌握,充分激发学生的学习兴趣。

2）模拟式教学

模拟式教学是指在教学过程中,模拟交际场景或情景,突出礼仪技能的运用,帮助学生掌握礼仪规范的教学方法。在实施中教师要对学生进行充分的诱导,增强学生身临其境的实际感受,激发他们在不同情景下的创造性。这不但有利于学生牢固掌握所学的理论知识,还有利于他们将理论更好地运用于实际之中。在运用该教学方法时,首先为学生设定课程总体框架,然后引导学生进入模拟训练设计,教师会注意指导学生使模拟内容与礼仪情景相符合,并且会给他们留下足够的发挥空间。在模拟教学之初,如果学生遇到难题,教师可以稍加提示,并重点让学生在模拟中相互评议,以便实践中提高。在整个模拟结束时,教师应及时将模拟过程中所反映出来的问题归纳总结,使之上升为理论化、系统化内容,便于学生从整体上全面把握。如在讲授"会面"任务时,我们将学生分成若干个小组,每组4～6人,要求每组学生以平日生活为蓝本,自由编撰一个生活情景剧,在模拟训练中要运用称呼、打招呼、介绍、握手、交换名片、礼物馈赠、接待、访问等日常交际的礼仪规范,并注意展现自身良好的仪容、仪表、仪态。我们还对每组学生的"表演"进行了录像,回放录像时让师生一起观摩分析,课上大家现场点评,从而使课堂气氛十分热烈,学生非常投入,使抽象的理论变成了直观形象的体验,收到了理想的教学效果。

3)学生讲课式教学

根据"教学相长"的原理,我们在礼仪课程教学中注重让学生参与教学过程,对一些简单易懂的内容,如问候、书信、各种场合的秩序等礼仪问题,提前出题目,让学生自己动手查资料、备课,然后由学生制作课件,上台讲课、演示,教师和其他学生在台下听课,最后由教师进行点评、指导。这样加深了学生对礼仪知识的印象,也提高了其语言表达能力,对其仪容、仪表、仪态也是一个很好的检验和提升,效果良好。

4)讨论式教学

教师讲课时可以把一些富有启发性的礼仪问题或者身边发生的事例编成讨论题,引导学生课下查找资料并独立思考。课上组织学生分组讨论,推荐代表发言,最后由教师概括点评,这一方式可以使学生更深刻地理解和应用所学知识,拓宽了学生的思路。学生在教师的启发下,讨论热烈,各抒己见,即使是错误的,也在辩论中明白了错误所在,这使学生成为课堂教学的主体,变被动学习为主动探索,最大限度地实现了教学互动,这对提高学生的综合素质发挥了重要作用。例如,在讲授礼仪的意义和作用时,我们让学生回忆一下自己所遇到的不文明行为,让学生去亲身观察、发现生活中和校园里的违背礼仪规范的现象,并提出自己对这些现象的看法,然后在课堂上开展讨论、辩论和演讲。这样做使学生从浑然不知的当局者变为清醒的旁观者,许多平时不以为然的小事和小节,放在大家的共同讨论中就被放大了,正确与错误产生强烈的对比。学生进行的这种自我教育,使其印象十分深刻。

5)项目式教学

项目式教学是指教师与学生共同实施一个完整的项目工作的教学活动。项目是指以完成一件具体的、具有实际价值的礼仪服务为目的的工作。比如,为某个大型社会活动免费提供礼仪方面的服务,这种教学方式可以让学生更多地积累社会实践经验,将理论知识和实际技能结合起来,使学生有独立制订计划并实施的机会,让学生自己克服、处理在项目工作中遇到的困难和问题,学习结束时,师生共同评价项目的实施成果。项目工作对学生而言具有一定的难度,学生在项目实践的过程中,可以理解和把握课程要求的知识和技能,体验创新的艰辛与乐趣,培养分析问题和解决问题的思想和方法,并且通过实际运作,训练自己在实际工作中与不同专业、不同部门的同事协调、合作的能力。

5.课程考核方式的改革

传统的课程考核方式是一卷定终身,卷面所反映的是单一的理论知识。很多学生尽管考试成绩很高但缺乏应用能力,尤其是实际的操作能力,这不利于课程目标的实现,因此必须进行改革。新的考核方式如下。

1)第一部分:平日成绩(20分)

考核标准:出席与课堂表现(5分),平时作业(5分),日常小考(10分)。

2) 第二部分：期末成绩（80分）

期末考核包括笔试和口试结合进行，笔试占30分，口试占50分，口试以每位学生抽签口试答题的形式进行。

考核标准：笔试侧重考查学生对交际礼仪理论知识的掌握能力，让学生在掌握基本礼仪知识的基础上，通过一定的总结归纳来回答问题，如试题："请你谈谈某某专业人员在工作中应注意哪些礼仪？""作为一名职业技术学院的大学生，应从哪些方面塑造良好的形象？"，这些题目贯穿了相关章节的知识点，考查了学生对基本礼仪知识的掌握程度和归纳总结能力。此外，笔试还配以一定的案例分析题。

口试即由学生抽取题签，每签一题。主要题型有案例分析题、实际操作题、现场表演题等类型，每题包括三项考核点，每点10分，共计30分。

学生口试回答问题时的综合表现20分，其细则如下。

仪容、仪表（5分）：面部干净整洁（1分），发式整齐（1分），妆容适度（1分），着装干净整洁（1分），佩戴得体（1分）。

站姿（3分）：站立时头、眼、颌（1分），胸、腹、臀、双臂、脚（1分），站立整体形象（1分）。

坐姿（3分）：落座时（1分），坐时体态、双腿的要求（1分），坐姿的整体形象（1分）。

行姿（3分）：行走时的头、眼、背（1分），行进间的双臂、行走时步幅（1分），行走的整体形象（1分）。

举止（3分）：小动作（1分），手势（1分），表情（1分）。

语言（3分）：普通话使用（1分），表达流畅、清晰（1分），回答问题的逻辑性（1分）。

平时小考随堂进行，期末考核在课程结束后进行（最后一周），并在实训室完成考核。

6. 课程基础的建设

1) 构建专兼职结合的教学团队

构建了由有企业经历的专任教师和来自礼仪服务第一线的兼职教师共同组成的专兼职结合的教学团队。"现代交际礼仪"课程6名教师中，2人为国家高级礼仪培训师，4人长期在专业礼仪公司或企业兼职，是具有行业企业经历的教师。另外教学团队中还有企业兼职教师2人，他们参与了课程设计、指导学生实践等教学活动，在课程建设中发挥了重要作用。

2) 出版课程配套教材

本教材就是从岗位工作的实际需要出发，基于"一个基础""五大项目"的交际礼仪内容而编写的"现代交际礼仪"课程教材，它也是课程项目导向的教学模式和工学结合的教学成果的集中体现，这部教材非常适合应用型本科、高职教育教学的实际，并且它也是其他高等教育各专业进行交际礼仪训练以及开设通识类课程的理想教材。

3) 网络教学环境建设

为方便教学，我们应用课程网络技术手段，使丰富的课程内容实现了网上共享。礼仪课程教学大纲、教案、讲义、习题、课件、教学案例、教学参考书、授课录像（部分）等实现了网上共享，并且设置了答疑信箱和校外实训基地等相关网站链接。张岩松教授"现代交际礼仪"课程（选修课24课时）的授课实况录音也实现了网上共享，网络教学资源可谓初具规模，为学生自主学习提供了较大的帮助。

4）实践性教学环境建设

形成了较完善的校内实践教学环境,拥有功能齐备的实训中心,包括商务会议实训室、团体训练实训室、模拟谈判实训室、计算机操作室、办公自动化实训室、总经理室、形体训练室等,为学生礼仪课程的模拟操作提供了很好的场所和条件。大连市著名的一灯礼仪公司成为本课程的校外实训基地,对"商务活动礼仪项目"的教学提供了新的场所。本课程打破了在标准教室老师讲学生听的传统的授课方式,基本实现了在校内实训中心、学院的大学生活动中心和校外实训基地等场所进行项目教学,完成"现代交际礼仪"课程的五大项目、16项任务的教学内容。

以上课程基础的建设为贯彻实施"现代交际礼仪"课程工学结合的设计理念、基于岗位工作任务确定课程教学内容、项目导向的教学活动以及实践教学模式等的实施,都提供了重要保证。

0.2 什么是现代交际礼仪

美国的成人教育家卡耐基认为,一个人事业上的成功,只有15%是基于他的专业技术,另外的85%要靠人际关系、处世技巧。卡耐基对人际交往的重视程度基于他对人生的深刻理解和领悟。今天尽管我们无法测定卡耐基的量化数值的精确程度,但是,几乎没有人否定交际在人生、家庭、事业中的重要性。

1. 交际礼仪的含义

古希腊哲学家亚里士多德曾说:一个生活在社会之外的人,同人不发生关系的人,不是动物就是神。如果人完全脱离了人际交往,脱离了社会,人就不再是人,而成了动物。美国心理学家沙赫特曾做过这样的实验:他以每小时15美元的酬金先后聘请了5位志愿者进入一个与外界完全隔绝的小屋,屋里除提供必要的物质生活条件外,没有任何社会信息侵入,以观察人在与世隔绝时的反应。结果,其中1个人在小屋里只待了2小时就出来了,有3个人待了2天,最长的是1个人待了8天。这位待了8天的人出来说:"如果让我再在里面待1分钟,我就要疯了。"实验证明,没有一个人愿意与其他人隔绝,人们都害怕孤独。国外有的学者估计,人们在日常生活中,除8小时的睡眠时间以外,其余16小时中约70%(10小时左右)都在进行着交际。那么,究竟什么是交际呢?

交际是标志人类活动的特殊领域的概念。交际在英语中用communication一词表达,其含义有通信、传达、交流、交换意见等。交际在汉语中又称为交往。"交"有接合、通气、赋予的意思;"际"有接受、接纳、交合、会合、彼此之间等意思。朱熹对"交际"的注释是:"交际谓人以礼仪币帛相交接也。"这里"礼仪"的"相交接",即日常所说的"礼尚往来",主要指人与人之间的精神性的交换;而"币帛"的"相交接",是指人与人之间的物质性的交换。朱熹把人与人之间精神和物质的交换称为交际,这种诠释是很有见地的。

由此可见,交际是人在共同的社会活动中,通过人与人之间相互接触、互通信息、交流情感,或达到相互了解,彼此吸取对方的长处和积极因素,从而增进友情,和谐合作,促进事业成功;或彼此满足相互间的精神慰藉,实现自我价值,增加社会群体的聚合力。

交际是人得以生存、人类社会得以存在和发展的基础和保证。纷繁复杂的人类社会是人际关系耦合的网络系统，而交际是将个人与个人、个人与群体、群体与群体联结成社会网络必不可少的手段，是促进人际关系和谐、保持社会有机体稳定发展的强有力的纽带。交际根植于人类的合群性，发展升华于人的劳动过程。人要生存，就要生产，而生产必然有人与人之间的各种联系和交往，从而使交际成为社会生产的必要条件。马克思说，人的本质是一切社会关系的总和。人的一切社会关系正是在交际中得以暴露和展示的。每个人在交际中实现其自身，实现其人的社会属性并肯定其价值。总而言之，没有了交际，便没有了社会的人和人的社会。

交际是人类生活不可或缺的重要组成部分。在现代社会中，人们所从事的劳动和工作越来越复杂，社会化程度越来越高，既有严密科学的分工，又有严格的整体配合，需要越来越多的人合作才能成功。同样，随着物质生活水平的提高，各种信息纷至沓来，人们比以往更渴望理解，更渴望沟通，更多地渴望文化生活和精神交往，而交际恰似劳动、语言和闲暇一样，是人类生活不可或缺的重要组成部分。

交际活动是非常复杂的，有着各种各样的形式和内容，但在人际关系的一般结构中，包括以下六个要素。

（1）具有2个或2个以上的人。2个人构成交际的最基本单位。单个人所进行的活动尽管可能涉及另外的人，但也不能称为交际；同时，交际中的个人都具有自己的个性心理特征，每个人的个性心理特征都会影响交际过程。

（2）具有特定的交际动机。人的任何交际活动都是由特定的动机推动的，是为了满足某种需要。动机所指向的目标可能是物质的，也可能是精神的。

（3）具有相互认知。交际中的人与人之间存在相互的觉察、了解以及在彼此基础上的相互理解。同时，伴随相互认识，每个人都会有感情的移入，产生或喜欢、或厌恶的情感倾向。

（4）具有相互沟通。交际中的双方存在着信息的交换。沟通既包括认识上的沟通，也包括情感上的沟通。沟通可能以语言为媒介，也可能以非语言的体态表情为媒介。信息沟通是产生相互认知、达到交际目的、建立人际关系的基础。

（5）具有心理和行为上的互动。在交际中，一方发出的信息刺激会引起另一方心理和行为上的反应，这种反应又会作为新的信息刺激作用于前者，由此产生双方的相互作用与相互影响。

（6）具有一定的交往情景。人和人之间的任何交往都是在一定的社会背景和现实的社会环境中进行的，特别是交往时所处的现实微观环境，会给交往带来直接的影响。

为了使交际双方能够愉快地相识相知、理解合作，交际双方都希望能达到交际目的，实现各自需要。这种交际规则可以说就是交际礼仪。所谓交际礼仪是指人们在交往活动中约定俗成的各种行为规范及其实施程序。交际礼仪无论是在内容还是在形式上都纷然杂陈。从见面时的握手礼、鞠躬礼、拥抱礼、亲吻礼、合十礼、脱帽礼、作揖礼、介绍礼、称呼礼，到交谈告辞时的礼貌用语；从仪容仪表到举止谈吐；从成年仪式、结婚仪式到丧葬仪式；从家庭礼仪到社会礼仪；从官方规定的礼宾程序到形形色色的风俗礼仪，可以说，交际礼仪无处不在。人们在交际中稍不注意，就容易进入交际的误区，从而导致交际障碍，处于交际困境。

有人对交际礼仪不以为然,认为那无非是摆摆样子,装腔作势,其实不然,一个人在交际中是否懂礼仪、能否自然而然地运用交际礼仪,这绝不仅仅是个表象问题,而是一个人内在素养的体现。交际礼仪的自觉运用,涉及人的性格特征、知识程度、价值观念、心理因素等诸多要素,它体现着一个人的文化修养和内在气质。同时,讲究礼仪既是尊重别人,也是尊重自己,有利于形成良好的社会道德观、伦理观和社会风气,对社会的物质文明建设和精神文明建设,尤其是对于提高人的素养起着积极的作用。

2. 交际礼仪的内容

随着时代的变迁、社会的进步和人类文明程度的提高,人们的文明程度在不断地提高,交际礼仪在对我国古代礼仪扬弃的基础上,不断推陈出新,内容更完善、更合理、更加丰富多彩。

(1) 礼节。礼节是人们在交际过程中逐渐形成的约定俗成的和惯用的各种行为规范之总和。礼节是社会外在文明的组成部分,具有严格的礼仪性质。它反映着一定的道德原则的内容,反映着对人对己的尊重,是人们心灵美的外化。在阶级社会,由于不同阶级的人在利益上的根本冲突,礼节多流于形式。在现代社会中,由于人与人之间地位平等,其礼节从形式到内容都体现出人与人之间相互平等、相互尊重和相互关心的特点。现代礼节主要包括:介绍的礼节、握手的礼节、打招呼的礼节、鞠躬的礼节、拥抱的礼节、亲吻的礼节、举手的礼节、脱帽的礼节、致意的礼节、作揖的礼节、使用名片的礼节、使用电话的礼节、约会的礼节、聚会的礼节、舞会的礼节、宴会的礼节等。

当今世界是个多元化世界。不同国家、不同民族、不同地区的人们在各自生存环境中形成了各自不同的价值观、世界观和风俗习惯,其礼节从形式到内容都不尽相同。

(2) 礼貌。礼貌是指人们在社会交往过程中良好的言谈和行为,它主要包括口头语言的礼貌、书面语言的礼貌、态度和行为举止的礼貌。礼貌是人的道德品质修养的最简单、最直接的体现,也是人类文明行为的最基本的要求。在现代社会应注意使用礼貌用语,对他人要态度和蔼、举止适度、彬彬有礼,尊重他人应成为自己日常的行为规范。

(3) 仪表。仪表指人的外表,包括仪容、服饰、体态等。仪表属于美的外在因素,反映了人的精神状态。仪表美是一个人心灵美与外在美的和谐统一,美好纯正的仪表来自于高尚的道德品质,它和人的精神境界融为一体。端庄的仪表既是对他人的一种尊重,也是自尊、自重、自爱的一种表现。

(4) 仪式。仪式指行礼的具体过程或程序,它是交际礼仪的具体表现形式。仪式是一种比较正规、隆重的礼仪形式。人们在社会交往过程中或是组织在开展各项专题活动过程中,常常要举办各种仪式,以体现出对某人或某事的重视,或是为了纪念等。常见的仪式包括成人仪式、结婚仪式、安葬仪式、凭吊仪式、告别仪式、开业或开幕仪式、闭幕仪式、欢迎仪式、升旗仪式、入场仪式、签字仪式、剪彩仪式、揭匾挂牌仪式、颁奖授勋仪式、宣誓就职仪式、交接仪式、奠基仪式、洗礼仪式、捐赠仪式等。仪式往往具有程序化的特点,这种程序有些是人为地约定俗成的。在现代礼仪中,仪式中有些程序是必要的,有些则可以简化。因此,仪式也大有越来越简化的趋势。但是,有些仪式的程序是不可省略的,否则就是非礼。

(5) 礼俗。礼俗即民俗礼仪,它是指各种风俗习惯,是交际礼仪的一种特殊形式。礼俗是由历史形成的,普及于社会和群体之中并根植于人们心理之中,是在一定的环境中经常重复出现的行为方式。不同国家、不同民族、不同地区在长期的社会实践中形成了各具特色的风俗习惯。"十里不同风,百里不同俗",不但每一个民族、地区,甚至一个小小的村落都可能形成自己的风俗习惯。

3. 交际礼仪的特性

交际礼仪是人们在漫长的社会实践中逐步地形成、演变和发展的。现代交际礼仪是在一番脱胎换骨之后形成的,它具有文明性、共通性、多样性、变化性和规范性等特性。

(1) 文明性。交际礼仪是人类文明的结晶,是现代文明的重要组成部分。人类从降世那天起就开始了对文明的追求,亚当夏娃用树叶遮身便是文明之举。人类从茹毛饮血到共享狩猎成果,从盲目迷信、敬畏鬼神到崇尚科学、论证无神,从战争到和平。尤其是文字发明后,使人类能运用语言文字来表达文明、宣传文明、建设文明。文明的体现宗旨是尊重,既是对他人也是对自己的尊重,这种尊重总是同人们的生活方式有机地、自然地、和谐地融合在一起,成为人们日常生活、工作中的行为规范。这种行为规范包含着个人的文明素养,比如待人接物热情周到、彬彬有礼;人们彼此间互帮互助、彼此尊重、和睦相处,体现出人们日常生活中的文明、友好;注重个人卫生,穿着适时得体,见人总是微笑着问候致意,礼貌交谈,文明用语,这也体现出人们的品行修养。总之,交际礼仪是人们内心文明与外在文明的综合体现。

(2) 共通性。交际礼仪是人们在社会交往过程中形成并得到共同认可的行为规范。我们今天生活的世界可谓千姿百态,人们尽管分散居住于五大洲、四大洋的不同角落,但是,许多礼仪都是世界通用的。例如,问候、打招呼、礼貌用语、各种庆典仪式、签字仪式等,大体上是世界通用的。虽然由于各国家、各地区、各民族形成了许多特有的风俗习惯,但就交际礼仪本身的内涵和作用来说,仍具有共通性。正是由于交际礼仪拥有共通性,才形成了涉外交往礼仪。

(3) 多样性。世界是丰富多彩的,其中交际礼仪也是五花八门、绚烂多姿的。世界各地民俗礼仪千奇百怪,几乎没有人能说清楚世界上到底有多少种礼仪形式。从语言的表达礼仪到文字的使用礼仪,从举止礼仪到规范化礼仪,从服饰礼仪到仪表礼仪,从风俗礼仪到宗教礼仪等,在不同的国家、不同的场合,礼仪的表达方式也有所不同。比如在人们常见的国际交往礼仪中,仅见面礼节就有握手礼、点头礼、亲吻礼、鞠躬礼、合十礼、拱手礼、脱帽礼、问候礼等。礼仪可谓多种多样,纷繁复杂。有些礼仪所表达的方式和内容,在甲国家或地区与乙国家或地区可能截然相反。

(4) 变化性。礼仪并不存在僵死不变的永恒模式,随着时间的推移,交际礼仪会发生巨大的变化。可以说,每一种礼仪都有其产生、形成、演变、发展的过程。礼仪在运用时也应具有灵活性,一般来说,在非正式场合,有些礼仪可不必拘于约定俗成的规范,可增可减,随意性较大;在正式场合,讲究礼仪规范是十分必要的,但如果双方已非常熟悉,即使是较正式的场合,有时也不必过于讲究礼仪规范。

(5) 规范性。礼仪,指的就是人们在交际场合待人接物时必须遵守的行为规范。这种规范性,不仅约束着人们在一切交际场合的言谈话语、行为举止,使之合乎礼仪;而且也是人们在一切交际场合必须采用的一种"通用语言",是衡量他人、判断自己是否自律、敬人的一种尺度。中国WTO首席谈判代表龙永图曾讲了一个耐人寻味的故事：

一次在瑞士，龙永图与几个朋友去公园散步，上厕所时，听到隔壁的卫生间里"砰砰"地响，他有点纳闷。出来之后，一位女士很着急地问他有没有看到她的孩子，她的小孩进厕所十多分钟了，还没有出来，她又不能进去找。龙永图想起了隔壁厕所间里的响声，便进去打开厕所门，看到一个七八岁的小男孩正在修抽水马桶。小男孩怎么弄都抽不出水来，急得满头大汗。这个小男孩觉得他上厕所不冲水是违背礼仪规范的。

这位儿童自觉遵守礼仪规范的精神是很值得我们学习的。礼仪是约定俗成的一种自尊、敬人的惯用形式，任何人要想在交际场合表现得合乎礼仪、彬彬有礼，都必须对交际礼仪无条件地加以遵守。另起炉灶、自搞一套，或是只遵守个人适应的部分，而不遵守不适应自己的部分，都难以为交往对象所接受、所理解。

4. 交际礼仪的原则

人们的各种交际活动自始至终都有一些具有普遍性、共同性、指导性的规律可循，这就是交际礼仪的原则。探讨这些原则，有助于交际礼仪的规范化，增强人们对交际礼仪的认识，进而加强礼仪在社会活动中的指导作用。

（1）遵守原则。礼仪规范是为维护社会生活稳定而形成和存在的，实际上反映了人们的共同利益要求。社会上的每个成员不论身份高低、职位大小、财富多寡，都有自觉遵守、应用礼仪的义务，都要以礼仪去规范自己的一言一行、一举一动。如果违背了礼仪规范，会受到社会舆论的谴责，交际自然就难以成功。例如，苏联领导人赫鲁晓夫在这方面就有前车之鉴，他在一次联合国会议上为了让人们安静下来，竟然脱下鞋子，并用鞋子敲打会议桌子，他的不雅举止显然违背了礼仪规范，更有损他本人及苏联的国际形象，在这次会议上联合国做出决定，对苏联代表团罚款一万美元。可见违背交际礼仪的原则是不行的。从这一原则出发，才能养成好的礼仪习惯。有这样一个实例：

某省会城市一家三星级饭店的女经理，衣着得体大方，语言热情适宜，正在宴请北京来的专家。席间，秘书突然过来请她暂时离席去送外宾，可是这位女经理迟迟未起身，原来她的双脚不堪忍受高跟鞋的束缚，出来"解放"了一会儿。突然有了情况，双脚一时找不到"归宿"，令女经理十分难堪。

造成这种情况的原因恐怕不是不懂礼仪知识，主要还是没有养成良好的习惯，对礼仪规则遵守得不够。

（2）敬人原则。孔子说："礼者，敬人也。"敬人是礼仪的一个基本原则，它要求人们在交际活动中互尊互敬，友好相待，对交往对象要重视、恭敬。尊敬是"礼"的本义，是交际礼仪的重点和核心。在对待他人的诸多做法中最重要的一条，就是要敬人之心长存，处处不可失敬于人，不可伤害他人的个人尊严，更不能侮辱对方的人格。可以说，掌握了敬人的原则就等于掌握了礼仪的灵魂。尊敬的作用是十分巨大的，有这样一个实例：

日本东芝电器公司，曾一度陷入困境，员工士气低落。当土光敏夫出任董事长时，他经常不带秘书，一个人来到各工厂与工人聊天，听取工人的意见，更有意思的是，土光敏夫还经常提着一瓶酒去慰劳员工，和他们共饮。他终于赢得了公司上下的支持，员工的士气也高涨起来。在短短三年内,士光敏夫重振了日暮途穷的东芝公司。

士光敏夫的诀窍就是关心、重视、尊重每一个员工,"敬人者,人恒敬之",他同时也赢得了员工的信服与支持。

(3) 宽容原则。一般来说,交往双方的心理总存在一定的距离,存在不相容的心理状态,这种差异会在交往者之间产生思想隔膜,甚至会使关系僵化,要想缩小这种心理上的差异,求得人与人之间能多一分和谐、多一分信赖,就必须抱着宽容之心。宽容就是要求人们既要严于律己,又要宽以待人,要多容忍他人,多体谅他人,多理解他人,而不能求全责备,斤斤计较,过分苛求,咄咄逼人。唯有宽容才能排除人际交往中的各种障碍,不能宽容他人的人,往往会得理不饶人,使人际关系恶化。共性是寓于个性之中,人们应该维护和发展共性,以理解和宽容来增强人们之间的凝聚力。

(4) 真诚原则。交际礼仪的运用基于交际主体对他人的态度,如果能抱着诚意与对方交往,那么交际主体的行为自然而然地便显示出对对方的关切与爱心。因为无论用何种语言表达,行为则是最好的证明。在通常情况下人们可以用假话来掩饰自己的企图,但却无法用行为来掩饰自己的空虚,因为体态语是无法掩饰虚假的。因此唯有真诚,才能使你的行为举止自然得体。与此相反,倘若仅把运用礼仪作为一种道具和伪装,在具体操作礼仪规范时口是心非、言行不一、弄虚作假、投机取巧,或是当面一个样,背后一个样,有求于人时一个样,被人所求时又一个样,将礼仪等同于"厚黑学",是违背交际礼仪基本原则的。

(5) 适度原则。俗话说:"礼多人不怪。"人们讲究礼仪是基于对对方的尊重,这是无可厚非的,但是,凡事过犹则不及,人际交往要因人而异,要考虑时间、地点、环境等条件。如果施礼过度或不足,都是失礼的表现。比如见面时握手时间过长,或是见谁都主动伸手,不讲究主次、长幼、性别;告别时一次次地握手,或是不住地感谢,让人觉得厌烦。礼仪的施行是内心情感的表露,只要内心情感表达出来,就完成了礼仪的使命。如果反复重复,似乎有别人不理解、不领情之嫌,就是画蛇添足,实无必要。

5. 交际礼仪的功能

对于个人来说,交际礼仪是一个人的思想修养、道德水平、文化素质、交际能力的外在表现,对于社会来说,交际礼仪是整个社会的文明习惯、道德风尚和生活习俗的反映。交际礼仪的功能主要体现在以下六个方面。

(1) 弘扬礼仪传统。文明古老的中华民族以聪颖的才智和勤奋的力量创造了人类历史上最灿烂的文化。中华民族素以"礼仪之邦"著称于世。几千年来,各族人民创造了独具特色的礼节、仪式、风尚、习俗、节令、规章和典制等,并为广大人民所喜爱、所沿袭,这些礼仪习俗反映了我国民族的传统美德与优良品质,勾画了我国民族的历史风貌。

我国古代思想家、教育家们十分重视"礼"的教育。"礼"的内容比较全面地规定为处理、调整当时社会各种关系的准则和规范。春秋末期的孔子就曾指出:"不学礼,无以立。"孔子小时常做练习"礼"的游戏。"入太庙,每事问",后来还专程赴周向老子请教"礼"。他对于"礼"的研究下过不少工夫,认为周礼吸收夏、商两代的经验,并有所发展,是比较完备的,所以他说"吾从周"。孔子选取了士必须学习的礼制十七篇,编辑成《礼》,也就是流传至今的《仪礼》。孔子非常重视对学生在日常行为方面的教育,他要求学生衣冠整齐,走有走的样子,坐有坐的姿势,为人处世要彬彬有礼、温文尔雅。《史记·孔子世家》中就说:"孔子以诗、书、礼、乐教弟子,盖三千焉,身通六艺者,七十有二人。"其中"六艺"指的是以"礼"为首的礼、乐、射、御、书、数。

《仪礼》《周礼》《礼记》合称为"三礼"。"三礼"是我国最早也是最重要的礼仪论著。《礼记·曲礼》第一句便是"毋不教"。文中还记载着对父母"出告反面",意思是出门告诉父母一声,回家要和父母打个照面问候一下。对老师应该是"遭先生于道,趋而进""从于先生不越路"。书中有关礼仪的内容是十分广泛具体的。

《三字经》是我国流传时间最长、流传范围最广、影响最大的一本启蒙教材,相传为南宋学者王应麟所著,它被人们誉为"古今奇书"和"袖里通鉴纲目"。《三字经》已经被翻译成英、法、俄等多种文字在国外流传,还被联合国教科文组织选入《世界儿童道德教育丛书》。书中写道:"为人子,方少时,亲师友,习礼仪。"意思是,做儿女的正当年少时,就要拜师访友,学习礼仪。清代李毓秀撰辑了一本《弟子规》,书中详细规定了学生在言谈举止方面的礼仪规范,其中有尊敬长者方面的要求:"或饮食,或走坐,长者先,幼者后。"有仪表方面的要求:"冠必正,钮必结,袜与履,俱紧切。"有仪态方面的要求:"步从容,立端正,揖深圆,拜恭敬。"有禁酒的要求:"年方少,勿饮酒,饮酒醉,最为丑。"有语言方面的要求:"刻薄语,秽污词,市井气,切戒之。"此书礼仪教育方面的内容是十分丰富具体的。

在我国的历史上还流传着许多讲究礼仪的佳话,如"廉蔺交欢"(讲究礼让)、"张良纳履"(尊老敬贤)、"程门立雪"(尊敬老师)、"管鲍之交"(交友之道)、"三顾茅庐"(待人以诚),这些故事脍炙人口、妇孺皆知,对今人仍有很大的教育意义。

我国近现代历史上有许多的伟大人物在礼仪修养上堪称楷模,其修养十分深厚,他们的作风、态度、处事方式、举手投足都成为我们学习的典范。如周恩来总理是世界公认的非常风度的领导人和外交家,他的一举一动都给人留下深刻的印象,人们用"富有魅力""无与伦比"等优美词语来赞美他的翩翩风度。在外事活动中周总理十分注重礼节。在他病重时,脚因为过度肿胀而穿不上原来的鞋了,只有穿拖鞋走路。工作人员心疼周总理,让他穿着拖鞋参加外事活动,认为外宾是能够理解的,但周总理不同意,他说:"这不行,要讲个礼貌嘛!"于是,他请工作人员为他特制了一双鞋,留着接见外宾时穿。周总理在外事活动中注重礼节,受到外宾的盛赞,表现出中国传统美德,是我们学习的榜样。

可见,讲究礼仪并按照礼仪要求规范我们的行为,对继承我国礼仪传统及弘扬我国优良的礼仪风范具有十分重要的作用。

(2) 提高自身修养。在人际交往中,礼仪往往是衡量一个人文明程度的准绳。它不仅反映了一个人的交际技巧与应变能力,还反映了一个人的气质风度、阅历见识、道德情操、精神风貌。因此,在这个意义上,完全可以说礼仪即教养,而有道德才能高尚,有教养才能文明。这也就是说,通过一个人对礼仪运用的程度,可以察知其教养的高低、文明的程度和道德的水准。学习礼仪、运用礼仪有助于提高个人的修养,有助于"用高尚的精神塑造人",真正提高个人的文明程度。

(3) 完善个人形象。美国第25任总统威廉·B.麦金利的好朋友查尔斯·道斯曾经讲过这样一件事:多日来,总统为任命一个重要的外交职务而犯难——他要在两个同样有才干的候选人中选出一个,因而始终举棋不定。突然,他回忆起一件事,此事竟如此清晰地浮现在眼前——一个风雨交加的夜晚,总统搭乘一辆市内有轨电车并坐在后排的最后一个位子上。电车停在下一站时,上来一位洗衣老妇人,挽着一个沉重的篮子,孤零零地站在车厢的过道上。老妇人面对着一位男子,该男子举着报纸将脸挡住,故意装作没看见。总统从后排站起来,沿着过道走去,提起那一篮子沉甸甸的衣物,把老妇人引到自己的座位上坐下。该男子仍然举着报纸低着头,对车厢里发生的一切似乎什么也没有看见。总统顺便朝那男子瞅了一眼,那张脸庞深深地印入了脑海。这个男人不正是总统要任命的两位候选人之一吗?总统果断地做出决定,取消该人的任命资格,而另一位候选人则理所当然地成为外交官。查尔斯·道斯说:"这位候选人永远不会知道,就是这一点点的自私自利行为,或者说缺少那么一点点的仁慈之心,而失去了他一生雄心勃勃想实现的东西。"由此可以看出,讲究礼仪对个人的成功是至关重要的,因为它关系到个人的形象。个人形象是一个人仪容、表情、举止、服饰、谈吐、教养的集合,而礼仪在上述诸方面都有自己详尽的规范,因此学习礼仪及运用礼仪无疑将有益于人们更好地、更规范地设计和维护个人形象,更好地、更充分地展示个人的良好教养与优雅的风度。

(4) 改善人际关系。马克思说过:"社会是人们交往作用的产物。"没有社交活动,人类的生活是不可想象的。人们参加社交活动,多数是为了调节紧张的生活,建立友谊,交流感情,融洽关系,广结良友,增长见识,获取信息。现代化的社会对人们的社交提出了新的要求,社会越发展,物质生活越丰富,人们社交的需要就会越显示出它的价值,而处在社交活动中的每个人的仪表、仪态及对礼仪知识的了解也变得极其重要。一个人只要同其他的人打交道,就不能不讲礼仪。运用礼仪,除了可以使个人在交际活动中充满自信、胸有成竹、处变不惊之外,最大的好处还在于它能够帮助人们规范彼此的交际活动,更好地向交往对象表达自己的尊重、敬佩、友好与善意,增进大家彼此之间的了解与信任。

用现代人的眼光来看,礼仪与礼貌是一种信息传递,它可以以闪电般的速度把我们的尊重之情准确地表达出来并传递给对方,使对方立即获得情感上的满足,与此同时,礼貌又反馈回来——对方以礼貌回敬。于是双方热情之火点燃了,支持与协作便开始了。假如人皆如此,长此以往,必将促进社会交往的进一步发展,帮助人们更好地取得交际成功,进而造就和谐、完善的人际关系,取得事业的成功。

(5) 塑造组织形象。良好的组织形象是任何组织都追求的目标,组织形象的塑造处处都需要礼仪。如我们想和某一单位联系业务,当我们拨打对方办公室的电话竟无人接听或铃响五六声之后才有人接听时,会对该单位产生一种印象——工作效率不高、制度不健全、员工素质差等。反之,当我们一拨通电话就听到对方和蔼可亲的问候、得体的称谓、礼貌的语言、简捷干练的回答、热情的接待,我们立即会有一种亲切之感。

组织形象常常是在不经意间体现并塑造出来的。整洁优雅的环境,宽敞明亮、井然有序的办公室,独具个性、富有哲理的价值观,色彩柔和的服饰,彬彬有礼的员工,富于特色的广告等,都会给公众留下深刻的印象。礼仪则是通过组织员工的仪容仪表、言谈举止、礼貌礼节、仪式及活动过程表现出来,它是塑造组织形象的基础工程。任何不讲究礼仪的组织都不可能获得良好的社会形象。

组织通过各种规范化的礼仪可以激发员工对组织的自豪感,增强组织的凝聚力、向心力。如松下公司创作了自己的"松下之歌""松下社训",每天早晨八点钟,遍布各地的松下企业员工一起高唱松下歌曲,使每一名员工都以自己是松下的员工而感到光荣。目前,我国的许多企业通过统一企业标识、统一企业服装、统一色彩等方式塑造组织统一的社会形象,也使企业的员工自觉地维护组织的形象;企业通过开业庆典、周年纪念、表彰大会等仪式激发员工对本组织的了解、爱戴,加深感情,增强组织的凝聚力和向心力。可见,礼仪在塑造组织形象中的作用是巨大的。

(6) 建设精神文明。世界各国和各民族都十分重视交往时的礼节礼貌,把它视为一个国家和民族文明程度的重要标志,正如古人所说:"礼义廉耻,国之四维。"礼仪是立国的精神要素之本。在社会主义精神文明建设中,讲究礼节礼仪、注重礼貌是最基本的要求,它对建设精神文明的大厦起着基础作用,只有基础打得扎实,大厦才能巩固。

随着我国改革开放的深入和社会主义市场经济体制的确立,我国的经济发展要和国际接轨,这些都对我国精神文明建设提出了更高的要求。只有提高中华民族整体的文明礼貌素质,才能创造一个和谐的社会环境,才能吸引更多的外资和促进国际的贸易往来,从而推动我国经济社会的发展。提倡并讲究礼仪礼节,做到文明礼貌,必将有力地促进社会主义精神文明建设。如大连市就是从礼仪教育入手来提高大连市民的文明素质的,从而推动了大连市的精神文明建设。20 世纪 90 年代,说脏话、粗话、乱吐口香糖,践踏草坪等不文明行为一度直接影响了大连市的对外形象和城市的整体美感,于是大连市精神文明办等部门开展了使用文明用语活动,大力倡导讲普通话,不讲方言土语,杜绝脏话、粗话;用"家园意识"整治乱吐口香糖行为,号召市民不吐口香糖从我做起,清除口香糖大家动手,组织市民上街清洗口香糖污渍;组织学校、居委会建立义务护绿队,教育市民爱护绿地、美化城市。市民的良好行为和文明素养使这个环境优美的城市大放异彩,精神文明之花随处盛开。2006 年大连市跻身全国首批文明城市行列。

6. 交际礼仪的修养

交际礼仪修养是指一个人在社会交往实践活动中,根据一定的交际礼仪原则和规范自觉地进行学习和训练,以使自己养成一种时时事事按礼仪要求待人接物的行为习惯的过程。交际礼仪的修养不仅指对礼仪的学习、练习,还包括将所习之礼培养成一种习性或者说是品性的过程,非一朝一夕可练就。一般来说,应着重于知、情、意、行的统一,并注重运用以下方法。

(1) 树立学习礼仪的意识。在明确礼仪重要性的基础上,最要紧的就是必须树立长久的"习礼意识",处处留心,时时经意。礼仪是一个社会文化沉淀的外显方式。经历了传承,变异的过程,它的形成首先便是个体的"社会化"的过程。也就是说,大量的礼仪是靠传统,靠有意无意模仿,靠周围环境影响,靠在交际实践中不断地学习、摸索,逐渐总结经验教训而形成的。同时,就社会方面而言,为适应现代市场经济发展的需要,可开办一些礼仪的学校或短期培训班,也可通过电视、广播等传播媒介开办专题系列讲座,发挥大众传媒的示范作用,这些都是人们学习礼仪的良好方法。

(2) 学会尊重他人的情感。在礼仪教育过程中,情感是由知到行的一个桥梁。陶冶情感就是要使受教育者产生一种尊重他人的真挚的感情,能够时时处处替他人着想,对人始终抱有一种热情友好的态度。我们大约都有这样的体验,在交际活动中如果遇到一个对人热情诚恳的人,那么就能与其建立起一种良好的关系;相反,如果碰到的是一个冷漠无情或虚情假意的人,则难以产生一种融洽交流的气氛。一个人可以很快就了解一些礼仪方面的知识,但若缺少对他人的情感,那么他就无法使这些礼仪形式圆满地表现出来,这些形式也就成了没有灵魂的僵死的躯壳。因此可以看出,情感比认识具有更大的保守性,改变情感比改变认识要困难得多。

（3）磨炼履行礼仪的意志。要使礼仪规范变成自觉的行为,没有坚忍不拔的意志是办不到的。意志坚强的人能有效地控制自己的言行,特别是在不顺利的情况下也能不畏困难,始终坚贞不渝地按照自己的信念待人处世。要有意识地摒弃不合礼仪的旧习惯,养成遵从礼仪的新习性。

习性是一个人行为方式的自动化,是不需要多加思考和努力就可以表现出来的行为方式,它受人的性格核心层和中介层的支配与制约。一个人的行为习惯是其观念、态度下意识的表现。习性一旦形成后,具有一定的稳固性,但通过努力可以使之改变。因此,不该以"习惯成自然"为由姑息迁就那些不合礼仪的坏习惯,而应从思想观念上重视、加强"礼仪意识",牢记坚强的意志是保证实现礼仪规范的精神力量。

（4）培养遵从礼仪的行为。礼仪教育的综合结果就在于使人们养成良好的礼仪行为,也就是使人们在交际活动中对于礼仪原则和规范的遵从变成一种习惯性的行为。衡量礼仪教育的效果如何,主要不是看受教育者了解了多少有关礼仪的书本知识,而是看他在交际活动中的行为是否符合礼仪规范的要求,是否能够促进交际活动顺利地进行。因此,在礼仪教育中,要认真组织和指导受教育者的行为演练,通过严格的训练掌握调节行为的能力,从而养成良好的行为习惯。从一件件具体、琐碎的小事做起,从点滴开始养成;大处着眼,小处着手;寓礼仪于细微之中,逐渐成习。

在礼仪教育过程中,知、情、意、行是相互联系、相互渗透、相互促进,缺一不可的。没有知,情就失去了理性指导,意和行就会是盲目的;没有情,就难以形成意,知就无法转化为行;没有意,行即缺乏巨大的力量,知和情也就无法落到实处;没有行,知、情、意都没有具体的表现,也就都变成了空谈。因此,在礼仪教育的过程中,要坚持晓之以理、动之以情、炼之以意、守之以行。

 实训项目

项目1：礼仪自我完善训练

要有效地改变自己,应该把积极的"自我暗示"与积极的想象和积极的行动结合起来,这里引用了吴正平的《现代饭店人际关系学》一书中的"用于改变自己的公式"部分,供给大家进行礼仪自我完善训练时参考。公式里的 X 可以根据各人的具体情况换成适当的词,例如"彬彬有礼""落落大方""言行得体""举止文雅""沉得住气"等。

举例来说,如果你想让自己从一个沉不住气的人,变成一个能够沉得住气的人,你就应该用"沉得住气"取代公式中的 X。

改变自己的公式：只要我相信自己是一个 X 的人,并能像一个 X 的人那样去行动,且在行动中自我感觉良好,我就是一个 X 的人。只要我相信自己是一个沉得住气的人,并能像一个沉得住气的人那样去行动,且在行动中自我感觉良好,我就是一个沉得住气的人。

按照"改变自己的公式",可以采用如下步骤。

第一步:你要进入身心放松的状态,在这种放松的状态中,完全不加怀疑且不加抵制,反复地对自己说:"无论遇到什么样的人、什么样的事,我都能沉得住气。"

第二步:仔细地考虑一下一个沉得住气的人遇事是怎样行动的。例如,遇到一个自以为是、盛气凌人的人,他是怎样行动的;遇到一个蛮不讲理、胡搅蛮缠的人,他是怎样行动的。

第三步:进行逼真的想象演习。例如,想象你遇到一个自以为是、盛气凌人的人。因为你是一个无论遇到什么样的人、什么样的事,都能沉得住气的人,你知道一个沉得住气的人遇到这种情况会怎样做,所以,你就很平静地复述他的意思,然后……在交往的全过程中,你自我感觉良好。

训练手记:通过训练,我的收获是＿＿。

项目2:日常礼仪行为养成

实训目标:了解礼仪的基本知识和规范,遵循礼仪的基本原则,并在日常生活、学习、工作中培养良好的礼仪习惯。

实训学时:从开学第一周到第十五周的课外时间,第十六周全班总结。计2学时。

实训地点:教室、寝室、食堂、图书馆、社交生活等公共场所。

实训内容:学习礼仪修养基本知识;学习礼仪修养基本规范;从第一节课后起,每天在教室、寝室、食堂、图书馆、社交生活等公共场所,把课堂所学礼仪知识运用在实践中,进行待人接物练习,培养礼仪习惯。

实训要求:把礼仪修养知识与规范融入日常生活、学习、工作及社交实践中;记录你每实践其中一条原则和规范的心得体会,每人不得少于10条;第16周每位同学上讲台向老师和同学们介绍一下你已掌握了哪些人际交往的礼貌修养基本原则和规范,哪些是你认为较难做到的,自己有何感想,今后打算怎样应用这些礼貌基本原则和规范,最后教师总结。

训练手记:通过训练,我的收获是＿＿。

案例讨论

案例1

日本木村事务所

日本有一家叫木村事务所的企业想扩建厂房,他们看中了一块近郊土地意欲购买,同时也有其他几家企业想购买这块地。为购得这块土地,木村事务所的董事长多次登门,费尽口舌,但土地的所有者——一位倔强的老人,说什么也不卖。

一个下雪天,这位老人进城购物,顺便来到木村事务所,她本意是想告诉木村先生自己没有卖房的打算。

老人推门刚要进去,突然犹豫起来,屋内整洁干净,而自己脚下的木屐沾满雪水且肮脏不堪。正当老人欲进又想退出时,一位年轻的女职员出现在老人面前,跟她说:"欢迎光临!"女职员看到老人的窘态,马上回屋想为她找一双拖鞋,不巧的是拖鞋正好没有了。女职员便毫不犹豫地把自己的拖鞋脱下来,整齐地放在老人脚前,笑着说:"很抱歉,请穿这个好吗?"老人犹豫了:她不在乎脚冷?"别客气,请穿吧!我没有什么关系。"等老人换好鞋,女职员才问道:"女士,请问我能为您做些什么?""哦,我要找木村先生。"老人说。"他在楼上,我带您去。"女职员就像女儿扶母亲那样,小心翼翼地把老人扶上楼。老人在踏进木村办公室的一瞬间改变了主意,决定把地卖给木村事务所。那位老人后来告诉木村先生:"在我漫长的一生里,遇到的大多数人是冷漠的。我也去过其他几家想买我地的公司,他们的接待人员没有一个像你这里的职员对我这么好,你的女职员这么年轻,对人这么善良、体贴,真令我感动。真的,我不缺钱花,我不是为了钱才卖地的。"就这样,一个大企业家倾其全力交涉半年也徒劳无功的事情,竟然因为一个女职员有礼而亲切的举动无意促成了,真是奇妙之极。

(资料来源:佚名.商务礼仪案例[EB/OL].[2013-10-06]. https://www.doc88.com/p-3827374432329.html.)

思考题:
(1) 上述案例体现了女职员怎样的修养?
(2) 请写下你从本案例中获得的启示,并上传至共享群。

案例 2

"你在家里对你的父母说过感谢的话吗?"

李娟大学毕业后到一个日本独资企业应聘,面试经理问:
"你在家里对你的父母说过感谢的话吗?"
李娟回答:"没有"。
面试经理说:"你今天回去跟你的父母说声'谢谢',明天就可以来上班了。否则,你就别再来了。"
李娟回到了家,父亲正在厨房做饭,她悄悄走进自己的房间,面对着镜子反复练习:
"爸爸,您辛苦了,谢谢您!"
其实,李娟早就想对父亲说这句话了,因为她看到了父亲是多么不容易:自己两岁时母亲去世,父亲为了不使她受委屈,没有再娶妻子,小心翼翼地呵护自己长大成人。心里一直想说"谢谢",但就是张不开嘴。李娟暗下决心:今天是个机会,必须说出来!就在此时,父亲喊道:"娟子,吃饭了!"
李娟坐在饭桌前低着头,脸憋得通红,半天才轻声地说出:"爸爸,您辛苦了,谢谢您。"
李娟说完之后,爸爸没有反应,屋内一片寂静。李娟纳闷,偷偷抬眼一看,她的父亲泪流满面!这是欣喜之泪,这是慰藉之泪,这是企盼了20年的话所带给他的感动之泪。此时,李娟才意识到:自己这句话说得太迟了。
第二天,李娟高高兴兴地上班去了。经理看到李娟轻松的神情,知道她已经得到该体会的东西,没有问就把李娟带到了工作岗位上。

(资料来源:鲍日新.社交礼仪,让你的形象更美好:献给大学生朋友[M].上海:上海教育出版社,2005.)

思考题：

(1) 请写下你从本案例中获得的启示，并上传至共享群。

(2) 请模仿李娟，把"谢谢"二字说给您身边的同学、亲人、朋友、单位的同事和一切给您帮助的人。

案例 3

注重礼仪的陈小姐

陈小姐在宾馆负责开关电梯。有位中年男子乘电梯时，经常会抱着一大堆书报，有时在电梯里难免掉几份书报，陈小姐每次见状总不厌其烦地为中年男子捡起书报。有趣的是，她从没问及中年男子从事何种职业。彼此每次顶多是"谢谢你"和"不客气"的情形。

一次，中年男子说完"谢谢你"时，陈小姐就说："你不必每次客气，举手之劳而已。"中年男子依然表明自己的观点："你的工作只要开好电梯就行了，却每次不声不响地为我做你工作之外的事情，我当然要说'谢谢'才合乎情理。"日复一日，陈小姐一如既往地为中年男子捡起掉落在电梯里的书报，依旧没问中年男子的身份。

一天，那位中年男子突然对陈小姐说："我还不知道你的名字呢。"陈小姐笑道："叫我小陈就可以了。"中年男子又说："你怎么一直不问我是做什么的？"陈小姐若有所思地说："反正你在这座宾馆上面办公嘛。"

这天早上，中年男子发现陈小姐不在电梯里了。大厅的清洁工告诉中年男子："宾馆效益下滑，上层研究后决定将陈小姐辞退。"中年男子通过宾馆人事部找到了陈小姐的住址："陈小姐，我们商务公司要招聘两名接待员，就是接一下电话或者给客人倒一下开水的工作，你的为人告诉我你能胜任这份差使。"这时，陈小姐才知道中年男子是一家商务公司的副总。

（资料来源：佚名.简短事例[EB/OL].[2018-05-24]. http://www.1000baidu.net/zuowen/5655.html.）

思考题：

(1) 陈小姐为什么能给自己赢得工作机会？

(2) 请写下你从本案例中获得的启示，并上传至共享群。

课后练习

(1) 什么是交际？什么是现代交际礼仪？

(2) 现代交际礼仪包括哪些内容？有何特性？

(3) 现代交际礼仪的原则和功能是什么？

(4) 你准备怎样提高自己的现代交际礼仪修养？

(5) 举出近一个月来发现的不符合礼仪礼节的例子（至少 5 个），并分析其问题所在及其改进办法。

(6) 讨论并分析现代交际礼仪与职业道德有怎样的关系。

(7) 讨论并分析大学生尤其是职业技术学院的学生掌握现代交际礼仪有什么重要意义。

(8) 观看电影《公主日记》和《窈窕绅士》,总结主人公从麻雀变凤凰过程中的诸多礼仪元素及其礼仪修养方法。

(9) 礼商测试。"智"(intelligence)有"智商"(intelligence quotient),"情"(emotion)有"情商"(emotional quotient),所以"礼"(etiquette)也不妨定义一个"礼商"(etiquette quotient)。下面的测试有助于你了解自己的"礼商"。

① 在正式晚宴上如何吃玉米?(   )
　　A. 用双手小心捧起玉米,从左侧吃到右侧
　　B. 把玉米粒从棒子上剥离下来,然后用刀叉来吃
　　C. 这是一个伪问题,正式晚宴上不会出现玉米
　　D. 在玉米上蘸满黄油,吃法随意,吃完舔舔手指

② 通过大门走向外面时,谁应该为谁扶门?(   )
　　A. 年轻男子为年长女子扶门　　　　B. 年轻女子为年长男子扶门
　　C. 谁在前面谁扶门　　　　　　　　D. 上述三种答案均可

③ 开会时你的手机响了,该怎么办?(   )
　　A. 按接听键,离开会议到走廊里通话　　B. 让铃声接着响,直到停止
　　C. 按接听键,转过身小声通话　　　　　D. 开会前关掉手机,会后查看微信

④ 餐桌上发现有你不明白的餐具,该怎么办?(   )
　　A. 悄悄地向邻座打听怎么用这个餐具
　　B. 观察桌上其他人的做法,学着他们的样子使用
　　C. 自行猜度,但愿没有弄错
　　D. 不管它,怎么方便就怎么用

⑤ 在餐馆吃饭时,你把手包放在什么位置?(   )
　　A. 放在餐桌上餐具的右侧
　　B. 挂在椅背或者一侧
　　C. 放在地上
　　D. 放在膝盖上,或者放在身后椅子靠背前

⑥ 一位客户走进你的办公室,你会如何迎接?(   )
　　A. 起立,从办公桌后走出来欢迎对方,握手并自我介绍
　　B. 热情地微笑,伸手示意对方落座
　　C. 正在打电话,等通话结束后再欢迎对方
　　D. 对客户表示欢迎,等对方落座后再问你能为他做些什么

⑦ 找工作面试时最好穿什么服装?(   )
　　A. 随便穿什么
　　B. 展示身上的文身图案和穿孔,使雇主知道将来和什么人打交道
　　C. 穿保守、商务性服装,这样面试者在面试过程中会注意你这个人而不是衣服
　　D. 穿时下最流行的服装款式,使所有人都知道你有多酷

⑧ 排成一行迎接来宾的队伍最多几人?(   )
　　A. 多少都可以　　　　　　　　　　B. 不超过6个

C. 12个 D. 2个

⑨ 就餐中,在喝饮料前为什么要先用餐巾纸擦一下嘴?(　　)

　　A. 避免面包渣掉入饮料杯中

　　B. 使你的嘴唇看起来光鲜

　　C. 这是一个信号,向服务员表示你需要添加饮料

　　D. 避免在饮料杯上留下污迹

答案: C D D B D A C B D

(资料来源:褚倍.商务礼仪[M].北京:清华大学出版社,2020.)

项目一　个人形象礼仪

任务1 仪 容

人的一切都应该是美丽的:面貌、衣裳、心灵、思想。

——[俄]契诃夫

美不在乎外表,而在乎内在的精神。

——郭沫若

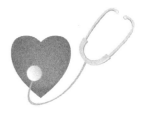

任务目标

- 结合自身特点修饰、美化自己的仪容。
- 结合自身特点选择适合的发型。
- 熟练地进行得体的化妆。
- 科学地护肤。

 情景导入

1960年9月,尼克松和肯尼迪在全美的电视观众面前,举行他们竞选总统的第一次辩论。当时,这两个人的名望和才能大体相当,可以说是棋逢对手。但大多数评论员预料,尼克松素以经验丰富的"电视演员"著称,可以击败比他缺乏电视演讲经验的肯尼迪。但事实并非如此,为什么呢?肯尼迪事先进行了练习和彩排,还专门跑到海滩晒太阳来养精蓄锐。结果,他在屏幕上出现时精神焕发、满面红光、挥洒自如。而尼克松没听从电视导演的规劝,加之那一阵十分劳累,更失策的是面部化妆用了深色的粉,因而在屏幕上显得精神疲惫、表情痛苦、声嘶力竭。正如一位历史学家所形容:"让全世界看来,他好像是一个不爱刮胡子和出汗过多的人,在带着忧郁感等待着电视广告告诉他怎么不要失礼。"

(资料来源:佚名.商务礼仪[EB/OL].[2018-10-04].https://wenku.baidu.com/view/e9b9d3d5bdeb19e8b8f67c1cfad6195f312be892.html.)

 任务分析

仪容是指讲究容貌上的美化和修饰,包括美容与美发。对于社交中的女性来说,化妆则是一项主要的内容。也许有人认为化妆是一种人工美,不够自然,或者认为在上班时不用化妆。其实就如同有客人来家中拜访时你一定会把家里打扫干净一样,在与人交往时或工作时间,你也应以和悦的面容来接待客人。美好的仪容,既反映了个人爱美的意识,又体现了对他人的一种礼貌;既振奋了自己的精神,又表现了个人的敬业。因此,社交中不可忽视仪容。

从"情景导入"中的案例可以看出,正是仪容仪表上有差异和对比,才帮助肯尼迪取胜,竞选的结果当然也就不言而喻了。所以,在交际中仪容对每个人的形象塑造是非常重要的。那么,怎样进行自身的容貌修饰呢?应掌握哪些容貌修饰的基本技能?怎样化妆?应设计怎样的发型?等等,我们对于这些基本的问题是不能含糊的。

1.1 仪容的基本要求

1. 美观

漂亮、美丽、端庄的外观仪容是形成优美良好的社交形象的基本要素之一。人们都希望自己在社交场合中变得更美丽,这是无疑的,但事实上,有些人认为把发胶、摩丝喷在头上,把各种色彩涂抹在脸的相应部位就美了。因此,我们经常可以看到"横眉冷对""血盆大口""油头粉面"。这不是美,而是丑了。美观是指从效果来说的。要使仪容达到美观的效果,首先必须了解自己的脸形及脸的各部位特点,孰优孰劣要心中有数;其次要清楚怎样化妆、美发和矫正才能使自己扬长避短,变拙陋为俏丽,使容貌更迷人。这些,是要在把握脸部个性特征和正确的审美观的指导下进行的。

2. 自然

自然是美化仪容的最高境界,它使人看起来真实而生动,而不是似乎戴着一张呆板、生硬的面具。失去自然的效果,那就是假,假的东西就无生命力和美了。有位化妆师说过:"最高明的化妆术,是经过非常考究的化妆,让人家看起来好像没有化过妆一样,并且化出来的妆与主人的身份匹配,能自然表现出那个人的个性与气质。次级的化妆是把人突显出来,让她醒目,引起众人的注意。拙劣的化妆是一站出来别人就发现她化了很浓的妆,而这层妆是为了掩盖自己的缺点或年龄。最坏的一种化妆,是化妆后扭曲了自己的个性,又失去了五官的协调,例如,小眼睛的人竟化了浓眉,大脸蛋的人竟化了白脸,阔嘴的人竟化了红唇……"可见化妆的最高境界是无妆、自然。因此美好仪容要依赖正确的技巧,合适的化妆品,要一丝不苟、井井有条,要讲究过度、体现层次,要点面到位、浓淡相宜。这样才能使人感到自然、真实的美。

3. 协调

美化仪容的协调包括:第一,妆面协调。指化妆部位色彩搭配、浓淡协调,所化的妆针对脸部个性特点,整体设计协调。第二,全身协调。指脸部化妆、发型与服饰协调,力求取得完美的整体效果。第三,角色协调。指针对自己在社交中扮演的不同角色,采用不同的化妆手法和化妆品。如作为职业人员,应注意化妆后体现端庄稳重的气质;如作为专门从事公关、礼仪、接待、服务等的人员,出头露面的机会多,要表现出一定的人际吸引魅力,就应浓淡相宜,青春妩媚,适合人们共同的爱美之心。第四,场合协调。指化妆、发型要与所去的场合气氛要求一致。日常办公应略施淡妆;出入舞会、宴会,可化浓妆;参加追悼会应穿素衣,化淡妆。不同场合的不同化妆、发型,不仅会使化妆者内心保持平衡,也会使周围的人心理融洽。

1.2 化　　妆

1. 妆前准备

(1) 束发。用宽发带、毛巾等将头发束起或包起,最好再在肩上披块围巾,防止化妆时弄脏头发和衣服,也可避免散发妨碍化妆。这样会使脸部轮廓更加清晰明净,以便有针对性地化妆。

(2) 洁肤。用清洁霜、洗面奶或洗面皂清洁面部的污垢及油脂,有条件还可用洁肤水清除枯死细胞形成的皮屑,然后结合按摩涂上有营养的化妆水。

(3) 护肤。选择膏霜类,如日霜、晚霜、润肤霜、乳液等涂在脸上,令肌肤柔滑,并可防止化妆品与皮肤直接接触,起到保护皮肤的作用。

(4) 修眉。用眉钳、小剪修整眉形并拔除多余的眉毛,使之更加清秀。

2. 施妆过程

(1) 抹粉底。选择与肤色较接近的粉底,用海绵块或手指从鼻子处向外均匀涂抹,尤其不要忽视细小的部位,在头与脖子衔接处要渐淡下去。粉底不要太厚,以免像戴上一个面具。粉底抹完后要达到调整肤色、掩盖瑕疵,使皮肤细腻光洁的目的。

(2) 画眉毛。首先用眉刷自下而上将眉毛梳理整齐。然后用眉笔顺眉毛生长方向描画,眉毛从眉头起至2/3处为眉峰,描至眉峰处应以自然弧度描至眉尾,眉尾处渐淡。最后用眉刷顺眉毛生长方向刷几遍,使眉道自然、圆滑。

(3) 画眼影。眼影用什么颜色,用多少种颜色,如何画,是因人、因事而异的。一般深色眼影刷在最贴近上睫毛处,中间色刷在稍高处向眼尾处晕染,浅色刷在眉骨下。

(4) 画眼线。眼线要贴着睫毛根画,浓妆时可稍宽一些,淡妆时可稍细一些。上眼线内眼角方向应淡且细,外眼角方向则应加重,至外眼角时要向上挑一点,把眼角向上提,显得眼角上翘。

(5) 刷睫毛。先将睫毛用睫毛夹子夹得由内向外翻卷。然后用睫毛刷从睫毛根到睫毛尖刷上睫毛液,为了使睫毛显得长些、浓些,可在睫毛液干后再刷第二遍、第三遍。最后再用眉刷上的小梳子将粘在一起的睫毛梳开。

(6) 抹腮红。腮红应抹在微笑时面部形成的最高点,然后向耳朵上缘方向抹一条,将边缘晕开。可用腮红和阴影粉做脸形的矫正。如在宽鼻梁两侧抹浅咖啡色,鼻梁正中抹上白色,使鼻子立体感增强。

(7) 定妆。用粉扑蘸上干粉轻轻地、均匀地扑到妆面上,只需薄薄一层,以起到定妆作用,使妆面柔和,吸收粉底过多的光泽。扑好粉后,用大粉刷将妆面上的浮粉扫掉。

(8) 画口红。先用唇线笔画好唇廓,再用唇膏涂在唇廓内,可用唇刷涂,也可用棒式唇膏直接涂。口红的颜色应与服装及妆面相协调。为了使口红色彩持久,可用纸巾轻抿一下口红,然后扑上透明粉饼,再抹一次唇膏。

3. 妆后检查

(1) 检查左右是否对称。眼、眉、腮、唇、鼻侧等的两边形状、长短、大小、弧度是否对称,色彩浓淡是否一致。

(2) 检查过渡是否自然。脸与脖子,鼻梁与鼻侧,腮红与脸色,眼影、阴影层次等过渡是否自然。

(3) 检查整体与局部是否协调。化妆后,各局部是否有缺漏?是否有瑕疵?浓淡是否达到应有效果?整个妆面是否协调统一?应做统一检查。

(4) 检查整体是否完美。化妆要忌"手镜效果",即把镜子贴近脸部检查,虽然这样会看清细小的部分,但一般人只是在1米之外的距离与你面谈或招呼,所以要在镜前50厘米处审视自己,对脸部整体的平衡做出正确的判断。

4. 化妆的禁忌

(1) 切忌在公共场合化妆。在众目睽睽之下化妆是非常失礼的,这样做有碍于别人,也不尊重自己。

（2）女士不能当着男士化妆。如何让自己更加妩媚，应是每个女性的私人问题，即便是丈夫或男朋友，这点距离也是要有的，从某种意义上来说"距离"就是美。

（3）不能非议他人的化妆。由于个人文化修养、皮肤及种族的差异，每个人对化妆的要求及审美观是不一样的，不要总认为只有自己的化妆才是最好的。在和他人交往的过程中，即便是好朋友，也不要主动去为别人化妆、改妆及修饰，这样做就是强人所难和热情过度。

（4）不要借用别人的化妆品。如确实忘了带化妆盒而又需要化妆，在这种情况下除非别人主动给你提供方便，否则千万不要用人家的化妆品，因为这是极不卫生的，也是很不礼貌的。

（5）男士使用化妆品不宜过多。目前，男士化妆品也越来越多，但男女有别。男士不能使用过多的化妆品，否则会给人带来不良的印象，不要让人感到你化妆后有"男扮女装"的感觉。

5. 正确使用香水

使用香水应注意两方面的问题。首先是选择香型问题。一般来说应选择香味淡雅清香的香水。如果香味浓烈刺鼻，四周的人会很难忍受；在探望病人时，香水的味道更不能刺鼻，否则会造成病人的不适。其次是按正确部位喷洒或搽香水。搽香水的正确部位一般是耳后根、胸前、手肘、手腕内侧及膝盖关节后面；也可将香水直接喷洒在空中，让香水粒子自然掉落在身上。千万不能全身各部位都搽上香水，这样不仅不能有助于塑造你的整体形象，反而会使人对你敬而远之。

6. 不同脸形的化妆

脸部化妆一方面要突出面部五官最美的部分，使其更加美丽；另一方面要掩盖或矫正缺陷或不足的部分。经过化妆品修饰的美有两种：一种是趋于自然的美，另一种是艳丽的美。前者是通过恰当的淡妆来实现的，它给人以大方、悦目、清新的感觉，最适合在家或平时上班时使用。后者是通过浓妆来实现的，它给人以庄重、高贵的印象，可用在晚宴、演出等特殊的社交场合。无论是淡妆还是浓妆，都要利用各种技术恰当使用化妆品，通过一定的艺术处理，才能达到美化形象的目的。

（1）椭圆形脸化妆。椭圆形脸可谓公认的理想脸形，化妆时宜注意保持其自然形状，突出其可爱之处，不必通过化妆去改变脸形。

涂胭脂时，应涂在颊部颧骨的最高处，再向上向外揉化开去。

涂唇膏时，除嘴唇唇形有缺陷外，尽量按自然唇形涂抹。

修眉毛时，可顺着眼睛的轮廓修成弧形，眉头应与内眼角齐，眉尾可稍长于外眼角。

正因为椭圆形脸无须太多修饰，所以化妆时一定要找出脸部最动人、最美丽的部位予以突出，以免给人平平淡淡、毫无特点的印象。

（2）长形脸化妆。长形脸的人在化妆时力求达到的效果应是增加面部的宽度。

涂胭脂时，应注意离鼻子稍远些，在视觉上拉宽面部。涂抹时，可沿颧骨的最高处与太阳穴下方所构成的曲线部位，向外、向上抹开去。

涂唇膏时，依自己的唇样涂成最自然的样子，修改不宜过大。

施粉底时,若双颊下陷或者额部窄小,应在双颊和额部涂以浅色调的粉底,造成光影,使之变得丰满一些。

修眉毛时,应令其成弧形,切不可有棱有角的。眉毛的位置不宜太高,眉毛尾部切忌高翘。

(3) 圆形脸化妆。圆形脸予人可爱、玲珑之感,若要修正为椭圆形并不十分困难。

涂胭脂时,可从颧骨起始涂至下颌部,注意不能简单地在颧骨凸出部位涂成圆形。

涂唇膏时,可在上嘴唇涂成浅浅的弓形,不能涂成圆形的小嘴状,以免有圆上加圆之感。

施粉底时,可用来在两颊造阴影,使圆形脸瘦一点。选用暗色调粉底,沿额头靠近发际处起向下窄窄地涂抹,至颧骨部位下可加宽涂抹的面积,造成脸部亮度自颧骨以下逐步集中于鼻子、嘴唇、下巴附近部位。

眉毛可以修成自然的弧形,可作少许弯曲,不要太平直或有棱角,也不要过于弯曲。

(4) 方形脸化妆。方形脸的人以双颊骨突出为特点,因而在化妆时要设法加以掩蔽,增加柔和感。

涂胭脂时,宜涂抹得与眼部平行,切忌涂在颧骨最突出处。可抹在颧骨稍下处并往外揉开。

涂唇膏时,可涂丰满一些,强调柔和感。

施粉底时,可用暗色调在颧骨最宽处造成阴影,令其方正感减弱。下颚部宜用大面积的暗色调粉底造阴影,以改变面部轮廓。

修眉毛时,应修得稍宽一些,眉形可稍带弯曲,不宜有角。

(5) 三角形脸化妆。三角形脸的特点是额部较窄而两腮较阔,整个脸部呈上小下宽状。化妆时应将下部宽角"削"去,把脸形变为椭圆状。

涂胭脂时,可由外眼角处起始,向下抹涂,令脸部上半部分拉宽一些。

涂唇膏时,注意使唇角稍向上翘,唇形可适当外扩。

施粉底时,可用较深色调的粉底在两腮部位涂抹、掩饰。

修眉毛时,宜保持自然状态,不可太平直或太弯曲。

(6) 倒三角形脸化妆。倒三角形脸的特点是额部较宽大而两腮较窄小,呈上阔下窄状。人们常说的"瓜子脸""心形脸"即指这种脸形。化妆时,掌握的诀窍与三角形脸相似,需要修饰部分则正好相反。

涂胭脂时,应涂在颧骨最突出处,而后向上、向外揉开。

涂唇膏时,宜用稍亮些的唇膏以加强柔和感,唇形宜稍宽厚些。

施粉底时,可用较深色调的粉底涂在过宽的额头两侧,而用较浅的粉底涂抹在两腮及下巴处,造成掩饰上部、突出下部的效果。

修眉毛时,应顺着眼部轮廓修成自然的眉形,眉尾不可上翘,描时从眉心到眉尾宜由深渐浅。

1.3 饰　　发

漂亮的发型,可以使人在社交中增强自信心,提高人们的审美,体现人们对生活的热爱。不同的发型,能带给人整洁、庄重、洒脱、文雅、活泼的不同感觉,因而不同的气质、爱好、脸形、发质、年龄的人要针对自身情况,扬长避短,选择和修饰适合自己的发型。图1-1所示是影星赫本的经典发型。饰发主要应注意以下几方面。

图1-1　影星赫本的经典发型

1. 保持头发的清洁和健康

中国人一般认为头发健康的标准就是具有光泽、发色乌黑、清洁滋润、无头皮屑。当然这离不开平日均衡的营养、适当的运动、充分的休息与头发的护理,另外也离不开定期清洁与修剪。至于洗头的次数可以因人而异,如发质较油腻的人,或是运动量多且易流汗的人,还是天天洗较理想。而活动量少或头皮较干燥的人可两三天洗一次头。清洁是保持美丽头发最重要的一项。其次要勤梳理修剪,如头发像堆稻草,毫不修整,就会给人邋遢之感。

2. 注意发型与脸形的配合

饰发也是为了仪容的美观,因而要与脸形相配合才能产生整体美。

(1) 三角形脸。其特点是前额宽而颧骨高,两颊修削至尖小的下颚。适合长至肩位松散的发型,使前额看起来较修长。

(2) 长方形脸。其特点是前额宽如颧骨和腮边一般。适合斜角的刘海或两旁较浓密的发型,两者都可产生阔度上的错觉。

(3) 正方形脸。其特点是具有方形的前额,同颧骨和腮边一样宽,而方形脸有腮骨是显著的特征。适合一排横过眼眉的小束形刘海发型,这样会弱化脸部的方角感,头发的卷曲和波纹会转移别人对角形边关注的视线。

(4) 圆形脸。其特点是脸面的长与宽几乎均等,而两颧之间是最宽的部分。适合将头发向后直梳,只强调出你想遮藏的圆度。若是短发,就使头顶头发浓密;若是长发,则使颈部的头发浓密起来,以转移别人注意圆度的视线。

(5) 椭圆形脸。其特点是前额宽于下颚,颧骨是最受关注的重点,而脸庞则从颧位开始适度地修削至微尖的卵形下颌。许多发型都能衬托这样的脸形,关键就在于简单,而不应选蓬松的发型以破坏完美的脸形。

3. 兼顾发型的美观与方便

美丽的发型千姿百态,而且随着时代的发展,发型的流行趋势也在千变万化,昨天还流行飘逸的长发,今天又流行翻翘式的短发。在选择发型时既要追求美观与时尚,又要兼顾方便易梳。例如,在美容院可以梳理出许多漂亮的发型,但若是自己无法整理出此发型,那么最好还是放弃,因为很少有人能天天去美容院。尤其是职业女性,每天又要工作又要照顾家庭,最好选择洗发后不必太费时整理的发型。发型的整理既然每天都必须做,所以以力求简单方便而易于整理的发型为佳,这样可避免增加额外负担。如果想使头发长久保持发型,简单易行的方法就是早上吹头发时预先喷些胶水或啫喱水,然后用热风吹干,这样发型就可长久不变,保持一天的美丽与清爽。

1.4 护 手

社交中要经常与人握手,要做各种手势,所以健康美观的双手和手上的指甲都是不可忽视的一部分。

1. 护理指甲

和保持身体其他部分的健康一样,指甲也必须从护理和营养着手,才可保持其健康。指甲是身体最先表露紧张、疾病或不良饮食习惯症状的部分。如果它们的健康被忽视,便会出现干燥、起薄片和脆裂的现象,因此必须注意日常的营养和定期护理。应定期修剪指甲,将其修剪成椭圆形不仅使之变得美观,而且可保持它们的健康。对手指进行简单的按摩,可促进指尖血液循环,有利于营养和氧气输至指甲。另外,女性可根据不同情况的需要,涂上不同颜色的甲油胶来美化指甲。涂甲油胶的步骤如下。

(1) 首先将指甲清理干净;

(2) 将指尖在温水中浸泡几分钟,起到舒缓表皮的作用;

(3) 抹干双手,在每个指甲根部涂表层去除剂,两分钟后,用指甲钳轻轻将指甲根部的表皮向后推,直至显现指甲根部的半弯月位;

(4) 涂上底层护甲油,以使指甲油更加持久,而且可以防止深色甲油胶渗到指甲的缝隙中;

(5) 涂甲油胶时,每个指甲只需涂三下便足够,先是指甲中央,接着是两旁;用烤灯将甲油胶烤干后,再涂第二层;

(6) 涂上表层护甲油,可在甲尖底部也涂护甲油,有助于防止折断、崩裂。

2. 滋润双手

拥有一双美丽的纤纤玉手对女性来说是非常重要的。在招待客人并给对方端茶时,在签字仪式上众目注视时,如果自己的手非常漂亮,不但可表现出自己的魅力,同时也会让他人觉得非常舒服。因此,平时就要多多注意手部的保养。

手部肌肤的油脂腺较少,较身体其他部分更易变得干燥,但又经常需要暴露于空气中,因此应细心呵护双手。护手要做到以下几点：
(1) 每晚用滋润的润手霜按摩双手；
(2) 经常除去手上的死皮；
(3) 做家务或粗活时戴上手套；
(4) 经常运动,使之保持柔软；
(5) 偶尔可敷上一些现成或自制的护手膜。

 ## 实训项目

项目1：发型的选择
实训目标：掌握选择发型的基本要领。
实训学时：1学时。
实训地点：教室。
实训方法：选择若干学员上台展示自己的发型,并说明其理由。台下的学员予以点评并提出具体的发型建议,评选出三位最佳发型。最后教师总结。
训练手记：通过训练,我的收获是_____
_____。

项目2：皮肤护理
实训目标：了解皮肤类型的自我测试方法；掌握皮肤护理的操作要领。
实训学时：1学时。
实训地点：实训室。
实训准备：洗脸盆、毛巾、清洁纸巾、洗面奶等。
实训方法：分小组操作,每组针对一种皮肤类型进行护理,每组中一位同学重点操作,其他同学辅助操作。
训练手记：通过训练,我的收获是_____
_____。

项目3：举行仪容形象设计展示会
实训目标：综合运用仪容设计的知识和技巧,提高个人仪容设计基本技能。
实训学时：2学时。
实训地点：实训室。
实训准备：化妆盒、棉球、粉底霜、胭脂、眼影、眉笔、唇彩、香水等化妆用品。
实训方法如下。
(1) 将全班学生分组,两两一组,要求其根据所学仪容礼仪知识,扬长避短展现出最美丽的妆容。
(2) 在课堂上分组进行形象展示,最好用数码相机进行拍摄,由学生互评,要求从面部化妆、发型设计方面进行重点评价。

(3) 由教师进行总结评价,重点评价各组存在的共性问题。
(4) 由全班评出"最佳表现"妆容。

训练手记:通过训练,我的收获是＿＿＿＿＿＿＿＿＿＿＿＿＿＿＿＿＿＿＿＿＿
＿＿＿＿＿＿＿＿＿＿＿＿＿＿＿＿＿＿＿＿＿＿＿＿＿＿＿＿＿＿＿＿＿＿。

 案例讨论

案例1

松下与理发师

日本著名跨国公司"松下电器"的创始人、被称为"经营之神"的松下幸之助,从前不修边幅,企业也不注重形象,因此企业发展缓慢。一次到银座的一家理发室去理发,理发师看到他的形象后,毫不客气地对他说:"你对自己的容貌修饰毫不重视,就如同将你的产品弄脏似的。作为公司的代表,如果你不注意形象,产品能打开销路吗?"一句话将松下幸之助问得哑口无言。他将理发师的劝告牢记在心,从此以后对自己的外在形象十分重视,生意也随之兴旺起来。现在,松下电器的产品享誉天下,与松下幸之助长期率先垂范,要求员工懂礼貌、讲礼节是分不开的。

(资料来源:国英.公共关系与现代礼仪案例[M].北京:机械工业出版社,2004.)

思考题:

(1) 为什么要注意仪容美?
(2) 本案例对你有何启示?请写下来并上传至共享群。

案例2

李霞,你过得好吗?

今天是李霞的大学同学毕业20周年聚会的日子。李霞在毕业后就没有见过任何一位同学。对于今天的同学聚会,李霞非常激动。平时不怎么化妆的她觉得应该把自己好好地打扮一下。于是她涂上厚厚的白粉,抹上深紫色的口红和深蓝色的眼影,兴高采烈地来到聚会地点。当她出现在同学面前时,同学们都大吃一惊,有的同学还走过来关切地问她是否过得不如意,说她看起来脸色不好,充满了沧桑感,她的心情一下就降到了冰点,她纳闷同学们莫名的惊讶与关心,她觉得自己过得很好。

(资料来源:陈光谊.现代实用社交礼仪[M].3版.北京:清华大学出版社,2017.)

思考题:

(1) 李霞在仪容打扮上存在什么问题?
(2) 本案例对你有哪些启示?请写下来并上传至共享群。

案例3

一道道奇特的"风景线"

阿美和阿娟是一所美容学校的学生,初学化妆非常有兴趣,走在大街上,总爱观察别人的妆容,因此发现了一道道奇特"风景线"。

一位中年妇女没有做其他化妆,只涂了嘴唇,而且是那种很红很艳的唇膏,只突出了一张嘴。一位女士的妆容看起来真的很漂亮,只可惜脸上精妙绝伦,脖子却粗糙马虎,在脸庞轮廓上有明显的分界线,像戴了面具一样。再看,还有的女士用粗的黑色眼线将眼睛轮廓包围起来,像个"大括号",看上去那么的生硬、不自然。一位很漂亮的女士,身穿蓝色调的时装,却涂着橘红色的唇膏……

(资料来源:国英.公共关系与现代礼仪案例[M].北京:机械工业出版社,2004.)

思考题:
(1) 请帮助阿美和阿娟分析一下,针对以上几种情形,自己化妆时应注意哪些问题?
(2) 本案例对你有何启示?

案例 4

气质魅力从头开始

华盛集团公司的卫董事长有一次要接受电视台的采访。为了郑重起见,事前卫董事长特意向公司为自己特聘的个人形象顾问咨询,有无特别需要注意的事项。对方专程赶来之后,仅仅向卫董事长提了一项建议:换一个较为儒雅而精神的发型,并且一定要剃去鬓角。对方的理由是:发型对一个人的上镜效果至关重要。果然,改换了发型之后的卫董事长在电视上亮相时,形象焕然一新。他的发型显得他精明强干,他的谈吐显得他深刻稳健。两者相辅相成,令电视观众们纷纷为之倾倒。

(资料来源:张文.礼仪修养与实训教程[M].广州:华南理工大学出版社,2009.)

思考题:
(1) 发型在社交中发挥了怎样的作用?
(2) 本案例对你有哪些启示?请写下来并上传至共享群。

课后练习

一、判断题
(1) 事实上,修饰与维护对于仪容的优劣而言往往起着一定的作用。　　(　)
(2) 女士出席宴会、舞会的场合,可以把妆化得浓一些。　　(　)
(3) 女士工作时间可以化妆。　　(　)
(4) 身材娇小者适宜留短发或盘发。　　(　)
(5) 面容美化主要针对女性而言,男性无所谓。　　(　)
(6) 可以当众化妆。　　(　)
(7) 女士在工作岗位上处理超长头发应盘起来、束起来或编起来。　　(　)
(8) 可以在全身各部位都搽上香水。　　(　)
(9) 每晚应用润手霜按摩双手。　　(　)
(10) 自然是美化仪容的最高境界。　　(　)

二、思考与操作
(1) 请收集一下关于皮肤类型的资料,分析一下自己的皮肤是什么类型,在保养方面要注意哪些要点。

(2) 请每日按照科学的化妆和护肤方法进行仪容修饰与保养。

(3) 你的脸形、发质和职业最适合哪种发型？

(4) 作为女士，你能用5分钟时间给自己化一个漂亮的工作妆吗？请实际操作，如果结果不令你满意，要继续实践，反复练习，直到取得满意效果为止。

(5) 男士如何保持仪容整洁？

(6) 请对着镜子检查一下，此刻的你，在个人卫生方面还有哪些地方需要改进？

(7) 请思考自己在哪些场合可使用香水？使用哪种类型香水比较得体？

(8) 假如你是一名即将毕业的大学生，准备去参加招聘面试，为了能更好地展示自己良好的形象，能在众多的应聘者中脱颖而出，除了注意服装搭配外，在仪容修饰方面你该如何准备？

评价考核

能力评价表

内容		评价	
学习目标	评价内容	小组评价(5、4、3、2、1)	教师评价(5、4、3、2、1)
知识(应知应会)	仪容的基本要求		
	头发护理常识及头发美化原则和技巧		
专业能力	简单化妆		
	头发护理		
	护手的方法		
通用能力	自我管理能力		
	审美能力		
	自控能力		
态度	一丝不苟、遵守规范		
努力方向：		建议：	

任务 2 服　　饰

衣冠不正,则宾者不肃。

——《管子·形势篇》

千万不要华丽而低俗,因为从衣服往往可以看出一个人。

——[英]莎士比亚

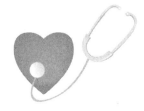

任务目标

- 根据自身特点以及交际场合等的不同,有针对性地选择合适的服饰。
- 男士正确地进行西装的穿着,并能够熟练地打领带。
- 女士正确地进行西装套裙的穿着。
- 服装穿着注重和谐及色彩搭配合理。
- 得体地佩戴各类饰物。
- 养成进行仪容仪表自我检测的习惯。

 情景导入

  有一家海外知名企业的董事长要来本市访问,有寻求合作伙伴的意向。某商务信息公司的王总经理获悉这一情况后,请有关部门为双方牵线搭桥,让他喜出望外的是,对方也有合作意向,而且希望尽快见面。到了双方会面的那一天,王总特意在公司挑选了几名漂亮的部门女秘书来做接待工作,并特别指示她们穿紧身的上衣、黑色的皮裙。他认为这种时尚、性感的装束一定会让外商觉得自己对他们的到来格外重视,因此,一定会赢得他们的好感和信任。这时,正在准备工作的办公室秘书小李惊异地看到这几位漂亮姑娘,她皱着眉头,想要说什么又咽了回去。过了一会儿,她还是忍不住对王总说:"王总,做接待工作是不适合穿这种服装的。"王总惊讶地问道:"是吗?为什么?"

  (资料来源:王芬.秘书礼仪实务[M].3版.北京:电子工业出版社,2020.)

 任务分析

  整洁美观的服饰是人们能用以改变自己或烘托自己的最好、使用最频繁的"武器"。早在1972年,世界著名心理学家及讲演大师肯利教授发现,在高中女孩的交往友谊中,穿衣最重要,占留给别人印象的67%之多,在多年之后,我们即便回忆不起当年的容貌,却对"当时穿什么"印象特深。其次才是个性,再次是共同的兴趣。因而他发现了着装是一个强烈、显著的信号,并告诉人们一个原则:服装只要运用得当,就是最有利的沟通工具之一,也是最便捷的人际交往"名片"。并且进一步通过实验证实,着装能让我们得到不同的待遇。假如穿戴像一个成功的人,就能在各种场合得到应有的尊敬和善待。肯利教授最后指出,在任何事业上,成功穿着能够帮助我们取得更大成功。

  本任务"情景导入"中的案例说明:着装是要分场合、讲礼仪的。在正式的商务接待中,接待人员不适宜穿紧身上衣和皮裙。女性穿紧身上衣只适合于休闲或一般的交际场合,而穿皮裙则更不合适,因为在西方传统的观念中,这种打扮是一些社会地位低微、行为举止轻浮的女性的所爱。

2.1 正装的穿着

服饰是指一个人的衣着穿戴。许多人认为"穿衣戴帽各有所好",不赞同"人靠衣装"这句忽略人真正价值的势利观念,然而现实生活中"以貌取人"却是普遍发生的。心理学家曾做过一个有趣的实验,把 10 张小姑娘的照片给受试者看,其中 8 人容貌服饰好,另两位姑娘长相差,衣服也破旧,心理学家告诉受试者,其中 1 人是小偷,结果有 80% 的受试者认为后者是小偷。可见,优雅得体、和谐的服饰有着不可忽视的作用。

服饰美能增强自信与自尊,能树立良好形象。服饰穿着整洁大方、自然得体,不仅是对别人的尊重,也反映了自身形象、尊严与素养。

服装根据适用的场合不同,一般可分为功能与特点都不相同的两大类别。即在正式场合中穿着的礼服、职业装等正式服装和在非正式场合穿着的家居服、休闲服等便装。便装较注重自我感觉、方便、舒适、轻松,而正式服装较注重社会评价、严谨、规范、时宜。在社交活动中,人们更多穿着的是正式服装,正式服装主要有以下几类:

1. 男士的西装

西装是男士通用的职业服装,也是现代社交活动中最得体的服装。许多涉外机构,包括国内一些大企业,明文规定职员不能穿短裤、休闲装上班,要求男士必须穿西服打领带。一些剧院也规定了观看者须西服革履。男士服装的流行式样变化较小,因而应准备几套做工考究的西装以应付各种社交场合。

男士西服一般分为美式、英式和欧式三类,如图 2-1 所示。男士西装也分西服套装和西服便装。西服套装有两件套和三件套(外套、马甲、裤子)、双排扣和单排扣、三个扣眼和两个扣眼之分。

美式西服　　　　欧式变形西服　　　　英式西服　　　　欧式西服

图 2-1　西服的式样

一般男士最好备三套正式西装,应选用较好的毛织品或毛涤混纺织物,采用不鲜艳、没有明显图案的单色。做工要精细,裁剪要合体,式样可趋于保守。为了提高每套西装的利用率,可选偏暗的色彩,适用于办公室、会议、宴会等多种场合。平时上班或参加不太正式的社交活动,可以不穿马甲,只穿套装。有条件的,西装不妨多备一两套,暗色、中性色均有,以分别用于不同场合。

西装的上衣如果是双排扣,不管在什么场合都应把纽扣全部扣上;单排扣西装则可因场合而定,一般两个扣眼的只扣上面一个;三个扣眼的可扣第二个。如全部扣上显得拘谨;扣第一个显得土气;只扣第三个显得流气;在非正式场合全部敞开却既潇洒自由,又不失礼。但参加宴会、婚礼等正式合必须扣上扣子。

西服套装要与领带、衬衫配套。在社交场合,穿西服套装一定要系领带,穿衬衫。在正式场合穿西服套装不仅要配领带与衬衫,而且衬衫领子要挺括、合体,颜色一般为浅色,白色衬衫可搭配多种颜色的西装。西装衬衫领子的式样分为标准领、立领、宽角领等,如图 2-2 所示。

标准领　　　　立领　　　　宽角领

图 2-2　衬衫领子式样

与西装配套穿着的毛衣、毛背心应是 V 形领,领带应放在 V 形领毛衣里面。一身得体的西装,配上一条精致的领带,会使男士尽显风度,领带对西装有很好的装饰作用,如图 2-3 所示。

正式场合的领带以深色为宜,非正式场合的领带以浅色、艳丽为好。领带的颜色一般不宜与服装颜色完全一样(参加凭吊活动穿黑西装、系黑领带除外),以免给人以呆板的感觉。具体做法是:领带底色可与西装同色系或邻近色,但两者色彩的深浅明暗不同,如米色西装配咖啡色领带;二是领带与西装同是暗色,但色彩要形成对比,如黑西装配暗红色领带;三是一色的西装配花领带,花领带上的一种颜色尽可能与西装的颜色相呼应。

图 2-3　领带

领带的打法主要有以下五种方法。

(1) 平结。平结(见图 2-4)为男士最多选用的领结打法之一,几乎适用于各种材质的领带。要诀:领结下方所形成的凹洞需让两边均匀且对称。

图 2-4　平结

(2) 交叉结。交叉结(见图 2-5)是对于单色素雅质料且较薄领带适合选用的领结。对于喜欢展现流行感的男士不妨多加使用。

图 2-5　交叉结

（3）双环结。双环结（见图 2-6）能营造时尚感，适合年轻的上班族选用该领结。完成的特色就是第一圈会稍露出于第二圈之外，但别刻意给盖住了。

图 2-6　双环结

（4）温莎结。温莎结（见图 2-7）适用于宽领带型的衬衫，该领结应多往横向发展，应避免材质过厚的领带，领结也勿打得过大。

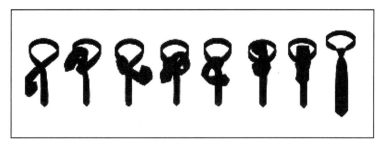

图 2-7　温莎结

（5）双交叉结。双交叉结（见图 2-8）很容易让人有种高雅且隆重的感觉，适合正式活动场合选用该领结。应多运用在素色的丝质领带上，不但适合搭配大翻领的衬衫且有种尊贵感。

图 2-8　双交叉结

男士穿着西服套装时应注意：合体上衣应长过臀部，四周下垂平衡，手臂伸直时上衣的袖子恰好过腕部。领子应紧贴后颈部。衬衫领子稍露出外衣领。衬衫的袖口也应长出外衣袖口1~2厘米。领带结需靠在衣领上，但不能勒住脖子，也不能太往下，显得松松垮垮、不精神。领带系好后，垂下的长度应触及腰带上，超过腰带或不及腰带都不符合要求。领带用领带夹固定，西装上衣左胸部的装饰袋，有时用来插放绢饰，不可用来放钢笔之类的其他东西，钢笔应放在衣服内袋中。西装的裤子要合体，要有裤线，裤长要离脚面1~2厘米。西服套装要配穿皮鞋，式样要稍保守，颜色与衣服相协调。在日常工作中及非正式场合的社交活动，男士可穿西服便装。西服便装上下装不要求严格配套一致，颜色可上浅下深，面料也可以上柔下挺。可以衬衫、领带配西裤，也可以不扎领带，不穿衬衫，而穿套头衫或毛衣。

此外，男士参加社交活动也可穿中山装、民族服装或夹克。尤其是在国内参加活动时，如出席庆典仪式（包括吊唁活动）、正式宴会、领导人会见国宾等隆重活动，可穿中山装与民族服装，在一些非正式场合也可以穿夹克衫。

男士在社交中穿中山装应选择上下同色同质的深色毛料中山装，一般配以黑色皮鞋。中山装衣服要平整、挺括，裤子要有裤线。穿着时要扣好领扣、领钩、裤扣。在非正式社交场合中，男士也可穿夹克衫等便装，但同样应注意服装的清洁与整齐。

男士外出还可准备一件大衣或风衣，在正式场合一般不宜穿风衣或大衣，在需要室外活动的场合，大衣或风衣既可保暖挡风，又可增添不少潇洒的风采。

2. 女士西装套裙

女士西装套裙是女士的重要正装之一。著名设计师韦斯特任德说过："职业套装更能显露女性高雅气质和独特魅力。"在女性所有的服装中，西装套裙是所有职业女性的正式场合穿着的首选，也是标准的职业装。西服套裙的穿着要注意以下方面。

1) 选择合适的套裙

面料最好是纯天然质地又是质量上乘的。上衣、裙子及背心等应选用同一种面料。在外观上，套裙所用的面料，讲究的是匀称、平整、滑润、光洁，不仅有弹性、手感好，而且应当不起皱、不起毛、不起球。色彩上应当以冷色调为主，借以体现出着装者的典雅、端庄与稳重。一套套裙的全部色彩不要超过两种，不然就会显得杂乱无章。按照常规，商界女士在正式场合穿着的套裙，可以不带任何图案。不宜添加过多的点缀。一般而言，以贴布、绣花、花边、金线、彩条、亮片、珍珠、皮革等加点缀或装饰的套裙都不适宜商界女士穿着。上衣不宜过长，下裙不宜过短。裙子下摆恰好到小腿最丰满处，乃是最为标准、最为理想的裙长。紧身式上衣显得较为正统，松身式上衣则看起来更加时髦一些。H形上衣较为宽松，裙子多为筒式；X形上衣多为紧身式，裙子大多为喇叭式；A形上衣为紧身式，裙子则为宽松式；Y形上衣为松身式，裙子多为紧身式，并以筒式为主。套裙款式的变化主要体现在上衣和裙子方面。上衣的变化主要体现在衣领方面，除常见的平驳领、驳领、一字领、圆状领之外，青果领、披肩领、燕翼领等并不罕见。裙子的式样常见的有西装裙、一步裙、筒式裙等，显得款式端庄、线条优美；百褶裙、旗袍裙、A形裙等，显得飘逸洒脱、高雅漂亮。

2) 选择和套裙配套的衬衫

与套裙配套穿着的衬衫，有不少的讲究。从面料上讲，主要要求轻薄而柔软，如真丝、麻纱、府绸、罗布、涤棉等都可以用作其面料。从色彩上来讲，则要求雅致而端庄，不失女性的妩媚。除了作为"基本型"的白色外,其他各式各样的色彩,包括流行在内,只要不是过于鲜艳,并且与所穿的套裙的色彩不相互排斥,均可用作衬衫的色彩。不过,还是以单色为最佳之选。同时,还要注意,应使衬衫的色彩与所穿的套裙的色彩互相般配,要么外深内浅,要么外浅内深,形成两者的深浅对比。

3) 选择和套裙配套的内衣

一套内衣往往由胸罩、内裤以及腹带、吊袜带、连体衣等构成。它应当柔软贴身,并且起着支撑和烘托女性线条的作用。鉴于此,选择内衣时,最关键的是大小适当。

内衣所用的面料,以纯棉、真丝等为佳。它的色彩可以是常规的白色、肉色,也可以是粉色、红色、紫色、棕色、蓝色、黑色。不过,一套内衣最好同为一色,而且其各个组成部分亦为单色。就图案而论,着装者完全可以根据个人爱好加以选择。

内衣的具体款式甚多。在进行选择时特别应当关注的是,穿上内衣之后,不应当使它的轮廓一目了然地在套裙之外展现出来。

4) 选择合适的鞋袜

选择鞋袜时,首先要注意其面料。女士所穿的与套裙配套的鞋子,最好为皮鞋,并且以牛皮鞋为上品。所穿的袜子,则可以是尼龙丝袜或羊毛线袜。

鞋袜的色彩则有许多特殊的要求。与套裙配套的皮鞋,以黑色最为正统。此外,与套裙色彩一致的皮鞋亦可选择。但是鲜红、明黄、艳绿、浅紫的鞋子,则最好不要尝试。穿着套裙时所穿的袜子,可有肉色、黑色、浅灰、浅棕等几种常规选择,只是它们最好为单色。多色袜、彩色袜以及白色、红色、蓝色、绿色、紫色等色彩的袜子都是不适宜的。

鞋袜在与套裙搭配穿着时,要注意其款式。与套裙配套的鞋子,宜为高跟、半高跟的船式皮鞋或盖式皮鞋,系带式皮鞋、丁字式皮鞋、皮靴、皮凉鞋等都不宜采用。高筒袜与连裤袜则是与套裙的标准搭配,中筒袜、低筒袜绝对不宜与套裙同时穿着。

3. 女士连衣裙

连衣裙是上衣和裙子的结合体,它不但能尽显女士特有的恬静与妩媚,而且穿着便捷、舒适。连衣裙也可与西装外套等组合搭配,提高服装的使用率。连衣裙的造型丰富多彩,有前开襟、后开襟、全开襟和半开襟的;有紧身的、宽松的、喇叭形、三角形、倒三角形的;有无领的、有领的;有方领的、尖领的、圆角领的;有超短的、过膝的、拖地的等,各种各样。它们为各种身材的女士运用于不同场合提供了很多种选择。

穿着连衣裙时虽以个人爱好、流行时尚而定,但社交场合的连衣裙还应以大方典雅为宜。单色连衣裙在大多数场合效果都很好,点、条、格等面料的连衣裙图案也要力求简洁。穿连衣裙要注意避免如下情况:一是受时髦潮流的影响,穿的连衣裙太流行或趋于怪异,变得俗不可耐或荒诞不经。二是不顾及环境,穿着领口过低且过紧的连衣裙,或者其面料过透,使人感到极不雅观。正所谓"酌奇而不失其真,玩华而不坠其实"。

4. 女士旗袍

旗袍被公认为是最能体现女性曲线美的一种服装,其源自满族。我国是一个有着300多年穿着旗袍传统的国度。近年来旗袍带着一股从未有过的震撼力影响着世界各地女性的穿着,它像一种特殊的世界语言,迅速被各种族人们接受,打破了只有东方女性才适合穿着的传统论断,因而旗袍也可作为社交中的礼服。旗袍作为礼服,一般采用有紧扣的高领、贴身、长度过膝,两旁开衩、斜式开襟、袖口至手腕上方或肘关节上端的款式,面料以高级呢绒绸缎为主,配以高跟鞋或半高跟鞋。

2.2 制服的穿着

所谓制服,是指上班族在其工作岗位上按照规定必须穿着的,由其所在单位统一制作下发的,且款式、面料、色彩均整齐划一的服装。对职场人士而言,制服其实是自己在工作岗位上按照规定必须穿着的上班装,或叫工作服。

1. 制服的分类

在职场中,制服最常采用的分类方法有以下四种。

(1) 按性别分。总的来说,制服明显地具有"中性化"特点。有时,它甚至可以不分男女。不过为了照顾男女的不同生理特点,并且在工作中使之得以分辨清楚,因此制服通常都有男式与女式的区别。

(2) 按用途分。由于职场人士工作的具体岗位往往各不相同,制服依照其具体用途可分为办公服、礼宾服与劳动服三类。办公服主要用于办公室工作人员;礼宾服主要用于礼宾岗位上的礼仪人员;劳动服则用于生产一线人员工作时穿着。

(3) 按职级分。在许多大型的公司、企业里,不同级别的工作人员的制服各不相同,不同部门的制服也区分得一清二楚,这样不仅可以方便自己的交往对象,也可以增强着装者的责任心与荣誉感。

(4) 按季节分。我国很多地区的四季温差较大,因此制服也自然地随季节的变化而有所变化。四季温差明显的地区,通常将制服分为夏装、冬装与春秋装三类;而在一年内只有冷暖两季的地区,制服则一般分为暖季装和冷季装两类;在热带地区,由于四季都很炎热,通常只有夏装这一种制服。

2. 制服的作用

(1) 标识作用。因为制服是本行业、本单位的醒目的、独一无二的标志,可以使着装者与其他行业、其他单位的工作人员区分开来。例如,酒店制服的这一标志作用,通常是通过其独特的式样、色彩、图案以及所配套佩戴的帽子、徽章等具体表现出来。

(2) 激励作用。工作人员统一身着制服将进一步强化其职业特点,使着装者在内心形成与职业紧密相连的特殊使命感、责任感和荣誉感。身着制服同时佩戴标明其姓名、职称、部门的标牌,则更能充分促使员工积极、主动地工作,并且认真约束自己。许多制服配套的徽章有着非常重要的内涵,并带给着装者潜移默化的影响。另外,制服也保证了全体员工着装的整齐划一,同时还可以增强其归属感、向心力和凝聚力。

(3) 保护作用。职场人士在工作中统一身着制服,对其本身往往具有一定的保护作用。这种保护作用,体现在以下二个方面:一是可以保护身体,许多制服人都具备身体防护的功能,在工作中按规定穿着,可减少身体受伤害的概率;二是可以维护尊严,身着制服往往可使人增加权威感,工作人员身着制服上岗,既有助于维护自尊,又易于受人尊敬;三是可以区别身份,制服通常都有等级之分,在工作之中不同等级者身穿不同种类的制服,既易于区别身份又便于管理。

(4) 宣传作用。服务人员所穿的制服具有视觉上的宣传作用。身着整齐而美观的制服的服务人员,都会自觉或不自觉地宣传自己所在的企业,使之受到社会的关注。许多企业也根据地方特色、民族风俗制作具有文化象征意义的制服,在一定程度上对当地文化的宣传起到有益作用。

3. 制服的选择

制服的选择应考虑款式、做工、面料、色彩、分类等。

(1) 款式。制服的基本要求是高雅、端庄。它既应当有实用性,又应当不失传统与保守;既应当与众不同,又不宜一味追求时尚;既应当体现出自己的特色,又不可为了标新立异而以奇装异服的面目出现。总的来讲,职场人士穿上制服后,应当显得精明干练、神气十足、文质彬彬、温文尔雅。具体而言,制服目前多为两件套式,即由一件上装与一件下装构成。制服中的上装有西装式、夹克式、衬衫式、猎装式、两用衫式等,下装则有裤装式、裙装式、背带装式等。

(2) 做工。制服的做工不应铺张浪费,而应讲究精细严谨,精益求精,绝对不允许对制服进行粗制滥造。要做到这一点,就必须严守制服的制作标准。尤其应当谨记,绝不允许以任何借口在制作制服时偷工减料,从而造成其看起来粗陋不堪、面目全非,也不允许在制作制服时粗针大线、马马虎虎。为此,在加工、制作制服时,务必严加监管、抽查与验收。另外,在检查一套制服的制作质量时,尤其需要注意下面几个细节问题:领子是否大小相当;衣袋是否端正、对称;衣袖、裤管是否长短一致;肩线、裤缝、裙腰是否平直;衬里是否外露;纽扣、拉锁、挂钩、别针、裤襻是否钉得结实;纽扣与扣眼是否对应;拉锁是否能用;等等。如果允许,最好实行量体裁衣,力求做到大小合身。

(3) 面料。制作制服的面料,应当尽可能要精良上乘。一般情况下,经济实惠、美观体面应是其根本方针,因此,纯棉、纯毛、棉毛、毛麻、棉麻、毛涤等面料应优先考虑。这些面料通常都质地天然、外形美观,而且吸湿、透气效果也极佳。

有时为了从事某些特殊工作或是适应某些特殊环境的需要,制服面料通常还要具备某些比较特殊的功能,如防水、防火、防尘、防风、防静电、防辐射、防氧化、防高低温等。在选择制作此类特种用途的制服的面料时,更要一丝不苟、精益求精、严格把关,绝对不允许降低标准,以次充好。

(4) 色彩。统一制作的制服,在色彩方面不宜过于繁多或杂乱,否则看起来杂乱无章、花里胡哨,这将无益于维护公司的整体形象。因此,总体上讲,统一制作的制服,其色彩宜少而不宜多,一般应当在优先选择本单位的标志性色彩的基础上,选择单一而偏深的色彩。①

4. 制服的穿着规范

每天,服务人员在上岗前,必须在全身镜前整理制服,避免出现以下四个穿着的问题,

---

① 储倍.商务礼仪[M].北京:清华大学出版社,2020.

同时达到四个穿着的标准。

（1）四个穿着问题。工作制服穿着的基础是文明着装，一定要避免穿着过分裸露、过分透薄、过分紧身与过分短小的制服。这样才能不落俗套，不失身份，并显示自身雅致的气质。其中，胸部、腹部、腋下、大腿是公认的身着正装时不准外露的四大禁区。

（2）四个穿着标准。工作制服必须达到整齐、清洁、挺括、美观四个标准。首先，整齐是指制服必须合身，注意四长（袖至手腕、衣至虎口、裤至脚面、裙至膝盖）、四围（领围以插入一指大小为宜，上衣的胸围、腰围及裤裙的臀围以穿一套羊毛衣裤的松紧为宜），内衣避免外露，不挽袖卷裤，不漏扣纽扣，领带、领结、飘带与衬衫领口的吻合要紧凑且不系歪，工号或标志牌要佩戴在左胸的正上方；其次，清洁是指衣裤无污垢、油渍、异味，领口与袖口要保持干净；再次，挺括是指制服笔挺不起皱，穿前烫平，穿后挂好，做到上衣平整、裤线笔挺；最后，美观则要求制服款式应简练、高雅，线条也应自然流畅，以便于员工从事岗位工作。[①]

2.3 服装的色彩搭配

根据礼仪的需要和自己的特点，选择适当的服装色进行合理搭配，是穿好服装的前提。我们常说："没有不美的色彩，只有不美的搭配。"人们往往会看到同一套衣服，经过不同人的不同搭配，产生的效果是截然不同的。不乱用颜色，才是善于穿戴的根本。

1. 色彩搭配的基本方法

（1）统一法。使用同一色系，根据其明暗深浅的不同来搭配，营造一种和谐美。需要注意的一点是：不能衔接太生硬，应尽量过渡自然。

（2）对比法。用对比色搭配，如黑与白、红与黑、黄与蓝等。

（3）调合法。用相近的颜色搭配，如红与橙、绿与蓝，但明度、纯度应该有所差别，可以一种色深一些，一种色浅一些。

2. 色彩的主要搭配

（1）"万能色"。色彩中的"黑、白、灰"是"万能色"，可与任何颜色搭配。尤其是黑色与白色年年都不落伍，许多世界著名时装大师都以黑、白为主题创造了时装的理想世界。

（2）其他色。有些色彩的组合对大多数人来说都是非常实用而且别致的。如红色与黑、白、深蓝的搭配；黄与黑、绿的搭配；蓝与白、黄的搭配等；还有粉红配浅蓝，黄褐配白色，黑色配浅绿等。

（3）色彩组合基本原则如下。

① 应根据肤色、身材、体型来确定颜色。如中国人是黄种人，应避免穿暗黄色、土黄色、紫色等颜色，因为这些颜色会使黄皮肤看上去衰老、不健康。再如身材肥大的人应尽量避免穿浅色、花色，深颜色会给人以收缩感。

② 要善于调节主色、补色、突出色三者的关系。比如穿西服套装，以西服套装的颜色

---

① 伍新蕾. 服务礼仪与形体训练[M]. 大连：东北财经大学出版社，2016.

为主色,以衬衫颜色为补色,用同系统的颜色搭配,而领带则可用对比色为突出色。这样的配色,就能使服装显示出和谐而有层次的美。

③ 应根据人的性格特征来选择颜色。色彩会带给人不同的感觉,如蓝色可以说是男性"永恒的颜色",它有高雅、理性、稳重的含义,能让人产生信服感、权威感;灰色象征着信心十足,由于它的色彩属性比较中庸、平和,所以不宜表现出威严感,但却会显得很庄重;红色似火,会使人感到热情奔放。性格活泼的人宜选择暖色、花色面料,性格沉着的人宜选深色、素色面料。

④ 应根据不同场合选择颜色。英国女王伊丽莎白二世访问中国期间,走出机舱门第一个亮相,穿的是正黄色西服套裙,戴正黄色的帽子。这位女王本人喜欢红色和天蓝色,很少穿黄色衣服。但在中国,几千年来黄色一直是皇帝的专用色。女王来中国访问穿正黄色,既表示尊重中国的传统习俗,又显示了她作为一国君主的高贵身份。

⑤ 要善于简化全身的色彩。色彩的组合适用于减法,全身的色彩种类不宜过多,一般情况下不应超过三种,否则让人感到烦乱、花哨。即便是一些饰品,如丝巾、手套、皮包等,也要尽量与服装配套或一致,以免零乱繁杂。对于男士尤其要避免花哨,应严格控制鲜艳明亮的色彩。用于男士服饰上的色彩只能放在令人感到活泼、爽快的一两点上,起到画龙点睛的作用。

总之,色彩的组合对服装的穿着效果十分重要,要巧用色彩,善于配色,才能用不同色彩主调装扮出多姿多彩的自己。

2.4 服装的和谐

1. 衣着与自身形象相和谐

这里的自身形象有两方面含义,一是指所从事工作的职业形象,二是指自身的身材长相。如作为一名公关人员,经常要出入各种重要的社交场合,如新闻发布会、揭幕揭牌仪式、宴会舞会等,会接触许多重要公众,上至国家、国际要人,下至平民百姓,应酬活动频繁,工作主题均围绕"形象"二字,所以自身的穿着形象理应重视。一般来说,选择的衣料要考究,做工要精细,裁剪式样要美观,以表现出稳重、大方、干练、富有涵养的公关人员礼仪形象。另外,着装还与人的身材关系密切,因而应根据自己的特点来选择适宜的服装。俗话说:"三分长相、七分打扮",把握自己的身材特点,扬长避短,定会让服饰弥补缺憾。具体应注意以下几点。

(1) 体型较胖的人,应选用冷色调的、小花型的、质地较软的面料。因为粗呢、厚毛料、宽条绒等会造成增加面积的效果,会使胖人看起来更胖,给人一种笨重感。大花型面料有扩张效果,暖色、明亮的颜色也有扩张感,这都是体型较胖者所不宜选取的。

(2) 身材矮小的人,宜穿一色服装,最好鞋袜也同色。如爱穿花布,可选择清雅的小型花纹为宜,衣领式样可取方领、V形领。裤子宜选用式样简单的传统式西裤,令双腿显得较长。女士穿高跟鞋与颜色略深的丝袜,也能使双腿看上去较长,但不宜穿下摆有花纹的裙子。

（3）腰粗的人，可选择剪裁自然、曲线不明显的款式，或选肩部较宽的衣服。不宜穿紧腰式的裤子，或是把上衣掖在里面，避免使人特别注意你的腰部。不要穿松紧带裙子，以免看起来更胖。

（4）腿型不佳的人，可选裙装与宽松的裤子。腿胖的女士可选有蓬松感的裙子和宽大的裤子，不宜穿对褶裙，以免更显腿粗；腿短的女士，穿裙装时选高腰设计并加宽腰带，长裤则与上装同色。O形腿的人，应避免穿紧身裤，可穿质地优良的长裤或八分裤。裙长保持在膝盖以下。

2. 衣着应与出入的场所相和谐

国际上盛行着装的 TPO 原则。T 是时间（Time），P 是场所（Place），O 是情况（Occasion）。即要求所穿服饰与所在的时间、场所、情况因素相一致，从而使你在所到之处，让人感到恰如其分，易被人接受，甚至受到欢迎。人们在从事社会交往中穿着的服饰，要对服装的质地、面料、款式、色彩等方面的文化及含义有所了解，并内化为自我的审美修养，当决定去某种场合时，会用深度文化审美观去选择、搭配服装，对去不同场合穿什么服装做较为细致的划分，从而使人、服装与环境达到较为完美和谐的统一。一般服装的 TPO 原则如下。

（1）喜庆欢乐场合。这包括庆祝会、联欢会、生日、婚日纪念活动、婚礼、聚会等。喜庆欢乐场合的穿着应与人们高兴、快乐、兴奋的情绪协调，女士可以穿得色彩鲜艳、丰富一些，流行一些，以烘托活跃欢快的气氛；男士可穿浅色西装，配以花色漂亮、醒目的领带，以示轻松愉快的心情。

（2）隆重庄严的场合。诸如开幕式、签字仪式、剪彩仪式、出席重要的高层会议、新闻发布会等。这种场合比较正式，需特别注意个人的公众形象和媒介形象，因此男士在西装穿着上要正规、配套、整齐、一丝不苟；女士应穿上套装、套裙或端庄的连衣裙，从而衬托隆重庄严的气氛。

（3）华丽高雅的场合。这多半为晚间举办的正式社交活动，如正式宴会、酒会、招待会、舞会、音乐会等。这种场合，女士着装应为大气高贵，因而面料要华丽，质地要优良，色彩应单纯，并最好有饰物点缀。男士宜穿着深色西装，从头到脚修饰一新，就可以步入华丽高雅的场所了。

（4）悲伤肃穆的场合。诸如吊唁活动和葬礼。这时服装色彩不能太刺眼，款式不能太引人注目。男士可穿黑色西装或深色中山装，配白衬衣、黑领带；女士全身衣装是深色或素色、淡妆，使外表的肃穆与内心的沉痛协调起来。

3. 衣着整体要和谐

服饰的穿着与搭配要考虑整体协调性。具体要注意以下几点。

（1）切忌撞色，配色时要么用柔性搭配，运用同色系或类似色表现自己的稳重；要么用暗性配色，以对比组合表现个性。如果在正式服装中选用了对立的颜色，如蓝西服、黄衬衫、红领带，就会显得滑稽可笑。

（2）切忌服装线条不配衬。例如，穿有条纹外衣配搭有条纹衬衫再配斜条纹领带，形象就不佳。

（3）切忌质感冲突。如厚重质料的上衣配厚重质料的衬衣,或毛呢上衣配轻柔的裙子,则不协调。

（4）忌款式配合不当。例如,外衣是传统的,领带却是很新潮的,会让人觉得不伦不类。

可见,服饰的穿着只有把握自我特点,适应不同环境,并且保持整体的协调一致,才能穿出风采与神韵,显示个性与风格。

2.5 饰物佩戴

1. 饰物的分类

（1）服饰。服饰是指服装上的装饰。服饰种类繁多,主要包括刺绣、系带、金属装饰品、珠宝等。不同时期、不同民族、不同国家的服饰既相似又不同。例如,我国唐代袍衫的纹样一般以暗花为多,武则天掌控国家大权后规定,在不同职别官员的朝服上,绣上各种不同的禽兽纹样,以区别等级;又如,我国少数民族中的白族,妇女的头饰上有一缕长长的穗,随着妇女年龄的增长或已婚否,这缕长穗慢慢地被剪短,直至完全没有。再如,我国布依族已婚妇女要用竹皮或笋壳与青布做成"假壳"戴在头上,向后横翘尺余。

（2）挂件。项链、玉佩、包挂、腰带等都属于挂件。在众多品种的挂件中,最流行和被人们广泛佩戴的是用贵金属、玉石、玛瑙、水晶、象牙、木雕、石雕等材料制成的各种人们心目中的吉祥物挂件。例如,保佑平安、祈祷发财、保佑健康的吉祥物。挂件制品在制作原料、工艺及饰物造型上,男女有别。除项链外,其余挂件一般不用贵金属材料制作。

（3）佩件。戒指、耳环、手镯、臂镯、丝巾扣等都属于配件。传说戒指源于3000年前的古埃及,戒指是环形的,它没有开始,也没有结束,象征着爱情的浪漫与永恒。佩件一般用贵金属和珠宝制成。现代社会出现了很多能取代贵金属和珠宝的人造贵金属和人造珠宝材质,用这些材料制作出的戒指、耳环、手镯、臂镯、丝巾扣等也同样非常漂亮。

（4）手袋。手袋,特别是女士用的小型手袋,是女士出席各种社交活动的重要饰物。手袋的面料很多,可用皮革、金属、塑料、串珠、刺绣等材料制成。

（5）帽子。帽子是现代女士的主要饰物。无论是质料、色彩还是款式都是多种多样的。

（6）腰带及眼镜。腰带及眼镜是男女皆用的最常见的饰物,属于应用及装饰为一体的饰物。特别是眼镜,随着现代人装饰意识和审美情趣的变化,眼镜已成为一种修饰脸部五官的饰物了。

（7）香水。香水是一种无形的服饰。香水在个人形象的塑造上扮演着重要的角色,是否能够正确地使用香水,是显示一个人审美情趣的标准之一。

（8）发饰。我国历代衣冠服饰制品中对"冠"（即发饰）都有严格规定。在奴隶制度和封建制度时期,发饰是用来区分等级的一种饰品。例如,商代对冠巾、发簪等发饰的佩戴就有明确的要求。不同民族、不同地区的发饰在样式、佩戴方式等方面是有区别的,从某种意义上说,发饰具有民族和区域特性。例如,傣族、白族等一些民族的妇女是已婚还是未婚,可通过其发式及发饰来判别。随着社会的发展,发饰等级制度已经消亡;随着民族之间、地区之间交往的日益频繁,不同民族、不同地区的发饰在逐步融合,使现代发饰呈现出了丰富、多彩、繁荣的局面。

2. 饰物的佩戴原则

(1) 锦上添花的原则。在选择饰物的种类及佩戴方法时,首先要做到恰到好处,然后再考虑锦上添花,绝不可画蛇添足。例如,在黑色羊毛衫上面佩戴一枚闪光的彩色胸花,是很别致的。但如果再配上一条项链,就显得烦琐。

(2) 与全身保持一致的原则。饰物的佩戴要与自身的体形、发型、脸形、肤色及所穿服装的款式、面料、颜色保持协调一致。例如,夏天,穿一身飘逸的连衣裙,背一个精巧的浅色双肩小包的女孩看上去就很漂亮;反之,拎一个黑色皮包就显得非常不协调。

(3) 饰物质地与身份及环境相称的原则。现代饰物品种繁多,各种质地的饰品琳琅满目,在选择时首先要考虑自身所处的环境及身份,绝不可乱戴。例如,上班时,闪闪发光的手链、奇形怪状的戒指与身处的工作环境会很不相配。有一定身份的人,绝不可只图好看而选戴劣质饰品。

(4) 饰物色彩、款式与季节相应的原则。饰物的色彩、款式要与季节相配,这一点多用于在皮包、眼镜、领带的选择上。例如,夏季和春季,女士应选择色彩亮、体积小的皮包,男士应选戴以浅色为主的领带;冬季,着装比较厚,皮包相应要大一点才能与穿着协调。

3. 常见饰物的选择与佩戴

(1) 帽子。帽子是由头巾演变而来的。中国古代人成年时要行"冠礼","冠"就是帽子。在现代生活中,帽子不仅有御寒遮阳的作用,还具有装饰功能。在男女衣着中,帽子也占据着举足轻重的地位。戴帽子时,一定要注意帽子的式样、颜色与自身装束、年龄、工作、脸形、肤色相和谐。一般来说,圆脸适合戴宽边顶高的帽子,窄脸适合戴窄边的帽子。女士的帽子,种类繁多,不同季节造型和花色不同。例如,在冬天,女士可戴手工制作的绒线帽;地位较高的女士可选择小呢帽;年轻姑娘可选择小运动帽。戴帽子的方法也有很多,例如,帽子戴得端端正正显得很正派,稍往前倾一些显得很时髦。另外,戴眼镜的女士不适宜戴有花饰的帽子;身材矮小者,应戴顶稍高的帽子。

戴帽子应注意的一般礼仪是:戴法要规范,该正的不能歪,该偏前的不能偏后;男性在社交场合可以采用脱帽方式向对方表示致意;在庄重和悲伤的场合,除军人行注目礼外,其余的人应一律脱帽。

(2) 围巾。围巾的花色品种很多,也与帽子一样,起御寒保暖和美观的作用。巧妙地选戴围巾,效果远远超过不断地更新衣服。围巾的面料有纯毛、纯棉、人造毛织物、真丝绸、涤丝绸等。围巾的色彩及图案名目繁多。男士一般应选用纯毛、人造毛织物制作的围巾,色彩应选用灰色、棕色、深酱色或海军蓝,不能选用丝绸类的围巾。女士对围巾的选择范围极大,可选用丝绸类及色彩多样的三角巾、长巾及方巾等。除可用来围在脖子上取暖外,还可以将围巾扎在头发上、围在腰上作为装饰品。如果配上丝巾扣,围巾围、戴的变化就更多了。对女士来说,无论怎样选戴围巾,都要与年龄、身份和环境相协调,要与所穿衣服的面料、款式、颜色及使用者的肤色相匹配。

(3) 眼镜。对于现代人来说,眼镜常被用来作饰品或时装的搭配物,但在眼镜的选择上要多加注意。首先,眼镜的款式要与体形相和谐,同时要考虑自身的发型;镜框的颜色要与肤色相协调,要与自己的脸形相协调;佩戴装饰性眼镜时,要考虑与自己的身份相符。

无论是在室内还是室外,只要是正式场合,都应将装饰性的眼镜摘下。用来作装饰的深色变色镜或墨镜,戴前一定要先将商标摘下。

(4) 戒指。在西方,戒指是无声的语言。一般来说,将戒指戴在左手各手指上有不同含义:在食指上表示未婚或求婚;戴在中指上表示正在热恋中;戴在无名指上,表示已订婚或结婚;戴在小指上则表明"我是独身者"。右手戴戒指纯粹是一种装饰,没什么特别的意义。中国人也戴戒指,但一定不能乱戴。一般情况下,一只手上只戴一枚戒指,戴两枚或两枚以上的戒指是不适宜的。参加较正规的外事活动,最好佩戴古典式样的戒指。

(5) 项链。项链的粗细应与脖子的粗细成正比,与脖子的长短成反比。从长度上分,项链可分为四种:短项链约40厘米,适合搭配低领上衣;中长项链约50厘米,可广泛使用;长项链约60厘米,适合在社交场合使用;特长项链约70厘米,适合用于隆重的社交场合。

(6) 耳环。耳环可分为耳环、耳坠、耳链,在一般情况下为女性所用,并且讲究成对使用。戴耳环时应兼顾脸形,不要选择与脸形相似的形状,以防同型相斥,使脸形方面的短处被强调夸大。

(7) 皮包。皮包具有实用及装饰性,在现代服饰中起着画龙点睛的作用。皮包的种类千变万化,且不断更新,有肩挂式、手提式、手拿式及双肩背式等。在选购时要考虑它的适用范围。正式场合应选用质地较好、做工精细、外观华丽、体积不宜过大、横长形的皮包;平时上班和日常外出使用的皮包不必太华丽,以实用性和耐用性为主;使用皮包要考虑其颜色与季节和着装是否相一致。皮包与使用人的体形也有很大关系,例如,体形小巧的人不能选用太大的皮包;体形矮胖的人不要选用太秀气的皮包;瘦高的人虽有较大的选择余地,但也不能选用太大或太小的皮包。在参加公务活动时应携带公文包。

(8) 胸花。胸花是为女性特别设计的,专门用于装饰女性的胸、肩、腰、头、领口等部位。胸花有鲜花和人造花两种。相比之下,鲜花佩戴起来更显高雅,但不能持久。选择胸花时,一定要考虑服装的类型、颜色、面料,要考虑所出席的社交活动的层次,要考虑自身的体形和脸形条件。例如,个子矮小的女士适合小一点的胸花,佩戴的部位可稍高一些;个子高大的女士可选择大一点的胸花,佩戴时位置可低一些。胸花要注意放置的部位,穿西服时应别在左侧领上,穿无领上衣时应别在左侧胸前。发型偏左时胸针应当居右,发型偏右时胸针应当偏左,其高度应在从上往下数第一粒、第二粒纽扣之间。

(9) 丝袜。丝袜在服装整体搭配中起着举足轻重的作用。在国外,正式场合中如果女性不穿丝袜,就如同不穿内衣一样十分不雅。丝袜不仅能保护腿、足部的皮肤,掩盖皮肤上的瑕疵,还能与衣服相搭配,使女性更添魅力。

在商务场合穿着裙装及皮鞋时,一定要穿丝袜,而且必须是连裤丝袜。这样可以避免丝袜因质量问题掉落,也不会将袜口露在外面。有的人因为怕热而穿中长袜或短丝袜是不职业的做法。而平时在穿连衣裙及凉鞋时,就不要再穿丝袜了。因为凉鞋本来就是为了凉快的,再穿袜子就显得多此一举了。不过现在有一种前后包脚的凉鞋,是属于较为正式的款式,就必须穿袜子了。穿凉鞋时,要注意脚趾和脚后跟的洁净,不要把黑乎乎的指甲缝和老茧丛生的脚后跟露在外面,平时应注意保养。

丝袜的选穿不能敷衍了事,但要根据自身特点和着装风格进行选择,这并不是件容易的事。你最好知道选穿袜子的窍门,以下是一些供你参考的经验:对于日常忙于上班的职业女性,不妨选一些净色的丝袜,只要记住深色服装配深色丝袜,浅色服装配浅色丝袜这一基本方法就可以了。丝袜和鞋的颜色一定要相衬,而且丝袜的颜色应略浅于皮鞋的颜色(白皮鞋除外)。颜色或款式很出位的袜子对腿型要求很高,对自己腿型没有自信的女孩不可轻易尝试。品质良好的裤袜要比长筒丝袜令你更有安全感,能够避免袜头松落。白丝袜很容易令人看上去又胖又矮,应该避免。上班族更不要穿彩色丝袜,它会令人感到轻浮,缺乏稳重之感。参加盛会穿晚装时,配一双背部起骨的丝袜,可以突出高雅大方的格调。但穿此类丝袜时,切记不要使背骨线扭歪,否则会影响自身形象。

2.6 仪容仪表自我检测

无论男士还是女士,可以每天参照仪容仪表自我检测项目,督促自己保持良好的仪容、仪表。坚持一段时间,养成习惯以后就不用再如此细细检查了,但是在别人眼中,自己已经有着良好的职业化外表了。

1. **男士形象自检项目**

(1) 发型款式大方,不怪异,头发干净整洁,长短适宜。无浓重气味,无头屑,无过多的发胶、发乳。

(2) 鬓角及胡须已剃净,鼻毛不外露。

(3) 脸部清洁滋润。

(4) 衬衣领口整洁,纽扣已扣好。

(5) 耳部清洁干净,耳毛不外露。

(6) 领带平整、端正。

(7) 衣、裤袋口平整伏贴。衬衣袖口清洁,长短适宜。

(8) 手部清洁,指甲干净整洁。

(9) 衣服上没有脱落的头发和头皮屑。

(10) 裤子熨烫平整,裤缝折痕清晰。裤腿长及鞋面,拉链已拉好。

(11) 鞋底与鞋面都很干净,鞋跟无破损,鞋面已擦亮。

2. **女士形象自检项目**

(1) 头发保持干净整洁,有自然光泽,不要过多使用发胶;发型大方、高雅、得体、干练,前发以不要遮眼、遮脸为好。

(2) 化淡妆:眼亮、粉薄、眉轻、唇浅红。

(3) 服饰端庄:不太薄、不太透、不太露。

(4) 领口干净,脖子修长,衬衣领口不过于复杂和花哨。

(5) 饰品不过于夸张和突出,款式精致、材质优良,耳环小巧、项链精细,走动时安静无声。

(6) 公司标志佩戴在要求的位置,私人饰品不与之争夺别人的注意力。

(7) 衣袋中只放小而薄的物品,衣装轮廓不走样。

(8) 指甲精心修理过,不太长,不太怪,不太艳。

(9) 裙子长短、松紧适宜。拉链拉好,裙缝位正。

(10) 衣裤或裙子以及上衣的表面无明显的内衣轮廓痕迹。

(11) 鞋洁净,款式大方简洁,没有过多装饰与色彩,鞋跟不太高、不太尖。

(12) 衣服上没有脱落的头发和头皮屑。

(13) 丝袜无勾丝、无破洞,无修补痕迹,包里有一双备用丝袜。

实训项目

项目1:男士西装的穿着

实训目标:掌握西装的穿着要求和搭配方法。

实训学时:2学时。

实训地点:大屏幕教室。

实训准备:领带、衬衫、西装、数码摄像机或数码照相机等。

实训方法:每5个男士一组,分别上台展示西装、衬衫、裤子、鞋袜的搭配,并说明搭配的理由,然后表演系领带。用数码摄像机(或数码照相机)记录整个过程,然后进行大屏幕回放。学生做自我评价,授课教师总结点评学生存在的个性和共性问题。最后评选出若干名"最佳服饰先生"。

训练手记:通过训练,我的收获是_____
_____。

项目2:女士套裙的穿着

实训目标:掌握女士套裙的穿着要点和搭配方法。

实训学时:2学时。

实训地点:大屏幕教室。

实训准备:套裙、衬衫、鞋袜、饰物、数码摄像机或数码照相机等。

实训方法:每5个女士一组,分别上台展示其套裙、衬衫、鞋袜、饰物的搭配,说明搭配的理由,用数码摄像机(或数码照相机)记录整个过程,然后进行大屏幕回放。学生做自我评价,授课教师总结点评学生存在的个性和共性问题。最后,评选出若干名"最佳服饰女士"。

训练手记:通过训练,我的收获是_____
_____。

项目3:不同场合的服饰展示会

实训目标:掌握不同场合服饰的穿戴与搭配的方法。

实训学时：2学时。

实训地点：礼仪实训室。

实训准备：半正式场合、休闲场合、运动场合、商务酒会等场合男士、女士的服饰，数码摄像机、投影设备等。

实训方法：学生分组设计不同场合的服饰，每组学生进行角色扮演，演示各场合服饰的穿戴与搭配，用数码摄像机记录整个过程，然后投影回放。学生做自我评价，找出不合规范之处，授课教师总结点评学生存在的个性和共性问题。最后，评选出"最佳表现组"。

训练手记：通过训练，我的收获是＿＿＿＿＿＿＿＿＿＿＿＿＿＿＿＿＿＿＿＿＿
＿＿＿＿＿＿＿＿＿＿＿＿＿＿＿＿＿＿＿＿＿＿＿＿＿＿＿＿＿＿＿＿＿＿＿。

案例讨论

案例1

谈判因何未成功

国内一家效益很好的大型企业的总经理王克，经过多方努力和上级有关部门的牵线搭桥，终于使德国一家著名的电气企业董事长同意与自己的企业合作。谈判时为了给对方留下精明强干、时尚新潮的好印象，王克上身穿了一件T恤衫，下身穿一条牛仔裤，脚穿一双旅游鞋。当他精神抖擞、兴高采烈地带着秘书出现在对方面前时，对方瞪着不解的眼睛上下打量了他一会儿后，显出不满的神情。这次合作没能成功。

（资料来源：陈光谊.现代实用社交礼仪[M].北京：清华大学出版社，2009.）

思考题：

(1) 谈判因何未成功，请分析一下原因。

(2) 本案例对你有哪些启示？请写下来并上传至共享群。

案例2

财税专家应怎样着装

有位女职员是财税专家，她有很好的学历背景，常能为客户提供宝贵的建议，在公司里的表现一直很出色。但当她到客户的公司提供服务时，对方主管却不太注重她的建议，她所能发挥才能的机会也就不大了。一位时装专家发现这位财税专家在着装方面有明显的缺陷：她26岁，身高147厘米、体重43千克，看起来机敏可爱，喜爱着童装，像个小女孩，其外表与她所从事的工作相距甚远，所以客户对于她所提出的建议缺少安全感、依赖感，因此她难以实现自己的价值。这位时装大师建议她用服装来强调学者专家的气势，用深色的套装，对比色的上衣、丝巾、镶边帽子来搭配，甚至戴上重黑边的眼镜。女财税专家照办了，结果，客户的态度有了较大的转变。很快，她成为公司的董事之一。

（资料来源：佚名.财务实习面试着装[EB/OL].[2017-12-26]. http://www.oh100.com/ahsrst/a/201512/100929.html.）

思考题：

(1) 时装大师给财税专家的着装建议有哪些？为什么？

(2) 本案例对你有哪些启示？请写下来并上传至共享群。

案例 3

小李的尴尬

小李和几个外国朋友相约周末一起聚会娱乐,为了表示对朋友的尊重,星期天一大早,小李就西装革履地打扮好,对照镜子摆正漂亮的领结前去赴约。北京的八月天气酷热,他们来到一家酒店就餐,边吃边聊,大家好不开心快乐!可是不一会儿,小李已是汗流浃背,不住地用手帕擦汗。饭后,大家到娱乐厅打保龄球,在球场上,小李不断为朋友鼓掌叫好,在朋友的强烈要求下,小李勉强站起来整理好服装,拿起球做好投球准备,当他摆好姿势用力把球投出去时,只听到"嚓"的一声,上衣的袖子扯开了一个大口子,弄得小李十分的尴尬。

(资料来源:陈光谊.现代实用社交礼仪[M].北京:清华大学出版社,2009.)

思考题:

(1) 小李着装存在哪些问题?

(2) 本案例对你有何启示?请写下来并上传至共享群。

课后练习

一、判断题

(1) 穿西装时一定要加穿背心。　　　　　　　　　　　　　　　　　　(　　)

(2) 穿着要与年龄、职业、场合等相协调。　　　　　　　　　　　　　(　　)

(3) 穿冷色、深色服装使人感觉更苗条,这是因为冷色、深色属于收缩色的缘故。(　　)

(4) 穿两个扣子的西装时,一般只扣下面一个。　　　　　　　　　　　(　　)

(5) 世界服装所公认的着装原则是 TPO 原则。　　　　　　　　　　　　(　　)

(6) 女士一套套裙的全部色彩不要超过两种。　　　　　　　　　　　　(　　)

(7) 戒指戴在食指上表示自己还没有男/女朋友。　　　　　　　　　　　(　　)

(8) 领带夹的合适位置一般在衬衣的第四粒与第五粒纽扣之间。　　　　(　　)

(9) 穿西装而又不打领带时,领扣应打开。　　　　　　　　　　　　　(　　)

(10) 胸花一般佩戴在左胸部。　　　　　　　　　　　　　　　　　　　(　　)

(11) 西服上衣两侧的两衣袋以及裤袋不可装物品。　　　　　　　　　　(　　)

(12) 西服上衣胸部的衣袋可以装折叠好花式的手帕。　　　　　　　　　(　　)

(13) 西服裤袋后兜可装手帕。　　　　　　　　　　　　　　　　　　　(　　)

(14) 穿迷你裙时,以手提袋或书本稍微遮掩无妨。　　　　　　　　　　(　　)

(15) 穿双排扣西装不必加穿背心。　　　　　　　　　　　　　　　　　(　　)

(16) 打领带时,衬衫的第一粒纽扣一定要扣上。　　　　　　　　　　　(　　)

(17) 年轻人穿西装可以搭配白袜子和休闲鞋。　　　　　　　　　　　　(　　)

(18) 当有人赞美你的服饰时,可告知其价钱。　　　　　　　　　　　　(　　)

二、思考与操作

(1) 正装的穿着有哪些规范?

(2) 制服的穿着有哪些规范?

(3) 无论男士、女士,请每天出门前对照"仪容仪表自我检测"仔细审视自己,看看自己哪些方面需要改进,并请养成习惯。

(4)请根据周围同学的脸形、形体和个性特点,给他(她)在服饰运用上提些合理化建议。

(5)在班级进行校服设计活动。可分小组查找资料,设计研讨,形成校服图样。全班分组进行图样展示,并简要介绍设计思想。选出大家最满意的校服设计图样献给学校,供学校参考。

(6)你适合金色的饰品还是银色的饰品?为什么?

(7)学校将举行首届校园形象礼仪大赛,请为自己进行个人形象整体设计。

 评价考核

能力评价表

内容		评价	
学习目标	评价内容	小组评价(5、4、3、2、1)	教师评价(5、4、3、2、1)
知识(应知应会)	服装的色彩组合		
	服装的和谐		
专业能力	男士西装的穿着		
	女士西装套裙的穿着		
	制服的穿着		
	饰物的佩戴		
通用能力	自我管理能力		
	审美能力		
	自控能力		
态度	一丝不苟的精神、遵守规范		
努力方向:		建议:	

任务 3　仪　　态

形体之美胜于颜色之美,而优雅的行为之美又胜于形体之美。

——[英]弗朗西斯·培根

宜行则行,宜止则止。

——[唐]韩愈

任务目标

- 表现出良好的仪态,符合站姿、坐姿、走姿、蹲姿标准要求。
- 具备良好的优美的站姿、坐姿、走姿、蹲姿。
- 在交际中能够恰当有效地使用眼神。
- 具备亲和力及符合标准的微笑。
- 熟练运用各种规范的手势。
- 举止文明,表现出良好的气质风度。

情景导入

有一位华侨,到国内洽谈合资业务,谈了好几次,最后一次来之前,他曾对朋友说:"这是我最后一次洽谈了,我要跟他们的最高领导谈,谈得好,就可以拍板。"过了两个星期,他和朋友相遇,朋友问:"谈成了吗?"他说:"没谈成。"朋友问其原因,他回答:"对方很有诚意,进行得也很好,就是跟我谈判的这个领导坐在我的对面,当他跟我谈判时,不时地抖动他的双腿,我觉得若是跟他合作,我的财就会被他抖掉了。"

(资料来源:吴蕴慧,徐静. 现代礼仪实务[M]. 2版. 上海:上海交通大学出版社,2011.)

任务分析

从上述案例中不难看出,问题出在"仪态"上。仪态,又称"体态",是指人的身体姿态和风度。姿态是身体所表现的样子,风度则是内在气质的外在表现。人的一举手、一投足、一弯腰乃至一颦一笑,并非偶然的、随意的,这些行为举止自成体系,像有声语言那样具有一定的规律,并具有传情达意的功能。人们可以通过自己的仪态向他人传递个人的学识与修养,并能够以其交流思想、表达感情。正如艺术家达·芬奇所说:"从仪态了解人的内心世界、把握人的本来面目,往往具有相当的准确性和可靠性。"人的内心隐秘不可能每时每刻都隐藏得那么深,总有流露之时,人的体态每时每刻都在传达信息。因此,用优雅的仪态、礼仪表情达意,往往比语言更让人感到真实、生动。在交际中我们必须讲究仪态美。

3.1 姿　态

1. 站姿

俗话说:"站如松。"站姿是人类的一种象征,男子的站姿如"劲松"之美,具有男子汉刚毅英武、稳重有力的阳刚之美;女子的站姿如"静松"之美,具有女性轻盈典雅、亭亭玉立的阴柔之美。正确的站姿是自信心的表现,会给人留下美好的印象。

1) 标准的站姿

标准的站姿,从正面看,全身笔直,精神饱满,两眼正视(而不是斜视),两肩平齐,两臂自然下垂,两脚跟并拢,两脚尖张开60°,身体重心落于两腿正中;从侧面看,两眼平视,下颌微收,挺胸收腹,腰背挺直,手中指贴裤缝,整个身体庄重挺拔。

站姿的要领是:一要平,即头平正、双肩平、两眼平视。二是直,即腰直、腿直、后脑勺、背、臀、脚后跟成一条直线。三是高,即重心上拔,看起来显得高。

2)站姿的种类

以一个人的脚位为依据,男士、女士的站姿可以做如下分类。

(1)正步站姿。这是男士、女士均适用的站姿,通常在升国旗、奏国歌、接受奖品、接受接见、致悼词等庄严的仪式场合使用。要领是:两脚并拢,两膝侧向贴紧,两手自然下垂,如图3-1所示。

(2)分腿站姿。这是男士采用的站姿,门迎、侍应人员可采用此种站姿。要领是:两脚左右分开,与肩同宽,脚尖朝前并且两脚平行,手或交叉于前腹,或交叉于后背,如图3-2所示。

图3-1 正步站姿

图3-2 分腿站姿

(3)丁字步站姿。这一般是女子采用的站姿,礼仪小姐、节目主持人多采用此种站姿。要领是:两脚尖展开,一脚向前将脚跟靠于另一只脚内侧中间位置,腰肌和颈肌略有拧的感觉。女子可以双手交叉于腹前,身体重心可在两脚上,也可以在一只脚上,通过两脚的重心转移来减轻疲劳,如图3-3所示。

(4)扇形站姿。这是男士、女士均适用的站姿。要领:两脚跟靠拢,脚尖呈45°~60°,身体重心在两脚上,如图3-4所示。

3)不良的站姿

(1)身躯歪斜。古人对站姿曾经指出过"立如松"的基本要求,它说明站立姿势以身躯直、正为美。在站立时,若是身躯出现明显的歪斜,将直接破坏人体的线条美,而且会给人颓废消沉、萎靡不振、自由放纵的直观印象。

(2)弯腰驼背。其实是身躯歪斜的一种特殊表现。除腰部弯曲、背部弓起之外,还会伴有颈部弯缩、胸部凹陷、腹部挺出、臀部撅起等其他不雅体态。凡此种种,都会显得一个人健康欠佳,无精打采。

图 3-3　丁字步站姿　　　　　　　图 3-4　扇形站姿

（3）趴伏倚靠。在工作岗位上，要确保自己"站有站相"，站立时，随随便便地趴在一个地方，伏在某处左顾右盼，倚着墙壁、货架而立，靠在台桌边，或者前趴后靠，自由散漫，都是极不雅观的。

（4）腿位不雅，即双腿大叉。应切记：自己双腿在站立时分开的幅度，在一般情况下越小越好；在可能时，双腿并拢最好，即使是分开，也要注意不可使两者之间的距离超过本人的肩宽。另外，还有双腿扭在一起、双腿弯曲等姿势也应避免。

（5）脚位欠妥。在正常情况下，双脚站立时呈现出 V 形、Y 形（丁字形）、平行式等脚位，但是，采用"人"字形、蹬踏式和独脚式，则是不允许的。所谓"人"字形脚位，指的是站立时两脚脚尖靠在一起，而脚后跟却大幅度地分开，这一脚位又叫"内八字"。所谓蹬踏式，是指站立时为了舒服，在一只脚站在地上的同时，将另一只脚踩在鞋帮上，或踏在椅面上，或蹬在窗台上，或跨在桌面上等。独脚式即把一只脚抬起，另一只脚落地。

（6）手位失当。站立时不当的手位主要有：一是将手插在衣服的口袋内；二是将双手抱在胸前；三是将两手抱在脑后；四是将双手支于某处；五是将两手托住下巴；六是手持私人物品。

（7）半坐半立。在工作岗位上，必须严守岗位规范，该站就站，该坐就坐。绝对不允许在需要站立时，为了贪图安逸而擅自采取半坐半立之姿势。当一个人半坐半立时，既不像站，也不像坐，只能让别人觉得过于随便且缺乏教养。

（8）全身乱动。站立乃是一种相对静止的体态，因此不宜在站立时频繁地变动体位，甚至浑身不住地上下乱动。手臂挥来挥去，身躯扭曲，腿脚抖来抖去，都会使站姿变得十分难看。

（9）摆弄物件。站立时，不要下意识地做些小动作，如摆弄打火机、香烟盒，玩弄衣带、发辫，咬手指甲等，这些动作不但显得拘谨，给人以缺乏自信和教养的感觉，也有失仪表的庄重。

2．坐姿

俗话说："坐如钟。"坐姿是人际交往中人们采用最多的一种姿势，它是一种静态姿势。优雅的坐姿给人一种端庄、稳重、威严的美。

1)标准的坐姿

落座时,要坚持尊者为先的原则入座,不要争抢;通常侧身走近座椅,从椅子的左侧就座,如果背对座椅,要首先站好,全身保持站立的标准姿态,右腿后退一点,用小腿确定椅子的位置,上身正直,目视前方就座。用小腿落座时声音要轻,动作要缓。落座过程中,腰、腿肌肉要稍有紧张感。女士着裙装落座时,要事先从后镶嵌双手拢裙,不可落座后整理衣裙。

坐立时,上身正直而稍向前倾,头、肩平正,腰部内收,通常只坐椅子的1/2到2/3处,两臂贴身下垂,两手可以搭放在椅子扶手上,无扶手时,女士右手搭在左手上,放于腹部或者轻放于双腿之上;男子双手掌心向下,自然放于膝盖上。男士膝盖可以自然分开,但不可超过肩宽;女士膝盖不可以分开。女士要注意使膝盖与脚尖的距离尽量拉远,以使小腿部分看起来显得修长些,只有脚背用力挺直时,脚尖与膝盖的距离才最远,在视觉上产生延伸的效果,会使小腿部分看起来修长,腿部线条优美。当与他人进行交谈时,要注意不能只是转头,而应将整个上身朝向对方,以视对对方的重视和尊敬。

离座时要先以语言或动作向周围的人示意,方可站起,突然一跃而起会使周围的人受到惊扰;同落座时一样要注意按次序进行,尊者为先;起身时不要弄出响声,站好后才可离开,同样要从左侧离座。

人在坐着时,由臀部支撑上身,减少了两腿的承受力。由于身体重心下降,上身适当放松,可减轻心脏的负担。因此坐姿是一种可以维持较长时间的姿势。它既是一种主要的白昼休息姿势,也是一般的工作、劳动、学习姿势,还是社交、娱乐的常见姿势。正因为这个缘故,坐姿要求端正、大方、舒展。

2)坐姿的分类

以一个人的脚位为依据,男士、女士的坐姿可以做如下分类。

(1)垂直式坐姿。这一坐姿就是通常说的"正襟危坐",在最正规的场合使用,男士、女士均适用。要领是:上身与大腿、大腿与小腿、小腿与脚部都呈直角,小腿垂直于地面,双膝、双腿完全并拢,如图3-5所示。

 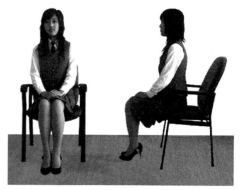

图3-5 垂直式坐姿

(2)标准式坐姿。这一坐姿适用于各种场合。要领是:在垂直式坐姿的基础上,女士两脚保持小丁字步,男士两脚自然分开45°,如图3-6所示。

(3)曲直式坐姿。尤其是坐在稍微低矮一些的椅子上更为适用,是女士非常优雅的一种坐姿。要领是:大腿与膝盖靠紧,一只脚伸向前,另一只脚屈回,两脚前脚掌着地并在一条直线上,如图 3-7 所示。

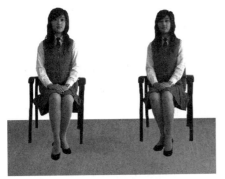

图 3-6 标准式坐姿

图 3-7 曲直式坐姿

（4）前伸式坐姿。这一坐姿适用于各种场合,一般为女士所采用。要领是：双腿与双脚并在一起,向前伸出一脚左右的距离,按方向共有 3 种：正前伸直、左前伸直和右前伸直,脚的位置可以是双脚完全并拢,也可以脚踝部交叉,但脚尖不可翘起,如图 3-8 所示。

（5）后屈式坐姿。这一坐姿适用于各种场合,以女士为主。要点是：两腿和膝盖并紧,两小腿向后屈回,脚尖着地,脚尖不可翘起,如图 3-9 所示。

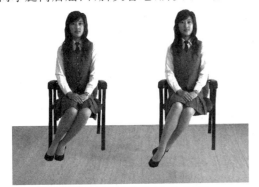

图 3-8 前伸式坐姿（右前伸直）

图 3-9 后屈式坐姿

（6）分膝式坐姿。这一坐姿适用于一般场合,为男士坐姿。要领是：两膝左右分开,但不超过肩宽,小腿与地面垂直,两脚脚尖朝向正前方,两手自然放于大腿上,如图 3-10 所示。

图 3-10 分膝式坐姿

3）不雅的坐姿

（1）不雅的腿姿。主要有以下方面。

① 双腿叉开过大。面对外人时，双腿如果叉开过大，无论是大腿还是小腿叉开，都极其不雅。

② 架腿方式欠妥。将一条小腿架在另一条大腿上，在两者之间还留出大大的空隙，成为所谓的"架二郎腿"或架"4"字形腿，甚至将腿搁在桌上，就显得更放肆了。

③ 双腿过分伸张。坐下后，将双腿直挺挺地伸向前方，这样不仅可能会妨碍他人，而且也有碍观瞻。因此，身前若无桌子，双腿尽量不要伸到外面来。

④ 腿部抖动摇晃。力求放松，坐下后抖动摇晃双腿。

（2）不安分的脚姿。坐下后，脚后跟接触地面，而且将脚尖翘起来，脚尖指向别人，使鞋底在别人眼前"一览无余"。另外，以脚蹬踏其他物体，以脚自脱鞋袜，都是不文明的。

3. 走姿

俗话说："行如风。"这说的是走姿，走姿始终处于动态之中，体现了人类的运动之美和精神风貌。男士的走姿要刚健有力，豪迈稳重，有阳刚之气；女士的走姿要轻盈自如，含蓄飘逸，有窈窕之美。

1）标准的走姿

有人编了走路的动作口诀，体现了走姿的要领：双眼平视臂放松，以胸领动肩轴摆，提髋提膝小腿迈，跟落掌接趾推送。

标准的走姿为：上身基本保持站立的标准姿势，挺胸收腹，腰背笔直；两臂以身体为中心，前后自然摆动。前摆约35°，后摆约15°，手掌朝向体内；起步时身子稍向前倾，重心落前脚掌，膝盖伸直；脚尖向正前方伸出，行走时双脚踩在一条线缘上。

正确的行走姿势是：上体的稳定与下肢的频繁规律运动形成对比和谐、干净利落、鲜明均匀的脚步，形成节奏感，前后、左右行走动作的平衡对称，都会呈现行走时的形式美。

男子走路两步之间的距离要大于自己的一个脚长，女子穿裙装走路时要小于自己的一个脚长。正常的情况下步速要自然舒缓，显得成熟自信，男子行走的速度标准为每分钟步速108～110步，女子每分钟步速118～120步为宜。

2）走姿的种类

（1）前行式走姿。身体保持起立挺拔，行进中若与人问候时，要同时伴随头部和上身的左右转动，微笑点头致意。禁止只转动头部，用眼睛斜视他人的举止。

（2）后退式走姿。当与他人告别时，扭头就走是不礼貌的。应该是先后退两三步，再转身离去。退步时不能轻擦地面，不高抬小腿，后退的步幅要小些，两腿之间距离不能太大，要先转身再转头。

（3）侧行式走姿。当引导他人前行或在较窄的走廊、楼道与他人相遇时，要采用侧行式走姿。引导时要走在来宾的左侧，身体稍向右转体，左肩稍前，右肩稍后，身体朝向来宾，保持两步左右的距离。介绍环境时要辅以手势，这样可以观察来宾的意愿，及时提供满意的服务。

3）不良的走姿

（1）方向不定、忽左忽右。

（2）横冲直撞。行进中，爱选择人多的地方行走，在人群中乱冲乱闯，甚至碰撞到他人的身体，这是极其失礼的。

（3）抢道先行。行进时，要注意方便和照顾他人，通过人多路窄之处务必要讲究"先来后到"，对他人"礼让三分"，让人先行。

（4）阻挡道路。在道路狭窄之处，悠然自得地缓慢而行，甚至走走停停，或者多人并排而行，显然都是不妥的。应当牢记：一旦发现自己阻挡了他人的道路，务必要闪身让开，请对方先行。

（5）蹦蹦跳跳。务必要注意保持自己的风度，不宜使自己的情绪过分地表面化，例如激动起来，走路便会变成了上蹿下跳，甚至连蹦带跳的失常情况。

（6）奔来跑去。有急事要办时，可以在行进中适当加快步伐。若非碰上了紧急情况，最好不要在工作时跑动，尤其是不要当着客户或服务对象的面突然狂奔而去，那样会令其他人感到莫名其妙，产生猜测，甚至还有可能造成过度紧张的气氛。

（7）制造噪声。应有意识地使行走悄然无声。其做法如下。

① 走路时要轻手轻脚，不要在落脚时过分用力。

② 上班时不要穿带金属鞋跟或钉有金属鞋掌的鞋子。

③ 上班时穿的鞋子一定要合脚，否则走动时会发出令人厌烦的声音。

（8）身体过分摇摆，步幅忽大忽小——显得轻佻、浅薄，矫揉造作。

（9）身体僵硬，步履缓慢沉重——显得心境不佳，内心保守顽固，思想陈旧僵化。

（10）双手插于衣裤口袋内而行——显得褊狭小气，或狂妄自傲，缺乏教养。

（11）双手反剪于身后而行——显得自恃优越，高于或长于他人。

（12）膝盖僵直，双脚在地面上擦，腿伸不直，脚尖首先着地——显得拖沓、迟钝，缺乏朝气和活力。

（13）"外八字步"或"内八字步"（鸭子步），趿拉着鞋走出"嚓嚓"声响，重心后移或前移。步履蹒跚等不雅步态，要么使行进者显得老态龙钟，有气无力；要么给人以嚣张放肆、矫揉造作之感。

4．蹲姿

俗话说："蹲要雅。"蹲姿是人的身体在低处取物、拾物、整理物品、整理鞋袜时所呈现的姿势，它是人体静态美与动态美的综合。蹲姿要动作美观，姿势优雅。

1）标准的蹲姿

标准的蹲姿有如下要求：首先要讲究方位，当需要拣拾低处或地面物品的时候，可走到其物品的左侧；当面对他人下蹲时，要侧身相向；当需要整理鞋袜或于低处整理物品时可面朝前方，两脚一前一后，一般情况是左脚在前，右脚在后，目视物品，直腰下蹲。直腰下蹲后，方可弯腰捡低处或地面的物品，以及整理鞋袜或低处工作。取物或工作完毕后，先直起腰部，使头部、上身、腰部在一条直线上，再稳稳站起。

2）蹲姿的种类

（1）高低式。这是常用的一种蹲姿，基本特征是双膝一高一低。此蹲姿男士、女士均可适用。要领是：下蹲后，左脚在前，右脚在后；左脚完全着地，小腿基本垂直地面；右脚要脚掌着地，脚跟提起；右膝要低于左膝，右膝内侧可靠于左上腿的内侧，形成左膝高右膝低的姿态。臀部向下,基本上以右腿支撑身体。女士应注意紧靠双腿,男士两腿之间可有适当的距离,如图 3-11 所示。

(2)单膝点地式。这种蹲姿,适用于男士,其特征是双腿一蹲一跪。它是一种非正式的蹲姿,多用于下蹲时间较长或为了用力方便时采用。下蹲后,右膝点地,臀部坐在其脚跟之上,以其脚尖着地。另一条腿全脚掌着地,小腿垂直于地面。双膝同时向外,双腿尽力靠拢,如图 3-12 所示。

图 3-11　高低式蹲姿

图 3-12　单膝点地式蹲姿

(3)交叉式。这种蹲姿优美典雅,其基本特征是双腿交叉在一起,此蹲姿适用于女士。要领是:下蹲后,左脚在前,右脚在后,左小腿垂直于地面,全脚着地。左腿在上,右腿在下,二者交叉重叠,右膝从后下方伸向左前侧,右脚跟抬起,脚掌着地,两腿前后靠近,全力支撑身体。上身略向前倾,臀部朝下,如图 3-13 所示。

图 3-13　交叉式蹲姿

3.2　表　　情

美国心理学家登布在其《推销员如何了解顾客心理》一文中说:"假如顾客的眼睛朝下看,脸转向一边,表示你被拒绝了;假如他的嘴唇放松,笑容自然,下颌向前,则可能会考虑你的提议;假如他对你的眼睛注视几秒钟,嘴角以至鼻翼部位都显出微笑,笑得很轻松,而且很热情,这项买卖就做成了。"由此可见面部表情在传情达意方面有着重要的作用。面部表情语言,就是通过面部器官(包括眼、嘴、舌、鼻、脸等)的动作势态所表示的信息。美国学者巴克经过研究发现,光是人的脸,就能够做出大约25万种不同的表情。所以人的面部表情是十分丰富的。

在交际过程中,交际双方最易被观察的"区域"莫过于面部。由于脸上的神色是心灵波动的反映,面部表情是人的心理状态的体现,因此,人的基本情感及各种复杂的内心世界都能够从面部真实地表现出来。我们在日常生活中时时都在使用面部表情这一身体语言。求人办事、请人帮忙,无一不需注意对方的"晴雨表"——脸色。可见观察对方面部表情对于礼仪交往的重要作用。

我们这里主要重点介绍一下眼神和微笑。

1. 眼神

俗话说:"眼睛是心灵的窗户",它是人体传递信息最有效的器官,而且能表达最细微、最精妙的差异,显示出人类最明显、最准确的交际信号。正如印度著名诗人泰戈尔所说:"在眼睛里,思想敞开或是关闭,放出光芒或是没入黑暗,静悬着如同落月,或者像忽闪的电光照亮了广阔的天空。那些自有生以来除了嘴唇的颤动之外没有语言的人,学会了眼睛的语言,这在表情变化上是无穷无尽的,像海一般的深沉,天空一般的清澈,有黎明和黄昏,也有光明与阴影。"据研究,在人的视觉、听觉、味觉、嗅觉和触觉感受中,唯独视觉感受最为敏感,人由视觉感受的信息占总信息的83%。在汉语中用来描述眉目表情的成语就有几十个,如"眉飞色舞""眉目传情""愁眉不展""暗送秋波""眉开眼笑""瞠目结舌""怒目而视"……这些成语都是通过眼语来反映人们的喜、怒、哀、乐等情感的,人的七情六欲都能从眼睛这个神秘的器官内显现出来。眼神主要由注视的时间、视线的位置和瞳孔的变化等三个方面组成。

(1) 注视的时间。有人研究发现,人们在交谈时,视线接触对方脸部的时间占全部谈话时间的30%~60%,超过这一平均值,可认为对谈话者本人比谈话内容更感兴趣;低于平均值,则表示对谈话内容和谈话者本人都不怎么感兴趣。不难想象,如果谈话时心不在焉、东张西望,或只是由于紧张、羞怯不敢正视对方,目光注视的时间不到谈话的1/3,这样的谈话,必然难以被人接受和信任。当然,必须考虑到文化背景,如南欧人注视对方可能会造成冒犯。

(2) 视线的位置。人们在社会交往中,不同的场合和对象,目光所及之处也是有差别的。有的人在与比较陌生的人打交道时,往往因为不知把目光怎样安置而窘迫不安;已被人注视而将视线移开的人,大多怀有相形见绌之感;频繁而又急速地转眼,是一种反常的举动,常被用作掩饰的一种手段。当然,如果死死地盯着对方或者东张西望,不仅极不礼貌,而且也显得漫不经心。一般地,视线向下代表权威感和优越感,视线向上代表服从与任人摆布,视线水平代表客观和理智。

(3) 瞳孔的变化。瞳孔的变化即视觉接触时瞳孔的放大或缩小。心理学家往往用瞳孔变化大小的规律,来测定一个人对不同事物的兴趣、爱好、动机等。兴奋时,人的瞳孔会扩张到平常的4倍大;相反,生气或悲哀时,消极的心情会使瞳孔收缩到很小,眼神暗淡无光。所谓"脉脉含情""怒目而视"等都多与瞳孔的变化有关。据说,古时候的珠宝商人已注意到这种现象,他们能窥视顾客的瞳孔变化而猜测对方是否对珠宝感兴趣,从而决定是抬高价钱还是降低价钱。

在社交过程中,与朋友会面或被介绍认识时,可凝视对方稍久一些,这即表示自信,也表示对对方的尊重。双方交谈时,应注视对方的眼鼻之间,表示重视对方及对其发言感兴趣。当双方缄默不语时,就不要再看着对方,以免加剧因无话题本来就显得冷漠、不安的尴尬局面。当别人说了错话或显拘谨时,务请马上转移视线,以免对方把自己的眼光误认为是对其的嘲笑和讽刺。如果你希望在争辩中获胜,那就千万不要移开目光,直到对方眼神转移为止。送客时,要等客人走出一段路,不再回头张望时,才能转移目送客人的视线,以示尊重。

在谈判中也很讲究眼神的运用。一方让眼镜滑落到鼻尖上,眼睛从眼镜上面的缝隙中窥探,就是对对方鄙视和不敬的情感表露;另一方在不停地转眼珠,就要提防其在打什么新主意。双目生辉、炯炯有神,是心情愉快、充满信心的反映,在谈判中持这种眼神有助于取得对方的信任和合作。相反,双眉紧锁、目光无神或不敢正视对方,都会被对方认为无能,可能导致对自己不利的结果。

眼神还可传递其他信息,已被人注视而将视线移开的人,大多怀着相形见绌之感,有很强的自卑感。无法将视线集中在对方身上或很快收回视线的人,多半属于内向型性格。仰视对方,表示怀有尊敬、信任之意;俯视对方表示有意保持自己的尊严。频繁且急速地转眼,是一种反常的举动,常被用作掩饰,或内疚,或恐惧,或撒谎,需根据具体情形做出判断。视线活动多且有规则,表明其在用心思考。听别人讲话,一面点头,一面却不将视线集中在谈话人身上,表明其对此话题不感兴趣。说话时对方将视线集中在你身上的人,表明他渴望得到你的理解和支持。游离不定的目光传递出来的信息是心神不宁或心不在焉。

眼神表达出异常丰富的信息,但微妙的眼神有时是只可意会、难以言传的,只能靠我们在社会实践中用心体察、积累经验、努力把握,方能在社交中灵活运用。

2. 微笑

著名画家达·芬奇的杰作《蒙娜丽莎》是文艺复兴时期最出色的肖像作品之一。画中女士的微笑给人以美的享受,使人们充满对真善美的渴望,至今让人回味无穷。

微笑,是一种特殊的语言——"情绪语言"。它可以和有声语言及行动相配合,起"互补"作用,沟通人们的心灵,架起友谊的桥梁,给人以美好的享受。工作、生活中离不开微笑,社交中更需要微笑。

微笑是世界通用的体态语,它超越了各种民族和文化的差异。微笑是人人都喜爱的体态语,正因为如此,无论是个人和组织,都十分重视微笑及其作用。

美国有一个城市被称为微笑之都,它就是爱达荷州的波卡特洛市,该市通过一项法令,该法令规定全体市民不得愁眉苦脸或拉长面孔,否则违者将被送到"欢容遣送站"去学习微笑,直到学会微笑为止。波卡特洛市每年都举办一次"微笑节",可以想象,"微笑之都"的市民的微笑绝不比"蒙娜丽莎"逊色。

世界著名的希尔顿饭店的总经理希尔顿,每当遇到员工时,都要询问这样一句话:"你今天对顾客微笑了没有?"他指出:"饭店里第一流的设备重要,而第一流服务员的微笑更重要,如果缺少服务员的美好微笑,好比花园里失去了春日的太阳和春风。假如我是顾客,我宁愿住进虽然只有破旧地毯,却处处可见到微笑的饭店,而不愿走进只有一流设备而不见微笑的地方。"正是因为希尔顿深谙微笑的魅力,才使希尔顿饭店誉满全球。

近年来,日本许多公司员工都在业余时间参加"笑"的培训,他们认为这样可以增强企业内部凝聚力,改善对外服务,提高企业效益。根据日本传统,无论男人和女人,每当高兴、悲伤或愤怒时,都必须学会控制情绪,以保持集体和睦。因为日本人认为藏而不露是一种美德。但自从日本经济进入衰退期后,生意越来越难做,商家竞争日趋激烈。于是乎,为招揽顾客,日本商家,特别是零售业和服务业,新招迭出,其中之一就是让员工笑脸迎客。在今天的日本,数以百计的"微笑学校"应运而生。日本一些公司的员工一般在下班后去学校接受培训,时间为90分钟,连续受训一个星期。据称,经过微笑培训,日本不少公司的销售额"直线上升"。日本许多公司招工时,都把会不会"自然地微笑"作为一个重要条件。

微笑是有规范的,一般要注意4个结合:一是口眼结合。要口到、眼到、神色到,笑眼传神,微笑才能扣人心弦。二是笑与神、情、气质相结合。这里讲的"神",就是要笑得有情入神,笑出自己的神情、神色、神态,做到情绪饱满,神采奕奕;"情",就是要笑出感情,笑得亲切、甜美,反映美好的心灵;"气质"就是要笑出谦逊、稳重、大方、得体的良好气质。三是笑与语言相结合。语言和微笑都是传播信息的重要符号,只有注意微笑与美好语言相结合,声情并茂,相得益彰,微笑方能发挥出它应有的特殊功能。四是笑与仪表、举止相结合。以笑助姿、以笑促姿,形成完整、统一、和谐的美。

尽管微笑有其独特的魅力和作用,但若不是发自内心的真诚的微笑,那将是对微笑语的亵渎。有礼貌的微笑应是自然而坦诚的,是内心真实情感的表露。否则强颜欢笑,假意奉承,那样的"微笑"则可能演变为"皮笑肉不笑""苦笑"。比如,拉起嘴角一端微笑,使人感到虚伪;吸着鼻子冷笑,使人感到阴沉;捂着嘴笑,给人以不自然之感。这些都是失礼之举。

3.3 手 势

手是人体上最富灵性的器官,如果说"眼睛是心灵的窗户",那么手就是心灵的触角,是人的第二双眼睛。手势在传递信息、表达意图和情感方面发挥着重要作用。

手的"词汇"量是十分丰富的。据语言专家统计,表示手势的动词有近200个。"双手紧绞在一起",显示的意义是精神紧张。用手指或笔敲打桌面,或在纸上涂画,显示的是不耐烦、无兴趣。搓手常表示人们对某事结局的急切期待心理。在经济谈判中这种手势可以告诉对手或对手告诉你在期待着什么。伸出并敞开双掌给人以言行一致、诚恳的感觉。掌心向下的手势表示控制、压制,带有强制性,易产生抵触情绪。谈话时掌心向上的手势表示谦虚、诚实,不带有任何威胁性。双臂交叉在胸前暗示一种敌意和防御的态度。塔尖式手势,把十指端相触,撑起呈塔尖式表示,若再伴之以身体后仰,则显得高傲。用手支着头,显示的意义是不耐烦、厌倦。用手托、摸下巴,说明老练、机智。用手不停地磕烟灰,表明内心有冲突和不安。突然用手把没吸完的烟掐灭,表明紧张地思考问题等。又如招手致意、挥手告别、握手友好、摆手回绝、合手祈祷、拍手称快、拱手答谢(相让)、抚手示爱、指手示怒、颤手示怕、捧手示敬、举手赞同、垂手听命等。可见,丰富的手势语在人们交往间是不可缺少的。在社会交往中,手势有着不可低估的作用,生动形象的有声语言再配合准确、精彩的手势动作,必然能使交往更富有感染力、说服力和影响力。

手势活动的范围,有上、中、下三个区域。此外,还有内区和外区之分。肩部以上称为上区,多用来表示理想、希望、宏大、激昂等情感,表达积极肯定的意思;肩部至腰部称为中区,多表示比较平静的思想,一般不带有浓厚的感情色彩;腰部以下称为下区,多表示不屑、厌烦、反对、失望等,表达消极否定的意思。

1. 手势的类型

(1) 情意性手势。主要用于带有强烈感情色彩的内容,其表现方式极为丰富,感染力极强。比如说"我非常爱她"时,用双手捧胸,以表示真诚之情。

(2) 象征性手势。主要用来表示一些比较复杂的感情和抽象的概念,从而引起对方的思考和联想。例如把大军乘胜追击的场面,用右手五指并齐,并用手臂前伸这个手势来形容,象征着奋勇进发的大军,就能引起观众的联想。

(3) 指示性手势。主要用于指示具体事物或数量,其特点是动作简单,表达专一,一般不带感情色彩。如当讲到自己时,用手指向自己;谈到对方时,用手指向对方。

(4) 形象性手势。其主要作用是模拟事物的形状,以引起对方的联想,给人一种具体明确的印象。如说到高山,手向上伸;讲到大海,手平伸外展。

2. 手势的原则

手势语能反映出复杂的内心世界,但运用不当,便会适得其反,因此在运用手势时要注意几个原则。首先要简约明快,不可过于繁多,以免喧宾夺主;其次要文雅自然,因为拘束低劣的手势,会有损于交际者的形象;再次要协调一致,即手势与全身协调,手势与情感协调,手势与口语协调;最后要因人而异,不可能千篇一律地要求每个人都做几个统一的手势动作。

3. 常见的手势

(1) 引领的手势。在各种交往场合都离不开引领动作,例如请客人进门,客人坐下,为客人开门等,都需要运用手与臂的协调动作,同时,由于这是一种礼仪,还必须注入真情实感,调动全身活力,使心与形体形成高度统一,才能做出色彩和美感。引领动作主要有以下几个表现形式。

第一,横摆式。以右手为例:将五指伸直并拢,手心不要凹陷,手与地面呈 45°,手心向斜上方。腕关节微屈,腕关节要低于肘关节。做动作时,手从腹前抬起,至横膈膜处,然后,以肘关节为轴向右摆动,到身体右侧稍前的地方停住。同时,双脚形成右丁字步,左手下垂,目视来宾,面带微笑。这是在门的入口处常用的谦让礼的姿势,如图3-14所示。

第二,曲臂式。当一只手拿着东西,扶着电梯门或房门,同时要做出"请"的手势时,可采用曲臂手势。以右手为例:五指伸直并拢,从身体的侧前方,向上抬起,至上臂离开身体的高度,然后以肘关节为轴,手臂由体侧向体前摆动,摆到手与身体相距20厘米处停止,面向右侧,目视来宾,如图3-15所示。

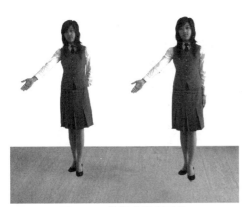
图 3-14 横摆式引领手势

图 3-15 曲臂式引领手势

第三,斜下式。请来宾入座时,手势要斜向下方。首先用双手将椅子向后拉开,然后,一只手曲臂由前抬起,再以肘关节为轴,前臂由上向下摆动,使手臂向下成一斜线,并微笑点头示意来宾,如图 3-16 所示。

(2) 招呼他人。手放于体侧,手臂伸直在一条直线上,向前向上抬起,手掌向下,屈伸手指作搔痒状或晃动手腕,如图 3-17 所示。这种手势在中国、欧洲的大部分地区以及拉丁美洲的许多国家都比较适用,但在美国、日本等国却与此相反,他们用掌心向上,手指向内屈伸手指作搔痒状或晃动手腕招呼别人,而在中国和马来西亚等国这种手势却是用来召唤动物的。

图 3-16 斜下式引领手势

图 3-17 招呼他人手势

(3) 挥手道别。要领是:身体要站直,不晃动,目视对方。手臂伸直,呈一条直线,手放在体侧,向前向上抬至与肩同高或略高于肩,手臂不可弯曲,掌心朝向对方,指尖朝向上方,五指并拢,手腕晃动,如图 3-18 所示。

(4) 指引方向。要领是:当有人询问去处时,要先行站直,不可尚未站稳或在行走中指引方向。手臂伸直在一条直线上,五指并拢,手掌翻转到掌心朝上,与肩平齐,直指准确方向。目光要随着手势走,指到哪里看到哪里,否则易使对方迷惑。指引方向后,手臂不可马上放下,要保持手势顺势送出几步,体现对他人的关怀和尊敬,如图 3-19 所示。

图 3-18　挥手道别手势　　　　图 3-19　指引方向手势

（5）递接物品。要领是：双手递送、接取物品，不方便双手时，也可用右手，但绝不可单用左手。双方距离比较远时，应起身站立，主动走近对方递送或接取物品。递送时最好直接递至对方手中并且要方便对方接取。递送有文字、图案、正反面的物品时，要正面向上且朝向对方；接取物品时，要缓而且稳，不要急欲抢取，如图 3-20 所示。递送带尖、带刃或其他易于伤人的物品时，应使其朝向自己或朝向他处，切不可朝向对方，如图 3-21 所示。

图 3-20　接取物品

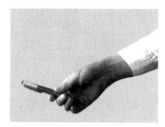  

图 3-21　递笔、刀、剪子

（6）展示物品。要领是：应使物品在身体的一侧展示，不要挡住本人头部。展示的位置不同，表明物品的意义不同：当手持物品高于双眼之处时，适用于被人围观时采用；当手持物品位于眼睛下方、胸部上方，双臂横伸并在肩至肘部以内时，给人以放心、稳定感；当手持物品位于眼睛下方、胸部上方，双臂伸直并在肘部以外时，会给人以清楚感，通常在这个位置展示想让对方看清楚的物品;当手持物品位于胸部以下时,会给人以漠视感,通常展示不太重要或不太明显的物品时采用,如图3-22所示。

图3-22 展示物品

(7)鼓掌。鼓掌是在观看文体表演、参加会议、迎候嘉宾时表示赞赏、鼓励、祝贺、欢迎等情感的一种手势。要领是:以右手掌心向下有节奏地拍击左掌,不可左掌向上拍击右掌;不可右掌向左,左掌向右,两掌互相拍击。鼓掌时间要长短相宜,以5~8秒为宜。

4. 常见手势语

(1) OK的手势。拇指和食指合成一个圆圈,其余三指自然伸张,如图3-23所示。这种手势在西方某些国家比较常见,但应注意在不同国家其语义有所不同。如:美国表示"赞扬""允许""了不起""顺利""好";在法国表示"零"或"无";在印度表示"正确";在中国表示"零"或"三"这两个数字;在日本、缅甸、韩国则表示"金钱";在巴西则是"引诱女人"或"侮辱男人"之意;在地中海的一些国家则是"孔"或"洞"的意思,常用此来暗示、影射同性恋。

(2) 伸大拇指手势。大拇指向上,在说英语的国家多表示 OK 之意或是打车之意;若用力挺直,则含有骂人之意;若大拇指向下,多表示坏、下等人之意。在我国,伸出大拇指这一动作基本上是向上伸表示赞同、一流、好等,向下伸表示蔑视、不好等。伸大拇指手势如图3-24所示。

图3-23 OK的手势

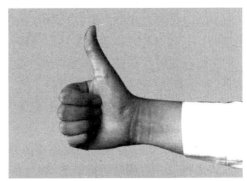

图3-24 伸大拇指手势

(3) V字形手势。伸出食指和中指,掌心向外,其语义主要表示胜利(英文 Victory 的第一个字母),掌心向内,在西欧表示侮辱、下贱之意。这种手势还时常表示"二"这个数字。V字形手势如图3-25所示。

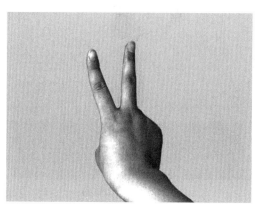

图 3-25　V 字形手势

(4) 伸出食指手势。在我国以及亚洲一些国家表示"一""一个""一次"等;在法国、缅甸等国家则表示"请求""拜托"之意。在使用这一手势时,一定要注意不要用手指指人,更不能在面对面时用手指着对方的面部和鼻子,这是一种不礼貌的动作,且容易激怒对方。

(5) 捻指作响手势。就是用手的拇指和食指弹出声响,其语义或表示高兴,或表示赞同,或是无聊之举,有轻浮之感。应尽量少用或不用这一手势,因为其声响有时会令他人反感或觉得没有教养,尤其是不能对异性运用此手势,这是带有挑衅、轻浮之举。

5. 不良的手势

手势是人的第二面孔,具有抽象、形象、情意、指示等多种表达功能,服务人员应根据对方的手所表现出的各种仪态,准确判读各种手势所传达出的各种真实的、本质的信息,以更好地完成服务工作任务。服务人员在使用手势语时,以下几种手势是值得特别重视的,否则,将会给对方传达出不良的信息。

(1) 指指点点。工作中绝不可随意用手指对服务对象指指点点,与人交谈更不可这样做。指点着别人说话,往往引起他人较大的反感。

(2) 随意摆手。在接待服务对象时,不可将一只手臂伸在胸前,指尖向上,掌心向外,左右摆动。这些动作的一般含义是拒绝别人,甚至还有极不耐烦之意。

(3) 端起双臂。双臂抱起,然后端在胸前这一姿势,往往暗含孤芳自赏、自我放松或置之度外、袖手旁观、看他人笑话之意。

(4) 双手抱头。这一体态的本意是自我放松,但在服务时这么做,则会给人以目中无人之感。

(5) 摆弄手指。工作无聊时反复摆弄自己的手指,活动关节或将其捻响,打响指,要么莫名其妙地攥、松拳,或是手指动来动去,在桌面或柜台不断敲扣,这些往往会给人不严肃、很散漫之感,令人望而生厌。

(6) 手插口袋。这种表现会使客人觉得服务人员忙里偷闲,在工作方面并未尽心尽力。

（7）搔首弄姿。这种手势,会给人以矫揉造作、当众表演之感。

（8）抚摸身体。在工作之时,有人习惯抚摸自己的身体,如摸脸、擦眼、搔头、挖鼻、剔牙、抓痒、搓泥,这会给别人缺乏公德意识、不讲究卫生、个人素质极其低下的印象。

（9）勾指手势。请他人向自己这边过来时,用一支食指或中指竖起并向自己怀里勾,其他四指弯曲,示意他人过来,这种手势有唤狗之嫌,对人极不礼貌。

3.4 举 止

一个人的举止端庄、行为文明、动作规范,是良好素养的表现,它能帮助个人树立美好形象,也能为组织赢得美誉,反之,则会损害组织形象。《人民日报》有过这样一则报道:

中国长江医疗机械厂经过艰难的谈判,即将与美国客商约瑟先生签订"输液管"生产线的合同,然而在参观车间时,厂长陋习难改,在地上吐了一口痰,约瑟看后一言不发,掉头就走,只留给厂长一封信:"我十分钦佩您的才智和精明,但您吐痰的一幕使我彻夜难眠。一个厂长的卫生习惯可以反映一个工厂的管理素质。况且我们合作的产品是用来治病的,人命关天。请原谅我的不辞而别,否则上帝都会惩罚我的。"

一口痰毁了一项合同,可见,日常举止是优美仪态的一个重要组成部分,端庄的举止、文明的行为体现在日常生活中的方方面面,社交中也要求人们的举止有一定的约束。例如以下不受欢迎的坏习惯和不良举止就应在交际中努力戒除。

1. 打呵欠

当你在与人谈话的时候,尤其是当对方在滔滔不绝地发表意见时,你也许感到疲倦了,这时一定要按捺住性子不让自己打呵欠,否则会引起对方的不快。打呵欠在社交场合中给人的印象是:表现出你不耐烦了,而不是你疲倦了。

2. 掏耳和挖鼻

有的人有这类不雅的小动作,大家正在喝茶、吃东西的时候,掏耳的小动作往往令旁观者感到恶心,这个小动作实在不雅,而且失礼。即使你想"洗耳恭听",此时此地也不是时候。同样,用手指挖鼻孔也是非常失礼的动作。

3. 剔牙

宴会上,谁也免不了有剔牙的小动作,既然这种小动作不能避免,就得注意剔牙时不要露出牙齿,而且不要把碎屑乱吐一番,最好用左手掩嘴,头略向侧偏,吐出碎屑时用纸巾接住。

4. 搔头皮

有些头皮屑多的人,在社交的场合也忍耐不住头皮屑刺激的瘙痒,而搔起头皮来。搔头皮必然使头皮屑随风乱飞,这不仅难看,而且会令旁人大感不快。搔头皮这种现象在社交场合是非常失礼的。特别是在宴会上,或者较为严肃、庄重的场合,这种情况下有如此的小动作是很难叫人谅解的。

5. 双腿抖动

这种小动作多发生在坐着的时候，站立时较为少见，虽然无伤大雅，但双腿颤动不停，会令对方觉得不舒服，而且也给人情绪不安定的感觉，这也是失礼的。同样，让跷起的腿钟摆似的打秋千，也是相当难看的姿态。

6. 频频看表

在与人交谈时，如果无其他重要约会，最好少看自己的手表。这样的小动作会使对方认为你还有什么重要的事情，不会使谈话继续下去；同时，你的这种小动作可能引起对方的误会，认为你没有耐心再谈下去。如果你确实有事在身，不妨婉转地告诉对方改日再谈，并表示歉意。

3.5 风　　度

风度是社交活动中给人印象深刻的内在潜质的综合反应，风度不但是人的一种性格特征的表现，还是一种内在涵养的表现。风度是一个人的姿态、举止、言谈、作风等表现出来的美。这种美既是一种外在美，又是一个人内心美的自然流露，也就是内在美和外在美的和谐统一。

因此我们既要重视化妆、服饰与姿态的美，更要看重内在的修养，何况外在仪表本身就渗透着个人内在的内容。要想在社交场合风度翩翩，应从根本做起。

1. 风度的培养是人内在气质的展现

气质不佳者，难有好的风度。内在气质的优化是靠平时修养、陶冶而成，因而它会不经意地显露出风度。《世说新语》记载：曹操个子较矮，一次匈奴来使，应由曹操接见，可是曹操怕使者见自己矮而看不起，于是请大臣崔琰冒充自己，曹操则持刀扮成卫士站在崔琰的旁边观察使者。崔琰"眉目疏朗，须长四尺，甚有威重"。接见后，曹操派人去探听使者的反应，使者说："魏王雅望非常，然床头提刀者，此乃英雄也。"曹操具有高度的政治、军事、文化素养，养成了封建时代的政治家特有的气质，因此他的风度并不因他身材矮小而受到影响，也不因他扮成地位低下的卫士而被掩盖。

2. 风度的培养离不开良好的德、才、学、识

良好的文化素养，脱俗的思想境界，渊博的学识，精深独到的思辨能力，是构成风度美的重要内在因素。宽宏的气度与气量是自古以来的君子之风，知识丰富且善于辞令，时而妙语连珠，时而幽默风趣，这些风度也可通过语言举止、服饰和作风等转换为外在的形式。如毛泽东有运筹帷幄的政治家风度；周恩来有才思敏捷、风姿潇洒的外交家风度；鲁迅有"横眉冷对"的铮铮铁骨；宋庆龄则留下端庄自然的慈母风度等，高尚的道德修养与高超的学识造就了他们卓然的风度。

3. 风度的培养应注意经常的训练

培养风度要先对自己的气质、性格、经历、知识和文化程度，乃至身材、面容等条件有自

知之明。既不能听之任之,对自己毫无要求,以"本色""自然"自夸;也不能乞求过高,操之过急,以至矫揉造作、生硬别扭,或东施效颦、欲美反丑。正确地审度自己,科学地进行自我设计,持久地实践、训练,自然能水到渠成。例如,根据自身特点坚持训练站姿、坐姿、走姿、言谈举止的技术,在各种场合、环境下都能运用自如,只要从容自信,风度也随之而来。正如一位艺术家所言:"只有你自己才能识别自己的长处和魅力。它们也许是你的低回浅笑,也许是你的开怀畅谈,也许是你的亲切和蔼。它可能是你对生活乐趣的领悟,也可能是你的沉静安详。不管你那特有的吸引力是什么,它都会因为魅力的技术因素而得到加强。"

实训项目

项目1:站姿训练

实训目标:掌握站姿的基本要领和不同场合下的站姿,纠正不良站姿。

实训学时:2学时。

实训地点:形体训练室。

实训准备:四面墙安装长度及地镜子的形体训练室、书籍、音乐播放器材、音乐MP3等。

实训方法如下。

(1) 面向镜子按照动作要领体会标准的站姿。

(2) 个人靠墙站立,要求后脚跟、小腿、臀、双肩、后脑勺都紧贴墙,进行整体的直立和挺拔训练。每次训练20分钟左右(应坚持每天1次)。

(3) 在头顶放一本书使其保持水平促使人把颈部挺直,下巴向内收,上身挺直,每次训练20分钟左右(应坚持每天1次)。

(4) 为了使双腿站直,可两腿之间夹一本书进行训练。

(5) 训练时可以配上优美的音乐,放松心情,减轻单调、疲劳之感。女性穿半高跟鞋进行训练,以强化训练效果。

训练手记:通过训练,我的收获是_____
_____。

项目2:坐姿训练

实训目标:掌握坐姿的基本要领和不同场合下的坐姿,纠正不良坐姿。

实训学时:2学时。

实训地点:形体训练室。

实训准备:四面墙安装长度及地镜子的形体训练室、靠背椅子若干把、书籍、音乐播放器材、音乐MP3以及训练器材等。

实训方法如下。

(1) 面对镜子,按坐姿基本要领,着重对脚、腿、腹、胸、头、手部位的训练,体会不同坐姿,纠正不良习惯,尤其注意起坐、落座练习。每次训练20分钟(应坚持每天1次)。

(2) 训练时可以配上优美的音乐,放松心情,减轻单调、疲劳之感。女性穿半高跟鞋进行训练,以强化训练效果。

(3) 利用器械训练,增强腰部、肩部力量和灵活性,进行舒肩展背动作练习。

训练手记:通过训练,我的收获是_____
_____。

项目 3:走姿训练

实训目标:掌握走姿的基本要领和特定场合下的走姿,纠正不良走姿。

实训学时:2 学时。

实训地点:形体训练室。

实训准备:四面墙安装长度及地镜子的形体训练室、书籍、音乐播放器材、音乐 MP3 等。

实训方法如下。

(1) 在地面上画一条直线,行走时手部掐腰,上身正直,双脚内侧踩在线上,行走时按要求走出相应的步位与步幅。可以纠正行走时摆胯、松臀、扭腰以及"八字步态"、步幅过大过小的毛病。训练时配上行进音乐,音乐节奏为每分钟 60 拍。

(2) 头顶书本行走,进行整体平衡练习。重点纠正行走时低头看脚、摇头晃脑、东张西望、脖颈不正、弯腰弓背的毛病。

(3) 进行原地摆臂训练。站立,两脚不动,原地晃动双臂,前后自然摆动,手腕进行配合,掌心要朝内,以肩带臂,以臂带腕,以腕带手,纠正双臂横摆、同向摆动、单臂摆动、双臂摆幅不等的现象。

(4) 对着镜子行走,进行面部表情等的整体协调性训练。

(5) 训练时可以配上优美的音乐,放松心情,减轻单调、疲劳之感。女性穿半高跟鞋进行训练,以强化训练效果。

训练手记:通过训练,我的收获是_____
_____。

项目 4:蹲姿训练

实训目标:掌握蹲姿的基本要领和特定场合下的蹲姿,纠正不良蹲姿。

实训学时:2 学时。

实训地点:形体训练室。

实训准备:四面墙安装长度及地镜子的形体训练室、书籍、音乐播放器材、音乐 MP3 等。

实训方法如下。

(1) 加强腿部膝关节及踝关节的力量和柔韧性训练,具体方法是压腿、踢腿、活动关节。

(2) 有意识地、主动经常地进行标准蹲姿训练,形成良好习惯。

(3) 训练时可以配上优美的音乐,放松心情,减轻单调、疲劳之感。

训练手记:通过训练,我的收获是_____

_____。

项目 5:眼神训练

实训目标:掌握眼神的基本要领,正确使用眼神。

实训学时:2 学时。

实训地点:教室。

实训准备:每人一面小镜子、音乐播放器材、音乐歌曲 MP3、优秀影视剧中的演员和节目主持人通过眼神表达内心情感的影像资料等。

实训方法:以下方法坚持天天训练,不要间断,必使目光明亮有神。

(1) 睁大眼睛训练:有意识地练习睁大眼睛的次数,增强眼部周围肌肉的力量。

(2) 转动眼球训练:头部保持稳定,眼球尽最大的努力向四周做顺时针和逆时针 360°转动,增强眼球的灵活性。

(3) 视点集中训练:点上一支蜡烛,视点集中在蜡烛火苗上,并随其摆动,坚持训练可使目光集中、有神,眼球转动灵活。

(4) 目光集中训练:眼睛盯住 3 米左右的某一物体,先看外形,逐步缩小范围到物体的某一部分,再到某一点,再到局部,再到整体。通过训练可以提高眼睛的明亮度,使眼睛更加有神。

(5) 影视观察训练:观看录像资料,注意观察和体会优秀影视剧中的演员和节目主持人是如何通过眼神表达内心情感的。

(6) 训练时可以配上优美的音乐,放松心情,减轻单调、疲劳之感。

训练手记:通过训练,我的收获是_____

_____。

项目 6:微笑训练

实训目标:掌握微笑的基本要领,在交往中正确使用微笑,养成爱微笑的习惯。

实训学时:2 学时。

实训地点:教室。

实训准备:每人一面小镜子、音乐播放器材、音乐歌曲 MP3、优秀影视剧中的演员和节目主持人微笑的影像资料等。

实训方法如下。

(1) 情绪记忆法,即将自己生活中,最高兴的事件中的情绪储存在记忆中,当需要微笑时,可以想起那件最使你兴奋的事件,脸上会流露出笑容。注意练习微笑时,要使双颊肌肉用力向上抬,嘴里念"一"音,用力抬高口角两端,注意下唇不要过分用力。普通话中的"茄子""田七""前"等的发音也可以辅助微笑口形的训练。

(2) 对着镜子练习微笑,调整自己的嘴形,注意与面部其他部位和眼神的协调,做最使自己满意的微笑表情,到离开镜子时也不要改变它。

(3) 练习微笑之前要忘掉自我和一切的烦恼,让心中充满爱意。

(4) 训练时可以配上优美的音乐,放松心情,减轻单调、疲劳之感。

训练手记:通过训练,我的收获是_____
_____。

项目 7:手势训练

实训目标:掌握手势的基本要领、常用手势的标准,纠正不正确的手势,养成良好习惯。

实训学时:2 学时。

实训地点:形体训练室。

实训准备:四面墙安装长度及地镜子的形体训练室,音乐播放器材,音乐 MP3,投影设备,毛泽东、周恩来等伟人的音像资料,剪子,文件等。

实训方法如下。

(1) 先观看毛泽东、周恩来等伟人的音像资料,然后开始训练。

(2) 调整体态,保持良好的站姿。

(3) 每两人一组,面对镜子练习常用手势,包括:招呼他人、挥手道别、指引方向、递接物品(如剪子、文件等)、鼓掌、展示物品等手势,并互相纠正。

(4) 教师最后点评、总结。

训练手记:通过训练,我的收获是_____
_____。

案例讨论

案例 1

面　　试

一次,有位老师带着三位毕业生同时去应聘一家酒店总台接待职位,面试前老师怕学生面试时紧张,同人事部经理商量让三位同学一起面试。三位同学进入人事部经理的办公室时,经理上前请三位同学入座。当经理回到办公桌前,抬头一看欲言又止,只见两位同学坐在沙发上,一个跷起二郎腿而且两腿不停地抖动,另一个身子松懈地斜靠在沙发一角,两手攥握手指咯咯作响,只有一位同学端坐在椅子上等候面试,人事部经理起身非常客气地对两位坐在沙发上的同学说:"对不起,你们的面试已经结束了,请退出。"两位同学四目相对,不知何故,面试怎么还没提问就结束了呢?

(资料来源:佚名.求职礼仪[EB/OL].[2019-02-12]. http://ishare.iask.sina.com.cn/f/brvXaOsuW1v.html.)

思考题:

(1) 本案例对你有哪些启示?请写下来并上传至共享群。

(2) 面试还没提问就结束的原因是什么？

案例2

最好的介绍信

一位经理录用了一个没带任何介绍信的年轻人，很多人感到奇怪。经理说："其实，他带来了不止一封介绍信。他精神抖擞、神态清爽、服饰整洁，他在进门前蹭掉脚上带的泥土，进门后随手轻轻地关上了门，这说明他很懂礼貌，做事很仔细；当看到那位残疾老人时，他立即起身让座，这表明他心地善良，知道体贴别人；那本书是我故意放在地上的，所有的应试者都不屑一顾，只有他俯身捡起，放在桌上；当我和他交谈时，他谈吐温文尔雅，思维十分敏捷。这些难道不是最好的介绍信吗？"

（资料来源：杨友苏，石达平. 品礼：中外礼仪故事选评[M]. 上海：学林出版社，2008.）

思考题：

(1) 本案例对你有哪些启示？请写下来并上传至共享群。

(2) 你已经拥有哪些"介绍信"了？

(3) 反省自身一天的言谈举止，看看有哪些忽略的细节，并请注意及时改进。

案例3

相逢一笑泯恩仇

一次在上海飞往广州的飞机上，有两位外国女郎金发碧眼、衣着华丽。可刚上飞机她们就皱起眉头，掩着鼻子直嚷机舱里有怪味。一位空姐微笑着走来，请她们原谅，并递上一瓶香水。香水却被她们扔到了角落里，接着又是一连串的刁难。虽然空姐觉得自尊受到伤害，但仍笑脸相待，一一满足她们的要求。

当空姐给她们送来可口可乐时，她们还没喝，就说可口可乐有问题，甚至将可乐泼到空姐身上。空姐强忍这种极端无礼的行为，再次把可口可乐递过去，微笑着不卑不亢地说："小姐，这可乐是贵国的原装产品，也许贵国这家公司的可口可乐都是有问题的。我很乐意效劳，将这瓶可口可乐连同您的芳名及地址寄到这家公司去，我想他们肯定会登门道歉并将此事在贵国的报纸上大加渲染的。"两个女郎目瞪口呆，而那位了不起的空姐面带微笑地将其他饮料送给她们。

事后这两位女郎留了一封信，信中说自己太苛刻、太过分，而中国空姐的服务和微笑让人无可挑剔。

（资料来源：佚名. 职业形象与职场沟通[EB/OL].[2014-04-26]. http://www.doc88.com/p-1941920200230.html.）

思考题：

(1) 本案例对你有何启示？请写下来并上传至共享群。

(2) 微笑在交际中有何作用？

案例 4

OK 手势

一位美国的工程师被公司派到他们在德国收购的分公司,和一位德国工程师在一部机器上并肩作战。当这个美国工程师提出建议改善新机器时,那位德国工程师表示同意并问美国工程师自己这样做是否正确。这个美国工程师用美国的 OK 手势给以回答。那位德国工程师放下工具就走开了,并拒绝和这位美国工程师进一步交流。后来这个美国人从他的一位主管那里了解到这个手势对德国人意味着侮辱人。

(资料来源:国英.公共关系与现代交际礼仪案例[M].北京:机械工业出版社,2004.)

思考题:

(1) 本案例对你有哪些启示?请写下来并上传至共享群。

(2) OK 手势具有什么含义?

(3) 怎样避免发生案例中的情况?

案例 5

金先生失礼

风景秀丽的某海滨城市的朝阳大街,高耸着一座宏伟楼房,楼顶上"远东贸易公司"六个大字格外醒目。某照明器材厂的业务员金先生按原计划,手拿企业新设计的照明器材样品,兴冲冲地登上六楼,脸上的汗珠未及擦一下,便直接走进了业务部张经理的办公室。正在处理业务的张经理被吓了一跳。"对不起,这是我们企业设计的新产品,请您过目。"金先生说。张经理停下手中的工作,接过金先生递过的照明器,随口赞道:"好漂亮啊!"并请金先生坐下,倒上一杯茶递给他,然后拿起照明器仔细研究起来。金先生看到张经理对新产品如此感兴趣,如释重负,便往沙发上一靠,跷起二郎腿,一边吸烟一边悠闲地环视着张经理的办公室。当张经理问他电源开关为什么装在那个位置时,金先生习惯性地用手搔了搔头皮。好多年了,别人一问他问题,他就会不自觉地用手去搔头皮。虽然金先生作了较详尽的解释,张经理还是有点半信半疑。谈到价格时,张经理强调:"这个价格比我们预算高出较多,能否再降低一些?"金先生回答:"我们经理说了,这是最低价格,一分钱也不能降了。"张经理沉默了半天,金先生却有点沉不住气了,不由自主地拉松领带,眼睛盯着张经理。张经理皱了皱眉问:"这种照明器的性能先进在什么地方?"金先生又搔了搔头皮,反反复复地说:"造型新,寿命长,节电。"张经理托词离开了办公室,只剩下金先生一个人。金先生等了一会儿,感到无聊,便非常随便地抄起办公桌上的电话,同一个朋友闲谈起来。这时,门被推开,进来的却不是张经理,而是办公室秘书。

(资料来源:佚名.商务礼仪知识[EB/OL].[2017-11-15].https://xuexi.zqnf.com/21553.htm.)

思考题:

(1) 本案例对你有何启示?请写下来并上传至共享群。

(2) 请指出金先生的失礼之处。

 **课后练习**

一、判断题

(1) 交际场所最基本的姿势是站立。　　　　　　　　　　　　　　(　　)
(2) 标准走姿两臂前摆约 25°。　　　　　　　　　　　　　　　　(　　)
(3) 手势活动的范围,有上、中、下三个区域。　　　　　　　　　　(　　)
(4) 降低身高,表示对对方的尊重,能获得好感。　　　　　　　　　(　　)
(5) 可以对异性运用捻指作响手势。　　　　　　　　　　　　　　(　　)
(6) OK 手势在法国表示正确。　　　　　　　　　　　　　　　　(　　)
(7) 在与人交谈时,如果无其他重要约会,最好少看自己的手表。　　(　　)
(8) 人体表情最丰富的部分是面部。　　　　　　　　　　　　　　(　　)
(9) 坐在椅子上,一般坐满椅子的 1/2 到 2/3 处。　　　　　　　　(　　)
(10) 在交际场合,双手叉腰间属于不良姿势。　　　　　　　　　　(　　)
(11) 与人交谈时手势不宜过多,幅度不宜过大。　　　　　　　　　(　　)
(12) 在交际场合,女士可双腿搭在沙发就座。　　　　　　　　　　(　　)
(13) 在交际场合,女士可叠腿呈四字形就座。　　　　　　　　　　(　　)

二、思考与操作

(1) 观察一下日常生活中各个微笑的脸,说说"微笑的脸"有哪些特征。
(2) 在遇到陌生人时,怎样用你的身体语言使对方精神放松,以博得对方的好感。
(3) 请每天拿出 10～20 分钟时间练习站姿等姿态。
(4) 你对自己的仪态满意吗?请观察一下你周围的人士的站姿、坐姿、走姿等方面存在什么问题,提醒自己避免出现这些问题。
(5) 观察一下路人的走姿,看看什么样的走姿给你的感觉最好。
(6) 观察你周围的人,分析他们哪些言行、举止符合礼仪要求,哪些不符合礼仪要求。举例列出表现,并分析形成的原因。
(7) 在课余时间进行科学的形体练习,使形体更富有时代的魅力。
(8) 健康的人不一定是美丽的,但美丽的人一定是健康的。你同意这种说法吗?为什么?
(9) 你的眼神是否充满了自信和活力?
(10) 今天你微笑了吗?试着每天清晨起床后,对着镜子整理仪容的同时,把甜美愉快的笑容留在脸上。
(11) 请制定一份班级举止文明公约。
(12) 请以"风度的培养"为题写一篇小论文,全文不少于 1500 字。

评价考核

能力评价表

内 容		评 价	
学习目标	评价内容	小组评价(5、4、3、2、1)	教师评价(5、4、3、2、1)
知识(应知、应会)	仪态礼仪的内容		
	站姿、走姿、坐姿、蹲姿的标准做法		
专业能力	能够在不同的场合中展现出正确的姿态		
	能够正确地运用眼神和微笑		
	能够正确地运用手势		
	能够克服不良举止		
	能够展现出良好的风度		
通用能力	自我管理能力		
	审美能力		
	自控能力		
态 度	敬业、一丝不苟的精神、遵守规范		
努力方向:		建议:	

项目二　日常交际礼仪

任务4 会　面

交际是人生一大乐趣。
　　　　　　　　　　　　　　　——[英]西·史密斯
与人相交，一言一事，皆须有益于人，便是善人。
　　　　　　　　　　　　　　　——[清]张英

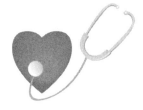

任务目标

- 在交际中能够得体地称呼对方。
- 得体地进行自我介绍、介绍他人,更好地与人相识。
- 熟练运用标准的握手、鞠躬等见面礼节。
- 能够设计富有特色的名片,在交际中能够规范地使用名片。
- 能够恰当地选择礼品,互赠礼品。
- 正确地运用鲜花表达情意。
- 拜访及接待都要符合礼仪规范。

 情景导入

小李今年刚大学毕业,在大华公司总经理办公室做秘书工作。一天,公司王总经理派他到机场去接广州明光公司销售部的吴丽晶经理。小李准时来到机场,在出口处吴经理见到小李手中的字牌,走到小李面前说:"你好!你是小李吧,我是吴丽晶!"小李连忙用不太标准的普通话说:"是的,是的,我是小李,您好!您就是广州过来的狐狸精(吴丽晶)吧?我是王总派来接您的。我是东方大学行政管理专业毕业的研究生,现在是王总的秘书。"一边说一边伸手准备与吴经理握手。面对小李这样的称呼、这样的自我介绍、这样的握手方式,吴经理会是什么感觉呢?

(资料来源:吴蕴慧,徐静.现代礼仪实务[M].上海:上海交通大学出版社,2008.)

 任务分析

见面是交际的开始。一个人在社会中的生存与发展,都必须以各种形式与其他人进行交往。因为没有交往就难有合作,没有合作就难以生存、发展。见面礼仪是与人交往时最基本、最常用的礼节,最能反映一个人的礼仪水平,可以帮助我们养成良好的交际礼仪习惯。人们见面后互相问候,不熟悉的人之间相互介绍,然后握手,交换联系方式,寒暄后进入正题。这个过程看似简单,却蕴含着复杂的礼仪规则,表达了丰富的交际信息。掌握基本的见面礼仪,可以使现代人适应各种场合社交的礼仪要求,赢得交际对象的好感,塑造良好的社交形象。相反,如果不注意社交礼仪,就会像"情景导入"中的"小李"那样使交际对象难堪。

4.1 称　　呼

在社会交往中,交际双方见面时,如何称呼对方,这直接关系到双方之间的亲疏、了解程度、尊重与否及个人修养等。一个得体的称呼,会令彼此如沐春风,为以后的交往打下良好的基础,否则,不恰当或错误的称呼,可能会令对方心里不悦,影响彼此的关系乃至交际的成功。

如著名传记作家叶永烈在着手写陈伯达传记时,必须采访陈伯达,采访时究竟怎样称呼陈伯达,叶永烈颇费了一番心思。采访的前一天晚上,叶永烈辗转反侧,明天见到了陈伯达到底该叫他什么呢?叫他陈伯达同志,不合适,因为陈伯达是在监狱服刑的犯人;叫他老陈,也不行,因为陈伯达已经是八十四岁的老人了,而自己才四十八岁。究竟应怎样称呼他呢?突然叶永烈灵机一动,称呼他陈老,这是再恰当不过的称呼了,果然,第二天采访时,叶永烈一声"陈老"的亲切得体的称呼,令陈伯达听了感动万分,眼里充满了泪花。由此可见,一个得体的称呼真可谓交际的"敲门砖"啊!

1. 称呼姓名

一般的同事、同学关系,平辈的朋友、熟人,均可彼此之间以姓名相称。例如,"王小平""赵大亮""刘军"。长辈对晚辈也可以如此称呼,但晚辈对长辈却不可这样做。为了表示亲切,可以在被称呼者的姓名前分别加上"老""大""小"字相称,而免称其名。例如,对年长于己者,可称"老张""大李";对年幼于己者,可称"小吴""小周"。但这种称呼多在职业人士间常见,不适合在校学生。对同性的朋友、熟人,若关系极为亲密,可以不称其姓,而直呼其名,如"春光""俊杰"。对于异性一般则不可这样做,因为若如此,那不是其家人,就是其配偶了。

2. 称呼职务

在工作中,以交往对象的职务相称,以示身份有别、敬意有加,这是一种最常见的称呼方法。具体做法上可以仅称呼职务,如"局长""经理""主任"等;可以在职务前加上姓氏,例如"王总经理""李市长""张主任"等;还可以在职务之前加上姓名,这仅适用于极其正式的场合,例如"×××主席""×××省长""×××书记"等。

3. 称呼职称

对于有职称者,尤其是有高级、中级职称者,可以在工作中直接以其职称相称。可以只称职称,例如"教授""研究员""工程师"等;可以在职称前加上姓氏,例如"张教授""王研究员""刘工程师",当然有时可以简化,如将"刘工程师"简化为"刘工",但使用简称应以不发生误会、歧义为限;可以在职称前加上姓名,它适用于十分正式的场合。例如:"王久川教授""周蕾主任医师""孙小刚主任编辑"等。

4. 称呼学衔

在工作中,以学衔作为称呼,可增加被称呼者的权威性,有助于增强现场的学术氛围。可以在学衔前加上姓氏,例如"张博士";可以在学衔前加上姓名,如"张明博士"。一般对学士、硕士不称呼学衔。

5. 称呼职业

称呼职业,即直接以被称呼者的职业作为称呼。例如将教员称为"老师",将教练员称为"教练"或"指导",将专业辩护人员称为"律师",将财务人员称为"会计",将医生称为"大夫"或"医生",等等。一般情况下在此类称呼前,均可加上姓氏或姓名。

6. 称呼亲属

亲属,即本人直接或间接拥有血缘关系者。在日常生活中,对亲属的称呼业已约定俗成,人所共知。面对外人,对亲属可根据不同情况采取谦称或敬称。对本人的亲属应采用谦称。称辈分或年龄高于自己的亲属,可以在其称呼前加"家"字,如"家父""家叔"。称辈分或年龄低于自己的亲属,可在其称呼前加"舍"字,如"舍弟""舍侄"。称自己的子女,则可在其称呼前加"小",如"小儿""小女""小婿"。对他人的亲属,应采用敬称。对其长辈,宜在称呼前加"尊"字,如"尊母""尊兄"。对其平辈或晚辈,宜在称呼之前加"贤"字,如"贤妹""贤侄"。若在其亲属的称呼前加"令"字,一般可不分辈分与长幼,如"令堂""令爱""令郎"。

7. 涉外称呼

在涉外交往中,一般对男子称先生,对女子称夫人、女士或小姐。已婚女子称夫人,未婚女子称小姐。对婚姻状况不明的女子称"小姐"或"女士"。在西方国家,凡是举行宗教结婚仪式的人,都习惯在无名指上戴一枚戒指,男子戴在左手,女子戴在右手,所以对外宾的称呼可以此而定。以上是根据性别和婚姻状况来称呼,使用起来具有普遍性。

4.2 打 招 呼

在人际交往中,当商界人士互相见面或被他人介绍时,应起身站立,热情认真地向对方打个招呼,这是最普通的礼节。打招呼时应注意如下问题。

1. 男士尊重女士

如果你在途中遇见相识的女士,倘若她不打招呼,你就不要去打扰她。她是不是主动向你打招呼,全由她去决定。你只可向她答礼,除非你和她非常熟悉。男士主动先向女士打招呼,有时会给女士带来不便或尴尬。

2. 不用莽撞的问候方式

如果你在公共场所遇见了久违的好朋友,请不要太激动。在街上,突然冲向对方,甚至冲撞了行人;在会场上,猛然从座位上跳起来并穿过整个大厅;在人群里,冷不丁高呼朋友的名字,让旁人吓一跳,并为之行侧目礼等,都是很失礼的。

3. 不苛求"熟视无睹"的相识者

有时会碰见相识者对你"熟视无睹"而感到不高兴,其实这大可不必。请不要把漫不经心的视而不见与故意的轻蔑混为一谈,这很可能是对方正在沉思,或者眼睛近视,也可能因为你的外貌有了改变。例如,有位女士对自己所从事的专业很有研究和造诣,是行业中公认的专家,但她的同事对她一直很有意见,认为她骄傲、不理人、摆架子,其实她的"视而不见",是因为她习惯在行走和空闲时独自一人沉思。

4. 适时、适地打招呼

如果参加一个国际性的或者是跨省市、跨行业的会议,在一天内几次遇见同一个熟人,每次都说"您好",似乎太单调了。可以根据时间、场合,适时、适地地用不同的方式打招呼。

5. 与相遇的人打招呼

有时因出差、开会、旅游,在旅馆居住或在商店购物等,都应该同遇见的服务员或售货员打招呼。只要是经常同自己打交道的,无论地位高低、贫富不同,都要注意见面打招呼。

4.3 介　　绍

介绍是社交活动最常见、也是最重要的礼节之一,它是初次见面的陌生的双方开始交往的起点。介绍在人与人之间起桥梁与沟通作用,几句话就可以缩短人与人之间的距离,为进一步交往开个好头。

1. 介绍的基本规则

为他人做介绍时必须遵守"尊者优先了解情况"的规则,在为他人做介绍前,先要确定双方地位的尊卑,然后先介绍位卑者,后介绍尊者。具体如下。

(1) 先将男士介绍给女士。例如,介绍王先生与李小姐认识,介绍人应当引导王先生到李小姐面前,然后说:"李小姐,我来给你介绍一下,这位是王先生。"注意在介绍的过程中,被介绍者的名字总是后提。

(2) 先将年轻者介绍给年长者。把年轻者引见给年长者,以示对前辈、长者的尊敬。如:"王教授,让我来介绍一下,这位是我的同学张明。""张阿姨,这是我的表妹王丽。""刘伯伯,我请您认识一下我的表弟李强。"在介绍中应注意有时虽然男士年龄较大,但仍然是将男士介绍给女士。

(3) 先将未婚女子介绍给已婚女子。如:"张太太,让我来介绍一下,这位是李小姐。"注意当被介绍者无法辨别其是已婚还是未婚时,则不存在先介绍谁的问题,可随意介绍,如:"张女士,我可以把我的女朋友李小姐介绍给你吗?"

(4) 在实业界或公司中,在商务场合要先将职位低的介绍给职位高的,如"王总,这位是××公司的总经理助理刘女士"。注意这里我们先提到的是王总经理,这是因为我们把王总经理的职位看作高于刘女士,尽管王总经理是一位男士,仍不先介绍他。

(5) 先将家庭成员介绍给对方。在向别人介绍自己的家庭成员时,应谦虚地说出对方的名字。这不仅是出于礼貌,而且对介绍自己的家庭成员也比较方便。如:"张先生,我想请你认识一下我的女儿晓芳。""张先生,请允许我介绍一下我的妻子。"

(6) 集体介绍时的顺序。在被介绍者双方地位、身份大致相似,或者难以确定时,应当使人数较少的一方礼让人数较多的一方,一个人礼让多数人,先介绍人数较少的一方或个人,后介绍人数较多的一方或多数人。

若被介绍者在地位、身份之间存在明显差异,特别是当这些差异表现为年龄、性别、婚否、师生以及职务有别时,则地位、身份为尊的一方即使人数较少,甚至仅为一人,仍然应被置于尊贵的位置,最后加以介绍,而先介绍另一方人员。

若需要介绍的一方人数不止一人,可采取笼统的方法进行介绍,例如可以说"这是我的家人""他们都是我的同事"等。但最好还是要对其一一进行介绍。进行此种介绍时,可按位次尊卑顺序进行介绍。

若被介绍双方皆不止一人,则可依照礼规,先介绍位卑的一方,后介绍位尊的一方。在介绍各方人员时,均需由尊到卑,依次进行。

2. 自我介绍

在不同场合,遇见对方不认识自己,而自己又有意与其认识,当场没有他人从中介绍,往往需要自我介绍。

(1) 自我介绍的方式。根据不同场合、环境的需要,自我介绍的方式有以下五种。

① 应酬式。这种自我介绍方式最简单,往往只包括姓名一项即可。如:"您好!我叫王敏。"应酬式的自我介绍适合于一些公共场合和一般性的社交场合,如途中邂逅、宴会现场、舞会、通电话时等。它的对象,主要是一般接触的交往人士。

② 工作式。工作式的自我介绍的内容,包括本人姓名、供职的单位及部门、担任的职务或从事的具体工作三项,又叫工作式自我介绍内容的三要素,通常缺一不可。姓名,应当一口报出,不可有姓无名,或有名无姓;单位即供职的单位及部门,如可能最好全部报出。具体工作部门有时也可以暂不报出;职务即指担任的具体职务或从事的具体工作,有职务最好报出职务,职务较低或者无职务,则可报出目前所从事的具体工作。

③ 交流式。交流式的自我介绍,也称社交式自我介绍或沟通式自我介绍,是一种刻意寻求与交往对象进一步交流与沟通,希望对方认识自己、与自己建立联系的自我介绍,适用于社交活动中,大体包括本人的姓名、工作、籍贯、学历、兴趣以及与交往对象的某些熟人的关系等。如:"我的名字叫王红,是××公司副总裁。六年前,我和您先生是同事。"

④ 礼仪式。礼仪式的自我介绍是一种表示对交往对象友好、敬意的自我介绍。适用于讲座、报告演出、庆典、仪式等正规的场合,内容包括姓名、单位、职务等。自我介绍时,还应多加入一些适当的谦辞敬语,以示自己尊敬交往对象。如:"女士们、先生们,大家好!我叫任仿,是××公司的总经理。值此之际,谨代表本公司热烈欢迎各位来宾莅临指导,谢谢大家的支持。"

⑤ 问答式。针对对方提出的问题做出自己的回答。这种方式适用于应试、应聘和公务交往。在普通交际应酬场合,它也时有所见。如对方问:"这位小姐贵姓?""免贵姓周,周恩来的周。"

(2) 自我介绍的时机。因业务关系需要相互认识,进行接洽时可自我介绍;当遇到一位你知晓或久仰的人士,他不认识你,你可自我介绍:"×××(称呼),您好!我是××××(单位)的×××(姓名),久仰大名,很荣幸与您相识。"

第一次登门造访,事先打电话约见,在电话里应自我介绍。

参加一个较多人的聚会,主人不可能一一介绍,与会者可以与同席或身边的人互相自我介绍。自我介绍前应有一句引言,以使对方不感到突然,如"我们认识一下吧。我叫×××,在×××公司公关部工作"。

在出差、旅行途中,与他人不期而遇,并且有必要的接触时,可适当做自我介绍。

初次前往他人住所、办公室进行登门拜访时,要自我介绍。

应聘求职时需首先做自我介绍。

(3) 自我介绍的要求。自我介绍时,要及时、清楚地报出自己的姓名和身份。大方自然地进行自我介绍,可以先面带微笑,温和地看着对方说声:"您好!"以引起对方的注意,然后报出自己的姓名身份,并简要表明结识对方的愿望或缘由。进行自我介绍一定要力求简洁,尽可能地节省时间,总时间以半分钟为佳。

进行自我介绍,态度务必自然、友善、亲切、随和。要充满信心和勇气,敢于正视对方的双眼,显得胸有成竹。介绍时语气要自然、语速要正常,语音要清晰,这对自我介绍的成功十分有好处。

进行自我介绍时所表述的各项内容,一定要实事求是,真实可信。没有必要过分谦虚,一味贬低自己去讨好别人,但也不可自吹自擂,夸大其词,在自我介绍时掺水分,会得不偿失。

他人进行自我介绍时也要注意以下几点。

① 引发对方做自我介绍时应避免直话相问,比如:"你叫什么",而应该尽量客气一些,用词更敬重些,比如:"请问尊姓大名""您贵姓""不知怎么称呼您""您是……"等。

② 他人做自我介绍时要仔细聆听,记住对方的姓名、职业等。如果没有听清楚,不妨在个别问题上仔细再问一遍,这比你不能记住对方的个人信息要好。

③ 一个人作了自我介绍后,另一个人也要作相应的自我介绍,这才是礼貌的行为。

3. 他人介绍

(1) 为他人作介绍的方法。在交往中,在为他人作介绍时,由于实际需要的不同,介绍时所采取的方式也会有所不同。常见的介绍方法如下。

① 一般式,也称标准式,以介绍双方的姓名、单位、职务等为主。这种介绍方式适用于正式场合。如:"请允许我来为两位引见一下。这位是××公司主任王超先生,这位是××集团副总裁刘明先生。"

② 引见式。介绍者将被介绍者双方引到一起即可,适用于普通场合。如:"两位互相认识一下。大家其实都在同一个单位工作,只是平时没机会认识。那我先失陪了。"

③ 简单式。只介绍双方姓名一项,甚至只提到双方姓氏,适用一般的社交场合。如我来为大家介绍一下:"这位是钱总,这位是徐总。希望大家合作愉快。"

④ 附加式,也可以叫强调式,用于强调其中一位被介绍者与介绍者之间的特殊关系,以期引起另一位被介绍者的重视。如:"大家好!这位是××公司的营销部主任李斌先生。这是小儿王伟,请各位多多关照。"

⑤ 推荐式。介绍者经过精心准备将某人举荐给他人,介绍时通常会对前者的优点进行重点介绍,此种方式适用于比较正规的场合。如:"这位是唐钢先生,这位是某公司的孙鹏总经理。唐钢刚从国外留学回来,他是经济学博士,管理学专家。孙总,我想您一定有兴趣和他聊一聊。"

⑥ 礼仪式。这是一种最为正规的他人介绍,适用于正式场合。介绍语气、表达称呼上都更为规范和谦恭。如:"张女士,您好!请允许我把××公司的总经理周晓东先生介绍给您。周先生,这位是××集团的生产部经理张玲女士。"

(2) 为他人介绍的时机。他人介绍即社交中的第三者介绍。在他人介绍中,为他人作介绍的人一般为社交活动中的东道主、社交场合中的长者、家庭中聚会的女主人、公务交往活动中的公关人员(礼宾人员、文秘人员、接待人员)等。他人介绍的时机包括:在家中接待彼此不相识的客人;在办公地点,接待彼此不相识的来访者;与家人外出,路遇家人不相识的同事或朋友;陪同亲友,前去拜会亲友不相识者;本人的接待对象遇见了素不相识的人士,而对方又跟自己打了招呼;陪同上司、长者、来宾时,遇见了其不相识者,而对方又跟自己打了招呼;打算推介某人加入某一交际圈;受到为他人作介绍的邀请。

(3) 为他人介绍的注意事项。在为他人做介绍时,介绍者对介绍的内容应当字斟句酌,慎之又慎。为他人作介绍时的手势如图 4-1 所示。

在正式场合,内容以双方的姓名、单位、职务等为主。如:"我来给两位介绍一下,这位是 A 公司的公关部主任王芳女士,这位是 B 公司的总经理刘洋先生。"

在一般的社交场合,其内容往往只有双方姓名一项,甚至可以只提到双方姓氏。接下来,则由被介绍者见机行事。如:"我来介绍一下,这位是老张,这位是小李,你们认识一下吧。"

在比较正规的场合,介绍者有备而来,有意将某人举荐给某人,因此在内容方面,通常会对前者的优点加以重点介绍。如:"这位是李明先生,这位是我们公司的于楠总经理。李先生是一位管理方面的专业人士,他还是北大的 MBA。于总我想您一定很想认识他吧!"

图 4-1 介绍他人时的手势

在进行他人介绍时,介绍者与被介绍者都要注意自己的表达、态度与反应。介绍者为被介绍者介绍之前,不仅要尽量征求一下被介绍双方的意见,而且在开始介绍时还应再打一下招呼,切勿上去开口即讲,显得突如其来,让被介绍者措手不及。

被介绍者在介绍者询问自己是否有意认识某人时,一般不应加以拒绝或扭扭捏捏,而应欣然表示接受。实在不愿意时,则应说明缘由。

当介绍者走上前来,开始为被介绍者进行介绍时,被介绍的双方应起身站立,面含微笑,大大方方地注视介绍者或者对方,神态庄重、专注。

当介绍者介绍完毕后,被介绍双方应依照合乎礼仪的顺序进行握手,并且彼此问候对方。此时的常用语有"你好""很高兴认识你""久仰大名""认识你非常荣幸""幸会,幸会"等。必要时还可作进一步的自我介绍。

介绍时要注意实事求是,掌握分寸,不能胡吹乱捧。介绍姓名时,一定要口齿清楚,发音准确。把易混的字咬准,如"王"和"黄","刘"和"牛"等;对同音字、近音字必要时要加以解释,如"邹"和"周","张"和"章","徐"和"许"等。

4.4 握 手

相传在刀耕火种的年代,人们经常持有石头或棍棒等武器,陌生者相遇,双方为了表示没有敌意,便放下手中的武器,并伸出手掌,让对方抚摸掌心。久而久之,这种习惯便逐渐演变为今日的握手礼节。当今,握手已成为世界上最为普遍的一种礼节,其应用的范围远远超过了鞠躬、拥抱、接吻等。因此,在日常交际中,我们必须注意握手的基本礼节。

1. 握手的顺序

根据礼仪规范,握手时双方伸手的先后顺序,一般应当遵守"尊者先伸手"的原则,应由尊者首先伸出手来,位卑者只能在此后予以响应,而绝不可贸然抢先伸手,不然就是违反礼仪的举动。其基本规则如下。

(1) 男女之间握手。男女之间握手,男士要等女士先伸出手后才握手。如果女士不伸手或无握手之意,男士向对方点头致意或微微鞠躬致意。男女初次见面,女方可以不和男士握手,只是点头致意即可。男女握手时,男士要脱帽和脱右手手套,如果偶遇匆匆忙忙来不及脱,要道歉。女士除非对长辈,一般可不必脱手套。

(2) 宾客之间握手。宾客之间握手,主人有向客人先伸出手的义务。在宴会、宾馆或机场接待宾客,当客人抵达时,无论对方是男士还是女士,女主人都应该主动先伸出手。男士因是主人,尽管对方是女宾,也可先伸出手,以表示对客人的热情欢迎。而在客人告辞时,则应由客人首先伸出手来与主人相握,在此表示的是"再见"之意。

(3) 长幼之间握手。长幼之间握手,年幼的一般要等年长的先伸手。和长辈及年长的人握手,不论男女,都要起立趋前握手,并要脱下手套,以示尊敬。

(4) 上下级之间握手。上下级之间握手,下级要等上级先伸出手。但涉及主宾关系时,可不考虑上下级关系,做主人的应先伸手。

(5) 一个人与多人握手。若是一个人需要与多人握手,则握手时也应讲究先后次序,由尊而卑,即先年长者后年幼者,先长辈而晚辈,先老师后学生,先女士后男士,先已婚者后未婚者,先上级后下级,先职位、身份高者后职位、身份低者。

值得注意的是:在公务场合,握手时伸手的先后次序主要取决于职位、身份;而在社交、休闲场合,它则主要取决于年龄、性别、婚否。

2. 握手的方式

握手的标准方式,是行礼时行至距握手对象约1米处,双腿立正,上身略向前倾,伸出右手,四指并拢,拇指张开与对方相握。握手时的手势如图4-2所示。握手时应用力适度,上下稍许晃动三四次,随后松开手来,恢复原状,如图4-3所示。具体地应注意以下几点。

(1) 神态。与人握手时神态应专注、热情、友好、自然。在通常情况下,与人握手时,应面含微笑,目视对方双眼,并且口道问候。在握手时切勿显得自己三心二意,敷衍了事,漫不经心,傲慢冷淡。如果在此时迟迟不握他人早已伸出的手,或是一边握手、一边东张西望,目中无人,甚至忙于跟其他人打招呼,都是极不应该的。

(2) 力度。握手时用力应适度,不轻不重,恰到好处。如果手指轻轻一碰,刚刚触及就离开,或是懒懒地慢慢地相握,缺少应有的力度,会给人勉强应付、不得已而为之的感觉。一般来说,手握得紧是表示热情,男人之间可以握得较紧,甚至另一只手也加上,包括对方

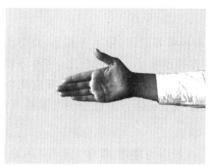

图 4-2 握手时的手势

图 4-3 握手

的手大幅度上下摆动,或者在手相握时,左手又握住对方胳膊肘、小臂甚至肩膀,以表示热烈。但是注意既不能握得太使劲,使人感到疼痛,也不能显得过于柔弱,不像个男子汉。对女性或陌生人,轻握是很不礼貌的,尤其是男性与女性握手应热情、大方、用力适度。

(3) 时间。通常是握紧后打过招呼即松开。但如亲密朋友意外相遇,敬慕已久而初次见面,至爱亲朋依依惜别,衷心感谢难以表达等场合,握手时间就长一点,甚至紧握不放、话语不休。在公共场合,如列队迎接外宾,握手的时间一般较短。握手的时间应根据与对方的亲密程度而定。

3. 握手的禁忌

在人际交往中,握手虽然司空见惯,看似寻常,但是由于它可被用来传递多种信息,因此在行握手礼时应努力做到合乎规范,并且注意下述几点。

- 不要用左手与他人握手,尤其是在与阿拉伯人、印度人打交道时要牢记此点,因为在他们看来左手是不洁的。
- 不要在握手时争先恐后,而应当遵守秩序,依次而行。特别要记住,与基督教信徒交往时,要避免两人握手时与另外两人相握的手形成交叉状,这类似十字架,在基督教信徒眼中是很不吉利的。
- 不要戴着手套握手,在社交场合女士的晚礼服手套除外。
- 不要在握手时戴着墨镜,只有患有眼疾或眼部有缺陷者才能例外。
- 不要在握手时将另外一只手插在衣袋里。
- 不要在握手时另外一只手依旧拿着香烟、报刊、公文包、行李等东西而不肯放下。
- 不要在握手时面无表情,不置一词,好似根本无视对方的存在,而纯粹是为了应付。
- 不要在握手时长篇大论,点头哈腰,滥用热情,显得过分客套,让对方不自在、不舒服。
- 不要在握手时把对方的手拉过来、推出去,或者上下左右抖个没完。
- 不要在与人握手之后,立即揩拭自己的手掌,好像与对方握一下手就会使自己受到感染似的。

4. 常见的其他见面礼

在国内外交往中,除握手之外,以下见面礼也颇为常见。

(1) 点头礼。点头礼适用于路遇熟人,在会场、剧院、歌厅、舞厅等不宜与人交谈之处,在同一场合碰上已多次见面者,遇上多人又无法一一问候之时。行礼的做法是:头部向下轻轻一点,同时面带笑容,不宜反复点头不止,也不必点头的幅度过大。

(2) 举手礼。行举手礼的场合与行点头礼场合大致相似,它最适合向距离较远的熟人打招呼。其做法是右臂向前方伸直,右手掌心向着对方,其他四指并齐、拇指分开,轻轻向左右摆动一两下。不要将手上下摆动,也不要在手摆动时用手背朝向对方。

(3) 脱帽礼。戴着帽子的人,在进入他人居所,路遇熟人,与人交谈、握手或行其他见面礼时,进入娱乐场所,升挂国旗,演奏国歌等情况下,应自觉主动地摘下自己的帽子,并置于适当之处,这就是所谓脱帽礼。女士在社交场合可以不脱帽子。

(4) 注目礼。具体做法是:起身立正,抬头挺胸,双手自然下垂或贴放于身体两侧,笑容庄重严肃,双目正视于被行礼对象,或随之缓缓移动。一般在升国旗时、游行检阅、剪彩揭幕、开业挂牌等情况下,使用注目礼。

(5) 拱手礼。拱手礼是我国民间传统的会面礼,今天在过年时举行团拜活动,向长辈祝寿,向友人恭喜结婚、生子、晋升、乔迁,向亲朋好友表示无比感谢,以及与海外华人初次见面时表示久仰大名。行礼时应起身站立,上身挺直,两臂前伸,双手在胸前高举抱拳,自上而下,或者自内向外,有节奏地晃动两三下。

(6) 鞠躬礼。鞠躬礼在日本、韩国、朝鲜等国家十分普遍。目前在我国主要适用于向他人表示感谢、领奖或讲演之后,以及演员谢幕、举行婚礼或参加追悼活动时。行礼时应脱帽立正,双目凝视受礼者,然后上身弯腰前倾。男士双手应贴放于身体两侧裤线处,女士的双手则应下垂搭放于腹前,如图4-4所示。下弯的幅度越大,所表示的敬重程度就越大。

图4-4 鞠躬时的体态

(7) 合十礼。在东南亚、南亚信奉佛教的地区以及我国傣族聚居区,合十礼最为普遍。行合十礼时双掌十指在胸前相对合,五个手指并拢向上,掌尖和鼻尖基本持平,手掌向外侧倾斜,双腿立直站立,上身微欠低头,可以口诵祝词或问候对方,亦可面带微笑,但不准手舞足蹈,反复点头。一般而言,行此礼时,合十的双手举得越高,越体现出对对方的尊重,但原则上不可高于额头。

(8) 拥抱礼。在西方,特别是在欧美国家,拥抱礼是十分常见的见面礼与道别礼。在人们表示慰问、祝贺、欣喜时,拥抱礼也十分常用。正规的拥抱礼,讲究两人正面面对站立,各自举起右臂,将右手搭在对方左肩后面;左臂下垂,左手扶住对方右腰后侧。首先向对方左侧拥抱,其次向对方右侧拥抱,最后再一次向对方左侧拥抱,一共拥抱3次。在普通场合行礼,不必如此讲究,次数也不必要求如此严格。

(9) 亲吻礼。亲吻礼,也是西方国家常用的见面礼,有时它会与拥抱礼同时使用。行礼时,通常忌讳发出亲吻的声音,而且不应将唾液弄到对方脸上。在行礼时,双方关系不同,亲吻的部位也有所不同。长辈吻晚辈,应当吻额头;晚辈吻长辈,应当吻下颌或吻面颊;同辈之间,通行应当贴面颊,异性应当吻面颊。接吻,即吻嘴唇,仅限于夫妻与恋人之间,而不宜滥用,不宜当众进行。

(10) 吻手礼。吻手礼主要流行于欧美国家。它的做法是:男士行至已婚妇女面前,首先垂手立正致意,然后以右手或双手捧起女士的右手,俯首以自己微闭的嘴唇,去象征性地轻吻一下其手背或是手指。行吻手礼的地点,应在室内为佳。吻手礼的受礼者,只能是妇女,而且应是已婚妇女。

4.5 馈　　赠

中华民族素来重交情,古代就有"礼尚往来"之说。亲友和商务伙伴之间的正当馈赠是礼仪的体现,感情的物化。在正常的交际活动中,为了增进友情,合理、适度的赠礼与受礼是必要的。

1. 馈赠礼品的标准

(1) 情感性。馈赠礼品要重视其情感意义。礼品作为友好的象征物,其意义并不在礼品本身,而在于通过礼品所传达的友好情意,这是馈赠礼品的基本思想,所谓"千里送鹅毛,礼轻情意重"。情意是无价的,情意是无法用金钱来衡量的。"烽火连三月,家书抵万金。"同样说明"情"的价值,丝毫也不夸张。著名作家萧乾当年访问一位美籍华人朋友,特意捎去几颗生枣核。他深深知道:朋友身在异国他乡,年纪越大,思乡越切。送去几颗故乡故土的生枣核,让它在异国他乡生根、开花、结果。果然那位美籍朋友一见到那几颗生枣核,勾起了缕缕思乡之情,他把枣核托在手掌,仿佛它比珍珠玛瑙还贵重。因此,选择礼品时,勿忘一个"情"字,应挑选价廉物美、具有一定纪念意义,或具有某些艺术价值,或为受礼人所喜爱的小艺术品,如纪念品、书籍、画册等。

选择礼品的价值要"得体"。并非价值越昂贵的礼品所表达送礼者的情意越深厚。送礼要与受礼者的经济状况相适合,中国人历来有"礼尚往来"的习俗,若受礼者的经济能力有限,当接到一份过于贵重的礼品时,其心理负担一定会大于受礼时的喜悦,尤其当你有求于对方的时候,昂贵的厚礼会让人有以礼代贿的感觉,不但加重了对方接受这份礼品的心理压力,也失去了平衡交流的意义。

(2) 独创性。送人礼品,与做其他许多事情一样,是最忌讳"老生常谈""千人一面"的。选择礼品,应当精心构思,匠心独运,富于创意,力求使之新、奇、特,这就是礼品的独创性。赠送具有独创性的礼品给人,往往可以令其耳目一新,既兴奋又感动,因为这等于是"特别的爱献给特别的你"。正是这样,赠送者在对方心目中往往也会因此"升值"。

(3) 时尚性。赠送礼品应折射时代风尚。当今人们追求生活的高尚品位,什么样的礼品够档次,多半取决于礼品是否符合时代风尚。改革开放以来,随着人们生活水准的提高和思想观念的转变,人们相互馈赠礼品也发生了质的变化和飞跃,从经济实用的物质型礼品向高雅、新潮的精神型礼品转化。"精神礼品"受青睐已成为当今人际交往中的一道亮丽的风景线。它包括:智力型,如报纸、杂志、图书、各种教学录音带、计算机软件等;娱乐型,如唱片、激光影碟、体育比赛门票、晚会展览会入场券等;祝贺型,如鲜花、节日贺卡、各种礼仪电报等。

(4) 适俗性。挑选礼品时,特别要在为交往不深或外地区人士和外国人挑选礼品时,应当有意识地使赠品与对方所在地的风俗习惯一致,在任何情况下,都要坚决避免把对方认为属于伤风败俗的物品作为礼品相赠,这样才表明尊重交往对象。如在我国大部分地区,老年人忌讳发音为"终"的钟,恋人们反感发音为"散"的伞。阿拉伯地区严禁饮酒,在西方药品不宜送人。因此在涉外交往中,要根据不同国家、地区的习惯与个人的爱好做些必要的选择,赠礼问俗是我们不能忽视的,这也是一个重要标准。1972年,尼克松总统准备访华,急于寻求能代表国家的礼物。美国一家公司闻讯后,趁此良机,向尼克松总统献上公司生产的一尊精致的天鹅群瓷器珍品,因为瓷器的英文为china,也具有"中国"的意思,尼克松一见,大喜过望,于是把这尊具有双重意义而且具有很高艺术价值的瓷器珍品带到了中国。

2. 馈赠礼品的场合

在交往中,人们在不同的场合下选送不同的礼品。

(1) 表示谢意敬意。当我们接受他人或某个组织的帮助之后应当表示感谢,如某位医生妙手回春治愈你多年的顽症,某个组织为你排忧解难,等等。此时为表示感谢和敬意,可考虑送锦旗,并将称颂之语书写在锦旗上。

(2) 祝贺庆典活动。当友人或其他组织适逢庆典纪念之时,如某公司成立二十周年纪念,为表示祝贺,可送贺匾、书画或题词,既高雅别致又具有欣赏和保存价值。

(3) 公共关系礼品。开展公共关系活动中所送的礼品要与公共关系活动的目标一致,并且送礼的内容与送礼者的组织形象是相符的。例如,上海大众汽车公司赠给客人的桑塔纳车模型,上海大中华橡胶厂精心设计研制的轮胎外形的钢皮卷尺等。

(4) 祝贺开张开业。社会组织开张开业之际,都是宣传自身、扩大影响的好机会,一般来讲,都是要借机大肆宣传一番的。因而适逢有关组织开张开业之际,应送上一份贺礼,以示助兴和祝愿。一般选送鲜花贺篮为多,在花篮的绸带写上祝贺之语和赠送单位或个人的名称。

(5) 适逢重大节日。春节、元旦等节庆日都是送礼的旺季,组织可向公众、组织内部的员工等,适时地送上一份小小的礼物,对他们给予组织工作的关心和支持表示感谢,并希望继续得到他们的帮助。亲朋好友之间也可通过节日联络感情,此时也可选择适宜的礼品相赠。

(6) 探视住院病人。公司的客人、员工生病或亲友患病住院,均应前去探视,并带上礼品。目前探视病人的礼品也不断地从"讲实惠"到"重情调"。以往送营养品、保健品,如今变为用多种水果包装起来的果篮、一束束鲜花。有一位教授住院,学生送他一束鲜花,夹在鲜花中的一张犹如名片大小的礼卡上,写着这样的话语:"尊敬的导师:花香带来温馨的祝福,愿您静心养病,早日康复。您的弟子赠。"字里行间,充满了关切之情和师生之意。

(7) 应邀家中做客。我们经常会应邀到别人家中做客或者出席私人家宴。为了礼尚往来,出于礼貌,应带些小礼品,如土特产、小艺术品、纪念品、水果以及鲜花等。有小孩的可送糖果、玩具之类。

(8) 遭受不测事件。世上难有一帆风顺之事,一个家庭或组织遇上不测事件之时,及时地送上一份礼物表示关心,更能体现送礼者的情谊。比如,对方遇上火灾、地震等灾难,马上去函或去电表示慰问,也可送上钱款相助。

3. 馈赠礼品的礼仪

(1) 精心包装。送给他人礼品,尤其是在正式场合赠送于人的礼品,在相赠之前,一般都应当认真进行包装。可用专门的纸张包裹礼品或把礼品放入特制的盒子、瓶子里等。礼品包装就像穿了一件外衣,这样才能显得正式、高档,而且会使受赠者感到自己倍受重视。

(2) 表现大方。现场赠送礼品时,要神态大方自然,举止大方,表现适当。千万不要像做了"亏心事",小里小气,手足无措。一般在与对方会面之后,将礼品赠送给对方,届时应起身站立,走近受赠者,双手将礼品递给对方。礼品通常应当递到对方手中,不宜放下后由对方自取。如礼品过大,可由他人帮助递交,但赠送者本人最好还是要参与其事,并援之以手。若同时向多人赠送礼品,最好先长辈后晚辈、先女士后男士、先上级后下级,按照次序,依次有条不紊地进行。

(3) 认真说明。当面亲自赠送礼品时要辅以适当的、认真的说明。一是可以说明因何送礼,如若是生日礼物,可说"祝你生日快乐";二是说明自己的态度,送礼时不要自我贬低,说什么"没有准备,临时才买来的""没有什么好东西,凑合着用吧",而应当实事求是地说明自己的态度,比如"这是我为你精心挑选的""相信你一定会喜欢"等;三是说明礼品的寓意,在送礼时,介绍礼品的寓意,多讲几句吉祥话,是必不可少的;四是说明礼品的用途,对较为新颖的礼品可以说明礼品的用途、用法。

4. 接受馈赠的礼仪

(1) 受礼坦然。一般情况下,对于对方真心赠送的礼物不能拒收,因此没完没了地说"受之有愧""我不能收下这样贵重的礼物"这类话是多余的,有时还会使人产生不愉快的感觉。即使礼物不称你心,也不能表露在脸上。接受礼物时要用双手,并说上几句感谢的话语。千万不要虚情假意,推推躲躲,反复推辞,硬逼对方留下自用;或是心口不一,嘴上说"不要,不要",手却早早伸了过去。

(2) 当面拆封。如果条件许可,在接受他人相赠的礼品后,应当尽可能地当着对方的面将礼品包装当场拆封,这种做法在国际社会是非常普遍的。在启封时,动作要井然有序,舒缓得当,不要乱扯、乱撕。拆封后还不要忘记用适当的动作和语言,显示自己对礼品的欣赏之意,如将他人所送鲜花捧在身前闻闻花香,然后插入花瓶,并置放在醒目之处。

(3) 拒礼有方。有时候,出于种种原因,不能接受他人相赠的礼品。在拒绝时,要讲究方式、方法,处处依礼而行,要给对方留有退路,使其有台阶可下,切忌令人难堪。可以使用委婉的、不失礼貌的语言,向赠送者暗示自己难以接受对方的好意,如当对方向自己赠送一部手机时,可以告诉对方:"我已经有一台了。"可以直截了当地向赠送者说明自己难以接受礼品的原因。在公务交往中,拒绝礼品时此法最为适用,如拒绝他人所赠的大额贵重礼品时,可以说:"依照有关规定,你送我的这件东西必须登记上缴。"

5. 赠花的礼仪

鲜花是美好、吉祥、友谊和幸福的象征。我国早在汉代就有"折柳送别话依依"的诗句,可见在当时已有交际赠花之习俗。当今社交中无论是欢迎、送别、婚寿庆祝,还是节庆、开业、慰问、吊唁及国际交往中,人们经常赠之以鲜花,言志明心。但由于各地风俗习惯不同,花的含义也不同,送花时必须注意得体,要做到以下几点。

(1) 了解"花卉语"。当我们以花为媒来传递友谊时,要注意运用正确的"花卉语",以免出现尴尬。如图 4-5 所示是常见的花卉。以下是常见的花卉的寓意。

图 4-5　一组花卉

荷花——纯洁、淡泊和无邪	橄榄枝——和平
月季——幸福、光荣	牡丹——拘谨、害羞
红玫瑰——爱情	红茶花——质朴、美德
白菊——真实	牵牛花——爱情
百合——圣洁、幸福、百年好合	紫丁香——初恋
野百合——幸福即将来临	野丁香——谦逊、美好
红罂粟——安慰、慰藉	黄郁金香——爱的绝望
红蔷薇——求爱、爱情	红郁金香——宣布爱恋
杜鹃——节制、盼望	蓝色郁金香——诚实
康乃馨——健康长寿	樱花——心灵的美
山茶花——美好的品德	并蒂莲——夫妻恩爱
勿忘草——永志不忘、真挚和贞操	万年青——长寿、友谊长存
剑兰——步步高升	红豆——相思
松柏——坚强	兰花——热情
梅花——刚毅、坚贞不屈	仙人掌——热心
竹子——正直	水仙——尊敬、自尊
文竹——祝贺长寿	美人蕉——坚实
常春藤——结婚、白头偕老	……

在不同的国家和地区，同一种花也许会有不同的寓意，如在一些国家，菊花和康乃馨被认为是厄运的象征。垂柳在美国表示"悲哀"，但在法国，柳则是"仁勇"的象征。实际上，同一种类型的花卉，因其不同的颜色，也有不同甚至截然相反的意思。如红色的郁金香是"爱的表示"，蓝色的郁金香象征"诚实"，而黄色的郁金香则象征"无望的恋爱"。因此要恰当运用好"花卉语"。

（2）不同场合的赠花。向恋人赠玫瑰花的花语是"我真心爱你"，蔷薇花象征"我向你求爱，小天使"，桂花表示"我执意爱你"，这类花卉赠之恋人，可以收到心有灵犀一点通之功。若将这类花卉赠之其他对象，则会交际不成，反而引火烧身。

婚礼赠花可以送一束美丽鲜艳的由红玫瑰、吉祥草、文竹等花组成的花束。红玫瑰象征爱情美好；吉祥草祝朋友吉祥如意、生活美满；文竹绿叶葱葱，祝朋友爱情永葆青春。此外，并蒂莲表示"恩爱如初，幸福长存"，百合花象征"百年好合"，它们及红色郁金香等花都是婚礼的理想花卉。

慰问病人，送一束黄月季，表示"早日康复"；送一束芝兰，象征"正气清运，贵体早康"；或送一束松、柏、梅花，以鼓励他与病魔作斗争的"坚贞不屈""胜利属于你"。

庆贺生日赠花，年轻一点的可送其火红的石榴花、鲜红的月季花、美丽的象牙花，祝其前程如火样红烈，青春如红花鲜艳等。对年老者，赠之以万年青、寿星草、龟背竹等，以示祝福老人健康长寿，快乐幸福。

（3）赠花的注意事项。正式场合，如组织开张、纪念、庆典等，大多可送花篮；迎宾、欢送、演出中送给演员，大多送花环、花束；宴请、招待会等送胸花；参加追悼会时送花圈以示哀悼。

送花一般不能送单一的白色花,因为会被人认为不吉利;送玫瑰花时应送单数,不要送双数,但12除外;不要将红玫瑰送给未成年的小姑娘;不要将浓香型的鲜花送给病人。

送一束花时最好用彩色透明纸将花包装好,再系一根与鲜花颜色相匹配的彩带,这样既便于携带,又使花显得更漂亮。

4.6 拜 访

拜访是公务、商务等社会活动中一件经常性的工作,是最常见的社交形式,同时也是联络感情、增进友谊的一种有效方法。要使拜访更得体、更有效,并能更好地实现拜访的目的,就要重视和学习拜访的礼仪。

1. 约好时间

拜访前,应事先联络妥当,尽可能事先告知,最好是和对方约定一个时间,以免扑空或打乱对方的日程安排,即使是电话拜访也不例外,不告而访是非常失礼的。

如果双方有约,应准时赴约,不能轻易失约或迟到。但如果因故不得不迟到或取消访问,一定要设法在事前立即通知对方,并表示歉意。

拜访应选择适当的时间,选择一个对方方便的时间。做客拜访一般可在平时晚饭后或假日的下午,要避免在吃饭和休息的时间登门造访。

2. 做好准备

(1) 明确拜访目的。无论是初次拜访还是再次拜访,都要事先明确拜访的主要目的。

(2) 准备有关资料。商务拜访,比如客户拜访,要准备的资料就包括公司及业界的资料、相关产品资料、客户的相关信息资料、销售资料及方案、针对可能出现的情况事先拟订的解决方案或应对方案、一些小礼品等。此外,名片、电话号码簿等也要事先准备好。

(3) 设计拜访流程。要针对拜访环节准备好最稳妥、最得体的称呼和开场白,选择好话题材料,确定话题范围等。

(4) 电话预约确认。出发前应致电被拜访者,再次确认本次拜访人员、时间和地点等事宜。

(5) 注意礼仪细节。到达前,最好先稍事整理服装仪容。如果是重要的拜访对象,要事先关掉手机,这体现了对拜访对象的尊敬,对访问事宜的重视。

3. 上门有礼

到达拜访地点后,如果对方因故不能马上接待,可以在对方接待人员的安排下在会客厅、会议室或在前台安静地等候。如果等待时间过久,可以向有关人员说明,并另定时间,不要显出不耐烦的样子。有抽烟习惯的人,要注意观察该场所是否有禁止吸烟的警示。即使没有,也要问问工作人员是否介意抽烟。如果接待人员没有说"请随便看看"之类的话,就不要随便东张西望,到处窥探,那是非常不礼貌的。

到达被访人所在地时,一定要事先轻轻敲门,进屋后等主人安排后再坐下。后来的客人到达时,先到的客人应站起来,等待介绍或点头示意。对室内的人,无论认识与否,都应主动打招呼。

如果与对方是第一次见面,应主动递上名片,或作自我介绍。对熟人可握手问候。如果你带其他人来,要介绍给主人。

进门后,应把随身带来的外套、雨具等物品搁放到对方接待人员指定的地方,不可任意乱放。

接茶水时,应从座位上欠身,双手捧接,并表示感谢。

吸烟者应在主人敬烟或征得主人同意后,方可吸烟。和主人交谈时,应注意掌握时间。有要事必须要与主人商量或向对方请教时,应尽快表明来意,不要不着边际,浪费时间。

4. 礼貌告辞

拜访结束时彬彬有礼地告辞,可给对方留下良好的印象,同时也给下次的拜访创造良好氛围和机会,所以及时告辞、礼貌告辞这一环节相当重要。

拜访时间长短应根据拜访目的和主人意愿而定,通常宜短不宜长,适可而止。当接待者有结束会见的表示时,应立即起身告辞。

告辞时要同主人和其他客人一一告别。如果主人出门相送,应请主人留步并道谢,热情说声再见。

中途因特殊情况不得不离开时,无论主人在场与否,都要主动告别,不能不辞而别。

5. 拜访过程应注意的礼仪

(1) 准时到达。让被拜访者无故等候无论因何原因都是严重失礼的事情。如果是对方要晚点到,要安静等待,可充分利用剩余的时间检查准备工作。

(2) 控制时间。谈话时开门见山,不要海阔天空,浪费时间,最好在约定时间内完成访谈。如果客户表现出有其他要事的样子,千万不要再拖延,如果需要,可约定下次再来拜访。

(3) 注意言谈举止。要以优雅得体的言谈举止体现素质、涵养和职业精神,赢得对方的好感和敬重。即便与接待者的意见相左,也不要争论不休。要注意观察接待者的举止神情,当有不耐烦或有为难的表现时,应转换话题或口气,总之,要避免出现不愉快的场面。

(4) 处理好"握手"与"拥抱"的关系。必须事先搞清对方人员的真实身份,根据主次或亲疏的关系,处理好见面时的礼仪关系。

(5) 尊重对方习惯。由于被拜访者的国别、民族、年龄、性别以及爱好、兴趣、习惯各有不同,事先要了解清楚,并给予充分的尊重。

(6) 讲究服饰。服饰事关拜访者自身的职业形象和所代表的机构形象,也体现对被拜访者的尊重,所以,拜访前对服饰的选择和斟酌马虎不得。

(7) 及时致谢。对拜访过程中接待者提供的帮助要及时适当地致以谢意。

(8) 事后致谢。若是重要约会,拜访之后给对方寄一封谢函或留一条短信,会加深对方的好感。

4.7 接　　待

迎来送往是社交接待活动的最基本形式,是表达主人情谊、体现礼仪素养的重要环节。在整个接待过程中,应遵循以下礼仪规范。

1. 准备礼仪

迎接,是给客人以良好第一印象的最重要工作。在接待工作中,把迎宾工作做好,对来宾表示尊敬、友好与重视,来宾就会对东道主产生良好印象,从而为下一步深入接触打下基础。在迎宾工作中,要注意做好以下前期准备工作。

(1) 掌握基本状况。秘书一定要充分掌握来宾的基本状况,尤其是主宾的个人情况,如姓名、性别、年龄、籍贯、民族、单位、职务、专业、偏好等,必要时还需了解其婚姻、健康状况、政治倾向与宗教信仰等。如果来宾尤其是主宾曾经来访过,则在接待规格上要注意前后一致,无特殊原因不宜随意升格或降格。来宾如报出自己一方的计划,比如来访的目的、来访的行程、来访的要求等,应在力所能及的前提下满足其特殊要求,尽可能对对方给予照顾。

(2) 制订具体计划。为了避免疏漏,一定要制订详尽的接待计划,以便按部就班地做好接待工作。根据常规,接待计划至少应包括迎接方式、迎送规格、交通工具、膳宿安排、工作日程、文娱活动、游览、会谈、会见、礼品准备、经费开支以及接待、陪同人员等基本内容。

(3) 确认抵达时间。有时候,来宾到访时间或因其健康状况,或因紧急事务缠身,或因天气变化、交通状况等的影响,难免会有较大变动。因此,接待方务必要在对方正式启程前与对方再次确认一下抵达的具体时间,以便安排迎宾事宜。

2. 迎宾礼仪

(1) 迎宾人员。一般来说,迎送人员与来宾的身份要相当,但如果己方当事人因临时身体不适或不在当地等原因不能前来迎送,也可灵活变通,由职位相当的人士或由副职出面。遇到这种情况,应从礼貌出发向对方做出解释。另外,迎宾人员最好与来宾专业对口。

(2) 迎宾地点。来宾的地位身份不同,迎宾地点往往有所不同。一般情况下,迎宾的常规地点有：交通工具停靠站(机场、码头、火车站等),来宾临时住所(宾馆),东道主的办公地点门外等。在确定迎宾地点时,还要考虑以下因素：双方的身份、关系及自身的条件。

(3) 迎宾时间。到车站、机场去迎接客人,应提前到达,决不能迟到让客人久等。客人刚下飞机或下车就能瞥见有人等候,一定会感激万分；如果是第一次到这个城市,还能因此获得一种安全感。若迎接来迟,会使客人感到失望和焦虑不安,还会因等待而产生不快,事后无论怎样解释都无法消除这种失职和不守信誉造成的印象。

(4) 迎宾标识。如果迎接人员与客人素未见面,一定要事先了解一下客人的外貌特征,最好举个小牌子去迎接。小牌子上尽量不要用白纸写黑字,这样会给人晦气的感觉；也不要写"××先生到此来",而应写"××先生,欢迎您!""热烈欢迎××先生"之类的字样；

字迹力求端正、清晰,不要用草书书写。一个好的迎宾标识,既便于找到客人,又能给客人留下美好印象——当客人迎面向你走来时会产生自豪感。在单位门口,不要千篇一律地写上 Welcome 一词,而应根据来宾的国籍随时更换语种,这样会给来宾一种亲切感。

(5) 问候与介绍。接到客人后,切勿一言不发、漠然视之,而要先与之略作寒暄,比如说一些"一路辛苦了""欢迎您来到我们这个美丽的城市""欢迎您来到我们公司"之类的话。然后要向客人介绍自己的姓名和职务,如有名片更好;客人知道你的姓名后,如一时还不知如何称呼你,你可以主动表示:"就叫我小×或××好了。"其他接待人员也要一一向客人作自我介绍,有时可由领导介绍,但更多的时候是由秘书承担这一职责。在作介绍时,态度要热情,要端庄有礼,要正视对方并略带微笑,可以先说"请允许我介绍一下",然后按职务高低将本单位的人员依次介绍给来宾。对于远道而来、旅途劳顿的来宾,一般不宜多谈。

(6) 握手。握手是见面时最常见的礼节,双方相互介绍之后应握手致意。握手时,要注视对方,微笑致意,并使用"欢迎您"等礼貌用语。迎接来宾时,迎宾人员一定要主动与对方握手。

(7) 献花。有时迎接重要宾客还要向其献花,一般以献鲜花为宜,并要保持花束的整洁、鲜艳。在社交场合,献什么花、怎么献花,常因民族、地域、风情、习俗、目的的不同而有所区别。一般情况下,应注意从鲜花的颜色、数目和品种三个方面加以考虑。

(8) 为客代劳。接到来宾后,在走出迎宾地点时应主动为来宾拎拿行李,但对来宾手上的外套、坤包或是密码箱等则不必"代劳"。客人如有托运的物件,应主动代为办理领取手续。

(9) 休息室接待。在迎送身份特殊的客人(VIP)时,可事先在机场、车站、码头安排贵宾休息室并准备一些饮料,播放一些高雅的音乐,以消除客人旅途的劳顿。如对方是外宾,休息室内还可挂上所在国的国旗,摆放一些报刊,以增加酒店与客人之间的感情。

3. 陪同礼仪

(1) 话题。在接待客人时,客人一般会对将要参加的活动的有关背景资料、筹备情况、有关的建议,当地风土人情、气候、物产,富有特色的旅游点,近期本市发生的大事,本市知名人士的情况,当地的物价等感兴趣。

(2) 陪同乘车。客人抵达后从机场到住地以及访问结束后由住地到机场,有时需要主人陪同乘车。主人在陪同乘车时,应请客人坐在自己的右侧。有司机的时候,后排右位最佳,应留给客人。上车时,应主动打开车门,以手示意请客人先上车,自己后上。一般最好让客人从右侧门上车,主人从左侧门上车,以免从客人座前穿过。如客人先上车坐到了主人的位置上,则不必请客人挪动位置。

(3) 宾馆接待。将来宾送至宾馆,要主动代为办理登记手续,并将其送入房间。进入客人房间后,应告知客人餐厅何时营业,有何娱乐设施,有无洗衣服务等以便客人心中有数。客人一到当地,最关心的就是日程安排,所以应事先制订活动计划。客人到宾馆后,应马上将日程表送上,以便客人据此安排私人活动。根据活动安排,客人将与哪些人会面与会谈,也应向客人作简略介绍。为了帮助客人尽快熟悉访问地的情况,还可以准备一些有关这方面的出版物给客人阅读,如本地报纸、杂志、旅游指南等。考虑到客人旅途劳累,主人不宜久留,应让客人早些休息,分手前要说好下一次见面的时间和地点,并留下自己的地址和电话号码,以便客人有事时联系。

(4) 奉茶。我国人民习惯以茶水招待客人。在招待尊贵客人时,选择什么茶具、怎样倒茶和递茶都有许多讲究。在给客人送茶时,茶具不能有破损和污垢,要洗干净、擦亮,杯内的茶水倒至八分满即可,不可倒满,免得溢出来溅洒到客人身上。茶水冷热也要控制好,千万别烫着客人。端送茶水最好使用托盘,既雅观又卫生;托盘内放一块抹布更好,以便茶水溢出时擦拭。端茶时,有杯柄的茶杯可一手执杯柄一手托在杯底或单手执杯柄;若茶杯没有杯柄,注意不要用手握住茶杯,以减少手指和杯沿部分的接触,更不可把拇指伸入杯内。敬茶时可以按由右往左的顺序逐个奉上,也可按主要宾客或年长者——其他客人、上级领导——其他客人这个顺序敬奉。

(5) 引导。宾主双方并排行进时,引导者应主动走在外侧,而请来宾走在内侧。三人并行时,通常中间的位次最高,内侧的位次居次,外侧的位次最低,宾主的位置可依此酌定。在单行行进时,循例引导者应走在来宾前两三步;走到拐角处时,引导者一定要先停下来,转过头说"请向这边来";引导客人上楼时,应该让客人走在前面,引导者走在后面;引导途中,引导者切勿与客人高谈阔论,更不许与客人玩笑打闹,以免客人走神当众摔跤出丑;下楼时,引导者应走在前面靠墙壁一侧,而让客人走在后面靠楼梯栏杆一侧。

(6) 乘电梯。引导客人乘坐电梯时,接待人员应先进入电梯,按住电梯"开"钮,等客人进入后关闭电梯门;到达相应楼层后,接待人员应按住"开"钮,让客人先出电梯。如果电梯由专人控制,接待人员则应后入先出。在电梯内,接待人员切忌两眼直盯客人,可视与客人的熟识程度与客人交谈,以示友好。

(7) 开门。引导客人到会客厅,应先敲门、再开门。如果门是向外开的,应用手按住门,让客人先进;如果门往内开,则自己先进,按住门后再请客人进入。一般应右手开门,再转到左手扶住门,面对客人,请客人进入后再关门。无论房门是推开式还是拉开式,都必须将其完全敞开。为了不让客人看到自己的背部,应用单手开闭房门。

(8) 会客室接待。进入会客室后,客人如果有外套、帽子、雨伞等物,可接过挂放于衣帽架或明显处,并向客人说明:"××先生,您的外套挂在这里。"随后将来客让至上座入座,以示尊重和欢迎。一般来说,室内离门口最远的座位就是上座。如果上司还没到,在与客人聊天时,注意不要谈论本公司的是非及涉密事项,可聊一些轻松且无关紧要的话题。

4. 送别礼仪

送别,是留给客人良好的最后印象的一项重要工作。不管你前面的接待工作做得多么周到,如果最后的送别让客人备受冷落,整个接待工作就会功亏一篑。做好送别工作,关键在于一个"情"字。具体而言,送别时应注意以下礼仪。

(1) 提出道别。在日常接待活动中,宾主双方由谁提出道别是有讲究的。按照常规,道别应当由客人先提出来,假如主人首先与来客道别,难免会给人以厌客、逐客的感觉。

(2) 送别用语。宾主道别,彼此都会使用一些礼貌用语表达对对方的惜别之情,最简单、最常用的莫过于一声亲切的"再见!",除此之外,"您走好!""有空多联系!""多多保重!"等也是得体的送别用语。

(3) 送别的表现。一般客人告辞离去,秘书只需起身将其送至门口,说声"再见"即可。

如果上司要求你代其送客,则应视需要将客人送至相应地点;如果对方是常客,通常应将其送至门口、电梯门口或楼梯旁、大楼底下、大院门外;如果是初次来访的贵客,则要陪伴对方走得更远些。如果只将客人送至会议室或办公室门口、服务台边,则要说声"对不起,失陪",目送客人走远;如果将客人送至电梯门口,则宜点头致意,目送客人至电梯门关合为止;若将客人送至大门口或汽车旁,则应帮客人携带行李或稍重物品,并帮客人拉开车门,开车门时右手置于车门顶端,按先主宾后随员、先女宾后男宾的顺序或客人的习惯引导客人上车,同时向客人挥手道别,祝福旅途愉快,目送客人离去。在送别的过程中,切忌流露出不耐烦、急于脱身的神态,以免给客人匆忙打发他走的感觉。

 实训项目

项目1:见面场景模拟训练

实训目标:熟练、规范地运用见面的各种礼节进行交际。

实训学时:2学时。

实训地点:实训室。

实训准备:见面场景、名片若干张。

实训方法:3~5人一个小组,每组设计一个见面场景,将称呼、介绍、握手等见面礼、问候、递接名片等交际礼仪,连贯地演示下来,学生对各组的表演进行评价,最后教师总结。表演之前,每组应就设计的场景和成员的角色进行说明。

训练手记:通过训练,我的收获是＿＿＿＿＿＿＿＿＿＿＿＿＿＿＿＿＿＿＿＿＿＿＿＿
＿＿＿＿＿＿＿＿＿＿＿＿＿＿＿＿＿＿＿＿＿＿＿＿＿＿＿＿＿＿＿＿＿＿＿＿＿＿。

项目2:"我是谁"

实训目标:通过个人选择代表自己的某一件物件达到相互认识的目的。

实训学时:2学时。

实训地点:教室。

实训准备:每个人能够有代表自己的某一物件。

实训方法:每位学员课前找一个能够代表自己个性特征或表达自己身份的物件(必须是可以拿得到的),并把它带到课堂上。让每一位成员展示自己所选的物件并解释其表达的含义(例如:"我选择了一块石头,因为它坚硬、光滑、色彩丰富等")。如果人数较多,可以在小组内进行,然后挑选代表上台展示。

实训思考如下。

(1)你从其他成员身上学到了什么?

(2)通过这个游戏,你对其他参加者了解达到何种程度?

训练手记:通过训练,我的收获是＿＿＿＿＿＿＿＿＿＿＿＿＿＿＿＿＿＿＿＿＿＿＿＿
＿＿＿＿＿＿＿＿＿＿＿＿＿＿＿＿＿＿＿＿＿＿＿＿＿＿＿＿＿＿＿＿＿＿＿＿＿＿。

项目 3：见面会游戏

实训目标：训练学生与陌生人见面、交往的技巧。

实训学时：2 学时。

实训地点：大学生活动中心。

实训准备：简单布置见面会会场。

实训方法如下。

（1）教师预先设计一些社会角色，确保每个角色都有一个人扮演。活动开始前，给大家一点时间对自己的角色进行熟悉。

（2）活动开始后，大家可以随意走动、聊天。言行一定要符合他所扮演的人的身份。每位同学要不断地相互交流，尽可能多地让对方知道自己的角色，同时获知对方的角色。

（3）活动过程中要正确运用所学的交际礼仪。

（4）15 分钟以后，游戏结束，让大家描述一下他（她）所扮演的角色以及他所用的表达方式。选出最佳演员。

（5）教师可以根据人数分组。

训练手记：通过训练，我的收获是_____

_____。

项目 4：特色名片设计

实训目标：掌握名片的设计要素，设计出体现个人或公司特点的富有特色的名片，并能规范地使用名片。

实训学时：1 学时。

实训地点：教室。

实训准备：彩笔、名片纸等。

实训方法：设计出富有个性的名片，然后相互之间练习名片的递接。选出最具特色的名片，进行一次名片展览。

训练手记：通过训练，我的收获是_____

_____。

项目 5：馈赠礼品模拟训练

背景介绍：假设 A 公司和 B 公司拟进行技术合作，共同开发新型汽车发动机。A 公司位于湖北武汉，B 公司为辽宁大连的一家公司。双方在大连合作会谈非常顺利。临近本次合作会谈尾声，B 公司公共关系部的王经理特地为远道而来的 A 公司李总经理一行 5 人准备了每人一袋的海产品，作为一点礼物赠送给对方。

实训学时：1 学时。

实训地点：实训室。

实训准备：5 份包装精美的礼品。

实训方法：每 6 名学生为一组，将全班同学分成若干组，然后安排学生分别扮演 B 公司的王经理和 A 公司的李总经理等 5 人，模拟进行礼物馈赠练习。演示礼品的馈赠时应注意礼品馈赠时的口头语言与体态语言的演示。

学生之间互相点评,教师指导纠正。

训练手记:通过训练,我的收获是_____

_____。

项目6:接待及拜访模拟训练

实训目标:熟悉接待及拜访的有关礼节,能够正确运用其礼仪规范。

实训学时:2学时。

实训地点:实训楼前、电梯间、会议室。

实训准备:办公家具、茶具、茶叶、热水瓶或饮水机、企业宣传资料等。

实训方法:一部分学生扮演来访团体成员,另一部分学生扮演接待方成员,模拟演示以下情景。

(1)在门口迎接客人。

(2)引导客人前往接待室。

(3)与客人搭乘电梯。

(4)引见介绍。

(5)招呼客人。

(6)为客人奉送热茶。

(7)送别客人。

演示完毕后,可两组人员角色对调,再演示一遍,充分体会接待及拜访的不同礼仪要求。

训练手记:通过训练,我的收获是_____

_____。

案例讨论

案例1

我不愿意在礼貌上不如任何人

《林肯传》中有这样一件事:一天,林肯总统与一位南方的绅士乘坐马车外出,途遇一老年黑人深深地向他鞠躬。林肯点头微笑并摘帽还礼。同行的绅士问道:"为什么你要向黑鬼摘帽?"林肯回答说:"因为我不愿意在礼貌上不如任何人。"可见林肯深受美国人民的热爱是有其原因的。1982年美国举行民意测验,要求人们在美国历届的40位总统中挑选一位"最佳总统"时,名列前茅的就是林肯。

(资料来源:国英.公共关系与现代交际礼仪案例[M].北京:机械工业出版社,2004.)

思考题:

(1)本案例对你有哪些启示?请写下来并上传至共享群。

(2)林肯向老年黑人脱帽致礼说明了什么?

案例2

一句礼貌语保全性命

第二次世界大战期间,有一个叫西蒙·史佩拉的犹太传教士被派到德国的一个小镇去传教。有个年轻的农民叫米勒,每天总是早早地来到田里工作。西蒙每次从他的地头走过时,总是笑着高声说:"早安!米勒先生!"米勒对犹太人并没有什么好感。开始,西蒙每次向他打招呼,他只当没听见,连头也不回一下。可是,西蒙每天却依然向米勒问候。终于有一天,米勒被西蒙的礼貌和热情所感染,他也举了举帽子,笑着回答:"早安,西蒙先生。"后来,纳粹党上台,米勒被纳粹征召入伍,西蒙也被纳粹关进了集中营。

这天,西蒙排在长长的队列中等待发落。在行列的尾端,他远远地看到营区的一个指挥官手里拿着指挥棒,一会儿向左指,一会儿向右指。西蒙知道,发配到左边的人就只有死路一条,发配到右边的只是进工厂,还有生还的机会。他的心脏怦怦跳动着,越靠近那个指挥官就跳得越快,因为他清楚这个指挥官有权将他送入焚尸炉中。过了不久,西蒙突然听到有人喊自己的名字"西蒙·史佩拉",他紧张地应了一声"到"。

就在这时,那个手拿指挥棒的军官转过身来,西蒙和他的目光相遇了。西蒙认出了那个手拿指挥棒的军官是谁,并且下意识地喊了一声:"早安,米勒先生!"听到问候,米勒那双原本冷酷无情的眼睛突然闪动了几下。随后,米勒举起了指挥棒:"右!"

在德国纳粹党当政时,有数百万犹太人被残忍地杀害。而西蒙因为平常的一句礼貌语,在关键时刻感化了刽子手,唤醒了米勒心中被纳粹夺去的人性,一句礼貌语的价值就是生命!

(资料来源:侯爱兵.一句礼貌语保全性命[J].演讲与口才,2009(12).)

思考题:

(1) 本案例对你有哪些启示?请写下来并上传至共享群。
(2) 问候语在社交中有何作用?

案例3

名　片

某公司王经理约见一个重要的客户方经理。见面之后,客户就将名片递上。王经理看完名片就将名片放到了桌子上,两人继续谈事。过了一会儿,服务人员将咖啡端上桌,请两位经理慢用。王经理喝了一口,将咖啡杯子放在了名片上,自己没有感觉,客方经理皱了皱眉头,没有说什么。

(资料来源:佚名.形象礼仪[EB/OL].[2018-03-23].https://m.sohu.com/news/a/226165303_100093246/.)

思考题:

(1) 本案例对你有哪些启示?请写下来并上传至共享群。
(2) 请分析王经理的失礼之处。
(3) 接过对方的名片后应如何放置?

案例4

"女皇怎么如此贪心"

1896年,俄国沙皇尼古拉二世举行加冕典礼,李鸿章作为清政府代表,应邀前往出席。

典礼结束时,俄国女皇出于礼貌,按照当时欧洲流行的"吻手礼"的规矩,主动向李鸿章伸出手来。李鸿章虽曾在一些外交场合见过这种吻手礼,但他一直不认为这是一种礼节,而视之为欧洲国家男女之间互相调情的下流动作。所以当女皇向他伸出手时,李鸿章一时惊慌失措,竟认为女皇在伸手向他索要礼品,便连忙将手上慈禧太后送给他的一枚钻石戒指摘下,放到女皇手中。女皇被李鸿章的行动弄得莫名其妙,环顾左右都瞠目结舌,又不便开口询问,只得将戒指套在手指上,复又将手伸给李鸿章。李鸿章见状,心中暗自骂道:"这女皇怎么如此贪心?送了一个戒指还不够,还伸手来要,真不像话。"一边赶紧从身上找东西,搜索了半天,觉实在没有什么东西值得再送,就连忙双膝跪地,用双手将女皇的手高高托起。女皇见状只得苦笑着将手收回。

回到住所后,李鸿章做的第一件事就是交代随从说:"现在你们赶快替我准备几样礼物送给女皇!"

(资料来源:佚名.李鸿章外交活动中的轶闻趣事[EB/OL].[2017-05-20].https://www.zupu.cn/lishi/20170520/24991.html.)

思考题:

(1) 本案例对你有哪些启示?请写下来并上传至共享群。
(2) 应该如何行吻手礼?

案例5

赠　花

一位女士,在伦敦留学,曾在一家公司打工。女老板对她很好,在很短的时间内给她多次加薪。一日,老板生病住院,这位女士打算去医院看望病人,于是她在花店买了一束红玫瑰花。在半路上,她突然觉得这束花的色彩有点儿单调而且看上去俗气,就又去买了十几枝黄玫瑰,并且与原来的玫瑰花插在一起,自己感到很满意,就走进了病房。结果,她的老板见到她的时候,先是高兴,转而大怒。

(资料来源:黄琳.商务礼仪[M].3版.北京:机械工业出版社,2016.)

思考题:

(1) 本案例对你有哪些启示?请写下来并上传至共享群。
(2) 这位女士违反了什么礼仪?
(3) 她应该怎么做?

案例6

修养是第一课

有一批应届毕业生22个人,实习时被导师带到北京的国家某部委实验室里参观。全体学生坐在会议室里等待部长的到来,这时有秘书给大家倒水,同学们表情木然地看着她忙活,其中一个还问了句:"有绿茶吗?天太热了。"秘书回答说:"抱歉,刚刚用完了。"林晖看着有点别扭,心里嘀咕:"人家给你水还挑三拣四。"轮到他时,他轻声说:"谢谢,大热天的,辛苦了。"秘书抬头看了他一眼,满含着惊奇,虽然这是很普通的客气话,却是她今天唯一听到的一句。

门开了,部长走进来和大家打招呼,不知怎么回事,静悄悄的,没有一个人回应。林晖左右看了看,犹犹豫豫地鼓了几下掌,同学们这才稀稀落落地跟着拍手,由于不齐,越发显得零乱起来。部长挥了挥手:"欢迎同学们到这里来参观。平时这些事一般都是由办公室负责接待,因为我和你们的导师是老同学,非常要好,所以这次我亲自来给大家讲一些有关情况。我看同学们好像都没有带笔记本,这样吧,王秘书,请你去拿一些我们部里印的纪念手册,送给同学们作纪念。"接下来,更尴尬的事情发生了,大家都坐在那里,很随意地用一只手接过部长双手递过来的手册。部长脸色越来越难看,来到林晖面前时,已经快要没有耐心了。就在这时,林晖礼貌地站起来,身体微倾,双手握住手册,恭敬地说了一声:"谢谢您!"部长闻听此言,不觉眼前一亮,伸手拍了拍林晖的肩膀:"你叫什么名字?"林晖照实作答,部长微笑点头,回到自己的座位上。早已汗颜的导师看到此景,才微微松了一口气。

两个月后,毕业分配表上,林晖的去向栏里赫然写着国家某部委实验室。有几位颇感不满的同学找到导师:"林晖的学习成绩最多算是中等,凭什么选他而没选我们?"导师看了看这几张尚属稚嫩的脸,笑道:"是人家点名来要的。其实你们的机会是完全一样的,你们的成绩甚至比林晖还要好,但是除了学习之外,你们需要学的东西太多了,修养是第一课。"

(资料来源:朗月.别不小心打败了自己[J].青年文摘(红版),2000(10).)

思考题:
(1) 本案例对你有哪些启示?请写下来并上传至共享群。
(2) 拜访应注意哪些礼仪?
(3) 为什么说"修养是第一课"?应该怎样提高自己的修养?

案例 7

接　　待

一天上午,惠利公司前台接待秘书小张匆匆走进办公室,像往常一样进行上班前的准备工作。她先打开窗户,接着,打开饮水机开关,然后,翻看昨天的工作日志。这时,一位事先有约的客人要求会见销售部李经理,小张一看时间,他提前到达了30分钟。小张立刻通知了销售部李经理,李经理说正在接待一位重要的客人,请对方稍等。小张就如实转告客人说:"李经理正在接待一位重要的客人,请您等一会儿。"话音未落,电话铃响了,小张用手指了指一旁的沙发,没顾上对客人说什么,就赶快接电话去了。客人尴尬地坐下……待小张接完电话后,发现客人已经离开了办公室。

(资料来源:佚名.商务礼仪[EB/OL].[2017-06-23]. http://edu.yjbys.com/shangwuliyi/318263.html.)

思考题:
(1) 本案例对你有哪些启示?请写下来并上传至共享群。
(2) 请指出本案例中小张的不足之处。

案例 8

麦克拜访客户的秘诀

麦克具有丰富的产品知识,对客户的需要很了解。在拜访客户以前,麦克总是掌握了客户的一些基本资料。麦克常常以打电话的方式先和客户约定拜访的时间。

今天是星期四,下午4点刚过,麦克精神抖擞地走进办公室。他今年35岁,身高6英尺,深蓝色的西装上看不到一丝的皱褶,浑身上下充满朝气。

从上午7点开始,麦克便开始了一天的工作。麦克除了吃饭的时间,始终没有闲过。麦克5:30分有一个约会。为了利用4点至5:30分这段时间,麦克便打电话,向客户约定拜访的时间,以便为下星期的推销拜访而预做安排。

打完电话,麦克拿出数十张卡片,卡片上记载着客户的姓名、职业、地址、电话号码资料以及资料的来源。卡片上的客户都是居住在市内东北方的商业区内。

麦克选择客户的标准包括客户的年收入、职业、年龄、生活方式和嗜好。

麦克的客户来源有3种:一是现有的顾客提供的新客户的资料;二是麦克从报刊上的人物报道中收集的资料;三是从职业分类上寻找客户。

在拜访客户以前,麦克一定要先弄清楚客户的姓名。例如,想拜访某公司的执行副总裁,但不知道他的姓名,麦克会打电话到该公司,向总机人员或公关人员请教副总裁的姓名。知道了姓名以后,麦克才进行下一步的推销活动。

麦克拜访客户是有计划的。他把一天中所要拜访的客户都选定在某一区域之内,这样可以减少来回奔波的时间。根据麦克的经验,利用45分钟的时间做拜访前的电话联系,即可在某一区域内选定足够的客户供一天拜访之用。

麦克下一个要拜访的客户是国家制造公司董事长比尔·西佛。麦克正准备打电话给比尔先生,约定拜访的时间。

做好拜访前的准备工作使麦克成为一名优秀的业务员。

(资料来源:佚名.推销高手[EB/OL].[2021-01-26].http://www.emkt.com.cn/article/30/3034.html.)

思考题:

(1) 本案例对你有哪些启示?请写下来并上传至共享群。
(2) 麦克拜访客户有哪些秘诀?

案例9

唐宝的拜访

唐宝是宏远公司新入职的员工之一,初来乍到的她希望与办公室的同事们建立良好的关系,因此,她决定趁周末休息时去李主任家登门拜访,顺便请教一下主任如何正确处理办公室的人际关系。

周五临近下班时,唐宝同主任说明了自己的安排,想在周六下午登门拜访。主任一听唐宝的时间地点安排,便面露难色,但是看着唐宝真诚的眼神,还是勉强答应了。

唐宝知道主任不喜欢别人迟到,因此她特意早早出门,比约定时间提前一个小时到达了主任家门口。她有礼貌地按下主任家的门铃时,等了一会儿,看到没有人应门,她又按了两下门铃,这时门开了,只见李主任正穿着居家服在拖地。

李主任立刻把唐宝迎了进来。因为紧张,唐宝坐在客厅里,不知道如何找到合适的话题,因此她连忙把自己带来的礼物塞给了主任,说道:"主任,这是我们东北的灵芝,听说您的妈妈最近因为身体不舒服住院了,这灵芝大补,您到时候给她老人家炖个汤吧,特别好!"

随后两人聊了近两个小时,最后唐宝拒绝了主任挽留她用餐,意犹未尽地同主任道别并回家。

(资料来源:赵颖. 社交礼仪[M]. 北京:中国人民大学出版社,2017.)

思考题:
(1) 本案例对你有哪些启示?请写下来并上传至共享群。
(2) 唐宝的这次拜访存在哪些礼仪问题?
(3) 如果是你,你将怎样做好这次拜访?

课后练习

一、判断题

(1) 上下级握手,下级要先伸手,以示尊重。( )
(2) 初次见面更要注意称呼。( )
(3) 应先将未婚女子介绍给已婚女子。( )
(4) 在社交场合女士可以戴晚礼服手套握手。( )
(5) 我国民间传统的见面礼是拱手礼。( )
(6) 递名片时,名片的文字要正面朝向自己。( )
(7) 接受他人名片时,应恭恭敬敬,双手捧接,并道感谢。( )
(8) 当你介绍别人的时候,突然想不起来对方的名字,最好实事求是地告诉对方。( )
(9) 为他人做介绍时,应该先把身份高的一方介绍给身份低的一方。( )
(10) 越昂贵的礼品所表达送礼者的情意越深厚。( )
(11) 赠送具有独创性的礼品给人,往往可以令其耳目一新,既兴奋又感动。( )
(12) "精神礼品"受青睐已成为当今人际交往中的一道亮丽的风景线。( )
(13) 阿拉伯地区严禁送酒;在西方药品可以送人。( )
(14) 送礼时不要自我贬低,说什么"没有准备,临时才买来的""没有什么好东西,凑合着用吧"。( )
(15) 在接受他人相赠的礼品后,应当尽可能地当着对方的面,将礼品包装当场拆封。( )
(16) 到住宅探访,如果门户是敞开的,可直接进去。( )
(17) 到车站迎接客人,见到客人后应主动帮助客人提取行李,帮客人拿公文包或手提包。( )
(18) 握手场合中,男士与女士见面时男士先伸手。( )
(19) 握手时可以戴墨镜。( )
(20) "张教授"属于称呼中的职称称呼。( )
(21) 在我国大部分地区,给老年人送礼物时忌讳送钟。( )
(22) 表示"健康长寿"的花卉是康乃馨。( )
(23) 送礼时应"谦虚",可贬低自己的礼品。( )

(24) 在接待客人时看到客人来,要立即从座位上站起来,礼貌地招呼。　　(　　)
(25) 在接待中,对于来访者的伞、帽、包等物,要指明挂放处,有时可以帮助放置。
　　　　　　　　　　　　　　　　　　　　　　　　　　　　　　(　　)
(26) 客人告别时,接待人员应婉言相留。　　　　　　　　　　　(　　)
(27) 送客时,不论是送至电梯、门口或车站,都要挥手道别,而且要等客人走远时再回接待室。　　　　　　　　　　　　　　　　　　　　　　　　(　　)
(28) 送客时也不能频频看表。　　　　　　　　　　　　　　　　(　　)
(29) 和客人握手道别后,马上转身就可以走了。　　　　　　　　(　　)
(30) 路上相逢,寒暄:"上哪儿去?"　　　　　　　　　　　　　(　　)
(31) 主人招呼客人:"随便坐。"　　　　　　　　　　　　　　　(　　)
(32) 收到名片立刻放入皮夹。　　　　　　　　　　　　　　　　(　　)
(33) 想拜访朋友时,大可利用假日。　　　　　　　　　　　　　(　　)
(34) 收到礼物便客气地说:"这很贵吧。"　　　　　　　　　　　(　　)
(35) 当我们遇到任何人时,都应当主动握手。　　　　　　　　　(　　)
(36) 男士握女士的手时只需握住女士四个手指即可。　　　　　(　　)
(37) 要想表示诚意,就需要延长握手时间。　　　　　　　　　　(　　)
(38) 面对众人演讲开始前或者结束以后,可以对大家行鞠躬致礼。(　　)
(39) 约定好了拜访客户的时间,不能迟到,而且越早到越好。　　(　　)
(40) 做好来访者的送别工作,关键在于一个"情"字。　　　　　(　　)

二、思考与操作

(1) 设想几种不同的社交场景,确定如何根据交往对象不同进行称呼。
(2) 如何牢固、快速地记住别人的名字?
(3) 请分别用一句话、用1分钟时间、用5分钟时间介绍自己。
(4) 假如你明天要拜访一位重要客户,列出你需要做哪些形象准备和资料准备。
(5) 利用课后或者周末时间逛逛花店,面对绚丽多彩的鲜花,进一步熟悉花的语言。
(6) 找几个伙伴练习握手的礼仪。
(7) 请就以下为他人介绍事例分别进行分析,看看各存在什么问题。

① 这位是×××公司的人力资源部张经理,他可是实权派,路子宽,朋友多,需要帮忙可以找他。

② 约翰·梅森·布朗是一位作家兼演说家。一次他应邀去参加一个会议,并进行演讲。演讲开始前,会议主持人将布朗先生介绍给观众,下面是主持人的介绍语:先生们,请注意了。今天晚上我给你们带来了不好的消息。我们本想要求伊塞卡·马克森来给我们讲话,但他来不了,病了。(下面嘘声)后来我们要求参议员布莱德里奇前来,可他太忙了。(嘘声)最后,我们试图请堪萨斯城的罗伊·格罗根博士,也没有成功。(嘘声)所以,结果我们请到了——约翰·梅森·布朗。(掌声)

③ 我给各位介绍一下:这小子是我的铁哥们儿,开小车的,我们管他叫"黑蛋儿"。

(8) 按3~5人一个小组,每组设计一个见面场景,将称呼、介绍、握手等见面礼、问候、递接名片等交际礼仪连贯地演示下来,学生对各组的表演进行评价,最后教师总结。表演之前,每组应就设计的场景和成员的角色进行说明。

 ## 评价考核

能力评价表

内容		评价	
学习目标	评价内容	小组评价(5、4、3、2、1)	教师评价(5、4、3、2、1)
知识(应知应会)	见面礼仪规范		
专业能力	会打招呼		
	称呼、握手、介绍符合礼仪规范		
	馈赠符合礼仪规范		
	做客符合规范		
	热情接待客人		
通用能力	交际能力		
	语言表达能力		
态度	热情、和蔼、周到、细致,遵守规范		
努力方向:		建议:	

任务5 通 信

如果信息来得太慢,你就赶不上新潮。

——[美]奈斯比特·阿伯迪妮

当今社会,掌握信息的人比富翁更有价值,而有效的信息又大多掌握在有才华的人手中。

——[日]扇谷正造

任务目标

- 礼貌地使用电话进行沟通。
- 电话语言符合礼仪规范。
- 礼貌地使用手机进行沟通。
- 遵循网络礼仪基本规范。
- 礼貌地使用电子邮件、微博、微信等网络沟通手段。

 情景导入

市歌舞团计划赴日本演出,团长李阳就此事向市文化局请示,于是他拨通局长办公室的电话。可是,电话响了足足半分多钟也没人接听。李阳正纳闷着,突然电话那端传来一个不耐烦的女高音:"什么事啊?"李阳一愣,以为自己拨错了电话,于是问道:"请问是文化局吗?""废话,你不知道自己往哪儿打的电话啊?""哦,您好,我是市歌舞团的,请问张局长在吗?""你是谁啊?"对方没好气地盘问。李阳心里直犯嘀咕:"我叫李阳,歌舞团团长。""李阳?你跟我们局长是什么关系?"李阳更是丈二和尚摸不着头脑,他说道:"我和张局长没有私人关系,我只想请示一下我们团出国演出的事。""出国演出?张局长不在,你改天再来电话吧。"没等李阳回话,对方"啪"的一声挂断了电话。

李阳感觉像是被人戏弄了一番,拿着电话半天没回过神来。

(资料来源:佚名.礼仪小故事[EB/OL].[2008-08-08]. https://www.xuexila.com/gushi/3980849.html.)

 任务分析

世界已经进入信息时代,人们之间的联系、交流正因为科学技术提供的先进通信工具和手段而变得更加方便、准确和及时。过去人们联系主要是写信、拍发电报,现在不仅固定电话普及,移动电话、电子邮件、传真机等也已成为现代交际活动的重要通信工具。本任务中的"情景导入"案例告诉我们:使用各类通信工具与人交往时,讲究基本的礼仪、礼节是必不可少的。

因此,在享受现代通信的便捷与快乐时,请不要忘记通信时的礼貌。

5.1 电话礼仪

电话是人们开展社交活动不可缺少的工具,在日常生活社交和工作交往中,都要利用电话与别人取得联系和交谈。据美国《电话综述》(Telephone Review)中说,一个人一生平均有 8760 小时在打电话。在电视电话还没普及之前,人们通过电话给人的印象完全靠声音和使用电话时的习惯,要想有"带着微笑的声音"或者通过电话赢得信任,就必须掌握使用电话的礼节与技巧。

1. 电话语言要求

目前大部分电话能传输的信号是声音,但这一信号载体却包含着许多信息。说话人想做什么,要做什么,是高兴还是悲伤,还有对另一方的信任感、尊重感,彼此都可以清晰地得知,这些都取决于电话的语言与声调。因此,电话语言要求礼貌、简洁和明了,以准确地传递信息。

(1) 态度礼貌友善。当我们使用电话交谈时,我们不能简单地将对方视作一个"声音",而应看作面对一个正在交谈的人。尤其是对办公人员来说,我们面对的是组织的一名公众,如果你们是初次交往,那么,这样一次电话接触便是你给公众的第一次"亮相",应十分慎重。因此,在使用电话时,多用肯定语,少用否定语,酌情使用模糊用语;多用些致歉语和请托语,少用些傲慢语、生硬语。礼貌的语言、柔和的声音往往会给对方留下亲切之感。正如日本一位研究传播的权威人士所说:"不管是在公司还是在家庭里,凭这个人在电话里的讲话方式,就可以基本判断出其'教养'的水准。"

(2) 传递信息简洁。电话用语要言简意赅,将自己所要讲的事用最简洁、明了的语言表达出来。因为通话的一方尽管有诸如紧张、失望而表情异常的体态语言,但通话的另一方不知道,他所能得到的判断只能是来自他听到的声音。在通话时最忌讳发话人吞吞吐吐、含糊不清、东拉西扯,正确的做法是:问候完对方,即开宗明义直言主题,少讲空话,不说废话。

(3) 控制语速语调。通话时语调温和,语气、语速适中,这种有魅力的声音容易使对方产生愉悦感。如果说话过程语速太快,则对方会听不清楚,显得应付了事;太慢,则对方会不耐烦,显得懒散拖沓;语调太高,则对方听得刺耳,感到刚而不柔;太低,则对方会听得不清楚,感到有气无力。一般说话的语速、语调和平常的一样就行了,即使是长途电话,也无须大喊大叫,把受话器放在离嘴两三寸的地方,正对着它讲就行了。另外,通电话时,周围有种种异样的声音,会使对方觉得自己未受尊重而变得恼怒,这时应向对方解释,以保证双方心情舒畅地传递信息。

(4) 使用礼貌用语。在电话交际中应使用礼貌用语,尤其是"你好""请""谢谢""对不起""再见"等礼貌用语应该常用不懈。

2. 接电话

如何接电话,正是国际上许多大公司作为培训其员工职业化程度的一项内容。比如微软公司的员工拿起电话,第一句话肯定是"你好,微软公司!"有一次公司举行庆祝会,员工们集体在一家宾馆住宿。深夜,某项活动日程临时变动,前台小姐只得一个个打电话通知。第二天她面露惊奇:"你知道吧?我给145个房间打电话,起码有50个电话的第一句话是'你好,微软公司!'"在深夜里迷迷糊糊地接电话,第一句话依然是"你好,微软公司!",可见微软文化的力量,同时也显示了微软人的职业水准。接电话的礼仪包括以下方面。

(1) 迅速接听。接电话首先应做到迅速接,力争在铃响2~4声就拿起话筒,这是避免让打电话的人产生不良印象的一种礼貌。电话铃响过三遍后才做出反应,会使对方焦急不安或不愉快。正如日本著名社会心理学家铃木健二所说:"打电话本身就是一种业务。这种业务的最大特点是无时无刻不在体现每个人的特性。""在现代化大生产的公司里,职员的使命之一,是一听到电话铃声就立即去接。"接电话时,也应首先自报单位、姓名,然后确认对方,如:"您好!这是××公司营销部。"如果对方没有马上进入正题,可以主动请教:"请问您找哪位通话?"

(2)积极反馈。作为受话人,通话过程中,要仔细聆听对方的讲话,并及时作答,给对方以积极的反馈。通话中听不清楚或意思不明白时,要马上告诉对方。在电话中接到对方邀请或会议通知时,应热情致谢。

(3)热情代转。如果对方请你代转电话,应弄明白对方是谁,要找什么人,以便与接电话人联系。此时,请告知对方"稍等片刻",并迅速找人。如果不放下话筒喊距离较远的人,可用手轻捂话筒或按保留按钮,然后呼喊接话人。如果你因别的原因决定将电话转到别的部门,应客气地告知对方,你将电话转到处理此事的部门或适当的职员。如:"真对不起,这件事是由财务部处理,如果您愿意,我帮您转过去好吗?"

(4)做好记录。如果要接电话的人不在,应为其做好电话记录,记录完毕,最好向对方复述一遍,以免遗漏或记错。可利用电话记录卡片做好电话记录。

3. 打电话

(1)时间适宜。打电话(图 5-1)的时间应尽量避开上午 7 时前、晚上 10 时以后的时间,还应避开晚饭时间。有午休习惯的人,也请不要用电话打扰他。电话交谈所持续的时间也不宜过长,事情说清楚了就可以了,一般以 3~5 分钟为宜。因为在办公室打电话,要照顾到其他电话的进出,不可过久占线,更不可将办公室的电话或公用电话当作聊天的工具,这是惹人讨厌的行为。著名相声表演艺术家马季曾说过一段相声,名叫《打电话》,就是讽刺的这种人。

图 5-1 打电话

(2)有所准备。通话之前应该核对对方公司或单位的电话号码、公司或单位的名称及接话人姓名。写出谈话要点及询问要点,准备好在应答中使用的备忘纸和笔,以及必要的资料和文件。估计一下对方情况,决定通话时间。

(3)注意礼节。接通电话后,应主动友好,自报一下家门并核实一下对方的身份。应先说明自己是谁,除非通话的对方与你很熟悉,否则就该同时报出你的公司及部门名称,然后再提一下对方的名称。打电话要坚持用"您好"开头,"请"字在中,"谢谢"收尾,态度要温文尔雅。你找的人不在,可以请接电话的人转告,如:"对不起,麻烦您转告×××……",然后将你所要转告的话告诉对方。最后别忘了向对方道一声谢,并且问清对方的姓名。切不可"咔嚓"一声就把电话挂了,这样做是不礼貌的,即使你不要求对方转告,你也应该说一声:"谢谢,打扰了。"打电话结束时,要道谢和说声再见,这是通话结束的信号,也是对对方的尊重。注意声音要愉快,听筒要轻放。一般说,应是打电话的人先搁下电话,接电话的人再放下电话。但是,假如是与上级、长辈、客户等通话,无论你是通话人还是发话人,都最好让对方先挂断。

5.2 手机礼仪

当今,手机沟通已经变得十分普及。但无论是在社交场所还是工作场合,无所顾忌地使用手机,已经成为礼仪的最大威胁之一,手机礼仪也越来越受到关注。在国外,如澳大利亚电信的各营业厅就采取了向顾客提供"手机礼节"宣传册的方式,宣传手机礼仪。在使用手机的时候应该注意以下礼仪。

1. 遵守秩序

使用手机时不允许有意、无意之间破坏公共秩序,具体来说,此项要求具体如下。

(1) 在会议中或和别人洽谈的时候,最好的方式还是把手机关掉,起码也要调到震动状态。这样既显示出对别人的尊重,又不会打断发言者的思路。而那种在会场上铃声不断,像是业务很忙,使大家的目光都转向他,这实际给人的印象只能是缺少教养。

(2) 注意手机使用礼仪的人,不会在公共场合或座机电话接听中、开车中、飞机上、剧场里、图书馆和医院里接打手机,就是在公交车上大声地接打电话也是有失礼仪的。

(3) 公共场合特别是楼梯、电梯、路口、人行道等地方,不可以旁若无人地使用手机,应该把自己的声音尽可能地压低一下,而绝不能大声说话,同时不要妨碍他人通行。

(4) 在一些场合,比如在看电影时或在剧院打手机是极其不合适的,如果非得回话,或许采用静音的方式发送手机短信是比较适合的。

(5) 在餐桌上,关掉手机或是把手机调到震动状态还是必要的。避免正吃到兴头上的时候,被一阵烦人的铃声打断。

(6) 在体育比赛场馆,观看射击等比赛项目,运动员需要安静环境,这时也应注意使手机关机或处于静音状态。

2. 考虑对方

给对方打手机时,尤其当知道对方是身居要职的忙人时,首先想到的是,这个时间他(她)方便接听吗?并且要有对方不方便接听的准备。在给对方打手机时,注意从听筒里听到的回音来鉴别对方所处的环境。如果很静,应想到对方在会议上,有时大的会场能感到一种空阔的回声,当听到噪声时对方就很可能在室外,开车时的隆隆声也是可以听出来的。有了初步的鉴别,对能否顺利通话就有了准备。但无论在什么情况下,是否通话还是由对方来定为好,所以"现在通话方便吗?"通常是拨打手机的第一句问话。其实,在没有事先约定和不熟悉对方的前提下,我们很难知道对方什么时候方便接听电话。所以,在有其他联络方式时,还是尽量不打对方手机好些。

不要在别人能注视到你的时候查看短信。一边和别人说话,一边查看手机短信,对别人不尊重。

当与朋友面对面聊天时,避免正对着朋友拨打手机,否则会给朋友一种不被重视的感觉,让对方心中不快。

3. 注意安全

使用手机时必须牢记"安全至上",否则不但害人,还会害己。要注意以下几点:不要在驾驶汽车时使用手机电话或是查看寻呼机内容,以防发生车祸;不要在病房、油库等地方使用手机,免得所发出的信号有碍治疗或引发火灾、爆炸;不要在飞机飞行期间使用手机,否则极可能使飞机"迷失方向",造成严重后果。

4. 置放到位

在一切公共场合,手机在没有使用时,都要放在合乎礼仪的常规位置。不要在并没使用的时候放在手里或是挂在上衣口袋外。放手机的常规位置有:一是随身携带的公文包里,这种位置最正规;二是上衣的内袋里;有时候,可以将手机暂放腰带上,也可以放在不起眼的地方,如手边、背后、手袋里,但不要放在桌子上,特别是不要对着正在聊天的对面客户。

5. 彩铃文明

现在有不少人,特别是年轻人喜欢使用彩铃。有些彩铃很搞笑,或很怪异,与千篇一律的铃声比较起来,确实有独特之处。但是彩铃是给打电话的人听的,如果你需要经常用手机联系业务,最好不要用怪异或格调低下的彩铃,以免影响你的形象和公司的形象。

5.3 网络礼仪

1. 网络礼仪的基本规范

(1) 充分尊重他人。当今,在互联网上交流已成为一种重要的交际方式。在互联网上人与人之间的交流,由于各种因素,双方往往难以完全正确理解对方所要表达的意思,这样就很容易使人际关系陷入"言者无心、听者有意"的困境。所以,在网络交往中更要充分尊重他人。

① 记住别人的存在。互联网为来自五湖四海的人们提供了一个交流的空间,这是高科技的优点。但往往也使得我们在面对计算机屏幕时忘了自己是在跟其他人打交道,忽略了其他人的存在,自己的行为也因此容易变得更粗劣和无礼。因此,有些话如果你当面不会说,那么在网络上也不要轻易说出口。现实生活中,有法律法规来约束我们的行为;在虚拟的网络世界里,尽管法律法规没有那么完善,同样有相应的条款来约束我们的行为。

② 尊重他人的隐私。别人与你的电子邮件或私聊的记录应该是隐私的一部分。如果你认识某个人用笔名上网,在论坛未经同意就不得将其真名公开。如果不小心看到别人打

开的计算机上的电子邮件或秘密,不应该到处传播。

③ 尊重别人的时间。在提问题前,自己先花些时间去搜索和研究。可能同样的问题以前已经被问过多次,现成的答案触手可及,这样可免去别人为你寻找答案而消耗时间和资源。

(2) 注意言行举止。特别要注意以下四点。

① 网络留言文明。因为网络的匿名性,且无法根据人的外观对其做出判断,网络语言就成为了解一个人的唯一途径。所以,在网络上留言要格外注意文明、礼貌、规范。如果你对某个领域不是很熟悉,就不要贸然开口。发帖前要仔细检查自己的用词和语法,不要说脏话和故意挑衅的话。网络交流不得使用攻击性、侮辱性的语言。对于常用的语言符号,应当熟练掌握,以便理解对方的意思,同时也要谨慎使用语言符号,以免对方不理解而导致交流障碍。

② 注意交流的语气。在谈话中听来有趣和合理的东西,变成书面语就可能会显得咄咄逼人、唐突甚至粗鲁。大多数人写网络信息时,都不像写普通书面文章时那么认真和注意修饰。实际上,在把信息发表到网上之前应该好好地检查一下。与此同时,你也应当认真阅读别人所写的内容,他们真正要表达的也许并不一定是你所理解的那种意思。

③ 宽容他人错误。任何人上网都有一个从生疏到熟练的过程,作为新手都会有犯错误的时候。所以,当看到别人写错字、用错词,问一个低级问题或者写一篇没必要的长篇大论时,请不要太在意。如果真的想给别人建议,最好用留言的方式私下提出。

④ 进行合理争论。网络上的争论可以说是一场"没有硝烟的战争"。其实这些争论都属于正常现象,要注意的是争论时要以理服人,不要人身攻击和使用侮辱性的语言。

(3) 重视自我介绍。在网络沟通中,不重视自我介绍的问题还是很常见的,比如写电子邮件不署名,微信加好友时没头没脑地发一句"请加我",在正规交往时用网名来自我介绍等。我们要牢记,即使是不见面的网络沟通与交流,也必须重视自我介绍,要根据双方的关系和本次交流的性质来选择合适的自我介绍方式。因为在互联网交际出现以前,每个人打交道的范围很有限,同学、同事、邻居、朋友,常来常往的最多二三十人,可以说生活在一个熟人圈子里,所以也有比较多的精力去回应每个人的交际请求。但是基于互联网的交际形式极大地拓宽了人际交往的范围,现在打开微信里的通讯录,一个人拥有几百个好友是很常见的,而一些活跃的微博用户拥有数量巨大的可以直接对话的粉丝,也不算稀奇事。技术的进步使我们发现并联系陌生人的难度大幅降低,不管白天黑夜、天南海北,只要能拿到对方的网络地址,就可以立刻去联络。但是这样也就决定了我们不可能也没必要去回复每一个网络交流的请求,而事务繁多的忙人和名人就更不可能每信必复了。因此,在网络时代,要想得体地联系陌生人,并得到积极的回应,首先必须更加重视自我介绍,应得体、适当地进行自我介绍,要说明自己的身份、名字,介绍自己的联络原因,最好告诉对方是如何获取联系方式的,这样可以避免让对方感觉隐私受到侵犯,会比较礼貌一点。一般情况下,介绍的复杂程度和对方回应的麻烦程度大致成正比。也就是说,如果你要求的是一个简单的回应,那么进行简单的介绍就可以了;如果需要一个复杂的回应,那么就要详细说明自己寻找对方的理由,以期对方能花费时间和精力来回应你。[1]

---

[1] 徐默凡.说说你是谁——自我介绍的原则[J].咬文嚼字,2020(1):52-54.

2. 电子邮件礼仪

电子邮件又称 E-mail,是通过互联网进行信息交换的一种联络工具。它能够帮人们以非常低廉的价格快速传递信息,逐渐成为交际中不可或缺的联络手段。电子邮件礼仪即指在书写和收发邮件时应当遵守的礼仪规范。

(1) 电子邮件的书写礼仪。电子邮件的书写通常应按照纸质信函的格式进行。书写电子邮件时,还应当注意以下礼仪。

① 主题明确。添加邮件主题是电子邮件与纸质信函的主要不同之处。商务人员在撰写电子邮件时,一定要在 Subject(主题)栏设定一个邮件主题。该主题应明确、具体、简洁,但不宜过长(如"关于洽谈会的准备事宜"等),以便收件人通过主题快速判断邮件内容的轻重缓急,减轻查找或阅读邮件的负担。

② 内容规范。与纸质商务信函一样,电子邮件也应当用语规范、内容完整。与此同时,电子邮件的书写还应注意以下两个方面:一是尽量避免使用晦涩难懂的缩略语,且不要使用网络用语和符号表情,以免影响商务信函的专业性和严肃性;二是在英文电子邮件中,切勿使用大写字母书写正文,以免被误解为态度恶劣或强硬。

③ 签名恰当。商务人员可在电子邮件的签名档中列入写信人的姓名、公司、电话、传真、地址等信息,还可列入个人的座右铭或公司的宣传口号等信息,但信息行数不宜过多,一般不超过 4 行。

④ 附件合理。商务人员可以通过电子邮件的附件发送整理成文档形式的文件,还可以发送照片、音频、视频等文件。在使用邮件的附件功能时,应在邮件的正文中对附件进行简要说明,并提示收件人查看附件。

若附件为特殊格式的文件,则应在正文中说明其打开方式,以免影响收件人查看。

应为附件设定有意义的文件名。当附件的数目较多(多于 2 个)时,应将其打包成一个压缩文件。

若附件容量较大(超过 25MB),则应事先确认收件人所使用的邮件服务系统有足够的容量收取,否则,应将附件分割成多个小文件分别发送。

(2) 电子邮件的收发礼仪。在发送和接收电子邮件时,应当注意以下礼仪。

① 及时确认发送状态。发送电子邮件后,一定要及时确认邮件是否已经发送成功。确认邮件发送状态的方法通常有以下两种:一是检查被发送的邮件是否已显示在"已发送"列表中,若该列表中有显示,则表明发送成功;二是邮件发送几分钟后,检查邮箱中有无系统退信,若无系统退信,则表明发送成功。

② 通知收件人。在发完电子邮件后,一定要打电话通知收件人查收并阅读邮件,以免耽误重要事宜。

③ 及时回复。收到重要或紧急的电子邮件后,通常应当在 2 小时内回复对方,以示尊重。对于一些不紧急的电子邮件,则可暂缓处理,但一般不可超过 24 小时。

回复邮件时,最好要将原件中相关的问题抄到回件上,然后附上结构完整的答复内容。若只回复"已知道""对""谢谢""是的"等,则是非常不礼貌的。

3. 微博礼仪

微博是近几年兴起的一种网络传播和交流的方式,其实就是一种通过关注机制分享简短信息的广播式的社交网络平台。微博可以相互关注,可以共享信息,可以交朋结友,而且使用起来极为方便和快捷,因而一经问世,立即风靡全网,现在依然是很受欢迎的私媒体和社交平台。

对话,是微博的基本形式。虽然大家在微博上彼此互动却不见其人,但微博绝非一个纯虚拟空间。微博上的一言一行,都能体现出每个用户的不同学识、气质形象与品行素养。而企业的官方微博则更是直接展现一家企业、一个品牌内涵的窗口。因此,无论是在使用个人的微博还是企业、组织的微博,都应特别注重方式方法与礼仪规范。

(1) 文明高雅,客观评论。对于个人微博,发布的信息语言一定要文明高雅,内容要清新可读,语言不可粗俗,更不可攻击他人甚至公开骂人。生气时尽量不发微博,别让自己的心情影响到大家。微博发送前一定要检查文内是否有错别字,转发时必须确保自己了解这件事情。评论别人的微博前要了解原文,客观地发表自己的意见,更不能信口雌黄,这些都是发微博的基本礼仪。

(2) 礼尚往来,互相关注。微博也是一个网络社交的平台,在微博上同样讲究礼尚往来,互相关注。一般说来我们会优先关注那些已经关注自己的人,以及那些回复自己消息的人,主要是获得心理的认知,感觉到互联网上有人关注你,体会到受人尊重的体验。如果你想和一个人交往,你不妨天天围着他微博转,等到有一天混得脸熟,他会理会你,关注你。如果大家天天来关注你,你一直没有反馈,时间久了,没有人再会理会你。也就是说,如果别人关注(网络语言是粉你),你也应当适时回访,并加上关注,"互粉"才是礼貌的。

(3) 官方微博,注重形象。如果你将来在某企业就职,专门管理企业的微博,那就更需要讲究礼仪,这样才能树立企业的良好形象。因为从某种程度上来说,企业的官方微博就是企业形象的一个展示,甚至就是企业的形象。所以,维护好企业的官微,也就是维护好了企业的形象。虽然官方微博操作的权限属于具体的某一位员工,但操作者必须清楚明白,他的所言所行都是代表一个官方企业账号在公共的平台上互动交流。与公众的关系不再是"我"与"你",而是直接以企业的形象及相关权限身份与众人的在线会面。因此,在具体操作上应尽量减少和避免微博编辑和客服人员的个人行为,而遵循亲和、干练的职业化水准来进行。企业的官微要对大事件高度敏感,对一些公众最为关心或是当前的热点,不妨多加转发;对于一些公益活动,不妨积极参与并转发;对于企业客户,要全心全意服务,并从服务中提升企业的形象。

(4) 语言文明,灵活互动。微博上的礼仪,大多数都是通过微博的发布、回复、评论及私信得以体现。发布微博的语言应当文明、礼貌、生动、风趣。微博的文明用语,不仅有助于培养积极健康的心态,而且是一种热情、亲和、开放、合作精神的体现。在微博互动时穿插趣味性、生动性的回复,偶尔与大家开开玩笑,也会起到很好的效果。微博文字中的"小表情",也可很好地辅助传递情绪,体现人性化的感性内涵。如果一些敏感性问题不适合公开交流,那么不妨私信对方。同时要注意,如果没有必要进行私密沟通的事宜,应尽可能不以发私信的形式来处理,以免让对方产生反感,甚至是拉黑。

4. 微信礼仪

微信以其信息发布便捷、传播速度快、影响面广、互动性强等特点,在短短几年时间里迅速发展成为目前国内社交用户群体最多的软件。为了正确使用微信,提高沟通效果,树立良好形象,需要我们了解和掌握微信礼仪。

（1）规范命名。微信应本着利于交往、利于记忆的目的起一个规范、高雅的名字,而不能随波逐流、标新立异、哗众取宠。有人认为,微信用户名就是网名,起名可以随心所欲。如有些微信用户用党和国家机关名称来命名,很不严肃;有些用外国政要人名来命名,也不合适;有些把丑当美,视低俗为高尚,显得较为粗俗;有些名称则让人难记难懂,如用一长串英文字母和数字起名,用看不懂的似汉字非汉字的符号当名字,等等。当人们看到这些名字时,虽然没见过本人,但内心会做出怪异、另类的判断,难以留下好的印象。

（2）礼貌加好友。添加他人为好友,要在备注栏里做自我介绍。如果微信名不是自己的真实名字,不做自我介绍就加他人,会让被添加的人感到困惑,有一种"猜猜我是谁"的感觉,更多的时候会被直接忽略掉;即使微信名是自己的真实名字,为体现对被添加人的尊重,做自我介绍也是有必要的。添加微信通讯录中的好友到微信群中,要事先征得当事人的同意。在现实生活中,我们经常会莫名其妙地收到很多弹出信息,而这些信息大多是毫无半点用处的,究其原因,是我们"被"拉入了各种各样的"群"。

（3）对等沟通。具体包括以下两点。

① 体现在沟通方式的对等。沟通信息时,一般采用文字,尽量不用语音。文字表达直观,语音很多时候不方便听取,有时甚至会因为发音不标准或不清晰而让人产生歧义或误解。一方采用文字,另一方为图省事而进行语音回复,本身就是沟通上的不平等,会使人感觉缺乏修养。表情符号作为一种"非语言的表达方式",在一定情景下比文字更简练、更形象、更传神、更富有表达力。但是如果作为下级,在回复上级仅仅使用表情符号是不妥的。表情符号并未设定明确含义,每个人的用法都可能不同,在不同情景下含义也可能不同。而且由于文化环境的差异,对同一个表情符号会有不同的理解,因此使用表情符号前也要仔细斟酌,以免引起误会。

② 体现在沟通过程的对等。微信和短信不同,发短信只要对方手机开机就能正常收到信息,微信则需要在手机上网的前提下才能正常发挥功能,所以要事先检查微信是否正常运行,以确保及时回复他人信息,因故未及时回复的要表明歉意。

（4）慎"晒"朋友圈。微信"朋友圈"是一种新的媒介形式,好像是个人开办的微型媒体,可以图文并茂,记录生活,抒发情感;也可以转载文章,指点江山,嬉笑怒骂……但是,微信朋友圈不是个人的私人空间,事实上,个人的微信"朋友圈"并非仅仅包括自己的家人和好友,还包括上级、同事,"朋友圈"其实已具有媒体属性,不是私域,而是一个公共场合。既然"朋友圈"是公共场合,因此"晒"什么就要十分慎重。一般来说,应做到三方面的坚守:一是要坚守政治底线,牢固树立"四个意识",增强政治敏锐性和政治鉴别力,对重大原则和大是大非问题要有清醒的认识,党员干部要自觉遵守2017年中共中央宣传部、中共中央组织部、中央网信办《关于规范党员干部网络行为的意见》,不发表违背党的基本路线,否定四项基本原则,歪曲党的政策,或者其他有严重政治问题的文章、演说、宣言、声明等;不妄议中央大政方针,破坏党的集中统一;不丑化党和国家形象,不诋毁、污蔑党和国家领导人,不歪曲党史、国史、军史,不抹黑革命先烈和英雄模范;不制造、传播各类谣言特别是政治类谣言,不散布所谓"内部"消息和小道消息;不制作、传播其他有严重问题的文章、言论、音视频等信息内容。二是要坚守道德底线,坚守高尚的品格,严以修身、严于律己,不断提升道德境界,追求高尚情操,自觉远离低级趣味,自觉抵制歪风邪气,敢于黑脸,敢于亮剑。三是要坚守法律底线,严格执行保密法规和制度,不泄露涉密信息,不传播非法出版物,不宣扬封建迷信、淫秽色情。

(5) 恰当地点赞。微信朋友圈的生命力在于其互动性,互动性越强,"晒"内容的欲望就越强。在实践中,我们常会发现一些不正常的现象:有的人不看内容先点赞,哪怕是发的令人悲痛的事情,标题都不看就直接点赞,这种点赞只能引起他人的愤怒,不如不赞;有的人只给领导点赞,其他人一概不点赞,溜须拍马的形象在众人面前表现得淋漓尽致;有的人希望别人多关注,多点赞自己"晒"的内容,但对他人所发所"晒"内容不点赞、不评论;有的人点赞先看人,例如同为一个办公室的同事,只为甲点赞,从不为乙点赞,丝毫不顾及别人的感受,人为制造人际关系矛盾……为杜绝上述情况,使用微信点赞时,一是要对同事真诚相待,只有真诚才能获得别人的好感;二是要坚持等距离原则,不厚此薄彼。对上级要尊重而不恭维,不吹捧,不溜须拍马;对同事要保持一视同仁、平等对待,不搞小圈子、小集团,创造团结向上、和谐的工作环境。

(6) 评论讲策略。微信朋友圈这种自媒体与传统媒体有一个很大的不同,就是互动性极强,读者可以即时看到更新,随时点赞评论,如果意犹未尽,还能和作者展开多轮对话。在朋友圈发表评论应讲究如下四个策略。

一是要有边界意识,评论前要清楚判断关系。对真正的好友,现实生活中经常见面,双方也知根知底,才可以发朋友圈评论。发表评论不是和作者私聊,而是半公开的对话,除了交际双方,还有一个潜在的观众群。以微信朋友圈为例,评论和评论回复都是对双方的共同好友开放的,这些共同的好友包括双方的同事、同学甚至是客户,情况非常复杂,亲疏程度各有不同,能够和大家共享的恐怕都是些场面话,所以过分私密的评论不宜出现。在这个意义上,在朋友圈发状态和评论都是带有一点"表演"性质的。微信就是舞台,主角就是你我,观众就是共同好友,只有深切认识到这一点,才能使我们的朋友圈交际得体又合宜。

二是不要发表令人难堪的评论。朋友圈是公开的,所以低级趣味不能有,"政治正确"也要讲。哪些评论会使人难堪而要注意避免?有一个简易的鉴别办法:别人无法自由选择的东西,最好不要进行评论。比如评论别人的外貌、身材、家庭出身等,类似于"你的眼睛太小戴这副假睫毛不合适""怎么你们家人都这么胖,看来基因不太好,要努力减肥啊""照片背景是你老家吗?很破败啊",这些评论的内容都是个人无法改变的,你去评论它,轻则显得低级无聊,重则会触怒朋友。即使夸奖别人的评论,按照这个检验办法推导,也应该选择通过个人努力获取的特征来评论比较好,比如夸奖别人长相漂亮不如夸奖她衣品出众,赞美屋子整洁不如赞美主人勤劳。

三是要尽量避免询问私人信息。如"这件衣服真好看,多少钱啊?""这是在哪里吃饭?旁边那个女孩子是谁?""你这个包挺好看,是什么牌子?"……有的人问题很多,就会惹人讨厌。如果自己真的对这些问题感兴趣,不妨私信询问。因为你和作者的关系好,不等于作者和所有共同好友关系好,有很多问题的答案作者不愿意让别人看到,所以也就不方便回答。

四是不要和异性好友过度互动。有的人开朗热情,也颇有异性缘,平时爱和异性好友开开玩笑,比如:"哇,这打扮迷死人了!""穿成这样,今天又要去哪里妥啊?"这些言谈在日常互动中都是无可厚非的,但是在朋友圈里却要收敛。因为在日常的口语交际中,我们和别人的对话都是稍纵即逝的语音流,只有在场的个别人能听到。但是在朋友圈中,评论和互动都是长期保留的,即使设置了"三天可见",这些互动内容也会在三天里被所有共同好友反复看到。即使只是一些玩笑话,假如反复出现,你们的关系就会被强化识别并歪曲放大,在有些人看来甚至会觉得你们在公开打情骂俏。①

 ## 实训项目

项目1:电话(手机)使用模拟训练

实训目标:掌握使用电话(手机)的礼仪。

实训学时:1学时。

实训地点:教室。

实训准备:固定电话或手机。

实训方法:两人一组,用固定电话或手机现场表演各类情形的通话,其他同学观摩,表演结束后,由同学们点评,最后老师总结。以下情形供参考。

(1) 双方第一次进行业务联系;

(2) 下级向上级通过电话汇报工作;

(3) 正在与客户交谈时电话震动提示有来电;

(4) 在电影院看电影时必须接听一个十分重要的来电。

也可发挥想象,设计其他情形。

训练手记:通过训练,我的收获是＿＿＿。

项目2:自编小品"打电话"

实训目标:强化电话礼仪规范。

实训学时:2学时。

实训地点:实训室。

实训准备:场地、电话等。

实训方法:学生3～5人分为一组,自编小品表演打电话(手机),可以将打电话(手机)中不规范的礼仪表现演示出来,师生点评。

训练手记:通过训练,我的收获是＿＿＿。

项目3:手机微信的使用

实训目标:掌握手机发微信的礼仪。

---

① 徐默凡. 小议朋友圈评论策略[J]. 咬文嚼字,2020(4):44-46.

实训学时:1学时。

实训地点:教室。

实训准备:手机。

实训方法:每两人一组,模拟用手机进行微信操作的各种情形,然后相互评论对方使用微信时有无不符合礼仪之处,最后教师总结。

训练手记:通过训练,我的收获是_____
_____。

案例讨论

案例1

一个秘书的经历

王芳是在某公司工作多年的秘书,主要负责接待以及外线电话的转接。她现在已经是一名优秀的秘书了,可在她成长过程中也出现过许多大大小小的错误,现仅列举两个典型例子。

其一,王芳刚做秘书工作时,认为打电话不过是连3岁小孩都会做的简单事情,但发生的一件事情让她改变了这种观点。一次,总经理让她询问对方对合同中几个条款的看法。她没有认真研究这几个条款,也没有询问总经理的意见,马上拨通对方的电话。当对方提出几个方案时,她无法对方进行任何交流,自然也无法达到侧面了解对方真实意图的目的。慌乱之中,她竟忘了做电话记录,整整半个小时的通话,在她脑中是一片空白。幸好她比较坦诚,如实向总经理做了汇报。总经理亲自给对方打电话,表示歉意,这才如期签署合同。自从这件事情发生后,她专门准备了一个笔记本记录电话内容等,有关计算机文件也及时保存、备份。

其二,王芳每天负责处理大量的电子邮件,除了那些垃圾邮件,她将所有往来邮件都保留在电子信箱中。这样做确实也带来很多方便,即使出差也可以从信箱中查阅历史文件。但有一段时间,她连续七天没有收到任何邮件,给客户的邮件也没有一个回复。她用电话跟客户联系,客户说发出去的邮件全部退回。她赶紧请教有关计算机人员,这才发现这是由于邮箱空间爆满所致。

(资料来源:谢迅.商务礼仪[M].北京:对外经济贸易大学出版社,2007.)

思考题:

(1) 本案例对你有哪些启示?请写下来并上传至共享群。

(2) 打电话前应该思考哪些问题?

(3) 使用电子邮件应注意什么?

案例2

电　　话

A:请问王老师在吗?

王老师:我是王老师,请问您是哪位?

A：王老师,您猜呢?

王老师:是李华吗?

A:不是!

王老师:是刘霞吗?

A:不是! 老师您都忘了我的声音了。

思考题:

(1) 本案例对你有哪些启示? 请写下来并上传至共享群。

(2) 这里打电话者采用的方式是否合适? 存在什么问题?

案例 3

刘婧的电子邮件

刘婧大四了,一心想考研究生。她瞄准了知名专家李教授,想到他的门下继续深造。打听到李教授的邮箱地址后,刘婧写了一封电子邮件投石问路,内容如下。

尊敬的李教授:

我想报考您的硕士研究生,不知道您明年是否招生? 报考要注意哪些事项呢? 还有,您能不能给我推荐一些参考书?

一名仰慕您的学生

过了很长时间,李教授一直没有回复,邮件如石沉大海。

(资料来源:徐默凡.说说你是谁——自我介绍的原则[J].咬文嚼字,2020(1):52-54.)

思考题:

(1) 本案例对你有哪些启示? 请写下来并上传至共享群。

(2) 如果你是李教授,你会回复刘婧的邮件吗? 为什么?

(3) 请替刘婧草拟一份新的电子邮件。

 ## 课后练习

一、判断题

(1) 电话语言要求礼貌、简洁和明了,以准确地传递信息。　　　　　　　　(　)

(2) 早晨 7 点前及晚上 10 点后一般不宜给人打电话。　　　　　　　　　　(　)

(3) 打电话时,一般情况下说话的语速、语调应与平常一样,打长途电话可以大喊。

(　)

(4) 接电话首先应做到迅速,力争在响铃三次前就拿起话筒。　　　　　　　(　)

(5) 假如你与上级、长辈、客户等通话,无论你是通话人还是发话人,都最好让对方先挂断。　　　　　　　　　　　　　　　　　　　　　　　　　　　　　　(　)

(6) 发送电子邮件时可将正文栏空着,而只发送附件。　　　　　　　　　　(　)

(7) 开车中不适宜接打手机。   （　）
(8) 应尽快对收到的邮件进行回复。   （　）
(9) 接电话时应当在铃响 2～4 声时接听。   （　）
(10) 会见特别重要的客人时,只要把手机调到震动就可以。   （　）
(11) 每天都应查看自己的电子邮箱。   （　）
(12) 如果不小心看到别人打开的计算机上的电子邮件或秘密,不应该到处传播。
                                                         （　）
(13) 发帖前要仔细检查自己的用词和语法,不要说脏话和故意挑衅的话。（　）
(14) 评论别人的微博时要了解原文,客观地发表自己的意见。   （　）
(15) 在微博互动时穿插趣味性、生动性的回复,偶尔与大家开开玩笑,也会起到很好的效果。   （　）
(16) 微信用户名就是网名,起名可以随心所欲。   （　）
(17) 添加他人为好友,要在备注栏里做自我介绍。   （　）
(18) 要事先检查微信是否正常运行,以确保及时回复他人信息。因故未及时回复的要表明歉意。   （　）
(19) 微信"朋友圈"是公共场合,因此"晒"什么就要十分慎重。   （　）
(20) 好朋友发的微信朋友圈可以不看内容而先点赞。   （　）

二、思考与操作

(1) 为什么说从电话礼仪就可基本看出对方的教养如何?

(2) 欣赏相声表演艺术家马季的相声《打电话》,讨论打电话应该注意的礼节。

(3) 小刘在几分钟之内连续几次接到同一个错打的电话,可是每一次对方都是什么也不说就把电话挂了。小刘非常恼火,于是他特意按照来电显示屏上的那个号码拨通电话,狠狠地把对方训了一顿。你认为小刘做得对吗?

(4) 请制定一份接打电话的礼仪守则。

(5) 结合日常生活实际,说明人们在使用电话过程中经常出现的失礼行为以及纠正途径。

(6) 给大家讲一个你亲身经历过(或者听说过)的有关微信或微博的故事。

(7) 使用电子邮件发送信息。在收件人一栏输入自己的电子信箱地址,给自己发一封公务信件,然后作为信件接受方,感受一下信件格式、所用文字、语气是否恰当。

(8) "人心隔肚皮",更何况是在虚拟世界。你可能是一位网络常客,你认为应该重视网络礼仪吗?

(9) 你是怎样处理虚拟世界中人与人之间的礼仪关系的?

(10) 有人给办公室打来电话,声称有紧急重要的事情向领导报告,请求领导亲自接电话。假如你是接电话的秘书,将如何处理此事?

评价考核

能力评价表

内容		评价	
学习目标	评价内容	小组评价(5、4、3、2、1)	教师评价(5、4、3、2、1)
知识(应知应会)	通信礼仪		
	电话的基本要求		
专业能力	能礼貌规范地接、打电话		
	能正确规范地使用移动电话		
	能正确使用电子邮件、微博和微信进行沟通		
	网络沟通符合礼仪规范		
通用能力	自我管理能力		
	沟通能力		
	自控能力		
态度	遵守规范、热情友善		
努力方向:		建议:	

任务6　宴　　请

谁知盘中餐,粒粒皆辛苦。

——[唐]李绅

食不语,寝不言。

——《论语·乡党》

任务目标

- 根据宴会种类、形式的不同,选择合适的赴宴方式。
- 熟悉宴请的程序和规范,熟练、得体地遵守中、西宴会礼节。
- 根据中餐和西餐的特点和区别,有针对性地选择参加宴会的礼仪。
- 进行宴会礼仪的自我训练和检测,以便养成习惯。

 情景导入

相传,一次李鸿章出使德国,他应德国首相俾斯麦之邀前往赴宴,席间服务生送上来了洗手水,自然盛水器皿极其考究。洋人请客的规矩,无论什么事,客人都必须先下手,上菜如此,洗手也如此。正在洋人等着李大人洗手的时候,不料李大人将那只器皿已经举到嘴边,咕咚一下,就将洗手水喝下去了。这一下,俾斯麦慌了,为不使李鸿章出丑,他也将洗手水一饮而尽,见此情形,没有办法,其他文武百官只得或忍笑奉陪或眉头一皱,全把洗手水喝下去了。

(资料来源:佚名.晚清洋务大臣李鸿章外交活动中的轶闻趣事[EB/OL].[2017-05-20]. https://www.zupu.cn/lishi/20170520/24991.html.)

 任务分析

据媒体报道,"秦山二核"是我国自主建设商用核电站的一个重大跨越,是我国自主建设核电站的里程碑。该企业将礼仪以公司规范的形式予以制度化,颇值得我们学习和借鉴。《核电秦山联营公司精神文明规范》部分中餐礼仪摘录如下:"不宜吃得响声大作、'电闪雷鸣'。不宜乱吐废物、唾液飞溅。不宜张口剔牙、捅来捅去。不宜宽衣解带、脱鞋脱袜。不宜挑三拣四、挑肥拣瘦。不宜替人夹菜、热情过头。不宜以酒灌人、出人洋相……"通过这些内容,反映了"内强个人素质,外塑企业形象"的企业文化和精神文明建设成果,生动展示出现代企业和现代员工的风采。

我国是一个注重"民以食为天"的国度,餐饮礼仪历来备受重视。宴请和餐饮礼仪因为宴会的性质、目的、地区、国度的不同而有较大的差异,如果不加了解,就会阻碍正常的交际应酬,甚至像本任务"案例导入"中的李鸿章那样闹出笑话,不但影响个人形象,甚至影响到国家形象。因此,在社交中必须告诉重视餐饮礼仪。

6.1 宴请概述

宴请是一种常见的社交活动,有严格的礼仪要求。参加宴请活动更要讲究礼节、注重礼仪。宴请的形式较多,主要有宴会、冷餐会、酒会、自助餐等。

宴会是一种比较正式的宴请活动，一般规模较小，多在晚间举行，往往有负责人出席。正式的宴请多用请柬邀请。宴会对服装、座次有严格要求。

当被邀请参加宴会，通常只有两种：一种是正式的；另一种是非正式的（随意的）。正式宴会：它是为宴请专人在比较高档的饭店或其他特定的地点，精心安排、隆重举行的大型聚餐活动。正式宴会对于到场人数、穿着打扮、席位排列、菜肴数目、音乐演奏、宾主致辞等，往往都有十分严格的要求和讲究。

西方的习惯，隆重的晚宴酒会也就是正式宴会，基本上都安排在晚上8点以后举行，中国一般在晚上6点至7点开始。举行这种宴会，说明主人对宴会的主题很重视。正式晚宴一般要排好座次，并在请柬上注明对着装的要求。

非正式宴会，又称作便宴，多见于日常交往。一般说来，便宴是一种简便的宴请形式。这种宴会气氛亲切友好，适用于亲朋好友之间，它只安排相关人员参加，对穿着服装、席位、餐具、布置等不必太讲究，而且不安排音乐演奏和宾主致辞。但仍然有别于一般家庭晚餐。

西方的习惯，便宴一般邀请夫妇同时出席。如果你受到邀请，要仔细阅读你的邀请函，上面会说明是一个人还是先生或夫人陪同，或者携带伴侣。在回复邀请时，你最好能告诉主人他/她的名字。

而家宴，也是非正式宴会中一种常用的形式，其重要的是要营造一种亲切、友好、自然的气氛，使赴宴的宾主双方轻松、自然、随意，彼此增进友谊、加深了解。通常，家宴在礼仪上往往不做特殊要求，为了使来宾感受到主人的重视和友好，基本上要有女主人充当服务员，来共同招待客人，使客人产生宾至如归的感觉。

6.2 宴请的组织安排

宴请宾客是一种较高规格的礼遇，所以主办单位、主人和被宴请宾客都要认真、周到地做好各项准备工作。包括制订宴请计划、拟订宴会日程、落实宴会事宜等。

1. 制订宴请计划

首先，要确定宴请的目的。宴请的目的多种多样，可以是表示欢迎、欢送、答谢，也可以是庆贺、纪念等。目的清楚了，就可以根据需要安排宴请的对象、范围和形式了。

其次，要确定宴请的对象和范围。请什么人，请多少人参加；要根据主宾的身份、国籍、习俗、爱好等确定宴会的规格、主陪人、餐式等。

最后，敲定宴会的形式。根据规格、对象、目的来确定是举办中式宴会、西式宴会，还是冷餐会、酒会等。一般正规的、规格高的、人数少的，以宴会形式为宜；人数较多，则以冷餐会或酒会的形式更为合适。

2. 拟订宴会日程

（1）时间。确定正式宴请的具体时间，要讲究主随客便；主人不仅要从自己客观能力出发，更要优先考虑被邀请者，特别是主宾的实际情况。如果可能，应该先和主宾协商一下,力求两相方便。最好尽可能提供几种时间上的选择,以显示自己的诚意。

(2)地点。用餐地点的选择非常重要。选择地点的三大要素,第一是环境:首先环境幽雅,宴请不仅是为了"吃东西",也要"吃文化",一定要争取选择清静、优雅的地点用餐。第二是卫生:选择卫生条件良好的餐厅,否则会破坏用餐者的食欲。第三就是交通:要考虑到用餐者的交通情况是否方便,有没有公交线路通过,有没有停车场,是否要为聚餐者预备交通工具等一系列的具体问题。

(3)宴请活动的主题。比如欢迎、庆贺、纪念、答谢等。这样做主要是让来宾了解宴请的大概内容,便于安排赴宴。

3. 落实宴会事宜

1)发出邀请函或请柬

宴会一般都要用请柬正式发出邀请。这样做一方面出于礼节;另一方面,也是供客人备忘。宴请内容应包括:活动的主题、形式、时间、地点、主人姓名等。请柬应书写清晰、设计精美;通常提前一周左右将请柬发出,太晚则不够礼貌,也不便于被宴请者提早安排。

2)确定菜单

根据宾客的饮食习惯,在宴请前,主人需要事先对菜单进行再三斟酌。一般情况下,优先考虑的菜肴有"三特一拿手"。

(1)有中餐特色的菜肴。在宴请外宾的时候,这一条更为重要。像日常生活中的家常菜炸春卷、煮元宵、蒸饺子、狮子头等,虽不是佳肴美味,但因为具有鲜明的中国特色,所以受到很多外国人的推崇。

(2)有本地特色的菜肴。如山东名菜:曲阜孔府三大宴(家宴、喜宴、寿宴);广东名吃:脆皮乳猪、荔浦扣肉;江南名菜:西湖醋鱼、南京板鸭、无锡脆鳝;浙江名菜:龙井虾仁、绍式小扣、西湖莼菜;安徽名吃:黄山炖鸡、芙蓉蹄筋、符离烧鸡;还有北京烤鸭、天津包子、西安饺子等,在这些地方宴请外地客人时,上这些特色菜,恐怕要比千篇一律的生猛海鲜会更受到好评。

(3)本餐馆的特色菜肴。很多餐馆都有自己的特色菜。上一份本餐馆的特色菜,能说明主人的细心和对被邀请者的诚意和尊重。

(4)主人最拿手的菜肴。举办家宴时,主人一定要当众露一手,多做几个自己的拿手菜。其实,所谓的拿手菜不一定十全十美。只要主人亲自动手,单凭这一条,就足以让对方感觉到你对他的尊重和友好。

在安排菜单时,还必须考虑到来宾的禁忌。要注意不要勉强吃自己不喜欢吃的东西。虽然有人主张"舍命吃名品",但要记住英国谚语:"你的佳肴,他人的毒药。"

3)席位安排

宴会一般要事先安排好桌次和座位,以便使参加宴会的人各就各位,入席井然有序。座位的安排体现了对客人的尊重。一般而言,中国习惯于按职位高低排列,以面对庭院、背向墙壁为上座;西方按男女参差排列,以背向壁炉、正中间的座位为女主人,女主人面对的正中座位为男主人,离入口最近的地方为末席。

6.3 中餐宴会礼仪

中餐宴会礼仪,是中华饮食文化的重要的组成部分,无论是在国内交往还是涉外交往中,举办中餐宴会都是常见的。学习中餐宴会礼仪,主要需注意掌握席位排列、上菜顺序和用餐方式、餐具使用、用餐要求等方面的规则和技巧。

1. 中餐宴会组织安排

(1) 中餐宴会的席位排列。这是关系到来宾的身份和主人给予对方的礼遇,所以是一项重要的内容。可以分为桌次排列和位次排列两方面。

① 桌次排列。在中餐宴请活动中,往往采用圆桌布置菜肴、酒水。排列圆桌的尊卑次序,有以下两种情况。

第一种情况,是有两桌组成的小型宴请。这种情况,又可以分为两桌横排和两桌竖排的形式。两桌横排,桌次以右为尊,有左为卑。这里说的左和右,是由面对正门的位置来确定的。两桌竖排,座次讲究以远为上,以近为下。这里说的远近,是以距离正门的远近而言。

第二种情况,是有三桌或三桌以上的桌数所组成的宴请。在安排多桌以上的桌次时,除了要注意"面门定位""以右为尊""以远为上"等规则外,还应兼顾其他各桌离主桌的远近。通常,距离主桌越近,桌次越高;距离主桌越远,桌次越低。中餐宴会三桌、六桌、八桌桌次排列分别如图 6-1～图 6-3 所示。

图 6-1 三桌桌次排列　　　　　图 6-2 六桌桌次排列

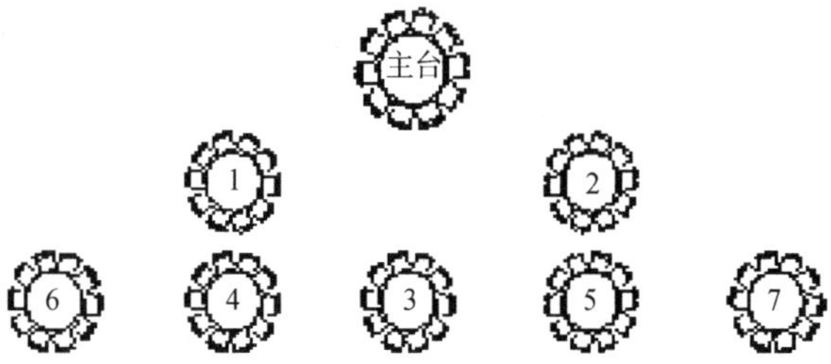

图 6-3 八桌桌次排列

在安排桌次时,所用的餐桌的大小、形状要基本一致。除主桌可以略大外,其他餐桌都不要过大或过小。

为了确保在宴请时使赴宴者及时、准确地找到自己所在的桌次,可以在请柬上注明对方所在的桌次、在宴会厅入口悬挂宴会桌次排列示意图、安排引位员引导来宾来桌就座,或者在每张餐桌上排放桌次牌(用阿拉伯数字书写)。

② 位次排列。举办中餐宴会一般用圆桌。宴请时,每张餐桌上的具体位次也有主次尊卑的分别。排列位次的基本方法有四种,它们往往会同时发挥作用。

方法一,主人大都应面对正门而坐,并在主桌就座。

方法二,举行多桌宴请时,每桌都要有一位主桌主人的代表在座。位置一般和主桌主人同向,有时也可以面向主桌主人。

方法三,各桌位次的尊卑,应根据距离该桌主人的远近而定,以近为上,以远为下。

方法四,各桌距离该桌主人相同的位次,讲究以右为尊,即以该桌主人面向为准,右为尊,左为卑。

另外,每张餐桌上所安排的用餐人数应限在10人以内,最好是双数。比如,六人、八人、十人。人数如果过多,不仅不容易照顾,而且也可能坐不下。

根据上面四个位次的排列方法,圆桌位次的具体排列可以分为两种具体情况。它们都是和主位有关。

第一种情况是在每张桌上一个主位的排列方法。每张餐桌上只有一个主人,主宾在起右首就座,形成一个谈话中心(见图6-4)。

第二种情况是每张桌上有两个主位的排列方法。如主人夫妇就座于同一桌,以男主人为第一主人,女主人为第二主人,主宾和主宾夫人分别就座在男、女主人右侧,桌上形成了两个谈话中心(见图6-5)。

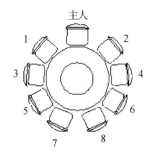

图6-4 中餐宴会次位排列(一个主位)

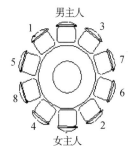

图6-5 中餐宴会次位排列(两个主位)

如遇主宾的身份高于主人时,为表示对他的尊重,可安排主宾在主人位次上就座,而主人则坐在主宾位次上,第二主人坐在主宾的左侧。

如果是本单位出席人员中有人身份高于主人,可请其在主位就座,主人坐在身份高者的左侧。以上两种情况,也可以不作变动,按常规予以安排。

为便于宾客及时准确地找到自己的位次,除安排服务人员引导外,还要在桌子上事先放置座位卡。举办涉外宴会时,座位卡应以中外文两种文字书写,中文写在上面,外文写在下面,必要时,座位卡的正面和背面均应书写就餐者姓名。

(2) 排列就餐的席位时,位次的排列应遵循以下四个原则。

① 右高左低原则。两人一同并排就座,通常以右为上座,以左为下座,这是因为中餐

上菜时多以顺时针方向为上菜方向,所以居右坐的人要比居左坐的人优先受到照顾。

② 中座为尊原则。三人一同就座用餐,坐在中间的人在位次上高于两侧的人。

③ 面门为上原则。用餐的时候,按照礼仪惯例,面对正门者是上座,背对正门者是下座。

④ 特殊原则。高档餐厅里,室内外往往有优美的景致或高雅的演出,供用餐者欣赏。这时候,观赏角度最好的座位是上座。在某些中低档餐馆用餐时,通常以靠墙的位置为上座,靠过道的位置为下座。

(3) 宴请的程序。在席位和位次均安排好的情况下,迎接宾客(主人一般站在门口)→引宾入座(按先女宾后男宾,先主宾后一般来宾的顺序,从椅子左边进入)→上菜服务→致辞祝酒→散席送客。

2. 中餐上菜顺序与用餐方式

(1) 上菜顺序。标准的中餐,不论是何种风味,其上菜顺序大体相同。通常是:冷盘—热炒—主菜—点心和汤—水果拼盘。当冷盘吃剩 1/3 时,开始上第一道热菜,一般每桌要安排 10 个热菜。宴会上无论桌数有多少,各桌上菜也要同时上。

上菜时,如果由服务员给每个人上菜,要按照先主宾后主人,先女士后男士或按顺时针方向依次进行。如果由个人取菜,每道热菜应放在主宾面前,由主宾开始按顺时针方向依次取食,切不可迫不及待地越位取菜。

(2) 用餐方式。中餐方式可以分为多种,具体有分餐式、布菜式和公筷式等。

3. 中餐注意事项

(1) 中餐餐具使用注意事项。和西餐相比较,中餐的一大特色就是就餐餐具有所不同。我们主要介绍一下平时经常出现的问题——餐具的使用方法。中餐餐具摆放效果如图 6-6 所示。

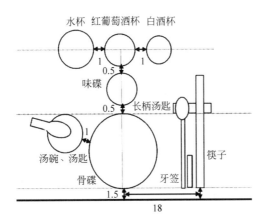

图 6-6 中餐餐具的摆放(单位:厘米)

① 筷子。上菜后不要先拿筷,应等主人邀请,主宾动筷时再拿筷。筷子是中餐最主要的餐具。使用筷子,通常必须成双使用。用筷子取菜、用餐的时候,要注意下面几个"小"问题:一是不论筷子上是否残留着食物,都不要去舔。用舔过的筷子去夹菜,是不是有点倒人胃口呢?二是和人交谈时,要暂时放下筷子,不能一边说话,一边像指挥棒似的舞着筷子。三是不要把筷子竖插在食物上面,因为这种插法,只在祭奠死者的时候才用。四是严

格限定筷子的职能,筷子只是用来夹取食物的,用来剔牙、挠痒或是用来夹取食物之外的东西都是失礼的。

② 勺子。尽量不要单用勺子去取菜。用勺子取食物时,不要过满,免得溢出来弄脏餐桌或自己的衣服。在舀取食物后,可以在原处暂停片刻,汤汁不会再往下流时,再移回来享用。

暂时不用勺子时,应放在自己的碟子上,不要把它直接放在餐桌上,或是让它在食物中"立正"。用勺子取食物后,要立即食用或放在自己碟子里,不要再把它倒回原处。而如果取用的食物太烫,不可用勺子舀来舀去,也不要用嘴对着吹,可以先放到自己的碗里等凉了再吃。不要把勺子塞到嘴里,或者反复吮吸、舔食。

③ 盘子。盘子在餐桌上一般要保持原位,而且不要堆放在一起。

需要着重强调的,是一种用途比较特殊的被称为食碟的盘子。食碟的主要作用,是用来暂放从公用的菜盘里取来享用的菜肴的。用食碟时,一次不要取放过多的菜肴,看起来既烦乱不堪,又像是饿鬼投胎。不要把多种菜肴堆放在一起,弄不好它们会相互"窜味",不好看,也不好吃。不吃的残渣、骨、刺不要吐在地上、桌上,而应轻轻取放在食碟前端,放的时候不能直接从嘴里吐在食碟上,要用筷子夹放到碟子旁边。如果食碟放满了,可以让服务员更换。

④ 水杯。主要用来盛放清水、汽水、果汁、可乐等软饮料时使用。不要用它来盛酒,也不要倒扣水杯。另外,喝进嘴里的东西不能再吐回水杯。

⑤ 湿毛巾。中餐用餐前,比较讲究的话,会为每位用餐者上一块湿毛巾。它只能用来擦手。擦手后,应该放回盘子里,由服务员拿走。有时候,在正式宴会结束前,会再上一块湿毛巾。和前者不同的是,它只能用来擦嘴,却不能擦脸、抹汗。

⑥ 牙签。尽量不要当众剔牙,非剔牙不可时,应以一只手掩住口部。剔出的东西切勿当众观赏或再次入口,也不要随手乱弹、随口乱吐。剔牙之后,不要长时间用嘴叼着牙签,更不要用来扎取食物。

中餐摆台效果如图6-7所示。

图6-7 中餐摆台实景

(2) 中餐过程中应注意的事项。主要包括以下方面。

① 入席时按主人的安排就座,若旁边有女宾或长者,先帮助他(她)就座,然后自己坐下。

② 任何国家的餐饮,都有自己的传统习惯和寓意,中餐也不例外。比如,过年少不了鱼,表示"年年有余";和渔家、海员吃鱼的时候,忌讳把鱼翻身,因为那有"翻船"的意思。需要翻转时,两人合作,共同用筷子"滑过来"。

③ 主人祝酒、致辞时不要吃东西,也不要取食物,应停止交谈,注意倾听。

④ 为了表示友好、热情,彼此之间可以让菜,劝对方品尝,但不要为他人布菜,不要擅自做主,不论对方是否喜欢,主动为其夹菜、添饭,让人为难。

⑤ 正式宴会由侍者布菜,不要拒绝送来的菜,实在不爱吃的菜尝一两口后可将其留在盘中;最好各样菜都取一点,让主人高兴;主人送上的菜,即使不喜欢,也不要拒绝。不要挑菜,不要在公用的菜盘里挑挑拣拣,拨来翻去。取菜时,要看准后夹住立即取走。不能夹起来又放下,或取回来后又放回去。

⑥ 用餐时坐姿要端正,肘部不要放在桌沿;餐巾可用来擦嘴,但不能用来擦汗或擦鼻涕。

⑦ 用餐时不要摇头晃脑、宽衣解带、声响大作。这样不但失态欠雅,而且会败坏别人的食欲。

⑧ 席间碰翻酒水、打碎或掉落餐具时,不要手忙脚乱,也不要自己处理,而应让服务员收拾,调换餐具,但要对邻座说声"对不起"。

⑨ 用餐期间,不要敲敲打打,比比划划,还要自觉做到不吸烟。用餐时,如果需要清嗓子、擤鼻涕、吐痰等,应去洗手间进行。

⑩ 用餐的时候,不要当众修饰。比如,不要梳理头发、化妆、补妆。如必要可以去化妆间或洗手间。用餐的时候不要离开座位,四处走动。如果有事要离开,也要先和旁边的人打个招呼,可以说声"失陪了""我有事先行一步"等。

6.4 西餐宴会礼仪

随着我们对外交往得越来越频繁,西餐也离我们越来越近。不论是否喜欢,很多人都经常遇到吃西餐的机会。西方用餐,人们一是讲究吃饱;二是享受用餐的情趣和氛围。只有掌握一些西餐礼仪,在必要的场合,才不至于"出意外"。

西餐,是西式饭菜的一种约定俗成的统称,大致可分为欧美式和俄式两种。西餐菜肴主料突出、营养丰富、讲究色彩、味道鲜香。其烹饪和食用同中餐都有很大的不同,体现了一种西方文化。学习、了解西餐知识十分必要。

1. 西餐宴会的席位和排列

同中餐相比,西餐的席位排列既有许多相同之处,也有不少区别。由于人们对席位的排列十分关注,排列时多加注意。

1) 席位排列的规则

在绝大多数情况下西餐宴会席位排列主要是位次的问题。除了极其盛大的宴会,一般不涉及桌次。了解西餐席位排列的常规及同中餐席位排列的差别,就能够较好地处理具体的席位排列问题。

(1) 女士优先。在西餐礼仪里,也往往体现女士优先的原则。排定用餐席位时,一般女主人为第一主人,在主位就座。而男主人为第二主人,坐在第二主人的位置上。

(2) 距离定位。西餐桌上席位的尊卑,是根据其距离主位的远近决定的。居主位近的位置要高于居主位远的位置。

(3) 以右为尊。排定席位时,以右为尊是基本原则。就某一具体位置而言,按礼仪规范右侧要高于左侧之位。在西餐排席时,男主宾要排在女主人的右侧,女主宾排在男主人的右侧,按此原则依次排列。

(4) 面向门为上。在餐厅内,以餐厅门作为参照物时,按礼仪的要求,面对餐厅门正门的座位要高于背对餐厅门的座位。

(5) 交叉排列。西餐排列席位时,讲究交叉排列的原则,即男女应当交叉排列,熟人和生人也应当交叉排列。一个就餐者的对面和两侧往往是异性或不熟悉的人,这样可以达到广交朋友的目的。

2) 席位的排列

(1) 男女主人在长桌的中央相对而坐,餐桌的两端可以坐人,也可以不坐人,如图 6-8 所示。

(2) 男女主人分别坐在长桌的两端,如图 6-9 所示。

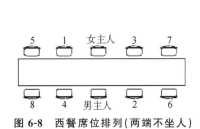

图 6-8　西餐席位排列(两端不坐人)

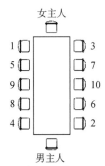

图 6-9　西餐席位排列(两端坐人)

(3) 用餐人数较多时,可以把长桌拼成其他图案,以使大家能一道用餐。要注意的是,长桌两端尽可能安排举办方的男子就座,如图 6-10 所示。

西餐摆台实景如图 6-11 所示。

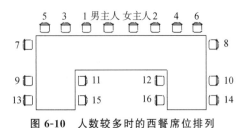

图 6-10　人数较多时的西餐席位排列

图 6-11　西餐摆台实景

2. 西餐上菜顺序

一般情况下,比较简单的西餐顺序是开胃菜—面包—汤—主菜—点心甜品—咖啡。

3. 西餐餐具的使用

(1) 餐具的摆放。西餐的餐具主要有刀、叉、匙、盘、碟、杯等,讲究吃不同的菜肴用不同的刀叉,饮不同的酒要用不同的酒杯。其摆法为:正面放着汤盘,左手位放叉,右手位放刀,汤盘前方放着匙,右前方放着酒杯。餐巾放在汤盘上或插在水杯里,面包、奶油盘摆放在左前方,如图6-12所示。

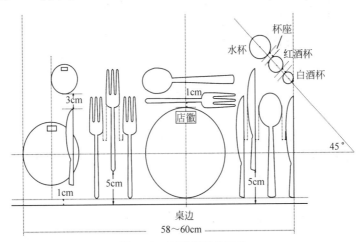

图 6-12 西餐餐具的摆放

(2) 餐具的使用。主要包括以下方面。

① 刀叉。用刀、叉进餐是西餐的重要特征之一。除此之外,西餐的主要餐具还有餐匙和餐巾,用法也有特殊之处。正确使用刀叉要做到以下几点。

一是要正确识别刀叉。在正规的西餐宴会上,讲究吃一道菜换一副刀叉。吃每道菜,都要使用专门的刀叉,既不能乱用,也不能从头到尾仅使用一副刀叉。

吃正餐的时候,摆在每位就餐者面前的刀叉,有吃黄油的刀叉,吃鱼的刀叉,吃肉的刀叉,吃甜点、水果的刀叉,要注意识别。

二是正确使用刀叉。刀叉的使用方法有两种:一种是英国式的,要求在进餐时,始终是右手持刀,左手持叉,一边切割,以便用叉食用,叉背朝着嘴的方向进餐。这种方式比较文雅。另一种是美国式的,右手刀左手叉,先把餐盘的食物全部切割好,然后把右手的餐刀斜放在餐盘的前方,将左手的餐叉换到右手再品尝。这种方式比较省事。

三是正确用手取食。西餐桌上的食物一般都是用刀叉进食,但小萝卜、青果、水果、点心、炸土豆片、田鸡腿及面包等可用手取食。吃有骨头的肉时,可以用手拿着吃。若想吃得更优雅,还是用刀较好。用叉子将整片肉固定(可将叉子朝上,用叉子背部压住肉),再用刀沿骨头插入,把肉切开,最好是边切边吃。必须用手吃时,会附上洗手水。当洗手水和带骨头的肉一起端上来时,意味着"请用手吃",吃完后需将手指放在装洗手水的碗里洗净。吃一般的菜时,如果把手指弄脏了,也可请侍者端洗手水来。注意洗手时要轻轻地洗。

四是要明白刀叉摆放的暗示。如果就餐过程中,需要暂时离开一下,或与他人攀谈,应放下手中的刀叉,刀右、叉左、刀口向内、叉齿向下,刀刃朝向自身,呈"八"字形摆放在餐盘上,表示此菜尚未用毕,还要继续吃。如果吃完了或者不想再吃了,可以刀口向内,叉齿向上,刀右、叉左并排放在餐盘上,表示不再吃了,可以连盘一起收走。如图6-13所示。

(a) 尚未用完,不要收走餐具　　(b) 用餐完毕,可收走餐具

图 6-13　西餐餐具的摆放

不用刀时,也可以用右手持叉。但若需要做手势时,就应该放下刀叉,千万不可手持刀叉在空中挥舞摇晃,也不要一手拿刀或叉,而另一只手拿餐巾擦嘴,更不可一手拿酒杯,另一只手拿叉取菜。要记住,将刀叉的一端放在盘上,而另一端放在桌上,是不合乎礼仪的。

注意不要把刀叉放在桌面上,尤其是不要将刀叉交叉放成十字形。这在西方人看来,是令人晦气的图案。

② 餐匙。一是要区分不同餐匙。汤匙也放在食盘右边。食盘上方放吃甜食用的匙和叉、咖啡匙。二是要正确使用餐匙。

③ 餐巾。一是餐巾的铺放。在正规的晚餐,要等女宾将餐巾对折轻轻放在膝上后,男士再放餐巾。最好用双手打开餐巾,切忌来回抖动地打开餐巾。不要将餐巾别在领口上、皮带上或夹在衬衣的领口。

二是餐巾的用途。在西餐宴会中,餐巾是一个重要的道具,有表示很多信号的作用。在正式宴会上,女主人把餐巾铺在腿上是宴会开始的标志。这就是餐巾的第一个作用,它可以暗示宴会的开始和结束。西方讲女士优先,西餐宴会上女主人是第一顺序,女主人不坐,别人是不能坐的,女主人把餐巾铺在腿上就说明大家可以开动。反过来说,女主人把餐巾放在桌子上了,是宴会结束的标志。

此外一定要注意,餐巾只能铺在腿上,不能放在别地儿。餐巾一般要叠成长条形或者叠成三角形铺在腿上,避免吃饭时菜肴、汤汁把裙子或裤子搞脏了。高档的餐厅餐巾往往叠得很漂亮,有的还系上小缎带。注意,别拿餐巾擦鼻子或擦脸。弄脏嘴巴时,一定要用餐巾擦拭,避免用自己的手帕。用餐巾内侧擦拭,而不是弄脏其正面,是应有的礼貌。手指洗过后也是用餐巾擦的。若餐巾脏得厉害,请侍者重新更换一条。

三是餐巾有暗示作用。就餐期间,如果暂时离开座位,可以把餐巾放在椅子上。千万不要把餐巾放在桌上,否则就意味着你不想再吃,服务员不会再给你上菜。

万不得已要中途离席时,最好在上菜的空当,向同桌的人打声招呼,把餐巾放在椅子上再走,别打乱了整个吃饭的程序和气氛。吃完饭后,只要将餐巾随意放在餐桌即可,不必特意叠整齐。

例如,王先生正在吃西餐时突然有一个电话打进来了,这个电话非常重要,不能不接,但是在餐桌上一边吃一边接并不合适,王先生要出去打电话。一般而言,进餐一半回来还要接着吃,有一个最标准的做法就是把餐巾放在座椅的椅面上。此外,餐巾可以擦嘴,但是不能擦刀叉,也不能擦汗。

4. 西餐用餐的方法

1) 西餐上菜顺序

吃西餐在一定程度上讲是在吃情调:大理石的壁炉、熠熠闪光的水晶灯、银色的烛台、缤纷的美酒,再加上人们优雅迷人的举止,这本身就是一幅动人的油画。为了在初尝西餐时举止更加娴熟,熟悉一下这些进餐礼仪,还是非常值得的。

例如:正式的西餐宴会,一般有九至十道菜点,按上菜的顺序,吃什么菜用什么餐具,喝什么酒用什么酒杯,否则就是"外行"。

第一道面包、黄油。面包撕成小块,抹黄油,吃一块抹一块。

第二道冷小吃。用中号刀叉。

第三道汤。饮舍利酒,用舍利杯。

第四道鱼。饮白葡萄酒,用白酒杯。

第五道副菜(小盘)。用中号刀叉。

第六道主菜(大菜)。整只熏烤动物,如烤火鸡,用大号刀叉。饮红葡萄酒,用红酒杯。

第七道甜点。用点心勺和中号刀叉。饮香槟酒,用香槟杯。

第八道水果。用水果刀。

第九道咖啡。如加牛奶,用咖啡勺搅拌后饮用。

第十道利口酒(蜜酒)。用利口杯。但在一般西餐中,餐具比较简单,菜点也比较简单。

西餐食物如图 6-14 所示。

西餐面包

西餐番茄浓汤

西餐主菜

西餐沙拉

西餐甜点

西餐饮品

西餐水果

图 6-14　西餐食物

2）西餐用餐的具体方法

在西餐就座时，身体要端正，手肘不要放在桌面上，不可跷足，与餐桌的距离以便于使用餐具为佳。餐台上已摆好的餐具不要随意摆弄。将餐巾对折轻轻放在膝上。

（1）开胃菜。一般有冷盘和热盘之分，既可以是沙拉，也可以有海鲜、蔬菜组成的拼盘。也有常见的鱼子酱、鹅肝酱、熏鲑鱼、奶油鸡酥盒、焗蜗牛等。

（2）面包。面包一般放在自己的左前方，在吃第一道菜时开始食用。正确的做法是：用左手撕下一块大小合适的，用黄油刀涂上黄油或果酱后送入口中。不要拿着整块面包，全部涂上黄油，双手托着吃；不能用叉子叉着面包吃，不能用刀叉切开吃。如盘内剩余少量菜肴时，不要用叉子刮盘底，更不要用手指相助食用，应以小块面包或叉子相助食用。如果是烤面包就不要撕开。甜食上来后，最好就不要再吃面包了。

吃面包可蘸调味汁，吃到连调味汁都不剩，是对厨师的礼貌。注意不要把面包盘子"舔"得很干净，而要用叉子叉住已撕成小片的面包，再蘸一点调味汁来吃，是雅观的做法。

（3）汤。大致可分为清汤、奶油汤、蔬菜汤和冷汤4类。喝汤时不要啜，要用右手拇指和食指持汤匙，从汤盘靠近自己的一侧伸入汤中，向外侧将汤舀起。喝汤时不要端起盘子来喝；不要用嘴唇或咂嘴发出声音，吃东西时要闭嘴咀嚼；如汤菜过热，可待稍凉后再吃，不要用嘴吹或匙搅拌降温。汤盘中的汤快喝完时，用左手将汤盘的外侧稍稍翘起，用汤勺舀净即可。吃完汤菜时，将汤匙留在汤盘（碗）中，匙把指向自己。

（4）主菜。西餐的主菜花样品种繁多。肉、禽类菜肴是主菜。其中最有代表性的是牛肉或牛排；切肉时左手拿叉按住食物，右手执刀将其锯切成小块，然后用叉子送入口中。

吃鱼、肉等带刺或骨的菜肴时，不要直接外吐，可用餐巾捂嘴轻轻吐在叉上后再放入盘内。吃鸡时，欧美人多以鸡胸脯肉为贵。吃鸡腿时应先用力将骨去掉，不要用手拿着吃。吃鱼时不要将鱼翻身，要吃完上层后用刀叉将鱼骨剔掉后再吃下层肉，要切一块吃一块，块不能切得过大，或一次将肉都切成块。

用餐时打嗝是最大的禁忌，万一发生此种情况，应立即向周围的人道歉。取食时不要站立起来，坐着拿不到的食物应请别人传递。

就餐时不可狼吞虎咽。对自己不愿吃的食物也应要一点放在盘中，以示礼貌。每次送入口中的食物不宜过多，在咀嚼时不要说话，更不可主动与人谈话。

有时主人劝客人添菜，如有胃口，添菜不算失礼，相反主人也许会引以为荣。

肉类菜肴配用的调味汁主要有西班牙汁、浓烧汁精、蘑菇汁、白尼丝汁等。禽类菜肴的原料取自鸡、鸭、鹅；主要的调味汁有咖喱汁、奶油汁等。

蔬菜类菜肴可以安排在肉类菜肴之后，也可以与肉类菜肴同时上桌，蔬菜类菜肴在西餐中称为沙拉。

（5）点心甜品。西餐的甜品是主菜后食用的，它包括所有主菜后的食物，如布丁、冰淇淋、奶酪、水果等。

吃水果，不要拿着水果整个去咬，应先用水果刀切成四块或多块，再用刀去掉皮、核，用叉子叉着吃。

（6）热饮。招待客人时不要把热水放在玻璃杯里，这样既不科学，又不安全。因为玻璃杯容易烫手，所以热水、热茶等应该放在瓷杯里，玻璃杯是用来装冰块或是冷水的。

3）就餐时注意事项

（1）不可在进餐时中途退席。如有事确需离开,应向左右的客人小声打招呼。饮酒干杯时,即使不喝,也应该将杯口在唇上碰一碰,以示敬意。当别人为你斟酒时,如不要,可简单地说一声"不,谢谢!"或以手稍盖酒杯,表示谢绝。

（2）进餐时应与左右客人交谈,但应避免高声谈笑。不要只同几个熟人交谈。左右客人如不认识,可自我介绍。别人讲话不可搭嘴插话。

（3）进餐过程中,不要解开纽扣或当众脱衣。如主人请客人宽衣,男客人可将外衣脱下搭在椅背上,不要将外衣或随身携带的物品放在餐台上。

（4）凡事由侍者代劳。在一流餐厅里,客人除了吃以外,诸如倒酒、整理餐具、捡起掉在地上的刀叉等事,都应让侍者去做。在国外,进餐时侍者会来问:"How is everything?"如果没有问题,可用"Good!"来表达满意。

侍者会经常注意客人的需要。若需要服务,可用眼神向他示意或微微把手抬高,侍者会马上过来。如果对服务满意,想付小费时,可用签账卡支付,即在账单上写下含小费在内的总额再签名。最后别忘记口头致谢。

（5）聊天切忌大声喧哗。在餐厅吃饭时就要享受美食和社交的乐趣,沉默地各吃各的会很奇怪。但旁若无人地大声喧哗,也是极失礼的行为。音量要小到保持对方能听见的程度,别影响到邻桌。

（6）任意选择乳酪。高级餐厅上甜点之前,会送上一个大托盘,摆满数种乳酪、饼干和水果,挑多少种都可以,但以吃得下的范围为准。

（7）用叉子和汤匙吃甜点。上甜点时大多会附上汤匙和叉子。冰淇淋之类的甜点容易滑动,可用叉子固定并集中,再放到汤匙里吃。大块的水果可以切成小块,再用叉子叉来吃。

（8）当晚餐准备就绪,在没有助手的时候,第一道菜（如果不是热菜）应当提前摆在桌上,这样女主人就可以和客人一起入座。如果人不多,女主人可以高声宣布开始用餐。人比较多的时候,可以让来宾相互通告入座。

（9）安排客人入座是很有学问的,男主人应引着最尊贵的女士走进餐厅,并让她坐在他的右侧。特别尊贵的客人,也可以是最年长的女士,或久未造访的朋友。次重要的女客人应该被安排在男主人的左侧。女主人通常坐在桌尾,重要的男客人应该坐在她的左侧。必须注意的是男女客人要均匀地安排,并且尽量让夫妇分开坐。

（10）左撇子的客人,应安排在角落上,这样,当他和旁边的人一起举筷的时候,不会碰到对方的手臂。

6.5 冷餐宴会礼仪

冷餐宴是一种比较自由的宴请形式,一般不设座,食品集中放在餐厅中央或两侧桌上,由客人按顺序自动取食,不要抢先;取食后可找适当位置坐下慢慢进食,也可站立与人边交谈边进食;所取食物最好吃完;第一次取食不必太多,若需添食,可再次或多次去取。冷餐会可招待较多的客人,客人到场或退场比较自由。

客人一面做好就餐的准备,一面可以和同席的人随意进行交谈,以创造一个和谐融洽的用餐气氛。不要旁若无人,兀然独坐;更不要眼睛碌碌地盯着餐桌上的冷盘等,或者下意识地摸弄餐具,显出一副迫不及待的样子。当开始用餐时,特别要注意以下几点:一是主人举杯示意开始时,客人才能开始。二是客人不能抢在主人前面。三是要细嚼慢咽,这不仅有利于消化,也是餐桌上的礼仪要求。绝不能大块往嘴里塞,狼吞虎咽,这样会给人留下贪吃的印象。四是不要挑食,不要只盯着自己喜欢的菜吃。或者急忙地把喜欢的菜堆在自己的盘子里。五是用餐的动作要文雅,夹菜时不要碰到邻座,不要把盘里的菜拨到桌上,不要把汤碰翻。六是不要发出不必要的声音,如喝汤时"咕噜咕噜",吃菜时嘴里"叭叭"作响,这都是粗俗的表现。用餐结束后,可以用餐巾、餐巾纸或服务员送来的小毛巾擦嘴,但不宜擦头、颈或胸脯;餐后不要不加控制地打饱嗝或嗳气。

6.6 鸡尾酒会礼仪

鸡尾酒会,也称酒会,是一种自由的社交活动,备有多种饮料和少量小食品,一般在下午或晚上举行,不设座,时间短,客人到场或退场自由。中途离开的客人,应向主人道别,但出席酒会不能太迟或到达不久即离去。

鸡尾酒会的形式活泼、简便,便于人们交谈。招待品以酒水为重,略备一些小食品,如点心、面包、香肠等,放在桌子、茶几上或者由服务生拿着托盘,把饮料和点心端给客人,客人可以随意走动。举办的时间一般是下午5点到晚上7点。近年来,国际上各种大型活动前后往往都要举办鸡尾酒会。

这种场合下,最好手里拿一张餐巾,以便随时擦手。用左手拿着杯子,好随时准备伸出右手和别人握手。吃完后不要忘了用纸巾擦嘴、擦手。用完了的纸巾丢到指定位置。

6.7 喝咖啡的礼仪

咖啡可以自己磨好咖啡豆以后用咖啡壶煮制,也可以用开水冲饮速溶的。人们一般认为自制的咖啡档次比较高,而速溶的咖啡不过是节省时间罢了。

喝咖啡最好在用早餐及午餐后,因为这样可以促进肠胃的蠕动,帮助消化,可以分解吃下去的高热量、高脂食物,也不会像空腹喝咖啡那样对肠胃造成刺激。最好不要在晚餐后喝咖啡,以免对睡眠造成影响。若是想靠喝咖啡熬通宵,可能会在不知不觉中喝过量,对身体不好。喝咖啡最常见的地点有客厅、写字间、餐厅、花园和咖啡厅等。在客厅里喝咖啡,主要适用于招待客人;在写字间里喝咖啡,主要是在工作间歇自己享用,起到提神的作用。在正式的西餐宴会上,咖啡往往是"压轴戏"。在自家花园喝咖啡,适合和家人休闲,也适合招待客人,西方还有一种专供女士社交的咖啡会,就是在主人家的花园或庭院中举行。它不排位次,时间不长,重在交际沟通。

饮用咖啡可以加入牛奶和糖,称为牛奶咖啡。也可以不加牛奶和糖,称为清咖啡或黑咖啡。饮用咖啡是大有讲究的,应注意以下几个方面。

1. 杯的持握

供饮用的咖啡,一般都是用袖珍型的杯子盛出。这种杯子的杯耳较小,手指无法穿过去。但即使用较大的杯子,也不要用手指穿过杯耳端杯子。正确的拿法应是用右手的拇指和食指握住杯耳,轻轻地端起杯子,慢慢品尝。不能双手握杯,也不能手端起碟子去吸食杯子里的咖啡。用手握住杯身、杯口,托住杯底,也都是不正确的方法。

2. 杯碟的使用

盛放咖啡的杯碟都是特制的。它们应当放在饮用者的正面或右侧,杯耳应指向右方。咖啡都是盛入杯中,放在碟子上一起端上桌子的。碟子是用来放置咖啡匙,并接收溢出杯子的咖啡的。喝咖啡时,可以用右手拿着咖啡的杯耳,左手轻轻托着咖啡碟,慢慢地移向嘴边轻啜。不要满把握杯大口吞咽,也不要俯首去靠近咖啡杯。如果坐在远离桌子的沙发上,不便用双手端着咖啡饮用,此时可以做一些变通。可用左手将咖啡碟置于齐胸的位置,用右手端着咖啡饮用,饮毕应立即将咖啡杯置于咖啡碟中,不要让二者分家;如果离桌子近,只需端起杯子,不要端起碟子。添加咖啡时,不要把咖啡杯从咖啡碟中拿起来。

3. 匙的使用

咖啡匙是专门用来搅咖啡的,如果咖啡太热,也可用匙轻轻搅动,使其变凉。饮用咖啡时应当把咖啡匙取出来,不要用咖啡匙舀着咖啡喝,也不要用咖啡匙来捣碎杯中的方糖。不用匙时,应将其平放在咖啡碟中。

4. 咖啡的饮用

饮用咖啡时,不能大口吞咽,更不可以一饮而尽,而是一小口一小口细细品尝,切记不要发出声响,这样才能显示出品味和高雅。如果咖啡太热,可以用咖啡匙在杯中轻轻搅拌使之冷却,或者等自然冷却后再饮用。用嘴试图去把咖啡吹凉,是很不文雅的动作。

5. 怎样给咖啡加糖

给咖啡加糖时,砂糖可用咖啡匙舀取,直接加入杯内;也可先用糖夹子把方糖夹在咖啡碟的近身一侧,再用咖啡匙把方糖加入在杯子里。如果直接用糖夹子或手把方糖放入杯内,有时可能会使咖啡溅出,从而弄脏衣服或台布。

6. 用甜点的要求

有时喝咖啡可以吃一些点心,但不要一手端着咖啡杯,一手拿着点心,吃一口、喝一口地交替进行,这样的行为是非常不雅观的。饮咖啡时应当放下点心,吃点心时则应放下咖啡。

在咖啡屋里,举止要文明,不要盯视他人。交谈的声音越轻越好,千万不要不顾场合地高谈阔论,破坏气氛。

6.8 喝茶的礼仪

茶有健身、治疾之药物疗效,又富欣赏情趣,可陶冶情操。品茶待客是中国人高雅的娱乐和社交活动,坐茶馆、茶话会则是中国人社会性群体茶艺活动。中国茶艺在世界享有盛誉,在唐代就传入日本,形成日本茶道。

茶是中国人最喜欢的饮料,同时也为外宾乐于接受。在社会交往中,经常会专门举行茶会招待来宾。现今社会饮茶已成为一种文化。

1. 茶的种类

中国是茶的故乡,制茶、饮茶已有几千年的历史,我国茶叶品种繁多,名品荟萃,大体上可归纳为以下几大类。

(1) 绿茶。较为著名的绿茶有:龙井茶、碧螺春茶、六安瓜片茶、蒙顶茶、君山针叶茶、黄山毛峰茶、庐山云雾茶等。

(2) 红茶。驰名中外的有安徽的"祁红"、云南的"滇红"和广东的"英红"。

(3) 乌龙茶,又称清茶。较为著名的有福建的武夷岩茶和黄金贵茶、安徽的铁观音茶、广东的凤凰单丛茶。

(4) 花茶。是以鲜花窨制茶叶而成的再加工茶,这是我国的特产,其主要种类有茉莉花茶、珠兰花茶、玉兰花茶、玫瑰花茶等。

(5) 黑茶。较为著名的有普洱茶、六堡茶等。

2. 茶的礼仪

为客人沏茶之前,首先要清洗双手,并洗净茶杯或茶碗。要特别注意茶杯或茶碗有无破损或裂缝,残破的茶杯或茶碗是不能用来招待客人的。还要注意茶杯或茶碗里面有无茶迹,有的话一定要清洗掉。茶具以陶瓷制品为佳。不能用旧茶或剩茶待客,必须沏新茶。在为客人沏茶前可以先征求其意见。就接待外国客人而言,美国人喜欢喝袋泡茶,欧洲人喜欢喝红茶,日本人喜欢喝乌龙茶。

茶水不要沏得太浓或太淡,每一杯茶斟得七成满就可以了。主人在陪伴客人饮茶时,要注意客人杯、壶中的茶水残留量,一般用茶杯泡茶,如已喝去一半,就要添加开水,随喝随添,使茶水浓度基本保持前后一致,水温适宜。正规的饮茶讲究把茶杯放在茶托上,一同敬给客人。茶杯把要放在左边。要是饮用红茶可准备好方糖,请客人自取。喝茶时,不允许用茶匙舀着喝。

上茶时,可由主人向客人献茶,或由招待员给客人上茶。主人给客人献茶时,应起立,并用双手把茶杯递给客人,然后说:"请!"客人也应起立,以双手接过茶杯,说:"谢谢!"添茶水时,也应如此。

由接待员上茶时要先给客人上茶,而不允许先给主人上茶。如果客人较多,应先给主宾上茶。上茶的具体步骤是:先把茶盘放在茶几上,从客人的右侧递过茶杯,右手拿着茶托,左手扶在茶托旁边。要是茶托无处可放,应以左手拿着茶盘,用右手递茶。注意不要把手指搭在茶杯边上,也不要让茶杯撞击在客人的手上,或撒了客人一身。妨碍了客人的工作或交谈的话,要说一声对不起。客人对接待员的服务应表示感谢。在往茶杯倒水、续水时,如果不便或没有把握一并将杯子和杯盖拿在左手上,可把杯盖翻放在桌子或茶几上,只端起茶杯来倒水。服务员在倒、续完水后要把杯盖盖上。注意,切不可把杯盖扣放在桌面或茶几上,这样既不卫生,也不礼貌。如发现宾客将杯盖扣放在桌面或茶几上,服务员要立即更换,并将杯盖盖好。

如果用茶水和点心招待客人,应先上点心。点心应给每个人上一小盘,或几个人上一大盘。点心盘应用右手从客人的右侧送上,待其用毕,即从右侧撤下。

在喝茶中,不应大口吞咽茶水,或喝得"咕咚咕咚"直响,应当慢慢地一小口一小口地仔细品尝。遇到漂浮在水面上的茶叶,可用杯盖拂去,或轻轻吹开,切不可用手从杯里捞出来扔在地上,也不要吃茶叶。我国旧时有以再三请茶作为提醒客人应当告辞了的做法,因此,在招待老年人或海外华人时要注意,不要反复地劝其饮茶。西方常以茶会作为招待宾客的一种形式,茶会通常在下午4时左右开始,设在客厅之内,准备好座位和茶几就行了,不必安排座次。茶会上除了饮茶外,还可以上一些点心或风味小吃。

实训项目

项目1:参加中餐宴会活动

实训目标:掌握中餐宴会的桌位和座次要求。

实训学时:2学时。

实训地点:多功能餐厅。

实训准备:会场背景资料、材料(气球、彩带、花束)、餐桌、餐具、数码摄像机或照相机等。

实训方法:以寝室6个人为单位,团体分工合作,分别展示餐会会场布置、餐桌摆放、座次牌摆放,说明这些设计摆放的理由。

然后用数码摄像机(或数码照相机)记录整个过程,再大屏幕回放,学生自我评价,授课教师总结点评学生存在的个性和共性问题。最后评选"最佳设计团队"。

训练手记:通过训练,我的收获是_____

_____。

项目2:参加西餐宴会活动

实训目标:掌握西餐宴会的礼仪要求。

实训学时:2学时。

实训地点:多功能餐厅。

实训准备:西餐餐具,宴会桌、椅子、桌布、酒杯等。

(背景资料:2010年新年前夕,海外旅游服务有限公司要答谢客户宴会。企划部门负责人召开部门会议,会上将宴会的时间初步定在12月下旬,地点初步定在某五星级酒店,确定宴请的对象为20多家单位的负责人和重要客户。如果你是被邀请的一个成员,参加宴会活动应注意什么?)

实训方法:将学生分成不同小组,12~15人为一个团体,分别扮演男女主人、宾客等不同角色参加宴会,并坐在一张餐桌上,使用不同的餐具。说明这些餐具摆放、使用的程序和理由。然后用数码摄像机(或数码照相机)记录整个过程,再大屏幕回放,学生自我评价,授课教师总结点评学生存在的个性和共性问题。最后评选"最佳服务先生"和"最佳服务小姐"。

训练手记：通过训练，我的收获是＿＿＿＿＿＿＿＿＿＿＿＿＿＿＿＿＿＿＿＿＿＿
＿＿＿＿＿＿＿＿＿＿＿＿＿＿＿＿＿＿＿＿＿＿＿＿＿＿＿＿＿＿＿＿＿＿＿＿。

 案例讨论

案例1

小张错在哪儿？

刘小姐和一位姓张的男士在一家西餐厅就餐，男士小张点了海鲜大餐，刘小姐则点了烤羊排，主菜上桌，两人的话匣子也打开了，小张一边听刘小姐聊起童年往事，一边吃着海鲜，心情愉快极了，正在陶醉的当口，他发现有根鱼骨头塞在牙缝中，让他不舒服。小张心想，用手去掏太不雅了，所以就用舌头舔，舔也舔不出来，还发出"啧啧喳喳"的声音，好不容易将它舔吐出来，就随手放在餐巾上。之后他在吃虾时又在餐巾上吐了几口虾壳。刘小姐对这些不太计较，可这位男士想打喷嚏，拉起餐巾遮嘴，用力打了一声喷嚏，餐巾上的鱼刺、虾壳随着风势飞出去，其中的一些正好飞落在刘小姐的烤羊排上，这下刘小姐有些不高兴了。接下来，刘小姐话也少了许多，饭也没怎么吃。

（资料来源：谢迅.商务礼仪[M].北京：对外经济贸易大学出版社，2007.）

思考题：

（1）本案例对你有哪些启示？请写下来并上传至共享群。

（2）请指出本例中小张的失礼之处。

案例2

自助餐风波

周小姐有一次代表公司出席一家外国商社的周年庆典活动。正式的庆典活动结束后，那家外国商社为全体来宾安排了丰盛的自助餐。尽管在此之前周小姐并未用过正式的自助餐，但是她在用餐开始之后发现其他用餐者的表现非常随意，便也就"照葫芦画瓢"，像别人一样放松自己。

让周小姐开心的是，她在餐台上排队取菜时，竟然见到自己平时最爱吃的北极甜虾，于是，她毫不客气地替自己满满地盛了一大盘。当时她的主要想法是：这东西虽然好吃，可也不便再三、再四地来取，否则旁人就会嘲笑自己没见过什么世面了。再说，这么好吃的食物，这会儿不多盛一些，保不准一会儿就没有了。

然而令周小姐脸红的是，她端着盛满了北极甜虾的盘子从餐台边上离去时，周围的人居然个个都用异样的眼神盯着她。有一位同伴还用鄙夷的语气小声说道："真给中国人丢脸呀！"事后一经打听，周小姐才知道，自己当时的行为是有违自助餐礼仪的。

（资料来源：严军.商务礼仪与职业形象[M].北京：对外经济贸易大学出版社，2009.）

思考题:

(1) 本案例对你有哪些启示?请写下来并上传至共享群。

(2) 请问周小姐错在哪儿?

案例3

如何吃西餐?

老张的儿子留学归国,还带了位洋媳妇回来。为了讨好未来的公公,这位洋媳妇一回国就诚惶诚恐地张罗着请老张一家到当地最好的四星级饭店吃西餐。

用餐开始了,老张为在洋媳妇面前显示出自己也很讲究,就用桌上一块"很精致的布"仔细地擦了自己的刀、叉。吃的时候,学着他们的样子使用刀叉,既费劲又辛苦,但他觉得自己挺得体的,总算没丢脸。用餐快结束了,吃饭时喝惯了汤的老张盛了几勺精致小盆里的"汤"放到自己碗里,然后喝下。洋媳妇先一愣,紧跟着也盛着喝了,而他的儿子早已是满脸通红。

老张闹了两个笑话,一个是他不应该用"很精致的布"(餐巾)擦餐具,那只是用来擦嘴或手的;二是"精致小盆里的汤"是洗手的,而不是喝的。

随着我们对外交往得越来越频繁,西餐也离我们越来越近。只有掌握一些西餐礼仪,在必要的场合才不至于"出意外"。

(资料来源:陈光谊.现代实用社交礼仪[M].3版.北京:清华大学出版社,2017.)

思考题:

(1) 本案例对你有哪些启示?请写下来并上传至共享群。

(2) 吃西餐应该注意哪些礼仪?

(3) 你对此案例有何评价?

案例4

如 此 吃 相

在与自己的同事一道外出参加一次宴会时,财政局干事李君因为举止有失检点,从而招致了大家的非议。

李君当时在宴会上为了吃得畅快,在开始用餐之后便不断地减轻自己身上的"负担"。他先是松开自己的领带,接下来又解开领扣、松开腰带、卷起袖管,到了最后,竟然又悄悄地脱去自己的鞋子。尤其令人感到不快的是,李君在吃东西时,总爱有意无意地咂巴其滋味,吃得訇然作响,并且其响声"一波未平,一波又起""一浪高过一浪"。

李君在宴会上的此番作为,不仅令他身边的人瞠目结舌,而且叫他的同事们无地自容。

(资料来源:张铭.现代实用社交礼仪[M].北京:人民邮电出版社,2017.)

思考题:

(1) 本案例对你有哪些启示?请写下来并上传至共享群。

(2) 参加宴会应该注意哪些用餐礼仪?

(3) 李君在餐桌上的不良表现有哪些不利影响?

案例 5

郑板桥的妙联

晚年的板桥,衣着打扮十分随便,且其貌不扬。有一次,他去逛扬州城外的平山堂。平山堂主持老和尚看他仅穿了件粗布直裰,以为他是一俗客,就随便说了声"坐",对泡茶的小和尚说了声"茶",就不再作声了。板桥并不介意,站在那里向他讲明自己此行的目的是瞻仰平山堂内欧阳修读书处的石膏像。老和尚听后,不以为然,心想你那个穷样还谈什么欣赏欧阳修?欣赏了一番寺庙内的雕刻和字画,和尚与他搭讪几句,板桥皆娓娓道来,十分内行,和尚发现这位粗布衣裳的人谈吐不俗,很有才学,心想,他一定不是一般的平民老百姓,或许有什么来头,转而招呼道:"请坐。"一面吩咐小和尚:"敬茶!"寺里来了一批达官贵人,和尚笑脸盈盈地合掌相迎,十分热情。这些达官贵人见郑板桥也在座,一个个上前向他问好,喊出板桥的名字。和尚方才知道面前就是大名鼎鼎的郑板桥,不免大吃一惊,马上变了态度。老和尚赶忙满脸堆笑地对板桥打躬合掌说道:"请坐!请上座!"此时小和尚将茶端了上来,老和尚喝道:"敬香茶!"小和尚马上又回去换来香茶。这时老和尚拿出纸张笔墨,请求板桥留点墨迹。板桥也不回绝,淡然一笑,挥毫写就下面这副妙趣横生的对联:

坐,请坐,请上座

茶,敬茶,敬香茶

真是妙不可言!想必老和尚此时定会面红耳赤,恨不能脚下有条地缝儿钻进去。

(资料来源:佚名.民间故事[EB/OL].[2019-08-18].http://www.360doc.com/content/19/0818/11/52697495_855627382.shtml.)

思考题:

(1) 本案例对你有何启示?请写下来并上传至共享群。

(2) 敬茶有哪些礼仪?

课后练习

一、判断题

(1) 正式宴会的席位常规,一般是桌次高低以离主桌位置远近而定,原则是右高左低。( )

(2) 西餐排定用餐席位时,一般男主人为第一主人,在主位就座。而女主人为第二主人,坐在第二主人的位置上。( )

(3) 上甜品前先准备干净的甜品餐具,主动均匀地把甜品分派给客人。( )

(4) 上水果前,把水果端到客人桌上,介绍说:"××先生/小姐,这是我们酒楼经理送的,请慢用。"( )

(5) 西餐吃水果,可以拿着水果整个去咬,也可用水果刀切成四瓣再用刀去掉皮、核、用叉子叉着吃。( )

(6) 上完最后一道菜时,告诉客人"先生/小姐,您点的菜已经上齐了"并询问客人是否要增加水果或甜品。( )

(7) 西餐菜单可以是:汤—开胃菜—主菜—面包—点心甜品—咖啡。( )

(8) 招待客人时要把热水放在瓷杯里,玻璃杯是用来装冰块或是冷水的。（　　）
(9) 鸡尾酒会,是一种自由的社交活动,备有多种名酒、饮料和讲究的名菜,一般在盛大场合举行。（　　）
(10) 喝咖啡时,不能大口吞咽,更不可以一饮而尽。（　　）

二、思考与操作
(1) 以寝室为单位,按照宴会的程序,分别组织一场中西式的宴会。
(2) 请分别设计西餐宴会、中餐宴会、冷餐会、自助餐会的方案。
(3) 如果你是一位宴请者,根据当地的风俗习惯,你会在宴会的前前后后注意哪些礼仪规范?请详细列表。
(4) 如果有条件,可用DV在食堂拍摄同学们吃饭的情景,并与正确的餐饮礼仪对比?
(5) 在用餐上我国存在哪些陋习?请与同学展开讨论。

评价考核

能力评价表

内　　容		评　　价	
学习目标	评价内容	小组评价(5、4、3、2、1)	教师评价(5、4、3、2、1)
知识(应知应会)	宴请的种类		
	赴宴的礼仪		
专业能力	宴会的组织		
	西餐、自助餐、鸡尾酒会的礼仪		
	喝咖啡、喝茶的礼仪		
通用能力	组织能力		
	策划能力		
态　　度	遵守规范、周到细致		
努力方向:		建议:	

任务 7　职　　场

莫愁前路无知己,天下谁人不识君。

　　　　　　　　　　　　　　——[唐]高适

君子不失足于人,不失色于人,不失口于人。

　　　　　　　　　　　　　　——《礼记·表记》

任务目标

- 做好求职面试的各项准备。
- 根据自身的实际设计出引起用人单位关注的简历。
- 面试符合礼仪,拥有职业化的举止。
- 在面试中得体地与面试官进行交流,给人留下良好的印象。
- 遵照办公室的各项礼仪规范,使自身的职业生涯有一个良好的起点。

情景导入

吴萌大学毕业后进了一家外贸公司做文案工作,工作强度不大,但是初入职场的她感觉在工作交往中,无论是上司还是同事,对她都不是很友好。吴萌喜欢把办公桌上摆得满满当当,还把自己心爱的大大的加菲猫玩具摆在桌上,而且天性直爽的她无论什么情况都直言不讳。有一次她见到秘书林大姐的计算机中有一张小孩的照片,就吃惊地对林姐说:"哎呀,这么难看的孩子照片,林姐怎么还保存着呀?"林姐顿时沉下脸来,强忍住怒火说:"那是我孩子!"从那之后林姐再没给吴萌好脸色。

有一天,吴萌终于忍受不住,向好朋友诉说心中的不快,假如你是她的好朋友,你都会给她提出哪些意见来改善她的工作交往状况呢?

(资料来源:佚名.职场礼仪[EB/OL].[2018-05-17]. http://www.doc88.com/p-1935049012049.html.)

任务分析

人人都希望自己有一个愉快的工作环境,愉快的工作环境会有助于事业的成功。美国著名成功学大师卡耐基曾说过:"一个人事业上的成功等于15%的专业技术加上85%的人际关系和处世技巧。"可见,现代人掌握职场礼仪是多么重要。吴萌的失误之处在于她不懂得办公室的一些礼仪规范,同时也不懂得工作中与上司、同事之间的交往艺术。

7.1 求职面试礼仪

现代社会对每个人提出了种种挑战的同时,也提供了各种各样难得的机遇,如何在竞争激烈的人才市场中力挫群雄,一举应聘成功,在具备良好的专业素养的前提下,掌握必要的惯例与技巧也不容忽视,尤其是求职面试中的礼仪、礼节,它往往起着举足轻重的作用。

1. 求职面试前的准备

(1) 心理准备。无论是刚从学校毕业的新人,还是等待谋求新职的人,都必须面临求职面试这一关。每一个求职的人,都希望在面试时留给主考官一个好印象,从而增大被录取的可能性。所以,事先了解面试时的一些必要的礼节,是非常重要的。可以说,这是求职者迈向成功的第一步。中国有句古话:"知己知彼,百战不殆。"面试就如同一场试探性的战斗,战斗的双方就是面试单位的主考官和参加面试的你自己。

① 要研究主考官。应聘者"研究主考官",这里所说的"研究"是要试想一下主考官会从哪些方面来考察、评价面试者。综合起来,有以下几个方面:主考官可能会先评价一个应聘者的衣着、外表、仪态和行为举止;主考官会对应聘者的专业知识、口才、谈话技巧做整体的考核;主考官可能会从面谈中来了解应聘者的性格和人际关系,并从谈话过程中了解应聘者的情绪状况以及人格成熟的程度;主考官会在面试时,观察应聘者对工作的热情程度和责任心,了解应聘者的人生理想、抱负和上进心。

② 要研究自己。这包括以下几个方面:认识自己,了解自己的长处、兴趣、人生目标、就业倾向等。许多学校都会为毕业生就业求职开设一些辅导,帮助毕业生分析个人的专业和志向,作为毕业生的你,可以充分利用这个渠道,为求职预先做好准备。听取家人和有社会经验的亲友的意见和建议,修正个人的志愿,也是很有必要的;搜集招聘公司的相关资料,了解该公司目前的经营状况、企业文化、未来的发展等情况,这项工作可以使你更能把握现有情况,增强面试时的信心;事前的演练可以帮你发现问题,放松紧张的精神;参加面试一定要抱着谨慎的态度,不浪费每一次机会,并把每一次面试当作重要的经验积累起来,千万不要有随便或侥幸的心理。人与人的作用是相互的,你若是郑重其事,对方也自然会重视你;了解并演练一下必要的面试礼仪。在平时,你可能是一个非常自由、无拘无束的人,对任何繁文缛节都不屑一顾,但在面试之前,你多少要了解一些面试的礼仪,它对你争取哪个职位有很大帮助。在面试之前演练一下你并不熟悉的礼仪,会让你在面试中表现得轻松自如;准备一套适合面试的服装。对于一个大学毕业生来说,毕业工作意味着社会角色的转变,求职是参加工作的第一步,你的穿着一定要符合你的新社会角色。对男士来讲,拥有一套合身、穿着舒服但不用很昂贵的西装是非常有必要的。对女士来讲,暂时把时装收起来,身着职业套装会平添几分成熟和风韵。

(2) 撰写求职简历。简历主要是针对应聘的工作,将相关经验、业绩、能力、性格等简要地列举出来,以达到推荐自己的目的。由于毕业生就业推荐表栏目和篇幅的限制,多数毕业生更希望有一份个性突出、设计精美、能给用人单位留下深刻印象的简历。

① 简历的设计原则。真实、简明、无错是简历设计的三个原则。真实原则就是指简历从内容上讲必须真实,比如选了什么课,就写什么课;如果没有选,就不要写。兼职工作更是如此,做了什么,就写什么。不要做了一,却写了三或四。因为在面试时,你的简历就是面试官的靶子,他会就简历上的任何问题提出疑问。如果你学了或做了,你就能答上来,否则你和考官都会很尴尬,你在其眼里的信誉也就没有了,这是很不利的。讲真话,不要言过其实,相信自己的判断力是十分重要的。

如果你没有参加任何兼职工作,你可以不写,因为主考官知道你是刚刚要毕业的学生,而学生的本职工作就是学习。或许你就是重点地学了本专业,没有顾上其他;或许你在学习本专业同时选择了第二专业或辅修专业;或许你虽然没有在校外兼职,但在校内系里或班里做了大量社会工作。总之,你会有自己的选择,也会珍惜自己的选择,并为自己的选择骄傲。这样你就没有必要为没有兼职工作而苦恼或凭空捏造。请记住,主考官都是从学生过来的,他们会尊重你的选择。

简历最好简单明了。这是简明原则的又一重要原则。如果简历内容过多,又缺乏层次感,会给人以琐碎的感觉。必要信息如姓名、性别、出生年月、联系电话和地址等一定要写上。相比之下,身高、体重、血型、父母甚至兄弟姐妹做什么工作并不是非常重要的,这些内容纯属辅助信息,可要可不要,至少不应占据重要位置。可以将自己认为重要的信息全部浓缩到第一页上,然后把认为次要的信息,诸如每学期成绩单、获奖证书复印件等信息都当作附件。这样的简历主考官只看一页就清楚了,主次分明,非常有效,主考官如果感兴趣,可以继续看附件里的文件。

无错原则是指简历应该没有错误,尽可能在寄出简历之前,一个字一个字地检查一遍,标点符号也不能落下。否则会被认为是一个粗心的人,在激烈的竞争中就可能被淘汰。

② 简历的内容。简历并没有固定格式,对于社会经历较少的大学毕业生,一般包括个人基本资料、学历、社会工作及课外活动、兴趣爱好等,其内容大体包括以下几方面。

- 个人基本材料。主要指姓名、性别、出生年月、家庭住址、政治面貌、身高、视力等,一般写在简历最前面。
- 学历。用人单位主要通过学历情况了解应聘者的智力及专业能力水平,一般应写在前面。习惯上书写学历的顺序是按时间的先后,但实际上用人单位更重视现在的学历,最好从现在开始往回写,写到中学即可。学习成绩优秀,获得奖学金或其他荣誉称号是学习生活中的闪光点,可一一列出,以加重分量。
- 生产实习、科研成果和毕业论文及发表的文章。这些材料能够反映你的工作经验,展示你的专业能力和学术水平,将是简历中一个有力的参考内容。
- 社会工作。近几年来,越来越多的用人单位渴望招聘到具有一定应变能力、能够从事各种不同性质工作的大学毕业生。学生干部和具备一定实际工作能力、管理能力的毕业生颇受青睐。社会工作对于仍在求学的毕业生来说,主要包括社会实践活动和课外活动,是应聘时相当重要的。
- 勤工助学经历。即使勤工助学的经历与应聘职业无直接关系,但是勤工助学能够显示你的意志,并给人留下能吃苦、勤奋、负责、积极的好印象。
- 特长、兴趣爱好与性格。是指你拥有的技能,特别是指中文写作、外语及计算机能力。兴趣爱好与性格特点能够展示你的品德、修养、社交能力及团队精神,它与工作性质关系密切,所以用词要贴切。
- 联系方式。联系地址、电话、邮政编码千万不要忘记写,以免用人单位因联系不到你而失去择业机会。

在按要求完成简历的基础上,也可给自己的简历设计一个完美的封面。

2. 面试时的礼仪

面试时首先遇到的就是究竟应何时到达面谈地点较为恰当,是准时抵达还是提前到达?若是早到又应以几分钟为宜?在等待的时间中应该注意什么?由于目前的交通状况不甚良好,令人无法预计准确的车程时间,所以最好提早出门,比原定时间早5~10分钟到达面谈地点,所谓"赶早不赶晚"。早到可先熟悉这家公司附近环境并整理仪容。但如果早到10分钟以上,千万别在接待区走来走去。因为这样会打扰公司上班的职员,有损他人对你的第一印象,对后面的面试一点儿好处也没有。所以此时可向别人询问盥洗室,在那里可再一次检查自己的服装仪容。接下来轮到自己上场面试时,须掌握以下要点。

(1) 入座的礼仪。进入考官办公室时,必须先敲门再进入,之后应等主考官示意坐下才可就座。如果有指定座位,则坐上指定的位子;但如觉得座位不舒适或光线正好直射,可以对求主考官说:"有较强光线直接照射我的眼睛,令我感觉不舒服,如果主考官不介意,我是否可换个位置?"若无指定位置时,可以选择主考官对面的位子坐定,如此方便与主考官面对面交谈。

(2) 自我介绍的分寸。当主考官要求你作自我介绍时,因为一般情况都已事先附在自传上,所以不要像背书似的发表长篇大论,那样会令主考官觉得冗长无趣。记住将重点挑出稍加说明即可,如姓名、毕业学校名称、主修科目、专长等。如主考官想更深入了解家庭背景及成员,你再简单地加以介绍即可。"时间就是金钱",通常主考官都是公司的高级主管,时间安排相当紧凑,也因此说明越简洁有力越好,若是说得过于繁杂会显不出重点所在,效果反倒不好。以下自我介绍礼仪的评分标准供大家自评时参考。

自我介绍礼仪评分标准(满分为100分)

第一,内容(50分)

　　A. 详略得当,有针对性;

　　B. 言之有物,评价客观;

　　C. 层次清晰,合乎逻辑;

　　D. 文理通顺,富有文采;

　　E. 简单明了,清楚明白。

第二,仪表(10分)

　　A. 服饰整洁、得体,女子适度淡妆,男子适当修饰;

　　B. 精神饱满,落落大方,面带微笑。

第三,姿态(10分)

　　A. 站有站相,坐有坐相,走有走相,步履稳健,从容自如;

　　B. 面部表情、手势与有声语言协调。

第四,礼节(10分)

　　A. 开头(见面)礼节;

　　B. 告别(离去)礼节。

第五,语言(15)

　　A. 脱离讲稿;

　　B. 使用普通话或英语(其他外语),口齿清楚,声音洪亮;

　　C. 有一定节奏,语言流畅,发音准确。

第六,时间(5分)

　　介绍过程1～3分钟,过长或过短适当扣分。

(3) 交谈的礼节。交谈是求职面试的核心。面试是与面试官交谈和回答问题的过程,在这个过程中要根据自我介绍和交谈内容控制音量的大小、语速的快慢、语调的委婉或坚定,声音的和缓或急促,在抑扬顿挫之中表现出你的坚定和自信。如果装腔作势,会给人一种华而不实,似乎在演戏的感觉。

交谈时要口齿清晰、发音正确,尽量使用普通话。讲话要言简意赅,通俗易懂。不要为了显示自己而只顾使用华丽、奇特的辞藻,这样会很难顾及语言的逻辑和通顺,反而使人感到你用词不当、逻辑思维能力差。此外,急于显示自己的妙语惊人,往往会忽略了自己的语言过于锋利、锋芒太露而显得有些张狂。

交谈过程中要注意掌握和控制语速、语调。一般情况下,语速掌握在每分钟 120 个字左右为宜,要注意语句间的停顿,不要滔滔不绝而让人应接不暇。语调是表达人的真情实感的重要元素,要通过语调表现出你的坚定、自信和放松。

交谈中还要注意谈话礼貌,不要打断对方的讲话,要集中注意力认真"倾听"对方的讲话。听清和正确理解对方的一字一句,不但要听出其"话中话",而且要听出其"弦外之音",这样才能做出敏捷的反应。

回答问题是面试交谈的重要方面,得体地回答面试官提出的问题是面试取得成功的关键,面试者要对面试官可能提到的问题有充分的准备。

以下是一些面试经典问题解答基本思路,供参考。

① 请你自我介绍一下。

思路:这是面试的必考题目,介绍内容要与个人简历一致。表述方式上尽量口语化,要切中要害,不谈无关、无用的内容,条理要清晰,层次要分明,事先最好以文字的形式写好背熟。

② 你有什么业余爱好?

思路:业余爱好能在一定程度上反映应聘者的性格、观念、心态,这是招聘单位问该问题的主要原因。最好不要说自己没有业余爱好,也不要说自己有哪些庸俗的、令人感觉不好的爱好,爱好最好不要局限于读书、听音乐、上网,否则可能令面试官怀疑应聘者性格孤僻,最好能有一些户外的业余爱好来"点缀"你的形象。

③ 谈谈你的缺点。

思路:不宜说自己没有缺点,不宜把那些明显的优点说成缺点,不宜说出严重影响所招聘工作的缺点,不宜说出令人不放心、不舒服的缺点。可以说出一些对于所应聘工作"无关紧要"的缺点,甚至是一些表面上看是缺点,从工作的角度看却是优点的缺点。

④ 谈一谈你的一次失败经历。

思路:不宜说自己没有失败的经历,不宜把那些明显的成功说成是失败,不宜说出严重影响所应聘工作的失败经历,所谈经历的结果应是失败的。宜说明失败之前自己曾信心百倍,尽心尽力,说明仅仅是由于外在客观原因导致失败,失败后自己很快振作起来,以更加饱满的热情面对以后的工作。

⑤ 你为什么选择我们公司?

思路:面试官试图从中了解你求职的动机、愿望以及对此项工作的态度,建议从行业、企业和岗位这三个角度来回答。

参考答案:"我十分看好贵公司所在的行业,我认为贵公司十分重视人才,而且这份工作很适合我,我相信自己一定能做好。"

⑥ 如果我录用你，你将怎样开展工作？

思路：如果应聘者对于应聘的职位缺乏足够的了解，最好不要直接说出自己开展工作的具体办法，可以尝试采用迂回战术来回答，如"首先听取领导的指示和要求，然后就有关情况进行了解和熟悉，接下来制订一份近期的工作计划并报领导批准，最后根据计划开展工作"。

⑦ 我们为什么要录用你？

思路：应聘者最好站在招聘单位的角度来回答，招聘单位一定会录用下面这种应聘者。基本符合条件，对这份工作感兴趣，有足够的信心。如"我符合贵公司的招聘条件，凭我目前掌握的技能、高度的责任感和良好的适应能力及学习能力，完全能胜任这份工作。我十分希望能为贵公司服务，如果贵公司给我这个机会，我一定能成为贵公司的骨干"。

⑧ 你能为我们做什么？

思路：基本原则上"投其所好"，回答这个问题前应聘者最好能"先发制人"，了解招聘单位期待这个职位所能发挥的作用，应聘者可以根据自己的了解，结合自己在专业领域的优势来回答这个问题。

⑨ 你是应届毕业生，缺乏经验，如何能胜任这项工作？

思路：如果招聘单位对应届毕业生的招聘提出这个问题，说明招聘单位并不真正在乎"经验"，关键看应聘者怎样回答，对这个问题的回答最好要体现出应聘者的诚恳、机智、果敢及敬业。如"作为应届毕业生，在工作经验方面的确会有所欠缺，因此在读书期间我一直利用各种机会在这个行业做兼职。我也发现，实际工作远比书本知识丰富、复杂得多。但我有较强的责任心、适应能力和学习能力，而且比较勤奋，所以在兼职中均能圆满完成各项工作，从中获取的经验也令我受益匪浅。请贵公司放心，学校所学及兼职的工作经验使我一定能胜任这份职位"。

⑩ 你希望与什么样的上级共事？

思路：通过应聘者对上级的"希望"可以判断出应聘者对自我要求的意识，这既是一个陷阱，又是一个机会。最好不要阐述对上级的具体希望，多谈对自己的要求。如"作为刚步入社会的新人，我应该多要求自己尽快熟悉环境并适应环境，而不应该对环境提出什么要求，只要能发挥我的专长就可以了。"

同一个面试问题并非只有一个答案，而同一个答案并不是在任何面试场合都有效，关键在于应聘者掌握了规律后，对面试的具体情况进行把握，有意识地揣摩面试官提出问题的心理背景，然后投其所好。[①]

（4）拥有职业化举止。例如，一家医疗机构为了选拔护士长进行了一次面试。一位应试者在笔试中是佼佼者，但在面试过程中，她不但拍桌子，脚不断地敲打地板，身体还时不时地扭动。她认为自己很有希望，但结果却落选了。她为什么会落选呢？原因就是她缺乏职业化的举止。

许多面试者往往只注重衣着和话语，而忽略了胜过有声语言的形体语言。职业化的举止，就是一种无声却胜过有声的形体语言。形体语言是指人的动作和举止，包括姿态、体

---

① 张文.礼仪修养与实训教程[M].广州：华南理工大学出版社，2015.

态、手势和表情。

在面试中,面试者应该特别注意自己的站姿、坐姿、走姿、握手和表情等。

站姿给人的印象非常重要。人们往往认为其简单而忽略它的重要性。站立应当身体挺直、舒展、收腹,眼睛平视前方,手臂自然下垂。这样的站姿给人一种端正、庄重、稳定、朝气蓬勃的感觉。如果站立时歪头、扭腰、斜伸着腿,会给人留下轻浮、没有教养的印象。

面试时就座,不要贪图舒服。许多人养成了瘫坐的习惯,在面试时一下子就表现出来了。正确的坐姿从入座开始,入座的动作要轻而缓,不要随意拖拉椅子,身体不要前后左右晃动,背部要与椅背平行,沉着、安静地坐下。落座后,上身要保持直立状态,既不前倾,也不后仰。双手自然下垂,肩部放松,五指并拢。男女的坐姿还有一定的区别:男士可以微分双脚,这样给人以自信、豁达的感觉,双手可以随意放置;女士一般要并拢双膝,或者小腿交叉端坐,这样,给人端庄、矜持的感觉,双手一般要放在膝盖上。

以下这些做法是应该避免的:

① 拖拉椅子,发出很大的声音;

② 一屁股坐在椅子上;

③ 坐在椅子上,耷拉着肩膀,含胸驼背,给人萎靡不振的感觉;

④ 半躺半坐,男的跷着二郎腿,女的双膝分开、叉开腿等,给人放肆和缺乏教养的感觉;

⑤ 坐在椅子上,脚或者腿自觉不自觉地颤动或晃动。

面试时重要的是自信。这种自信可以通过你的走姿表现出来。现在,越来越多的公司强烈地意识到走姿的重要性。自信的走姿应该是,身体重心稍微前倾,挺胸收腹,上身保持正直,双手自然前后摆动,脚步要轻而稳,两眼平视前方。步伐要稳健,步履自然,有节奏感。需要注意的是,如果同行的有公司的职员或接待小姐,你不要走在他们前面,应该走在他们的斜后方,距离一米左右。

每个人都会有一些属于自己的习惯动作,比如,挠头、揉眼睛、玩手指、双手交叉在胸前等,若是在平时,你尽可以去做,但在面试时,都要省略,它们会分散人的注意力,给面试考官留下不好的印象。

中国有句古话:"此时无声胜有声。"用你无声的、职业化的举止,向招聘者表明"我是最适合的人选"。

(5)面试的其他细节。正在面试时,千万不要出现不礼貌的行为,因为一些小动作也会被主考官列作评判内容。以下举例说明需留意的小节。

① 不嚼口香糖、不抽烟,尤其现在提倡禁烟,更不要在面谈现场抽烟。与人谈话时,口中吃东西、叼着烟都会给人不庄重的感觉,也显得不尊重对方。

② 不可要求茶点,除非是咳嗽或需要一杯水来镇定自己。

③ 不要随便乱动办公室的东西。

④ 不要谈论个人故事而独占谈话时间。

⑤ 自己随身带的物品,不可放置在面试考官办公桌上。可将公文包、大型皮包放置于座位下右脚的旁边,小型皮包则放置在椅侧或背后,不可挂在椅背上。

⑥ 离座时记住椅子要还原,并向主考官行礼以示谢意。

在一般面试者看来,主考官向你表示面谈结束,求职面试的全过程就结束了。其实不然,这只是面谈的结束,求职还没有结束。此时此刻,作为求职者的你,万万不可大意,认为大功告成或没有希望了。面谈结束后的礼仪同样对你很重要,也许可以扭转你的不利局面,在困境中重新获得生机。你一定要使求职过程结束得完美。

(6) 面试后的礼仪。如果面谈非常顺利,彼此都感到满意,你一定会非常想知道结果如何。到底什么时候询问进一步的消息比较合适呢?

首先,在面谈结束后,应写信给主考官致谢。这不仅体现出你对主考官的尊敬,还可以帮助主考官在决定雇用何人时想到你。在写信致谢后几天,就可以打电话询问了。如果对方还没有决定,可以再询问是否还有面试以及自己是否有希望。

如果你被几家公司同时录取,并决定接受其中一个职位,有必要向被你拒绝的公司写信表示感谢,也许将来会有一天换到那家公司工作。这封致谢信会给对方留下良好的印象。

表示拒绝的感谢信应该直接寄给最后决定录用你的人,在信中只要表达你的谢意和已经接受其他公司的工作就可以了,不必做任何解释,也不要提及那家公司的名字。

7.2 办公室礼仪

办公室礼仪最能体现一个人是否具备良好的素质和个人修养,因为办公室是日常工作的地方,同事们在这里朝夕相处,很多礼仪需要我们去注意,良好的礼仪不仅能树立个人和组织的良好形象,也会关系到一个人的个人前程和事业发展。

1. 办公室内的一般礼仪规范

(1) 不要随便打电话。有些公司规定办公时间不要随便接听私人电话,一般在外国公司里用公司电话长时间地经常性地打私人电话是不允许的。私人电话顾名思义只能私人听。但在办公室里打,则难免会被人听到。即使公司允许用公用电话谈私事,也应该尽量收敛一些,不要在电话里与自己的家人、孩子、恋人等说个没完,这样让人感觉不舒服,有损于你的敬业形象。有的办公室里人很多,要是听到有人在打私人电话,最好是佯装没有听见。

(2) 要守时。上班时间要按时报到,遵守午餐、上班、下班时间,不迟到早退,否则会给公司留下一个懒散、没有时间观念的印象。另外,要严格遵守上班时间,一般不能在上班时间随便出去办私事。国外一个著名企业老板,针对商务白领归纳出13条戒律,其中一条就是没有守时的习惯,经常迟到或早退。

(3) 分清责任。如果有些小的事情办错了,当上司询问起来时,如果这事与自己有关,即使别的同事都有一些责任,你也可以直接替大家解释或道歉;如果是自己做错了事,更要勇于承担责任,绝不可以推托给别人。

(4) 主动帮助别人。当看到同事有需要帮忙的事情,一定要热心地帮助解决。在任何一个工作单位里,热心助人的人是有好人缘的。

(5) 不要随便打扰别人。当你已经将手头的活干完时,一定不要打扰别人,不要与没有干完活的人交谈,这样做是不礼貌的。

(6) 爱惜办公室公用用品。办公室的公用物品是大家在办公室的时候用的,不要随便把它拿回家去,也不要浪费公用物品。

(7) 中午午睡关好门。许多人有中午午睡的习惯,可以略休息一下,午睡要关好门。如果你有急事必须进出门时,记住每次进出门后必须带上门。不要怕有关门声而将门半开或虚掩着,这样不礼貌,因为关好门能给午睡者安全感,其心里更踏实。关门声的吵扰相对可以忍受。

2. 办公室环境礼仪

如果人们走进办公区的情绪是积极、稳定的,就会很快进入工作角色,不仅工作效率高,而且质量好;反之,情绪低落,则工作效率低,质量差。如果员工在整洁、明亮、舒适的环境中工作,会产生积极的情绪,也会充满活力。

随着现代化进程的加快,人们的办公"硬件"水平逐渐提高,办公环境也在不断改善,人们的工作效率也应该相应的提高。

(1) 办公室桌面环境。办公室的桌椅及其他办公设施,都需要保持干净、整洁、井井有条。正如鲁迅先生所说"几案精严见性情",心理状态的好坏,必然在几案或其他方面体现出来。

从办公桌的状态可以看到当事人的状态,会整理自己桌面的人,做起事来肯定也是干净爽快的。他们为了更有效地完成工作,桌面上只摆放目前正在进行的工作文件;在休息前应做好下一项工作的准备;因为用餐或去洗手间暂时离开座位时,应将文件覆盖起来;下班后的桌面上只能摆放计算机,而文件或是资料应该收放在抽屉或文件柜中。

随着办公室改革的推进,有的公司已废弃掉了个人的专用办公桌,而是用共享的大型办公桌,为了下一个使用者,对共享的办公桌应更加爱惜。

(2) 办公室心理环境。"硬件"环境的加强仅仅是提高工作效率的一个方面,而更为重要的往往是"软件"条件,即办公室工作人员的综合素质、心理素质。这个观点正在被越来越多的"白领"们所接受。

在日常工作中,人际关系是否融洽非常重要。互相之间报以微笑,体现友好、热情与温暖,就会和谐相处。工作人员在言谈举止、衣着打扮、表情动作的流露中,都可以体现是否拥有健康的心理素质。

总之,办公室内的软件建设是需要在心理卫生方面下一番功夫的。因为"精神污染"从某种意义上说要比大气、水质、噪声的污染更为严重,它会涣散人们工作的积极性,乃至影响工作效率、工作质量。为此,在办公室内需要不断提高心理卫生水平,应从以下几个方面努力。

① 学会选择适当的心理调节方式,使工作人员不被"精神污染"。

② 领导应主动关心员工,了解员工的情绪周期变化规律,根据工作情况,采取放"情绪假"的办法。

③ 工作之余多组织一些文娱体育活动,既丰富文化生活,又让员工宣泄了不良情绪。

④ 有条件的可以建立员工心理档案,并定期组织"心理检查",这样可以"防微杜渐",避免严重心理问题的产生。

⑤ 经常组织一些"健心活动",使工作人员能够经常保持积极向上、稳定的情绪,掌握

协调与控制情绪的技巧与方式。

3. 办公室里谈话注意事项

（1）一般不要谈薪金等问题。在美国、日本等国家一般最忌讳谈论薪金问题，不论是你问别人的薪金还是别人问你，都会让人难以回答。因为在很多公司里，每一个人的工作不一样，得到的报酬也不一样的。如果你说出你的薪金比别人高时，容易引起一些麻烦事。

（2）不要谈私人生活和反映你个人不愉快的消极话题。不要谈论你的私人问题，也不要在办公室讨论你遇到的不好的事情和现在的不好心情，因为这会影响别人的情绪，或者引起别人对你不好的看法，不要将自己的私人生活全部暴露在同事的面前，保留一点神秘感对你是有好处的，让人认为你是一个有魅力的人，一个能处理好自己生活的人，因为一个连自己的生活都处理不好的人是没有可能将公司的重任担当起来的。如果不注意，不但会影响你的形象，也会影响你的前途。

（3）不要评论别人。在办公室里最忌讳的是谈论别人的是是非非，中国有句古话：当面少说好话，背后莫议人非。当有人在评论别人时，你不要插嘴，也不要充当谣言的传播者。

（4）在和别人谈话时应注意别人的反应。谈话时不要滔滔不绝，而要观察别人的反应决定谈话是不是继续进行。当别人对你所谈论的话题不感兴趣时，就应该转移话题，否则，谈话就会成为负担，而不是一种快乐。

4. 在别人办公室的礼仪

（1）提前预约，准时赴约。即使是在同一个办公楼里办公，在见面之前，也一定要提前预约，而且要准时赴约，如果见面的是比你的职位更高的同事，那就更不能迟到了。如果约好在某人的办公室会面，而那人不在屋里，一般你就不宜再进去。如果没有等候室，可在门外等候。进他的办公室之前先敲门，以便让他知道你来了，即使门开着也要这样做，等他示意后再进屋。如果对方正在打电话，在门外等一会儿或过一会儿再来。

（2）尊重同事的办公室规则和办公设备。我们所谈到的有关客人拜访的规则同样适用于你的同事：在别人的办公室里，要等人示意后才能入座。如果有电话打断了你们的谈话，应该通过手势示意是否回避。不要把文件、茶杯等随意放在桌子上，那是他人的领地，而应先征得同意。比如说，"我把茶杯放这儿行吗？"同样，需主人同意后才能挪动椅子，并在离开前放回原处。

如果确实需要使用某人的办公室或设备，应事先征得同意。如果主人同意了，给了你这项特权，也不可滥用。不要乱翻动文件，不要偷看桌上的文件。如果需用什么东西，应及时完璧归赵，并向主人致谢。如果用坏别人的办公工具，应该向人家说明，并征求是否需代为修理或买一个新的。

（3）及时撤离。在到别人办公室拜访时，无论是否达到拜访的目的，都不要停留过久，到了该走的时间就要离开，因为停留过久会影响被拜访人的工作。

5. 与上司相处的礼仪

（1）与上司单独相处时。大部分职员及年轻主管都害怕与上司单独相处，事实上，这既是一种挑战，也是一种机会，应好好把握住。利用这种机会加深了解，增加信任。如果上司好像很心烦,一直专心深思,最好不要打扰他。假如对方答非所问,则表示他不想说话。有时上司会主动问一些问题,此时部属回答的语气应简洁而诚恳。选择谈话的主题时,下属应视上司之意决定谈私事还是谈公事,身为下属者不但要诚恳有礼,并且要细心地了解上司的问题重点所在,双方谈话才能有礼而愉快。

(2) 上司接听私人电话时。遇到上司接听私人电话时,尽量回避,可以替上司关上办公室的门。

(3) 上司生病时。一般在上司生病时,除打电话慰问外,可以带水果、鲜花或营养品亲自到医院或家中拜访慰问,尽管有时上司会因为探望的人多影响休息而有点厌烦,但对上司健康的关心符合中国人的礼仪。在欧美国家强调个人隐私和私人生活空间的神圣不可侵犯,不随便去医院或到家里探望生病的上司。

如你与上司相当熟悉,可以打电话,简短地表达希望他早日康复的慰问之意,相信只要一通电话他就会很高兴。而且,除非他问及公事,千万不要唠唠叨叨地对他诉说他住院以后公司所发生的一切事情。若是问及也只需简单告诉他:"公司一切都很正常,只是我们都很想念您,大家都希望您早日康复。"打电话时应长话短说、简短扼要,由于病人很虚弱,如谈话太久会使病人感到不舒服。

(4) 遇到棘手的问题时。遇到棘手的问题应首先去见你的顶头上司,不要越级去见别的上司。如果遇到上司无法处理的问题时,则可以去见相关的部门主管领导,要求帮助解决问题。

6. 与下属相处的礼仪

对待每一位下属都应该和蔼可亲,这样就会得到别人同样的反馈。你的威信不是建立在你的蛮横态度上,而是建立在你对别人的友好与尊重上。你的权利是大家给予的,所以,尊重你的下属就是尊重你的权利,就是你的职位合法性的理由。你可以适当地标榜你的下属,这是获得他们工作上的配合的重要方法。不要因为自己的过失而去责怪别人。要勇于承担责任。在批评别人时要注意就事论事,不要凸显自己的优越地位。要培养自己的优良风度,不论是着装还是其他方面,都要体现以身作则的态度,不要让一些生活细节丑化了自己的形象。

7. 与同事相处的礼仪

在一天的工作中,大部分时间是和同事在一起的。同事之间相处得如何,直接关系到自己的工作、事业的进步和发展。同事之间关系融洽、和谐,人们就会感到心情愉快,有利于工作的顺利进行。而同事之间既存在合作又有竞争的特点,使得同事关系微妙复杂,学会同事间的交往艺术,对自己的工作和生活都有很大帮助。

(1) 互相尊重。孟子有云:"爱人者,人恒爱之;敬人者,人恒敬之。"要处理好复杂的同事关系,必须要懂得尊重他人。尊重同事,就要尊重同事的隐私。隐私是关系到个人名誉的问题。背后议论人的隐私,会损害其名誉,可能造成同事间关系的紧张。当同事在写东西、阅读书信或打电话时,应避开,做到目不斜视、耳不旁听。尊重同事,还在于不轻易翻动同事的东西。如果要找同事的东西,要请同事代找,如果他本人不在,要先征求同事的意见。

(2) 真诚待人,互相帮助。办公室是一个小社会,也是一个小集体。同事间要真诚相待、相互帮助、相互理解、相互宽容。这样的集体才能成为一个团结战斗的集体,才能成为一个有凝聚力、使人心情舒畅的大家庭。同事有困难时,应主动询问,伸出援助之手,给他以人力、物力的帮助;当某位同事受挫时,应给予诚恳的安慰,要热情地鼓励他,帮助他走出困境;当同事间发生误会时,要有度量,应主动道歉,说明情况,征求对方的谅解,这样会增进双方的感情,使关系更加融洽。对同事的错误和误解要能包容,"宰相肚里能撑船",不可"小肚鸡肠"、耿耿于怀。

(3) 经济往来要一清二楚。同事之间可能有相互借钱、借物、馈赠礼品或请客吃饭的往来,但不能大意忘记。每一项都要清楚明白,即使是小款项也应记在备忘录上,以提醒自己及时归还。向同事借东西如不能及时归还,应每隔一段时间向对方说明一下情况。总之,同事间的物质经济往来要弄得清楚明白,无论是有意或无意地占人便宜都会令对方感到不快,也会影响同事之间的关系。

(4) 透明竞争,权责分明。同事之间既有合作也避免不了竞争。与同事共处应遵守尊重、配合的原则,明确权责,尽量施展自己的才华,绝不轻率地侵犯同事的业务领域。应在透明、公平竞争中,各自施展自己的才华并求得发展。不要过分表现自己,免得落得孤芳自赏的名声,最后只是孤家寡人一个。但是也不可组建自己的小团伙,制造流言蜚语中伤某位竞争对手。同时做事要尽力而为,量力而行,踏踏实实地做好自己的本职工作,不让别人有诋毁自己的机会,努力创造更多与同事沟通的机会,增进同事间的感情,消除彼此间的隔膜,在合作中良性竞争。

(5) 言谈要得体。与同事交谈时,一定要注意语言要有分寸、要得体。工作场合中要保持高昂的情绪,即使遇到挫折、饱受委屈、得不到上级的信任时,与同事交谈也不要牢骚满腹、怨气冲天。不要把痛苦的经历当作谈资一谈再谈,这样会让人退避三舍。谈论自己和别人时,不要滔滔不绝,要观察对方的反应来决定谈话应不应该继续进行。在工作场合中,不要说悄悄话,耳语就像噪声,影响人们的工作情绪,也会引起同事的反感。在与同事相处中,不要得理不饶人。有些人总喜欢嘴巴上占便宜、争上风。他们喜欢争辩,有理要争,没理就更要争三分,这样会使同事们感到烦闷,不利于同事之间的交往。要知道,一个好的倾听者,就是一个好的谈话者。善于倾听别人,能表现出自己对对方的关心与尊重,使对方获得满足感,从而愿意与自己交流。同事之间,善于倾听的人能拥有最多的朋友。

8. 与异性相处的礼仪

(1) 异性交往中女性的礼仪修养。女性在工作中首先要注意自己的个人形象。职业女性发型应以保守为佳,妆容以淡妆为好。办公室女性着装应该庄重、大方,能够体现职业女性的专业素质。同时职业女性还要注意自己的举止应该是端庄、自然、优雅,不要风风火火、慌慌张张,也不要忸怩作态、装腔作势。

女职员在工作中要注意时间效率。尤其在打电话时,最好少打 5 分钟以上时间的电话,如果表述事件不够概括,交代事宜重复啰唆,这会使人怀疑其工作能力。

女性要公私分明。在工作时间内应专心致志地办理公务,不要在工作时间处理私事,要不断提高自身的素质,培养事业心和责任感。

女性在与异性同事交往时得到男性的照顾是很自然的事情,但是要保持清醒的头脑,弄清楚男性是出于礼貌还是另有其他目的,再根据情况恰当处理。

(2) 异性交往中男性的礼仪修养。男性在工作交往中,不必过分追求外表的光鲜,给人以稳重干净的感觉就可以。男性要讲信誉,说话算数,一言九鼎,俗话说"大丈夫一言既出,驷马难追"。男性只有言出必果,工作认真,办事负责。对女性谦虚、和气、有礼貌,才能取得女性的信任。

在与异性交往中,男性要有度量,从大处着眼,目光远大,胸怀大志,不计较是非小事,宽厚待人,这样才能获得女性的赞赏。

(3) 异性交往的礼仪原则。首先要坦然交往。工作中男女同事完全可以堂堂正正地交往。有些人在与异性交往时表现得过分矜持、紧张或扭扭捏捏,这是一种不自信的表现,更是对别人的一种伤害,因为这会让对方觉得受冷落。现代社会,尤其是女性应摒弃封建社会的陈规陋习,坦然、大方、开朗地与男性同事交往。因为生理原因,男性在工作的有些方面会比女性有优势,与男性同事关系相处好,可以在工作中获得一些帮助。

其次要注意分寸。"男女授受不亲"的时代虽然已成历史,但是办公室中,异性之间的交往无论国内国外,还是有一定的度,这就是说要注意一定的分寸。异性在工作交往中要保持一定的距离。彼此说话要注意分寸场合,不能含有挑逗性的语言,以免引起误会。女性在男性面前的动作也要有所注意,不能在男性面前梳理头发、抚摸自己的皮肤,不能过度地扭动自己的臀部和腰肢,以免发出错误的信号。异性同事之间最好不要过多倾诉婚姻上的不如意。女性与异性上司的交往中也应注意分寸。要保持适当的距离,这既是对上司的尊重,也是异性交往中必须做到的。女性在工作之余,不能参与到上司的私生活中,以免陷入工作之外的纷争。保持适当的距离,出色完成本职工作,才是打动上司的最佳途径,也是保住自己工作岗位最得体的方法。

实训项目

项目1:撰写求职简历

实训目标:能够针对岗位,结合自身实际撰写打动用人单位的简历。

实训学时:2学时。

实训地点:教室。

实训准备:两个不同单位的招聘广告。

实训方法:每名学生根据两个不同单位的招聘广告,给自己编写两份侧重点不同的简历。

项目2:举行模拟招聘会

实训目标:锻炼学生自我推销能力,积累应聘经验,掌握应聘礼仪,增强自信心,全面认识自我。

实训学时:4学时。

实训地点:实训室。

实训准备:模拟招聘企业情况、需求岗位、面试问题、面试桌椅等。

实训方法如下。

(1) 选择3~4名学生担任某企业面试考官,其他同学担任求职者。

(2) 面试考官先介绍单位及岗位需求情况,然后求职者依次进行1分钟自我介绍,面试考官提问,求职者回答问题。

(3) 最后教师总结、点评。

训练手记:通过训练,我的收获是_____
_____。

 案例讨论

案例1

职 场 跋 涉

2016年的夏天,我的手心攥着打工四年的积累加上从数家亲戚朋友那里东拼西凑的20万元钱,开了一家小小的快递公司。千万别以为是特快专递,那得有更加强大的资金实力和不一般的邮政背景。我的公司不过是替人送牛奶、送报纸、送广告、送水、换煤气罐而已。

公司的规模很小,总共才十五六个人,每个人都不同程度地承担了送货的任务,包括我自己在内,每天早晨上班和晚上下班回家,都会顺路送一部分货品。销售商往往把我们的利润压到最低,因为工作简单、可替代性强,这也是没有办法的事。所以,我不得不普遍采用二手单车,不得不拼命压低工人的工资。

即便如此,公司开业半年多,也仅仅是勉强持平而已。好在业务总算慢慢增长着,我也打算再招几个人,更年轻力壮些的,可以多做些活,效率也高得多。

2017年春节过后不久,一个叫唐明的中专生前来面试,他长得白白净净,还戴着一副书生气十足的眼镜,怎么看也不像个踩单车送货的。

"我们这里最好的工人,每天也只能跑300多个客户,一个月也才6000多块钱,而且无论多么恶劣的天气,你都得把定额部分完成。你可要想清楚了,不要硬着头皮上了,到时落下一身病,我可承担不起。"我不无怀疑地看着眼前的这个年轻人,想着赶紧把他打发走。

"我可以不要底薪,全部按件计酬。即使做得不好,您也不会有任何损失。给我一个机会吧,一个月就行!如果一个月下来业绩太差,我马上就走。"唐明态度非常诚恳地说。

也许是他恳请的眼神打动了我,我破例留下了他,就像他说的一样,反正也没什么损失。

第一个月,唐明的业绩比我想象得略好一些,一天可以跑200个左右的客户。于是,他被留下了。

第二个月,他的业绩已经是全公司最好的,平均每天可以跑500个客户,当然收入也是全公司最高的。我简直不敢相信。看他细细的胳膊细细的腿,一副手无缚鸡之力的书生样,凭着一辆破旧不堪的单车,又是如何跑下如此骄人的业绩的?

"告诉我,你究竟是怎么做的?"我把唐明叫到办公室。

"其实很简单。我把所有属于我的和我的团队的客户按居住地划成好几个片区,再对路线运用运筹学理论进行规划,就可以大大提高效率。然后我每天抽出一定的时间拜访客户,他们中的许多人都和我成了朋友,当然也就会向他们的邻居推销我们公司的,于是,我的客户一天比一天多,而且越来越集中,当然业绩也就成倍地上升了。"

我再一次看看面前的这个中专生,还是一副书生气十足的样子,但在他眼神中的有些东西却是我不熟悉的。

"你是学什么的?"我突然想起了这个问题,因为只是送货,之前我从来没有考虑过工人的学历。

"会计。"

"会计?"我一愣,他是学会计的?那怎么会找一份送货的工作?

大约他也看出了我的疑惑,于是微笑着解释道:"现在学会计的越来越多,连大专生找一份工作都艰难,更何况我们中专生呢?我找了两个月的工作,也没有哪家公司愿意让一个中专生做会计,还是要感谢你收留了我。其实有一碗饭吃已是幸运,也无所谓专业对口啦!"

后来,唐明成了公司的会计,并且给了我很多有效的建议,公司规模越来越大,渐渐地有了第一家加盟店,然后是第二家、第三家……

在开了第十家加盟店之后,唐明通过自考拿到了本科毕业证书,离开公司去了一家更大的民营企业。我没有阻拦他,因为不想让私人的感情阻碍了他美好的前程。

思考题:

(1) 本案例对你有哪些启示?请写下来并上传至共享群。
(2) 求职的心态是非常重要的,本案例对你有何启示?
(3) 在职场中应当怎样拼搏?唐明的成功得益于哪些方面?

案例 2

面试得来的经验

用人单位在招聘人员时,除了对学历、年龄、性别有专门规定外,还对应聘者的工作经验做了相应的要求。我在刚刚毕业时对此很不屑,工作经验不就是工作中获得的实践知识吗?课本上枯燥、烦琐、复杂的理论知识都难不倒我,那些所谓的实践知识又会有多难掌握呢?但一次普通的面试却改变了我的看法。

2000 年 5 月,我前往一家有名的咨询公司应聘,从招聘信息上我们得知,该公司的主要业务是为本市和外埠企业联系代理商和经销商,并提供办公场所搜寻、公司注册、办公事务代理和会务组织等服务。这家合资公司面向社会招收业务人员时,对应聘者的实际工作经验没作专门规定。我在大学学的是企业管理,条件与公司的各项要求相符,就顺利通过了初试,对接下来的面试我也很有信心。

按照面试单上的地址,我提前来到了公司所在的富华大厦。大厦门口,两名精干的保安站在那里,立在他们前面的不锈钢牌上写着醒目大字:来客请登记。我问其中的一位保安："1616房间怎么走?"保安抓起了电话,过了一会告诉我："对不起,1616房间没人。"不可能吧,我赶忙解释："今天是A咨询公司面试的日子,我这儿有他们的面试通知。"

那位保安看后又拨了几次电话,然后告诉我："对不起,1616没人,我不能让你上去,这是大厦内部的规定。""我真的是来面试的,公司面试单上写的就是今天。"

"那我再帮你试试看。"时间一秒一秒地过去,我心里虽然着急,却也只有耐心等待,同时祈祷那该死的电话能够接通。

9点10分,已经超过约定时间10分钟了,保安又一次礼貌地告诉我电话没通。不可能,难道是我记错了?我再次翻开面试单,用磁卡电话拨通了那个印得不起眼的电话号码……电话那头终于传来了久违的声音,对方请我速上16楼1616房,因为内线电话有误,他们还应我的要求告知了保安。

等我忐忑不安地推开经理室,已远远超过了面试的时间。"年轻人,你迟到了15分钟。"

"但我真的很想加入您的公司,我相信我能够胜任相应的工作。"

"很好,我公司就需要有韧劲的业务人员,为达到目的,百折不挠。刚才保安接不通电话,实际上就是我们面试的一部分,以考验你的应变能力,你完成得不错。不过面试还没有结束,我公司准备购置一批计算机,请你到大厦旁边的计算机市场了解一下最新的计算机行情。"

15分钟后,我把从计算机市场要来的几份价目表交给了经理。"这是零售价,如果批发15台,价格是多少呢?"又过了15分钟,等我把从销售商那里问到的计算机批发价格告诉经理后,他又问我："计算机的UPS电源怎么卖?另外,打印机、电脑桌有没有优惠?"

"那我再去电脑城了解一下。"看到我疲于应付的样子,经理叫住了我,并让秘书递给我一杯茶。"你在面试的第一阶段做得不错,有闯劲,能够突破常规,遇事多想一步。但从后面完成市场调查的任务来看,还显稚嫩。"

"我们做业务必须有良好的观察和思考能力,想法要多、要深,能够快人一步。业务人员不仅要善于动手,还要善于动脑,如果不能做到这点,就不可能为客房提供有效的信息与咨询服务,为采购商提供质优、价廉、物美的产品,反而会造成人力、物力、财力的浪费。"求职以失败告终,但我将那次宝贵的经验记在日记本上:工作中要注意锻炼自己领悟力和洞察力,独立思考、多谋善断,凡事比别人多想几步,才能真正取得成功。

在以后的工作中,我及时调整了自己的思维方式,努力提高自己的应变能力和处理问题的水平。我告诫自己:不要一味地苦干蛮干,只埋头拉车而不抬头看路,否则就是原地踏步,明天会重复昨天和今天的错误。最近一次同学聚会上,我把同样的话告诉了大家。这时的我,已是一家国际知名品牌的地区代理商了。

(资料来源:雪火. 面试得来的经验[J]. 公关世界,2004(11).)

思考题:

(1) 本案例对你有哪些启示?请写下来并上传至共享群。

(2) 请仔细阅读这一案例,然后谈谈你的感受。

(3) 你认为企业招聘时最看中求职者的什么素质?

案例3

"冷玫瑰"的烦恼

某公司公关部的菲菲漂亮、聪明又能干,可是她在男同事中却不是很受欢迎。因为菲菲对男同事都敬而远之,男同事主动与她打招呼,她从来都不正眼看人家一眼,有同事聚会时,她也从不主动与男同事交谈,所以好多男同事都觉得菲菲太清高了,一点也不近人情。

(资料来源:佚名.职场礼仪[EB/OL].[2018-05-17]. http://www.doc88.com/p-1935049012049.html.)

思考题:

(1) 本案例对你有哪些启示?请写下来并上传至共享群。
(2) 菲菲的这种与异性同事交往的方式对吗?
(3) 你能帮她提一下改进的意见吗?

案例4

糟糕的应聘者

以下是某企业人力资源经理对求职者的忠告。

面试从你接到电话通知的那一刻就已经开始了。也许是等待就业的心情比较迫切吧,我在通知有资格参加下一轮面试的面试者时,一般从电话另一头听到的都是一些浮躁的声音,这里摘了一点我们的对话,供大家参考:

"喂!"

"喂,您好,请问是×××先生吗?"

"你是谁啊?"(当时,我的心里已经不高兴了,但是不会表露出来)"我是××公司的,请问您参加了我们公司的招聘吗?"

"哪个公司?"(肯定是撒大网了)"我们把您的面试时间安排在了明天的×××,地点在×××。"

"我记一下,你们是什么公司?"(噢,我的天)……

这样我就会把我的看法写在他(她)的简历上,供明天面试的时候参考,影响可想而知!

(资料来源:李扬.商务礼仪案例集[EB/OL].[2021-01-19]. http://ishare.iask.sina.com.cn/f/vU4CpR1izF.html.)

思考题:

(1) 本案例对你有哪些启示?请写下来并上传至共享群。
(2) 应该怎样接通知你参加面试的电话?
(3) 你认为面试是从什么时候开始的?为什么?

案例5

诚实赢得好职位

某大公司招聘总经理助理,由总经理亲自面试。应聘者小张来到总经理办公室。总经理一见到小张就说:"咱们好像在一次研讨会上见过,我还读过你发表的文章,很赞赏你所提出的关于拓展市场的观点。"小张一愣,知道总经理认错人了。但转念一想,既然总经理对那人那么有好感,不如将错就错,对我肯定有好处。于是就接着总经理的话说:"对,对。我对那次研讨会也记忆犹新,我提出的观点能对贵公司有帮助,我感到很高兴。"

第二个来应聘的是小高,总经理对他说了同样的话。小高想:真是天助我也,他认错人了。于是说:"我对您也非常敬佩,您在那次研讨会上是最受关注的对象。"

第三个来应聘的是小孙。总经理再次说了同样的话。但小孙一听就站起来说:"总经理先生,对不起,您认错人了。我从来没有参加过那样的研讨会,也没提出过拓展市场的观点。"总经理一听就笑了,说:"小伙子,请坐下。我要招聘的就是你这样的人。你被录用了。"

(资料来源:刘凌霜.社交礼仪[EB/OL].[2016-06-03].http://www.doc88.com/p-4701540081409.html.)

思考题:

(1) 本案例对你有哪些启示?请写下来并上传至共享群。
(2) 小孙为什么会应聘成功?
(3) 求职为什么还要遵循做人诚实的基本道理?

案例6
充分展示自身优势

某设计院是国家甲级设计院,任务多、待遇高,不少应聘者竞相涉足,企求获得一职之位。其中,一名毕业于该市高职院校的毕业生前来应聘。他先自报所学的是机械制造专业,然后非常认真地询问对方有什么样的要求。设计院的一位老工程师告诉他主要是绘图工作。这位青年马上说:"这是我最拿手的,我课余就帮人家绘图,三天一份,您可以当场试我。"老工程师露出了笑容。因为绘图虽然容易但也并非易事,这种工作单调、枯燥、乏味,年轻人如果肯干,看来不是个眼高手低者。老工程师又问:"你搞过设计吗?"

"搞过四个设计,都获得了优秀,还有一个被实习工厂看中了。"他拿出了证书和获奖图纸。

老工程师饶有兴趣地边看边聊:"搞设计要下现场,有时'连轴转',你行吗?"

小伙子拍着厚实的胸脯说:"没问题,让干什么就干什么,只是希望有机会再读个本科。"

"没问题!"这回是老工程师拍着胸脯了。

(资料来源:马志强.语言交际艺术[M].3版.北京:中国社会科学出版社,2013.)

思考题:

(1) 本案例对你有哪些启示?请写下来并上传至共享群。
(2) 案例中毕业于高职院校的毕业生为什么能够求职成功?

课后练习

一、判断题

(1) 面试从面试者接到面试通知的那一刻就已经开始了。（　）
(2) 面试前应收集招聘公司的相关材料。（　）
(3) 可以将自己认为重要的信息浓缩到简历的前两页上。（　）
(4) 面试交谈时可以使用方言。（　）
(5) 网上应聘,准备求职信时还要注意控制篇幅,要让人事经理无须使用屏幕的流动条就能读完。（　）
(6) 求职信的核心部分要从专业知识、社会实践能力、专业技能、性格特长等方面使用人单位确信,他们所需要的正是你所能胜任的。（　）
(7) 求职信不宜过长,300字左右较为合适。（　）
(8) 政治和宗教话题,在求职面试时是可以涉及的。（　）
(9) 面试交谈,一般情况下,语速掌握在每分钟120个字左右为宜。（　）
(10) 就座面试时,男士可以微分双脚,这样给人以自信、豁达的感觉,双手可以随意放置;女士一般要并拢双膝,或者小腿交叉端坐,这样,给人端庄、矜持的感觉,双手一般要放在膝盖上。（　）
(11) 简历的设计原则是详细。（　）
(12) 面试时应避免的习惯性动作有挠头、玩弄手指、双手交叉在胸前和揉眼睛等。（　）
(13) 办公时间不要随便接听私人电话。（　）
(14) 一般不能在上班时间随便出去办私事。（　）
(15) 办公室里一般不要谈薪金等问题。（　）
(16) 遇到上司接听私人电话时,尽量回避,可以替上司关上办公室的门。（　）

二、思考与操作

(1) 如果用人单位通知你明天去面试,你需要做哪些准备?
(2) 针对两个不同单位的招聘广告,给自己写两份侧重点不同的简历。
(3) 关于面试的基本程序你都清楚了吗? 找个机会,将面试过程中的这些礼仪全部演习一遍吧。
(4) 办公室的天地虽小,可这方寸天地之间皆讲礼仪,你知道办公室礼仪都包括哪些方面吗? 假如你要去一个办公室实习,你该做哪些准备?
(5) 在职场你认为哪些礼仪是我们需要特别关注的?
(6) 为什么在求职应聘中要诚实有信?
(7) 怎么理解"与同事相处,要多琢磨事,少琢磨人"?
(8) 据报道,现在有一些大学毕业生为提高求职的成功率而去整容,你如何看待这种现象?

 **评价考核**

能力评价表

内容		评价	
学习目标	评价内容	小组评价(5、4、3、2、1)	教师评价(5、4、3、2、1)
知识(应知应会)	求职面试的准备		
	办公室的礼仪规范		
专业能力	求职面试简历的制作		
	面试的礼仪规范		
	与上司相处的礼仪		
	与同事相处的礼仪		
	与下级相处的礼仪		
	与异性相处的礼仪		
通用能力	交际能力		
	沟通能力		
	自控能力		
	展示自我能力		
态度	敬业、遵守规范、注重形象、严于律己		

努力方向： 建议：

任务 8　交　　谈

有意而言,意尽而言止者,天下之至言也。

——[北宋]苏洵

交谈比生活中任何其他举动更为美妙。

——[法]蒙田

任务目标

- 恰当得体地与人进行交谈。
- 能够自觉地使用礼貌用语与人交谈。
- 会选择交谈的合适话题。
- 在交谈中注意倾听。

 情景导入

有这样一个笑话:

某人请五人吃饭,还有一个左等右等也没到。见此情景,主人说道:"该来的怎么还不来?"

客人甲听了,心想:这不是说我们不该来的倒来了吗?真气人!于是说:"对不起,我有点儿事,得先走了!"

主人见他走了,很着急,就说道:"不该走的怎么走了呢?"

客人乙心想:这分明是暗示我该走却赖着不走。于是说:"我有点儿事,失陪了。"

主人更着急了,脱口而出:"唉,他俩真多心,我说的又不是他们!"

客人丙、丁大怒,想:那你说的肯定是我们俩了!于是他们铁青着脸一言不发,拂袖而去。

一场宴席就这样还没有开始就不欢而散了。

(资料来源:佚名.沟通代为[EB/OL].[2018-02-05]. https://www.sohu.com/a/221096589_100093246.)

 任务分析

美国前哈佛大学校长伊立特曾说:"在造就一个有修养的人的教育过程中,有一种训练必不可少,那就是优美、高雅的谈吐。"语言交际是交流思想和表达感情直接而快捷的途径,语言作为人类的主要交际工具,是沟通不同个体心理的桥梁。在社交中,因为不注意交谈的语言艺术,或用错了一个词,或多说了一句话,或不注意词语的色彩,或选错话题等而导致交往失败或影响人际关系的事时有发生,正如"情景导入"案例中的主人一样,几句不当的随意话使朋友一个个都气跑了。因此,在交谈中必须遵从一定的规范,才能达到双方交流信息,沟通思想的目的。

8.1 交谈的语言要求

语言作为人类的主要交际工具,是沟通不同个体心理的桥梁。交谈的语言要符合以下要求。

1. 准确流畅

在交谈时如果词不达意、前言不搭后语,很容易被人误解,达不到交际的目的。因此在表达思想感情时,应做到口音标准、吐字清晰,说出的语句应符合规范,避免使用似是而非的语言。应去掉过多的口头语,以免语句割断;语句停顿要准确,思路要清晰,谈话要缓急有度,从而使交流活动畅通无阻。语言准确流畅还表现在让人听懂,因此言谈时尽量不用书面语或专业术语,因为这样的谈吐让人感到太正规、受拘束或是理解困难。古时有一笑话说的是有一书生,突然被蝎子蜇了,便对其妻子喊道:"贤妻,速燃银烛,你夫为虫所袭!"他的妻子没有听明白,书生更着急了:"身如琵琶,尾似钢锥,叫声贤妻,打个亮来,看看是什么东西!"其妻仍然没有领会他的意思,书生疼痛难熬,不得不大声吼道:"快点灯,我被蝎子蜇了!"真乃自作自受。

2. 委婉表达

交谈是一种复杂的心理交往,人的微妙心理、自尊心往往在里面起重要的控制作用,触及它,就有可能产生不愉快。因此,对一些只可意会,不可言传的事情、人们回避忌讳的事情、可能引起对方不愉快的事情,不能直接陈述,只能用委婉、含蓄、动听的话去说。常见的委婉说话方式有:避免使用主观武断的词语,如,"只有""一定""唯一""就要"等不带余地的词语,要尽量采用与人商量的口气;先肯定后否定,学会使用"是的……但是……"这个句式。把批评的话语放在表扬之后,就显得委婉一些;间接地提醒他人的错误或拒绝他人。

3. 掌握分寸

谈话要有放有抑有收,不过头,不嘲弄,把握"度";谈话时不要唱"独角戏",夸夸其谈,忘乎所以,不让别人有说话的机会;说话要察言观色,注意对方情绪,对方不爱听的话少讲,一时接受不了的话不急于讲。开玩笑要看对象、性格、心情、场合,一般来讲,不随便开女性、长辈、领导的玩笑,一般不与性格内向、多疑、敏感的人开玩笑,当对方情绪低落、心情不快时不开玩笑,在严肃的场合、用餐时不开玩笑。

4. 幽默风趣

交谈本身就是一个寻求一致的过程,在这个过程中常常会出现不和谐的地方而产生争论或分歧。这就需要交谈者随机应变,凭借机智抛开或消除障碍;幽默还可以化解尴尬局面或增强语言的感染力。它建立在说话者高尚情趣、较深的涵养、丰富的想象、乐观的心境、对自我智慧和能力自信的基础上,它不是要小聪明或"卖弄嘴皮子",它应使语言表达既诙谐,又入情入理,应体现一定的修养和素质。有一次,梁实秋的幼女文蔷自美返台探望父亲,他们便邀请了几位亲友,又到"鱼家庄"饭店欢宴。酒菜齐全,唯独白米饭久等不来。经一催二催之后,仍不见白米饭踪影。梁实秋无奈,待服务小姐入室上菜之际,戏问曰:"怎么饭还不来,是不是稻子还没收割?"服务小姐眼都没眨一下,答称:"还没插秧呢!"本是一个不愉快的场面,经服务小姐这一妙答,大家都笑了。

8.2 交谈中的礼仪

1. 多用礼貌用语

交谈中使用礼貌用语,是人类文明的标志,也是全世界共同的心声。使用礼貌用语不仅会得到人们的尊重,提高自身的信誉和形象,而且会对自己的事业起到良好的辅助作用。在我国,政府有关部门向市民普及文明礼貌用语,基本内容为十个字:"请""谢谢""你好""对不起""再见"。在实际的社会交往中,日常礼貌用语远不止这十个字。归结起来,主要可划分为如下几大类。

(1) 问候语。人们在交际中,根据交际对象、时间等的不同,常采用不同的问候语。比如在中国实行计划经济的年代,由于经济发展水平不高,人们面临的首要问题是温饱问题,因而人们见面的问候语是:"你吃了吗?"今天,在中国不发达的农村,这句问候语仍然比较普遍,而经济比较发达的农村和城市,这句问候语已经很少听到了,人们见面时的问候语变成了"您好""您早"等。在英国、美国等说英语的国家,人们见面的问候语根据见面的时间、场合、次数等不同而有所区别。如双方第一次见面,可以说"How do you do"(您好);如果双方第二次见面,可以说:"How are you"(您好);如在早上见面可以说"Good morning"(早上好),中午可以说"Good noon"(中午好、午安),下午可以说"Good afternoon"(下午好)、晚上可以说"Good evening"(晚上好)或"Good night"(晚安)等。在美国非正式场合人们见面时,常用"Hi""Hello"等表示问候。在信仰伊斯兰教的国家,人们见面时常用的问候语是"真主保佑";在信奉佛教的国家,人们见面时常用的问候语是"菩萨保佑"或"阿弥陀佛"。

(2) 欢迎语。交际双方一般在问候之后常用欢迎语。世界各国的欢迎语大多相同。如"欢迎您"(Welcome you)!"见到您很高兴"(Nice to meet you)!"再次见到您很愉快"(It is nice to see you again)!

(3) 回敬语。在社会交往中,人们常常在接受对方的问候、欢迎或鼓励、祝贺之后,使用回敬语以表示感谢。由此,回敬语又可称为致谢语。回敬语的使用频率较高,使用范围较广。俗话说礼多人不怪,通常情况下,你受到了对方的热情帮助、鼓励、尊重、赏识、关心、服务等都可使用回敬语。在我国使用频率最高的回敬语是"谢谢""多谢""非常感谢""麻烦您了""让你费心了"等。在西方国家回敬语的使用要比中国更为广泛而频繁。在公共交往中,凡是得到别人提供的服务,在中国人认为没有必要或是不值得向人道谢的情况下,也要说声谢谢,否则是失礼行为。

(4) 致歉语。在社会交往过程中,常常会出现由于组织的原因或是个人的失误,给交际对象带来了麻烦、损失,或是未能满足对方的要求和需求,此时应使用致歉语。常用的致歉语有:"抱歉"或"对不起"(Sorry),"很抱歉"(Very sorry, So sorry),"请原谅"(Pardon),"打扰您了,先生"(Sorry to have bothered you, sir),"真抱歉,让您久等了"(So sorry to keep you waiting so long)等。

真诚的道歉犹如和平的使者,不仅能使交际双方彼此谅解、信任,而且有时还能化干戈为玉帛。道歉也有艺术。在人际交往中,有些人有时放不下架子或碍于面子,不愿直接道歉,这也是人之常情。其实,道歉的方式有很多,道歉时可采用委婉的方法。比如,今天的交际对象是你以前曾经冒犯过的人,那么你可以说:"真是不打不相识啊,俗话说得好,不是冤家不聚头,来让我们从头开始!"道歉并非降低你的人格,及时得体的道歉也充分反映出你的宽广胸襟、真诚情感和敢于承担责任的勇气。

有些时候,如果由于组织的原因或个人原因给交际对象造成一定的物质上、精神上的损失或增加了心理上的负担,在道歉的同时还可赠送一些纪念品、慰问品以示诚心道歉。

(5) 祝贺语。在交际过程中,如果你想与交际对象建立并保持友好的关系,你应该时刻关注着交际对象,并与他们保持经常性联系。比如,当你的交际对象过生日、加薪、晋升或结婚、生子、寿诞,或是你的客户开业庆典、周年纪念、有新产品问世或获得大奖等,你可以以各种方式表示祝贺,共同分享快乐。

祝贺用语很多,可根据实际情况需要进行选择。如节日祝贺语:"祝您节日愉快"(Happy the festival)、"祝您圣诞快乐"(Merry christmas to you);生日祝贺语:"祝您生日快乐"(Happy birthday);当得知交际对象取得事业成功或晋升、加薪等,可向他表示祝贺:"祝贺你"(Congratulation)。常用的祝贺语还有"恭喜恭喜""祝您成功""祝您福如东海,寿比南山""祝您新婚幸福、白头偕老""祝您好运""祝您健康"。

此外还可通过贺信,在新闻媒介刊登广告等形式祝贺。如"庆祝大连国际服装节隆重开幕!""××公司恭贺全国人民新春快乐!"等。总之,在当今社会,适时使用祝贺用语,对交际来说有百益而无一害。

(6) 道别语。交际双方交谈过后,在分手时,人们常常使用道别语,最常用的道别语是"再见"(Goodbye),若是根据事先约好的时间可说"回头见"(See you later)、"明天见"(See you tomorrow)。中国人道别时的用语很多,如"走好""慢走""再来""保重"等。英美等国家的道别语有时比较委婉,常常有祝贺的性质,如"祝你做个好梦""晚安"等。

(7) 请托语。在日常用语中,人们出于礼貌,常常用请托语,以示对交际对象的尊重。最常用的是"请";其次,人们还常常使用"拜托""劳驾""借光"等,在英美等国家,人们在使用请托语时,大多带有征询的口气。如英语中最常用的"Will you please …?""Can I help you?"(你想买点什么?)"Could I be of service?"(能为您做点什么?)以及在打扰对方时常使用"Excuse me",也有征求意见之意。日本常见的请托语是"请多关照"。

2. 慎重选择话题

所谓话题是指人们在交谈中所涉及的题目范围和谈话内容。换言之,话题是一些由相对集中的同类知识、信息构成的谈话资料及其相应的语言方式、表述语汇和语气风格的总和。在人际交往中,学会选择话题,就能使谈话有个良好的开端。交谈中宜选的话题主要包括以下方面。

(1) 既定的话题,即交谈双方业已约定,或者一方先期准备好的话题,如征求意见、传递信息、研究工作等。

(2) 内容文明,格调高雅的话题,如文学、艺术、哲学、历史、地理、建筑等,这类话题适合各类交谈,但切忌不懂装懂。

(3) 轻松的话题,这类话题令人轻松愉快、身心放松,适用于非正式交谈,允许各抒己见,任意发挥。主要包括文艺演出、流行时尚、时装、美容美发、体育比赛、电影电视、休闲娱乐、旅游观光、名胜古迹、风土人情、名人轶事、烹饪小吃、天气状况等。

(4) 时尚的话题,即以此时此刻正在流行的事物作为谈论的中心,这类话题变化较快,不太好把握。

(5) 自己擅长的话题,尤其是交谈对象有研究、有兴趣的话题。比如,青年人对于足球、通俗歌曲、电影电视的话题较为关注,而老年人对于健身运动、饮食文化之类的话题较为熟悉;公职人员关注的多是时事政治、国家大事,而普通市民则更关注家庭生活、个人收入等;男人多关心事业、个人的专业,而妇女对家庭、物价、孩子、化妆、衣料、编织等更容易津津乐道。

在交谈时要注意交谈的话题有所忌讳。在交谈中,若双方是初交,则有关对方年龄、收入、婚恋、家庭、健康、经历这一类涉及个人隐私的话题,切勿加以谈论。

由于人们的经历、职业、兴趣、学习状况不同,每个人所掌握的话题状况各不相同,都有一定的局限性,因此必须尽量扩大话题储备。为此,要有知识储备。对于掌握话题广度影响最大的是自身的学习状况和进取精神。一个人如果有理想、有追求,思想境界高,而且肯下功夫学习,爱读书看报,并关注社会现实生活,有较多的朋友,把看到、听到的东西,有意识地加以记忆和积累,就会变得学识渊博,时事政策、天文地理、政治外交、文艺体育、花鸟鱼虫、音乐美术几乎无所不知,由于视野开阔,谈资和知识面自然会比别人宽得多。

3. 善于耐心倾听

有一句老话:"人长着一张嘴巴,两只耳朵,就是为了少说多听。"这是很有道理的。与人交谈不但要善于表达自己的意思,而且还要善于聆听对方说的话,这在社会交往活动中是个不容忽视的问题。认真听取他人讲话可以获得更多的信息,抓住机会向别人学习;可以避免和减少说话的失误,使谈话简而精;同时也是对对方的尊重。

听和说是谈话交流的两个方面,倾听是语言表达的前提,善于耐心倾听主要表现为以下几个方面。

(1) 表示得当。眼睛是心灵的窗户,在倾听时应该与说话人交流目光,让你的眼神和表情表示出你在专心听,你的态度是认真的,一定要聚精会神地注视对方传递出你"很欣赏、有同感"的信息。但注意,不要自始至终死盯着对方的眼神。

倾听时适当地发出"哦""嗯"等应答声,表示自己在很注意倾听,也进一步激起对方继续讲话的兴趣。否则,对方会产生"唱独角戏"的感觉,并怀疑你是否心不在焉,即使你感到有点不耐烦,也不要急于插话或打断对方的话。要等到对方讲话有了停顿,告一段落的时候,再表明自己的想法。

倾听时,认真专心的姿态并不等于一言不发、一声不响,更不是对他人的每一句话都随声附和,不说一个"不"字,人云亦云。从不表达自己的真实意见,会被视为毫无主见或者滑头的人。这样,他是不会敞开心扉畅所欲言的,在专心倾听的同时,得体地向对方表示自己的观点和意见,不但不会得罪人,反而会受到对方的欢迎。

交谈中,有相当一部分是没有绝对是非标准的,诚恳地表达自己的意见,对方不但会通情达理地予以接受,而且会进一步激发思考,拓展思路,使谈话处于波峰状态。

(2) 抓住要领。当对方讲到要点的时候,表示赞同,点一点头实质是在发出一个信号,让对方知道你在赞许他。这时候他会有兴致地继续讲下去,有的人在听讲话的时候会轻微地摇头,尽管这个动作是无意的,但常常会引起对方的误解,使他们以为你并不以为然,或者认为他说得不对。

对谈话中的要点,你可以要求对方谈得再详细一些,这说明你对交谈的话题很重视,需要进一步了解,引导对方做进一步的阐述,便于你获取更多的信息。

对谈话没有听清楚或没有听明白的时候,要等对方讲完以后再询问,不要在中途随意打断对方的话头,否则对方会因为思路或兴致被中断而不悦。

对方的话我们听得越明白,就越可能理解对方。每个人都有一定的思想感情,让别人不好理解。如果被别人所理解,对自己来说就是莫大的喜悦和幸福。

(3) 提问适时。通过提问,暗示你的确对他的谈话感兴趣,同时启发对方引出你感兴趣的话题。我们应当知道并不是人人都一见如故,都会向你畅所欲言,交谈也有冷场的时候。沉默和尴尬往往使谈话不顺利,这时你可以寻找话题,及时提问。再好的话题也有说完的时候。当交谈者的兴趣减弱的时候,只重复一些没有新意的问题是枯燥无味的,这时就应该提出一些新的话题。

有些道理众所周知,一般情况下对事物观点相同不必老调重弹,可以选择新角度,开发新层次,联系新事例,提出自己的观点和看法,引导对方乐于与你进行更广泛的交谈,这样既有利于你主动掌握话题,又能更深入地了解对方。

认真地倾听,往往事半功倍。如果你通过倾听真正了解对方,那么你就成了对方的知音,到一定的时候,人生与事业会有意想不到的惊喜。

据社会学家兰金研究,在人际交往中,一个人说的时间应占全部社交时间的30%,而听的时间占50%,因为,能静听别人意见的人,必是一个富于思想、有缜密见地、有谦虚性格的人。学会倾听吧,因为它是获取公众信息的关键!

4. 讲究提问技巧

交谈的基本形式是提问和回答,善于提问往往能更顺利地与对方接近、相识,加深了解,能解除疑点,获得信息,能启发对方思维,控制交谈言路的方向,打破交谈的僵局,使交谈活动得以顺畅地进行,因此提问在交谈中占主导地位,它往往是交际的起点。在交谈中要讲究提问技巧,问得其所,问到所需。

(1) 看清对象。在交谈提问时一定要看清对象,"上什么山唱什么歌",见什么人发什么问。提问要因人而异,从对方的年龄、身份、职业、性格、知识水平以及不同的民族文化背景出发,选择不同的提问方式。如对几岁的小孩,用文言词语发问,无异于"对牛弹琴";反之,对高龄老人,就不宜问:"你几岁了?"而应问:"您高寿?""您高龄?"为公关人员熟知的"对男士不问薪水,对女士不问年龄"的提问禁忌都是这一原则的具体体现。

(2) 瞄准时机。在交谈中,要善于掌握对方的心理脉搏,瞄准发问的时机。有些问题时机掌握得好,发问效果才佳。例如,美国推销员帕特为了推销一套空调设备,与某公司已周旋好几个月,但对方仍迟迟不作决定,当时正值春夏之交,在董事会上,帕特面对着对他的推销毫无兴趣的董事们心急如焚,全身冒汗。谁知他"热"中生智,向在场的董事们发出了一个祈使问句:"今天天气很热,请允许我脱去外衣好吗?"说罢,他边脱衣边用手帕不停地擦汗。这一言行神奇般地产生了"感应效应"——董事们一个个顿觉闷热难忍,纷纷脱去外衣,并一个接一个地掏出了手帕,自然而然地都认真考虑起购置空调机的问题来。帕特在此抓住时令与环境的特点巧妙设问,趁对方心理无防,击其要害,一"问"中的,终于化被动为主动,做成了一笔交易。一般说来,当对方很忙或正处理急事时,不宜提琐碎无聊的问题;当对方伤心或失意时,不宜提太复杂、太生硬、会引起对方不愉快的问题;当对方遇到困难或麻烦,需要单独冷静思考时,最好不要提任何问题。

(3) 抓住关键。那些大而泛的问题,往往让对方摸不着头脑,觉得回答起来无从下手,自然也就不可能回答好。相反,抓住关键,问题提得具体,反而可以引导对方的思路。如意大利著名女记者法拉奇采访邓小平时,提的第一个问题就是:"天安门上保留下来的毛主席像,是否要永远保留下去?"这个问题很具体,然而包含着丰富的内容,这不单单是毛主席照片是否保留在天安门上的问题,而是涉及我们党和全国人民对毛泽东和毛泽东思想的评价问题,具有相当的分量。只有抓住关键进行提问,才能问得明白。

(4) 精选类型。不是任何人一开始就愿意如实回答你所提出的问题,他往往借"无可奉告""我也不太清楚"等话来推托你的问题。所以,应准备多种提问方式,一种提问方式不行,要试着换另一种方式提问。提问大体可以分以下几种类型。

① 正面直问。开门见山,直接提出你想了解的问题。这是以求知和解疑为目的的。

② 两面提问。既问主要的,也问次要的;既问好的,也问坏的。这种提问是最了解人的全貌和事物发展的全过程所必需的,可以帮助我们克服思想方法的主观片面性。公关人员在调查研究、寻求事件发生的原因时多用这种提问。

③ 迂回侧问。若正面或反面都不好问,就从侧面或另一角度入手,再回到正面主题上来。

④ 假言设问。站在对方的立场上,提出一些假设,启发对方思考,诱使对方回答。

⑤ 步步追问。随着对方的谈话,步步深入,打破砂锅问到底。

当然,想使对方愿意回答自己提出的问题,还要注意自身形象的塑造,着装得体,大方自然,称呼得当,给人以真诚感和可信任的印象,这样在"问者谦谦,言者谆谆"的心理氛围中极易沟通信息,创造和谐的关系。

实训项目

项目1:礼貌用语

实训目标:掌握常用的礼貌用语及使用方法。

实训学时:1学时。

实训地点:大屏幕教室。

实训准备:数码照相机、摄像机等。

实训方法:将学生按每组4~6人分组。每组设计交际场景,演示下来,在交际过程中要使用礼貌用语,并注意使用礼貌用语时的正确身体姿态和面部表情。用摄像机、数码照相机记录学生的交际过程,回放这一过程,学生进行相互评价,教师最后总结点评学生存在的个性与共性问题。

训练手记:通过训练,我的收获是_____
_____。

项目 2:设计开场白

实训目标:掌握交谈开场白的技巧。

实训学时:1 课时。

实训地点:教室。

实训方法:假设在朋友的生日会上,你要认识一位陌生的朋友,请根据这一场景设计开场白。根据情况还可设计一些其他场景的开场白,在全班演示,最后师生点评。

训练手记:通过训练,我的收获是_____
_____。

项目 3:交谈场景训练

实训目标:掌握交谈的技巧。

实训学时:2 课时。

实训地点:教室。

实训背景:新学期开始,班上一位同学因为家境贫寒,生活拮据,产生自卑感,不愿和大家交往,性格有点孤僻。一次,班级组织大家春游,大家都踊跃报名,只有他一声不吭待在寝室里。班主任让你找他谈谈,动员他参加这次集体活动。你面对他打算从哪里谈起?

实训方法如下。

(1) 选几位同学扮演这位有点自卑的同学,每人将自己最希望别人和你交谈的话题写在纸条上。

(2) 其他同学扮演"你",通过 2 分钟的准备,上前搭话,进行交谈。

(3) 然后打开纸条看看自己的搭话和对方此时想要听的话有多大的联系。

训练手记:通过训练,我的收获是_____
_____。

案例讨论

案例 1

老田鸡退二线

某局新任局长宴请退居二线的老局长。席间端上一盘油炸田鸡,老局长用筷子指了一下说:"喂,老弟,青蛙是益虫,不能吃。"新局长不假思索,脱口而出:"不要紧,都是老田鸡,已退居二线,不当事了。"老局长闻听此言顿时脸色大变,连问:"你说什么?你刚才说什么?"新局长本想开个玩笑,不料说漏了嘴,触犯了老局长的自尊,顿觉尴尬万分。席上的友好气氛尽被破坏,幸亏秘书反应快,连忙接着说:"老局长,他说您已退居二线,吃田鸡不当什么事。"气氛才有点缓和。

(资料来源:佚名.现代礼仪礼貌[EB/OL].[2018-01-19].http://www.ruiwen.com/liyichangshi/1265548.html.)

思考题:
(1) 本案例对你有哪些启示?请写下来并上传至群共享。
(2) "莫对失意人谈得意事"([清]治家格言),结合本案例谈谈你对这句话的理解。
(3) 在交际中开玩笑应该注意什么?

案例 2
巴顿一句随意话引出是非

第二次世界大战中,屡立奇功的一代名将巴顿,在战争的善后工作远未结束时,直性子的他在一次记者招待会上,对盟军拒绝前纳粹党员参加军管政府管理工作的决定大加非议。以追求轰动效应为目的的记者趁机问道:"将军,大多数普通德国人加入纳粹,难道不就是跟美国人加入共和党或民主党的情形差不多吗?"

"是的,差不多。"面对记者设计的"语言陷阱",巴顿不加任何思索地随口答道。

巴顿一语既出,随即令世界为之哗然,美国及许多国家的报纸上出现一个天怒人怨的标题:"一位美国将军说,纳粹党人跟共和党人与民主党人一样!"

谁都知道,当时美国执政的是民主党,说它跟纳粹一样,那还了得!

终于,巴顿的上司也是他的好友艾森豪威尔将军为了挽回影响,不得不撤了巴顿第3集团军司令和驻巴伐利亚军事长官职务,让他回国去了。艾森豪威尔为不使他的好友过分难堪,给了他一个有名无实的第15集团军司令的头衔。这是一个空架子的集团军和空头司令,任务只是带一些参谋和文职人员整理"二战"欧洲部分的军事史而已。从此,巴顿一蹶不振。

巴顿,一位功勋卓著的"二战"名将,就因为一句随意话,在和平到来之际,等来的竟是一个郁闷晚景,这是一幅多么令人悲哀的画面。

(资料来源:侯爱兵.一句随意话引出是非[J].演讲与口才,2009(12).)

思考题:
(1) 本案例对你有哪些启示?请写下来并上传至共享群。
(2) 怎样避免说"随意话"?

 课后练习

一、判断题
(1) 初次见面可以谈健康问题。( )
(2) 与人交谈时要目不转睛地盯着对方看。( )
(3) 交谈时避免使用主观武断的词语。( )
(4) 与人见面时可以使用"你吃了吗""你上哪儿去"等问候语。( )
(5) "年龄"不属于隐私类话题,可以在交谈中使用。( )
(6) 交谈时应该是等对方把话说完,再进行发言。( )

(7) 在闲谈的时候要注意选择安全性的话题。（   ）
(8) 与人交谈时要注意聆听。（   ）
(9) 与人交谈时询问对方："我刚才讲到哪里了？"（   ）
(10) 众人聚会时可以随时发问，反正有人会搭腔。（   ）
(11) 交谈的核心是语言。（   ）
(12) 与女士谈话一般不要询问对方的年龄。（   ）
(13) 拜托属于回敬语。（   ）
(14) 谈话中应使用尊敬的语言、礼貌的语言、商量的语气。（   ）

二、思考与操作

(1) 请根据交谈礼仪的要求与同学模拟一次交谈。

(2) 以下交际用语请在与人交谈中注意使用，将会使你增色不少。

初次见面应说：幸会　　　看望别人应说：拜访
等候别人应说：恭候　　　请人勿送应用：留步
对方来信应称：惠书　　　麻烦别人应说：打扰
请人帮忙应说：烦请　　　求给方便应说：借光
托人办事应说：拜托　　　请人指教应说：请教
他人指点应称：赐教　　　请人解答应用：请问
赞人见解应用：高见　　　归还原物应说：奉还
求人原谅应说：包涵　　　欢迎顾客应叫：光顾
老人年龄应叫：高寿　　　好久不见应说：久违
客人来到应用：光临　　　中途先走应说：失陪
与人分别应说：告辞　　　赠送作品应用：雅正

(3) 以下是交际语言中的"八戒"，请对照自己以往交际的实际，检查一下是否说了废话、胡话、玄话、俏话、混话、空话、套话、俗话。对不好的地方要在今后坚决杜绝。

一戒连篇累牍，语无伦次，无的放矢，文不对题的废话。
二戒颠三倒四，七拼八凑，文理不通，是非混淆的胡话。
三戒荒诞怪论，子虚乌有，装腔作势，故作高深的玄话。
四戒滥用辞藻，自鸣得意，吟风弄月，华而不实的俏话。
五戒牵强附会，大言不惭，含糊其辞，模棱两可的混话。
六戒张冠李戴，不着边际，平淡乏味，冗词累赘的空话。
七戒言不及义，陈词滥调，千篇一律，人云亦云的套话。
八戒无中生有，低级趣味，风花雪月，斗鸡走狗的俗话。

(4) 在人际交往中，语言文明是处理好人际关系的基本要求，语言文明应以真诚自然为最高准则，避免烦琐。在宴请时客人到来，或舞会结束并且舞伴要离开两种常见的情景下，请说明应分别以怎样的文明用语应对？

(5) 讨论在交谈中遇到以下三种情况该如何处理：
① 对方不知不觉将话题扯远了；
② 对方心血来潮，忽然想到了他得意的事；

③ 对方故意转变话题,不愿意再谈原来的事。

 ## 评价考核

能力评价表

内容		评价	
学习目标	评价内容	小组评价(5、4、3、2、1)	教师评价(5、4、3、2、1)
知识(应知应会)	交谈的语言要求		
专业能力	多用礼貌用语		
	慎重选择话题		
	善于耐心倾听		
	讲究提问技巧		
通用能力	沟通交流能力		
	语言表达能力		
	人际关系协调能力		
态　度	主动、积极、热情		
努力方向:		建议:	

任务 9 涉 外

> 海内存知己,天涯若比邻。
>
> ——[唐]王勃
>
> 外事无小事,事事是大事。
>
> ——佚名

任务目标

- 具备涉外的礼仪修养,并能够在涉外交往中贯彻实施。
- 涉外迎送、会见会谈、参观游览、国旗悬挂等要符合礼仪规范要求。
- 出国旅行讲究基本礼仪规范。

情景导入

1983年6月,美国总统里根出访完欧洲回国时,由于他在庄重严肃的正式外交场合没有穿黑色礼服,而穿了一套花格西装,引起了西方舆论一片哗然。有的新闻媒体批评里根生性极不严肃,缺乏责任感,与其演艺生涯有关;有的新闻媒介评论里根自恃大国首脑,狂妄傲慢,没有给予欧洲伙伴应有的尊重和重视。

(资料来源:佚名.社交礼仪试卷[EB/OL].[2019-03-16]. https://ishare.iask.sina.com.cn/f/iZABNbYUeo.html.)

任务分析

涉外礼仪是指在涉外活动中的各种理解规范,以及对外国客人表示尊重、友好的各种惯用形式。千万不能像里根那样犯这方面的错误。

涉外礼仪是指在对外交往活动中或不同文化背景的人们交往中向交往对象表示尊重、友好的各种惯用交际礼宾形式及各种礼节、仪式和习惯的礼仪规范。

现代社会,科学技术的高速发展使地球变成了一个大村落。国际交往早已不限于国家政府间,而是扩大到民间。常有国际友人欢聚一堂,或举行活动,或洽谈生意,或旅游观光,都要遵循一定的礼仪规范。来自不同文化背景的人们走到一起,交际容易出现障碍,及时有效地克服这些交际障碍是跨文化交际取得成功的关键,这对促进国际的文化、政治、经济交流有着极其重要的意义。

在交往活动中,到位的礼仪,会给外交活动增色不少;而欠妥的礼仪,也会给双方带来尴尬。俗话说"外事无小事",涉外交往若不讲规则,不讲礼仪,不尊重对方的风俗,是不可能取得良好的涉外交际效果的,"情景导入"中的案例所反映的情况正是一个很好的例证。

因此,每一位现代人都应对涉外礼仪常识有一定的了解,以便在对外交流中树立个人和国家的良好形象。

9.1 涉外礼仪修养

与外国人交往,必须了解和掌握涉外交往的基本原则,它既是对国际交往管理的基本概括,又对参与涉外交际的中国人具有普遍的指导意义。这些基础礼仪是涉外交往礼仪中必备的基本修养。

1. 信守约定

某年,国内的一家企业前往日本寻找合作伙伴。到了日本之后,通过多方的努力,这家企业终于寻觅到了自己的"意中人"——一家具有国际声望的日本大公司。经过长时间的讨价还价,双方商定,首先草签一个有关双边实行合作的协议。当时,在中方人士看来,合作基本上算是大功告成了。

到了正式草签中日双方合作协议的那一天,由于种种原因,中方人员阴差阳错,抵达签字地点的时间比双方预先约定的时间晚了十五分钟。当他们气喘吁吁地跑进签字厅时,只见日方人员早已衣冠楚楚地排列成一行,正在恭候他们的到来。不过在中方人员跑进来之后,还没容他们作出任何有关自己迟到的解释,日方人员便整整齐齐、规规矩矩地向他们鞠了一个大躬,随后便集体退出了签字厅。也就是说,因为中方人员在签字仪式举行时迟到了十五分钟,双方的合作便被搁浅了。事过之后,日方为此所做的解释是:"我们绝不会为自己寻找一个没有时间观念的合作伙伴。不遵守约会时间的人,永远都是不值得信赖的。"

假如对这一个个案进行认真的剖析,就一定会得出公正的结论:在这一事件中,错在中方,日方是没有任何错误的。中方的最大错误,就在于涉外交往中没有认真地做到"信守约定",违背了这一国际惯例。

在人际交往中,必须认真严格地遵守自己的所有承诺,说话务必要算数,许诺一定要兑现,约会必须要如约而至,尤其要恪守时间方面的约定。信守约定,讲求信用,从一点一滴做起,它事关信誉与形象,失实与失约的失礼行为,往往是使自己所做的工作走向失败的开端。

为此要做到以下三点。

(1) 必须谨慎许诺。一切从自己的实际能力及客观可能性出发,切勿草率行事,轻易承诺。凡承诺和约定必须慎之又慎,一定要字斟句酌,考虑周全。

(2) 必须如约而行。承诺一旦做出,就必须要兑现,要如约而行,应尽可能地避免对已有的约定任意进行修正变动,随心所欲地乱作解释。做到"言必信,行必果",只有这样才能赢得交往对象的好感与信任。

(3) 失约必须致歉。如果由于遭受不可抗力,致使自己单方面失约,或是有约难行,需要尽早向有关各方通报,如实地解释,并且要郑重其事地向对方致以歉意,并主动负担给对方造成的损失。

2. 不必过谦

中国人在待人接物时,讲究的是含蓄和委婉,奉行"满招损,谦受益"的古训,在对自己的所作所为进行评价时,中国人大多主张自谦、自贬,不提倡多作自我肯定,尤其是反对自我张扬。在这方面若不好自为之,就会被视之为妄自尊大、嚣张放肆、不够谦逊、不会做人。实际上,在对外交往时,过于自谦并非益事,它常常会引起他人的疑惑和不满,不利于涉外交际的顺利进行。

遵守不必过谦的原则,会使人感到自己为人诚实,充满自信,因为过分的自谦、客套,只能给人以虚伪、做作的感觉。在涉外交往中,特别是在面临如下情况时,更要敢于、善于充分地从正面肯定自己。

(1) 当面对赞美时。当外国友人赞美自己的相貌、衣着、手艺、工作、技术等时,一定要落落大方高兴地道一声"谢谢!"而不应加以否认和自我贬低,说什么"哪里,哪里!"接受外国人的赞美是对其本人的接纳和承认,是自己自信和见过世面的表现。曾有这样一个笑话:一个法国朋友在称赞一位中国姑娘漂亮时,那位中国姑娘表现得十分谦虚,连忙说:"哪里,哪里!"没想到这一说却出了洋相。因为那位法国朋友误以为对方是在问他自己"哪里漂亮?"便立即答道:"你的眼睛很漂亮。"可对方依然谦虚如故:"哪里,哪里",法国朋友又答道:"你的鼻子也漂亮"……结果南辕北辙了。

(2) 当赴宴、馈赠时。宴请外国人出席宴会时,不必说:"今天没什么好菜,随便吃一点",当送礼给外国人时,也不要说:"礼品很不像样子,真不好意思拿出手来"之类的话,而应得体大方地说"这是本地最有特色的菜""这是这家饭店烧得最拿手的菜""这是我特意为您挑选的礼物"等;反过来,在接受外国人的赴宴邀请或接受外国人送的礼物时,也不应过于谦虚地没完没了地说:"真不敢当""受之有愧"之类的话,它会使人产生不愉快的感觉,使宴请和送礼感到难堪,及时表示谢意是这时得体的做法。

(3) 当做客、拜访时。到外国人家做客、拜访时,对主人准备的小饮不要推辞不用。如果主人问:"喝点什么,茶还是咖啡",你可以任选一种;若桌上备有小吃,可随意取用,但不可失态。若主人问是否加糖或加牛奶,则可按自己的喜好谢绝和选择其中一种。

(4) 当交往应酬时。当自己同外国友人交往应酬时,一旦涉及自己正在忙什么、干什么的时候,无论如何都不要脱口而出,说什么自己是"瞎忙""混日子""什么正经事都没有干",否则会被对方认为是不务正业之人。

3. 讲究顺序

涉外交际中,对出席活动的国家、团体、人士的位次按某些规则和惯例进行排列,这种排列的先后顺序被称为礼宾顺序。为使国际交往顺利进行,必须讲究礼宾顺序。

(1) 礼宾顺序的依据。在国际交往中,其礼宾顺序主要按宾客的身份与职务高低,依次排列。在多边活动中,有的可按姓氏的顺序排列;有时可按参加国的字母顺序(一般以英文字母为准)排列;有时则可按代表团组成日期的先后排列;有时也可按代表团抵达活动地点的时间先后排列,等等。

(2) 礼宾顺序的具体要求。在各类涉外交际中,大到政治磋商、商务往来、文化交流,小到私人接触、社交应酬,凡确定礼宾顺序必须从其总的原则出发,这一总的原则就是"以右为尊",即一般以右为大、为长、为尊;以左为小、为次、为卑。

按照惯例,在并排站立、行走或者就座的时候,为了表示礼貌,主人理应主动居左,而请客人居右。男士应当主动居左,而请女士居右。晚辈应当主动居左,而请长辈居右。未婚者应当主动居左,而请已婚者居右。职位身份较低者应当主动居左,而请职位、身份较高者居右。

在不同场合也有特殊要求,例如:

两人同行,以前者、右者为尊;

三人行,并行以中者为尊,前后行,以前者为尊;

上楼时,尊者、妇女在前,下楼时则相反;

迎宾引路时,主人在前,送客时,则主人在后;

宴请排位,主人的右边是第一贵客,左边次之。

进门上车时,应让尊者先行。上车时,位低者应让尊者从右边车门上车,然后从车后绕到左边上车;坐车(指轿车)时,以后排中间为大位,右边次之,左边又次之,前排最小。

4. 尊重隐私

所谓隐私就是指一个人出于个人尊严和其他某些方面的考虑,因而不愿意公开,不希望外人了解或是打听个人的秘密、私人的事宜。在涉外交际中,人们普遍讲究尊重个人隐私,并且将尊重个人隐私与否,视作一个人在待人接物方面有没有教养,能不能尊重和体谅交际对象的重要标志之一。

在涉外交际中,首先要避免与对方交谈时涉及个人隐私,要做到"八不问"。

(1) 年龄不要问。在国外,人们普遍将自己的实际年龄当作"核心机密",不会轻易告之于人。这主要是因为外国人,尤其是英美人对年龄都十分敏感,希望自己永远年轻,对"老"字则讳莫如深,对年龄守口如瓶。因而与外国人交往,打听对方的年龄,说对方老成,都属于不礼貌的行为。我国的传统向来对年龄比较随意,不仅如此,社会交往中还习惯于拔高对方的辈分,以示尊重。比如年轻男子相聚,彼此之间总喜欢以"老李""老张""老赵"相称,为了表示对对方的尊敬,人们会使用"老人家""老先生""老夫人"等一类尊称,实际上,这一类尊称在外国人听起来却似诅咒漫骂一般。在交往中,照套我国的传统,会使对方十分难堪。

有位从事外事工作的小姐曾经接待过一位82岁高龄的美国加州老太太,她是来华旅游并参加短期汉语学习班的,见面时这位小姐对老太太说:"您这么大年纪了,还到外国旅游、学习,可真不容易呀!"这话要换了同样高龄的中国老太太听了,准会眉开眼笑,高兴一番。可是那位美国老太太一听,脸色即刻晴转多云,冷冷地应了一句:"噢,是吗?你认为老人出国旅游是奇怪的事情吗?"弄得中国姑娘十分尴尬。姑娘的本意是表示礼貌尊重,效果却事与愿违,原因在于西方人对年龄、对"老"的忌讳。

在外国,人们最不希望他人了解自己的年龄,所以有这样一种说法:一位真正的绅士,应当永远"记住女士的生日,忘却女士的年龄"。

(2) 收入不要问。在国际社会里,人们普遍认为:任何一个人的实际收入,均与其个人能力和实际地位有直接的因果关系。所以,个人收入的多寡,一向被外国人看作自己的脸面,十分忌讳他人进行直接、间接的探询。

除去工资收入以外,那些可以反映个人经济状况的问题,例如,纳税数额、银行存款、股票收益、私宅面积、汽车型号、服饰品牌、娱乐方式、度假地点等,因与个人收入相关,所以在与外国人交谈时也不宜提及。

(3) 婚姻不要问。中国人的习惯是对亲友、晚辈的恋爱、婚姻、家庭生活时时牵挂在心,但是绝大多数外国人却对此不以为然。西方人将此视为纯粹的个人隐私,向他人询问是不礼貌的行为。

在一些国家,跟异性谈论此类问题,会被对方视为无聊之举,甚至还会因此被对方控告为"性骚扰",从而吃官司。

(4) 工作不要问。在我国人们相见,会询问对方"您正在忙些什么""上哪里去""怎么好久不见你了"等问题,其实这只是些问题,回答不回答并不重要。但你若拿这些问题问外国人,他们会觉得你不是好奇心过盛,而是你不懂得尊重别人,或者是别有用心,因为这些问题在外国人看来都属个人隐私,不想被外人知道。

(5) 住址不要问。对于家庭住址、住宅电话,中国人在人际交往中都是愿意告之于人的,是不保密的。但在国外却恰恰相反,外国人大都视自己的私人居所为私生活领地,非常忌讳别人无端干扰其宁静。西方人认为,留给他人自己的住址,就该邀请其上门做客,在一般情况下,他们一般不大可能邀请外人前往其居所做客。为此他们都不喜欢轻易地将个人住址、住宅电话号码等纯私人信息"泄密"。在他们常用的名片上,也没有此项内容。

(6) 学历不要问。初次见面,中国人之间往往喜欢打听一下交往对象"是哪里人?""哪一所学校毕业的?""以前干过什么?"总之是想了解一下对方的"出处",打探一下对方的"背景",然而外国人大都将此项内容视为自己的"底牌",不愿意轻易让人摸去。外国人甚至认为一个人对初次见面的对象过多了解其过去的经历,并不见得是坦诚相见,相反却大有可能是别有用心。

(7) 信仰不要问。在国际交往中,由于人们所处的社会制度、政治体系和意识形态多有不同,所以要真正实现交往的顺利、合作的成功,就必须不以社会制度画线,而以友谊为重,以信仰为重。不要动辄对交往对象的宗教信仰、政治见解评头论足,更不要将自己的政治观点、见解强加于人,这样做对交往对象来说,都是不友好、不礼貌、不尊重的表现。所以对宗教信仰、政治见解,这些在外国人看来非常严肃的话题,还是避而不谈为好。

(8) 健康不要问。中国人彼此相见,会互相问候:"身体好吗?"如果已知对方身体曾经一度欠安,还会问:"病好了没有?"如果彼此双方关系密切,还会询问:"吃了些什么药?""怎么治疗的?"还会向对方推荐名医或偏方。

可是在外国,人们在闲聊时一般都是"讳疾忌医",非常反感其他人对自己的健康状况关注过多,对他人的这种过分关心,外国人是会觉得不自在的。

此外,与个人隐私相联系,私人住宅有的国家受到法律保护,擅自闯入要受到制裁。到外国人家里做客,不经主人允许和邀请,不能要求参观主人的住房。即使双方很熟悉,也不能去触动书籍、花草以外的个人物品以及室内陈设的其他物品。

与外国人交往时,不仅不要涉及在场人的个人隐私,对不在场人的个人隐私也应尊重。在背后议论同事的好坏、上级的能力、女人的胖瘦、路人的服饰等,都会被外国人视为喜好窥探隐私,纯属无聊之举。

5. 女士优先

我们在听演说时,演讲者总是首先这样称呼:"女士们,先生们",从没有人称呼:"先生们,女士们",为什么这样呢?原来这与国际社会公认的一条重要礼仪原则——"女士优先"有直接的关系。

"女士优先"主要是指成年异性间进行社交活动时的一个礼仪规范和礼仪原则。其含义是:在一切社交场合,每一位成年男子,都有义务主动自觉地去尊重、照顾、体谅、关心、保护女性,并且想方设法为女士排忧解难,只有这样才能体现出绅士风度。外国人强调"女士优先"并非因为妇女被视为弱者,值得同情、怜悯,最重要的原因是,他们将妇女视为"人类的母亲",处处对妇女给予礼遇,是对"人类母亲"的感恩之意。

在交往中,讲究"女士优先"时,作为男士要注意做到对所有的女士一视同仁,不仅对待同一种族的女士要如此,对待其他种族的女士也要如此;不仅对待熟悉的女士要如此,对待陌生的女士也要如此;不仅对待年轻貌美的女士要如此,对待年纪较大的女士也要如此,不仅对待有权势的女士要如此,对待一般的女士也要如此。具体要从以下方面做起。

(1) 行走。在室外行走时,如果是男女并排走,则男士应当自觉地请女士走在人行道的内侧,而自己主动行走在外侧,这样做既可以防止女士因疾驶的车辆而感到不安,担惊受怕,还可避免汽车飞驶而溅起的污泥浊水弄脏女士的衣裙。

当具体条件不允许男女并行时,男士通常应该请女士先行,而自己随行其后,并与之保持大约一步的距离。当男士与女士"狭路相逢"时,前者不论与后者相识与否,均应礼让,闪到路边,请女士率先通过。男士在路上遇到认识的女士时,应点头致意,并把手抽出衣袋,也不要嘴里叼着烟。

当男士与女士走到门边时,男士应赶紧上前几步,打开屋门,让女士先进,自己随后。

(2) 乘车。陪伴女士或同乘火车、电车时,男士应设法给女士找一个较为舒适、安全的座位,然后再给自己找一个尽可能靠近她的座位;如果找不到的话,应站在她面前,尽可能离其近一些。

乘出租车时,男士应首先走近汽车,把右侧的车门打开,让女士先坐进去,男士再绕到车左边,坐到左边的座位上。有时,为了在马路上上下车安全起见,出租车左侧车门用安全装置封闭了,那么男士只好随女士其后从右侧上车,坐在本应由女士坐的尊贵的右边座位上,这种情况不算失礼。

当男士自己驾驶汽车时,他应先协助女士坐到汽车驾驶座旁的前排座位上,然后绕到另一侧坐到驾驶座上。抵达目的地后,男士要先下车,然后绕到汽车的另一侧,打开车门,协助女士下车。

(3) 见面。参加社交聚会时,男宾在见到男、女主人后,应当先行向女主人问好,然后方可问候男主人。男宾进入室内后,需主动向先行抵达的女士问候。女士们如果已经就座,则此时不必起身回礼。

而在女宾进入室内时,先到的男士均应率先起身向其致以问候,已入座的男士也应起身相迎。不允许男士坐着同站立的女士交谈,而女士坐着同站立的男士交谈则是允许的。

当女士在场时,男士不得吸烟,在女士吸烟时,则不准男士对其加以阻止,必要的话,男士还要给女士点烟。

主人为不相识的来宾进行介绍时,通常应当首先把男士介绍给女士,以示对女士的尊重。当男女双方进行握手时,只有当女士伸过手来之后,男士才能与之相握,否则如果男士抢先出手,是违背"女士优先"原则的。为了表示对女士的尊重,男士还必须与女士握手时摘下帽子,脱下手套,而女士在一般情况下则没有必要这样做。

(4) 上下楼。在上下楼梯时,男士要跟随在女士的后面,相隔一、两级台阶的距离;下楼梯时,男士应该先下。如果是乘电梯上下楼,进电梯时,男士应请女士先进去,然后自己再进入电梯。在电梯里,男士负责按电钮,礼貌地询问女士所上的楼层。

(5) 进餐馆。如果男士预先选择预定了餐桌,则应走在前面为女士引路,如果不是这样,行进的顺序应该是:侍者—女士—男士。在餐桌旁,男士应协助女士就座,把椅子从桌边拉开,等女士即将坐下时再把椅子移近桌子。坐定后,男士应把菜单递给女人,把选择菜单的权利先交给女性。一般餐毕也总是由男士付账的。

若出席宴会,女主人是宴会上"法定"的第一顺序。也就是说,其他人在用餐时的一切举动,均应跟随女主人而行,不得贸然先行。按惯例女主人打开餐巾,意味着宣布宴会开始,女主人将餐巾放在桌上,则表示宴会到此结束。

(6) 看影剧。进影剧院或是听音乐会时,应由男士拿着入场券给检票员检票。在存衣室,男士应先协助女士脱下大衣、披风,然后自己再脱去外套。如果没有专人引导入座,男士就应走前几步为女士引路。从两排之间穿行,走向自己的座位时,应面向就座的观众,并且女士走在男士的前面。如果是几个男士和几个女士一起去观看影剧或听音乐会,那么最先和最后穿过就座观众的应是男士,女士夹在中间进去,这样,可以使女士不与陌生人坐在一起。散场人群拥挤时,男士应走在女士前面;不拥挤时,女士稍前或并排与男士同行。

(7) 助臂。男士应该帮助他所陪伴的女士携带属于她的较重的或拿着不方便的物品,如购物袋、旅行包、伞等。

女士携带的东西掉在了地上,男士不论相识与否,都应帮她拾起。

在女士可能失足、滑倒的时候,男士应该以臂相助。

值得说明的是,以上"女士优先"的具体做法,主要使用于社交场合。在商务场合,人们强调的是"男女平等",或是"忽略性别",因而不太讲究"女士优先"。

9.2 涉外基本礼仪

涉外交往中必须重视交际对象的特殊性,努力掌握如下涉外基本礼仪。

1. 涉外迎送

迎送是国际公共关系常见的社交礼节。迎送不仅是整个社交活动的开始,也是对不同身份外宾表示相应尊重的重要仪式。对外宾留下良好的第一印象,加深双方的友谊与合作,都发挥着重要作用。

(1) 迎送的安排。迎送活动的安排主要有两种不同档次:一是举行隆重的欢迎仪式,这主要使用于对外国国家元首、政府首脑、军方高级领导人的访问,以示对他们访问的欢迎与重视。二是一般迎送,用于一般来访者。无论是官方人士、专业代表团的来访,还是长期在我国工作的外交使节,常驻我国的外国人士、记者和专家等,当他们到任或离任时,都可安排相应的人员前往迎送,以示尊重和友谊。

(2) 迎送规格的确定。关于迎送规格,各国的规定不尽相同。在确定迎送规格时,主要是依据来访者的身份、访问的性质和目的,并且适当考虑两国之间的关系,同时还要注意国际惯例,综合平衡。一般按照国际惯例的"对等原则",主要迎送人员应与来宾的身份相当。如果由于各种原因而不能完全对等时,可灵活变通,由职位相当的人士或副职出面,并向对方做出解释。

(3) 成立接待班子。为了接待重要的贵宾和代表团、队,东道主一般组成一个接待班子来履行接待任务。接待班子的工作人员由外事、翻译、安全警卫、后勤、医疗、交通、通信等方面的工作人员组成。

(4) 收集信息、资料。接待班子要注意收集来访者的有关信息和资料,了解其本次访问的目的,对会谈、参观访问、签订合同等事项的具体要求,前来的路线、交通工具,抵离时间,来访者的宗教信仰、生活习惯、饮食爱好与禁忌等。据报载:一位英国商人应邀前来我国与某地区洽谈投资项目,该地领导为了图个吉利,准备了一辆车号为"666"(六六大顺)的轿车前去机场迎接。谁知这位英国商人下了飞机,一看轿车后,直皱眉头,随即又乘机离去。后来我方人员才知道这位英国商人信教,十分崇拜《圣经》,在《圣经》中"666"表示"魔鬼"。在英国司机、乘客对带有这种号码的车辆退避三舍,英国警察部门已做出决定,逐步取消这个号码。由此可见,多了解来访者的情况是十分重要的。

(5) 拟订接待方案。接待方案包括各项活动的项目、日程及详细时间表,项目负责人和接待规格、安全保卫措施等。日程确定后,应翻译成客方使用的文字,并打印好,发给客方,以便及时与客方进行沟通。

拟订接待方案重点要落实好食、宿、行,并制定合理的费用预算,保证接待隆重得体又不铺张浪费。

(6) 掌握抵离时间。必须准确掌握外宾乘坐的飞机(火车、船舶)抵达及离开的时间,迎送人员应在来宾抵达之前到机场(车站、码头)。送行人员应在外宾离行前抵达送行地点,切勿迟到、早退。

(7) 献花。献花是常见的迎送外宾时用来表达敬意的礼仪之一。一般在参加迎送的主要领导人与客人握手之后,由青年女子或儿童将花献上,也有的由女主人向女宾献花,献花者献花后要向来宾行礼。献花须用鲜花,并注意保持花束整洁、鲜艳,一般忌用菊花、杜鹃花、石竹花以及黄色花卉(黄色具有断交之意)等。有的国家习惯送花环,或者送一两枝名贵兰花、玫瑰花等。在接待信仰伊斯兰教的人士时,不宜由女子献花。

(8) 介绍。主宾见面应互相介绍其随从人员。主要的迎送人员在与来宾见面致意(如握手等)后,他还可以担负起介绍其他迎送人员的任务。一般是在客人的内侧引领客人与各位迎送人员见面,并把他们介绍给来宾。然后由主宾将客人按一定身份一一介绍给主人。若主宾早已相识,则不必介绍,双方直接行见面礼即可。

(9) 陪同乘车。来宾抵达后,在前往住地或临行时由住地前往机场、码头、车站,一般都安排迎送人员陪同乘车。陪同乘车时应请宾客坐在主人右侧。两排座轿车,翻译人员坐在司机旁;三排座轿车,翻译人员坐在主人前面的加座上。当代表团9人以上乘大轿车时,原则上低位者先上车,下车顺序相反。但前座者可先下车开门,大轿车以前排为最尊位置,自右向左,按序排列。上车时应当请客人首先上车,客人从右侧门上;如果外宾先上车坐到了左侧座位上,则不要再请外宾移动位置。陪同人员在替客人关门时,应先看车内人是否坐好,既要注意不要轧伤客人的手;又要确保将门关好,保证安全。

(10) 具体事项。迎送中一些具体事项要引起注意,主要包括以下几点。

① 在客人到达之前最好将客房号、乘车号码等通知客人,如果做不到,可印好住房、乘车表,在客人刚到达时,及时发到客人手里。

② 指派专人协助客人办理出入境手续、机票(车、船票)和行李提取或托运手续等事宜。客人到达后,应尽快进行清点并将行李取出并运送到住处,以便客人更衣。

③ 客人到达后，一般不要立刻安排活动，应让客人稍事休息，倒换时差。可在房间中适当放些新鲜水果或鲜花等。

④ 迎送的整个活动安排要热情、周到、无微不至、有条不紊，使客人有宾至如归的感觉。接待人员要始终面带微笑、彬彬有礼，不能表现得冷漠、粗心、怠慢或使客人感到紧张、不便。

⑤ 陪同人员应尽力安排好客人的食、住、行，对客人的要求做出反应，给予答复。翻译应如实翻译，不能掺进自己的意见和看法，不能打断双方的谈话或在一方一句话还没说完就翻译，就餐时不可因餐饮影响翻译工作。

⑥ 司机在行车时，应集中精力驾驶，不能边驾驶边说话。如果司机主动与客人甚至陪同人员或翻译人员说话聊天，只会使客人感到不安全和被冷落。

⑦ 在为外宾送行时，送行人员应在外宾临上飞机（火车、轮船）之前，按一定顺序同外宾一一握手话别。飞机起飞（火车、轮船开动）之后，送行人员应向外宾挥手致意，直至各交通工具在视野中消失方可离去。否则，外宾一登上飞机（火车、轮船），送行人员就立即离去，是很失礼的。尽管只是几分钟的小事情，却也可能因小失大。

2. 会见和会谈

会见和会谈都是国际公共关系交往的重要方式。会见，国际上通称接见或拜会。凡身份高的人士会见身份低的人士，主人会见客人，人们通常称其为接见或召见；凡身份低的人士会见身份高的人士，客人会见主人，人们通常称其为拜会或拜见。接见和拜会后回访，通常称为回拜。我国通常对此不作细分，统称会见。

会谈是指双方或多方就某些重大的政治、经济、科技、文化、军事、宗教以及其他共同关心的问题交换意见，洽谈协商。会谈一般专业性、政策性较强，形式比较正规。会见多是礼节性的，而会谈多为解决实质性问题。有时会见、会谈也难以区分。因为会见时双方也常谈专业性或政治性问题，以上区分只是相对而言。

1）会见的礼仪

会见就其内容来说，多为礼节性的，也有政治性、事务性的会见，或兼而有之。礼节性会见一般时间短，话题也较为广泛；政治性会见一般涉及国与国之间的双边关系、国际局势及一些重大国际问题的看法或意见等；事务性会见一般涉及贸易争端、业务交流与合作等。会见的礼仪主要有以下内容。

（1）确定参加会见的人员。会见来访者，一般情况下应遵循"对等"的原则，但有时由于某些政治或业务的需要，上级领导或下级人士也可会见来访者。参加会见的人员不宜过多。

（2）确定会见的时间、地点。会见的时间一般安排在来访者抵达的第二天或举行欢迎宴会之前。会见的具体时间不宜过长，一般以半小时左右为宜。会见的地点多安排在客人住地的会客室、会议室或办公室，也可在国宾馆等正式的会客场所。

（3）做好会见的座位安排。会见时座位的安排必须依据参加会见人数的多少、房间的大小、形状、房门的位置等情况来确定。会见的座位安排有多种形式，宾主可以穿插坐，也可分开坐，通常的安排是将主宾席、主人席安排在面对正门位置，客人坐在主人的右边。其他客人按照礼宾顺序在主人、主宾两侧就座。译员、记录员通常安排在主宾和主人的后面。

座位不够时可在后排加座。

（4）掌握会见的一般礼节。会客时间到来之时，主人应在门口迎候客人，问候并同客人一一握手，宾主互相介绍双方参加会见的人员，然后引宾入座。主人应主动发言，创造一种良好的气氛。双方可自由交谈，就共同感兴趣的话题发表自己的看法。交谈时应注意坐姿，不要跷二郎腿，不可左顾右盼，漫不经心。主人与主宾交谈时，旁人不可随意插话，外人也不可随意进出。会见时可备饮料招待客人。主人应控制会见时间，最好以合影留念为由头结束会见。合影后，主人将客人送至门口，目送客人离去。

（5）注意合影的礼宾次序。合影时，一般主人居中，男主宾在主人右边；主宾夫人在主人左边，主人夫人在男主宾右边，其他人员穿插排列。但应注意，最好不要把客人安排在靠边位置，应让主人陪同人员在边上。

2）会谈的礼仪

会谈的形式多种多样，常见的有领导人之间单独会谈，有少数领导人及其助手与来访者进行的不公开发表内容的秘密会谈，有的是就有关重要而又复杂的问题，有关官员进行预备性问题等而举行的正式会谈，也可称为谈判。

会谈的礼仪主要包括以下内容。

（1）确定会谈的时间、地点、人员。会谈的时间、地点由双方协商确定。会谈的人员应慎重选择，会谈的专业性较强，一方面，要求有专业特长；另一方面，还要考虑专业互补和群体智慧。会谈人员既要懂得政策、法律，又要能言善辩，善于交际，应变能力强，并确定主谈人和首席代表。

（2）会谈的座位安排。涉外双边会谈通常采用长方形或椭圆形会谈桌。多边会谈或小型会谈也可采用圆形或正方形会谈桌。

不管什么形式，均以面对正门为上座，宾主相对而坐，主人背向门落座，而让客人面向大门。其中主要会谈人员居中，其他人按照礼宾次序左右排列。

这里需要说明的是，许多国家把译员和记录员安排在主要会谈人员的后面就座。我国习惯上把译员安排在主要谈判人座位的右侧就座，这主要取决于主人的安排，说到这个习惯上的小差别，还有一段历史背景。当初，我国也是按国际上通用的做法把译员安排在后面就座的，但中华人民共和国成立不久，中国总理兼外交部部长周恩来认为这个惯例不符合中国的情况，因为西方的译员大多是临时雇用的，不属于参加会谈的人员，而我国的译员却是参加会谈的重要人员之一，理应受到尊重，所以周总理在出访时坚决要求对方允许我方译员坐在主要会谈人员的右侧。从那时起，我国就有了这个做法并一直采用至今。

如果长方桌的一端向着正门，则以入门的方向为准，右为客，左为主。

如果是多边会谈，可将座位摆成圆形或正方形。

此外，小范围的会谈，也可像会见一样，只设沙发，不摆长桌，按礼宾顺序安排。

3. 涉外参观游览

涉外参观游览，是指外国客人在访问或旅游期间对一些风景名胜、单位设施等进行实地游览、观看和欣赏。来访的外国人以及我国出访人员，为了了解去访国家情况，达到出访目的，都应组织一些参观游览活动。参观游览应注意以下礼仪。

（1）选定项目。选择参观游览项目，应根据访问目的、性质和客人的意愿、兴趣、特点以及我方当地实际条件来确定。对于外国政府官员、大财团、大企业家一般应安排参观反映我国经济发展情况的部门单位和经济开发区,以及重点招商项目。对于一般企业家、商人和有关专业人员可安排参观与其有关的部门、单位,同时安排一些有地方特色的游览项目。年老体弱者不宜安排长时间步行的项目,心脏病患者不宜登高。一般来说,对身份高的代表团,事前可了解其要求;对一般代表团,可在其到达后,提出方案。如确有困难,可如实告知,并做适当解释。

(2) 安排日程。当参观游览项目确定后,应制订详细活动计划和日程,包括参观线路、座谈内容、交通工具等,并及时通知有关接待单位和人员,以便各方密切配合。

(3) 陪同参观。按国际惯例,外宾前往参观时,一般都安排相应身份的人员陪同。如有身份高的主人陪同,宜提前通知对方。接待单位要配备精干人员出面接待,并安排解说介绍人员,切忌前呼后拥。参观现场的在岗人员,不要围观客人。遇客人问话,可有礼貌地回答。

(4) 解说介绍。参观游览的重头戏是解说介绍。有条件的可先播放一段有关情况纪录片,这样既可节省时间,又可实现让客人对情况有所知,经过实地参观,效果会更好。我方陪同人员应对有关情况有所准备,介绍情况要实事求是,运用材料、数据要确切,不可一问三不知,也不可含糊其辞。确实回答不了的,可表示自己不清楚,待咨询有关人员后再答复。遇较大团组,宜用扩音话筒。另外,遇有保密部位的,则不能介绍,如客人提出要求,应予婉拒。

(5) 乘车、用餐和摄影。在出发之前,要及时检查车况,分析行车路线,预先安排好用餐。路远的还要预先安排好中途休息室,要把出发、集合和用餐的时间地点及时通知客人和全体工作人员。一般地方均允许客人摄影。如有不能摄影处,应事先说明,现场要树立英文"禁止摄影"标志牌。

(6) 在国外参观游览的礼节。出访人员、团组要求参观,可通过书面、电话或面谈方式向接待单位提出,经允许后方能成行。参观内容,要符合访问目的和实际,要注意客随主便,不要强人所难。在商定之后,要核实时间、地点和路线。参观过程,应专心听取介绍,不可因介绍枯燥或不对口味而显露出不耐烦和漫不经心状,这是极不礼貌的。同时应广泛接触、交谈,以增进了解,加深友谊。注意尊重对方的风俗和宗教习俗。如要摄影,事先要向接待人员了解有无禁止摄影的规定。参观游览,对服装要求不严格,不必穿礼服,穿西装可以不打领带,但应注意整洁整齐,仪容也宜修整。参观完毕,应向主人表示感谢,上车离开时应在车上向主人挥手道别。

4. 国旗悬挂

国旗是国家的一种标志,是国家的象征。悬挂国旗是一种外交礼遇与外交特权。人们往往通过悬挂国旗,表示对本国的热爱或对他国的尊重。在国际交往中,悬挂国旗要遵循以下惯例。

(1) 悬挂国旗的场合。按国际关系准则,国家元首、政府首脑在他国领土上访问,在其住所和交通工具上悬挂国旗(有的是元首旗)是一种外交特权。

东道国接待来访的外国元首、政府首脑的隆重场合,在贵宾下榻的宾馆,乘坐的汽车上悬挂对方(或双方)的国旗(或元首旗),是一种礼遇。

在国际会议上，除会场悬挂与会国国旗外，各国政府代表团团长也按会议组织者的有关规定，在一些场所或在车辆上悬挂本国国旗（也有不挂国旗的）。

有些展览会、体育比赛等国际活动，也往往悬挂有关国家的国旗。在大型国际比赛中，还往往为获前三名的运动员升起其代表国家的国旗。

伴随着我国加入WTO，双边、多边的经贸往来必将日趋频繁，在谈判、签字仪式上也应悬挂代表国的国旗。

（2）悬挂国旗的要求。在建筑物上或室外悬挂国旗，一般应在日出升旗、日落降旗。升降国旗时，服装要整齐，要立正脱帽行注目礼。不能使用污损的国旗。升国旗一定要升至杆顶。

悬挂双方国旗，按照国际惯例，以右为上，左为下。但这是以旗面本身为准的，搞不好会弄错。所以还应记住以挂旗人为准，"面对墙壁左为上，右为下"。挂旗时，挂旗人必然面对墙壁，这时左为上，悬挂客方国旗，右为下，挂主方国旗。乘车时应记住"面对车头左为上"，左边挂客方国旗，右边挂主方国旗（有时以汽车行进方向为准，驾驶员右手为上）。所谓主客标准，不以在哪国举行活动为依据，而以举办活动的主方为依据。如外国代表团来访，东道国举办欢迎宴会，东道国是主人；外国代表团答谢宴会，来访国是主人。由于国旗是一个国家的标志与象征，代表一个国家的尊严，所以挂国旗时，一定不能将国旗挂倒。

这里值得一提的是"下半旗"。"下半旗"也称"降半旗"，是一种国家行为，一般是在某些重要人士逝世或重大不幸事件、严重自然灾害发生时来表达全国人民的哀思和悼念的重要礼节，是当今世界上通行的一种志哀方式，全国各公开场合的国旗，驻国外的使、领馆的国旗均应下半旗志哀。它并不是将国旗下降至旗杆的一半处，也不是直接把国旗升至旗杆的一半处，而是先将国旗升至杆顶，然后下降到离杆顶约占全杆1/3处。降旗时，也应先将旗升至杆顶，然后再下降。这种做法最早见于1612年。一天，英国船"哈兹•伊斯"号在探索北美北部通向太平洋的水道时，船长不幸逝世。船员们为了表示对已故船长的敬意，将桅杆旗帜下降到离旗杆的顶端有一段距离的地方。当船只驶进泰晤士河时，人们见它的桅杆上下着半旗，不知何意。一打听，原来是以此悼念死去的船长。到17世纪下半叶，这种致哀方式流传到大陆上，遂为各国所采用。从中不难看出，下半旗这一致哀方式自古有之，至今已有400多年的历史。

5. 出国旅行礼仪

1）乘国际航班应注意的问题

乘坐国际航班，乘客应在飞机预定时间前1~1.5个小时到达飞机场，因为在这段时间里，需要核查机票及订座，办理海关申报、行李过磅和装运等手续。

（1）办理海关申报及登机手续。抵达机场，首先是向海关申请办理有关物品的出关手续，如携带外币、金银制品、照相机、录音机、摄像机、文物、动植物等应如实填报，并办理相关手续，然后再办理乘机手续。

（2）登机时的礼仪。上、下飞机时，旅客应向站在机舱门口迎送乘客的航空小姐点头致意。机舱内分头等舱和二等舱（或称为商务舱和普通舱），头等舱（商务舱）较为宽敞、饮食较丰富，服务周到。购头等舱机票的乘客，不论是否对号入座，都不要抢占座位。其他乘客，不能坐到头等舱中。

（3）乘机时的礼仪。国际航班上免费供应饮料、茶点、食品、早餐和正餐。用餐后，所有餐具和残留物要收拾好，由服务员收回，不要随意将餐具收起来带走；不能带走供乘客阅读的报纸杂志；乘客在飞机上不要大声说话和喧哗，以免影响他人；要注意飞机上的坐卧姿势，既不要影响他人坐卧，也不要有失雅观。

（4）下机后的礼仪。旅客到达目的地后，办理完入境手续即可凭行李卡认领托运的行李，不要将自己的行李放在过道或路口影响他人行走。旅客可以用机场为乘客准备的手推车靠右(或靠左)行走，将行李推出机场。如请行李搬运员协助搬运行李，必须付小费。万一发现行李丢失，也不要慌张，可通过机场行李管理人员或有关航空公司寻找。如一时找不到，可填写申请报告单交航空公司。如行李确实遗失，航空公司会照章赔偿，千万不要在机场吵闹。

2）国外住店礼仪

（1）饮用房间内饮料的礼节。国外旅店一般都不供应开水，往往会提供一瓶免费的矿泉水。有的旅店，酒或饮料只要拿出冰箱即自动记账；也有的旅店，房间设有自动出售各种饮料或小食品的装置，只要按动开关，食品、饮料便自动出来，同时自动记账，结算时统一付款；旅客如要喝热饮料，可向服务员索取，但要付现金及小费。找服务员可在室内按电铃或打电话呼叫，服务员一旦上门服务，一定要致谢，并付小费。

（2）正确使用房间内的设备。房间和卫生间里的某些设备，如自己不会使用，应先请教他人，特别是外国旅店房间内的电气设备和洗澡用的开关，形式多种多样，应注意其不同的使用方法。使用旅店卫生间内的用品只要打开封条即可。旅店房间内提供的用品仅供在旅店内使用，除交费物品外，其他都不能带出旅店。

3）拜访单位或会见亲友时的礼仪

（1）遵守时间。参加各种活动要按照约定的时间到达。过早抵达会使主人因时间仓促未能准备就绪而感到难堪，迟迟不到又会让主人和其他客人因等待过久而不安。因故迟到要向主人和其他客人表示歉意；因故不能赴约，要尽早礼貌地通知主人，并以适当的方式表示歉意。

（2）尊重老人和妇女。在社交场合，如上下楼梯、坐车或进出电梯，应让老人和妇女先行，主动对他们予以照顾。进出大门时，要主动帮助老人和妇女开门、关门。国外有按主人指定的座位入座的习惯，因此，当进入主人家里时，如没有刻意指定，可以选一个自己认为合适的座位，但在女客人还站着的时候，男客人不要先坐下。在后来的客人到达时，男客人应该起立致意，并等候主人介绍，而女客人可不必起立。如果后来的客人是年龄较大的妇女，或是特殊重要人物，女客人也应起立致意。

（3）在外国朋友家做客时的礼仪。在外国朋友家里做客时，若由于自己不慎而发生了异常情况，例如，因用力过猛使刀叉撞击盘子发出响声，不小心打翻了酒水等，不要大呼小叫，应保持沉着，轻轻向主人说一声"对不起"。如将酒水打翻溅到邻座身上，可表示歉意后协助擦干；如对方是妇女，只要把干净的餐巾或手帕递上，由她自己擦干即可。用餐完毕，至少应该待半小时后再告辞。告辞时，千万别忘了向女主人表示谢意，可以说"谢谢您的招待""很高兴在您家里度过周末，我非常愉快"等感谢的话。回到自己家中，应立即给主人写信或打电话，以表感谢等。

6. 国外主要国家的民情风俗

民情风俗是某一国家、民族长期形成的,具有相对稳定性的礼节、人情、风尚、行为习惯、心理倾向等的总和,是一个民族区别于另一个民族的重要特征。

民情风俗属于历史范畴,随着社会的变迁、经济和文化的发展,还会出现新的内容与形式。各国、各民族和各地区由于不同的文化背景、礼仪传统和行为习惯,形成的民情风俗存在很大的差异,因此我们在日常交往,尤其是国际公共关系交往中必须对此了解和掌握,并以此作为入乡问俗、入国随俗的依据,从而成功地与交际对象建立良好的关系。

1) 韩国民俗风情

韩国也称大韩民国,古称高丽,具有璀璨的文化遗产和美丽的风光。这里夏季多雨,气候湿润,经济发达。韩国的主要宗教是佛教,除此之外,一些韩国人也信奉儒教、天主教或天道教。

韩国国旗中央是太极图案,四周配以八卦图形。据韩国官方解释,太极图中的红色代表阳,蓝色代表阴,阴阳合一代表宇宙的平衡与和谐。他们认为,火与水,昼与夜,黑暗与光明,建设与破坏,男与女,主动与被动,热与冷,正与负等,作为宇宙中两个方面,通过相互对立而达到和谐与平衡,此即为阴阳合一。太极作为中心,四角的卦分别象征阴阳互相调和,乾卦代表天空,坤卦代表大地,坎卦是月亮和水,离卦为太阳和火,各个卦还象征着正义、富饶、生命力和智慧。国旗底色为白色,象征韩国人民的纯洁和对和平的热爱。也有的说是象征单一民族。而整个国旗则代表韩国人民永远与宇宙协调发展的理想。韩国国旗的太极和八卦思想来自中国的《周易》,其中的和谐、对称、平衡、循环、稳定等原理代表着中华民族对宇宙、对人生的深刻思考。从整体上看,韩国国旗外方而内圆,外刚而内柔,阴阳相生,动静相宜,其中汲取了中国古代文化的包容精神和朴素的辩证法思想。韩国国旗外儒而内道,外儒象征对事业的执着追求,对管理秩序的有条不紊;内道象征对个体生命的身心双修,体现了利人利己的辩证原则。木槿花是韩国的国花,花开时节,木槿树枝会生出许多花苞,一朵花凋落后,其他的花苞会连续不断地开,开得春意盎然,春光灿烂。因此,韩国人也叫它"无穷花",象征世代生生不息,以及坚忍不拔的民族精神。在设计国徽时以五瓣木槿花为主体,花蕊配以传统的阴阳太极图案,弘扬了独具特色的韩国民族风格。韩国国旗与国徽如图9-1所示。

图 9-1　韩国国旗与国徽

(1) 交际习俗。男子见面时习惯微微鞠躬后握手,并彼此问候。当晚辈、下属与长辈、上级握手时,后者伸出手来后,前者须以右手相握,随后再将自己的左手轻置于后者的右手之上。韩国人的这种做法，是为了表示自己对对方的尊重。韩国妇女一般情况下不与男子握手。女士之间习惯鞠躬问候，社交时则握手。韩国人与外国人交往时，可能会问及一些私人的问题，对此不必介意。韩国人有敬老的习惯，任何场合都应先向长者问候。

在一般情况下，韩国人在称呼他人时爱用尊称和敬语，但很少会直接叫出对方的名字。要是交往对象拥有能够反映其社会地位的头衔，那么韩国人在称呼时一定会屡用不止。

在社交场合，韩国人特别是年轻一代，大部分都会讲英语，并且将此视为有教养、受过良好教育的标志之一。由于迄今为止仍对日本昔日的侵略占领耿耿于怀，韩国人对讲日语的人普遍没有好感。

（2）主要禁忌。韩国人大都珍爱白色，对熊和虎十分崇拜。在韩国，人们以木槿花为国花，以松树为国树，以喜鹊为国鸟，以老虎为国兽，对此，不要妄加评论。

由于发音与"死"相同的缘故，韩国人对数目"4"十分反感。受西方习俗的影响，不少韩国人也不喜欢"13"。韩国人忌将"李"姓解释为"十八子李"。在对其国家进行称呼时，不要将其称为"南朝鲜""南韩"或"朝鲜人"，而宜称"韩国""韩国人"。

韩国人的民族自尊心很强，反对崇洋媚外，提倡使用国货。在韩国一身外国名牌的人，往往会被人看不起。

在韩国，忌谈的话题有政治腐败、经济危机、意识形态、南北分裂、韩美关系、韩日关系及日本之长等。

（3）饮食特点。韩国人的饮食，在一般情况下以辣和酸为主要特点。韩国人以大米为主食，主要是米饭和冷面。他们喜欢中国的川菜，爱吃牛肉、瘦猪肉、海味、狗肉和卷心菜等。"韩国烧烤"很有特色。

韩国人的饮料很多。韩国男子通常酒量都不错，对烧酒、清酒、啤酒往往来者不拒。韩国妇女多不饮酒。韩国人喜欢喝茶和咖啡。但是韩国人不喜欢喝稀粥和清汤，他们认为穷人才会如此。

在用餐时韩国人用筷子。近年来，出于环保的考虑，韩国的餐馆里往往只向用餐者提供铁筷子。关于筷子，韩国人的讲究是，与长辈同桌就餐时不许先动筷子，不可用筷子对别人指指点点，在用餐完毕后要将筷子整齐地放在餐桌的桌面上。

在宴会上，韩国人一般不把菜夹到客人盘里，而由女服务员替客人夹菜，各道菜陆续端上，每道菜都需尝一尝才会使主人高兴。

2）日本民情风俗

日本古称大和，后来正式定名为日本国，具有"日出之国"的意思。日本人酷爱樱花，以其象征民族精神，因为樱花看起来平凡，可是汇集起来却很有气势。每年三月末、四月初，当春风从赤道纬线北上，樱花便由南向北顺势铺开，成林成片，如火如荼，日本人像过节一样，聚集在樱花树下，饮酒赏花，摄影留念。因此，日本在世界上享有"樱花之国"的美称。日本人多信仰神道教和佛教。

日本国旗也称太阳旗，呈长方形，长与宽之比为3∶2。旗面为白色，正中有一轮红日。白色象征正直和纯洁，红色象征真诚和热忱。传说日本是太阳神所创造，天皇是太阳神的儿子，太阳旗即来源于此。其国徽是一枚皇家徽记，在日本天皇及皇室使用的器具上经常出现这个徽记,是由 16 瓣匀称花瓣组成的金黄色菊花,显得质朴典雅,庄重大方。日本国旗与国徽如图 9-2 所示。

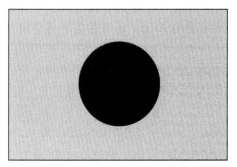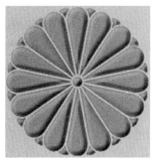

图 9-2　日本国旗与国徽

（1）交际习俗。日本是以注重礼节而闻名的国家,讲究言谈举止的礼貌。日本人见面时,要互相问候致意,鞠躬礼是日本最普遍的施礼致意方式,一般初次见面时的鞠躬礼是 30°,告别时是 45°,而遇到长辈和重要交际对象时是 90°,以示尊敬。妻子送丈夫、晚辈送长辈外出时,弯腰行礼至看不见其背影后才直起身。在较正式的场合,递物和接物都用双手。在国际交往时,一般行握手礼。

日本人在谈话时,常使用自谦语,贬己抬人。与人交谈时总是面带微笑,尤其是妇女。

日本人与他人初次见面时,通常会互换名片,否则即被理解为不愿与对方交往。在一般情况下,日本人外出时身上往往会带上自己的好几种印有不同头衔的名片,以便在交换名片时可以因人而异。

称呼日本人时,可称之为"先生""小姐""夫人"。也可在其姓氏之后加上一个"君"字,将其尊称为"××君"。

日本人见面时除了行问候礼之外,还要问好致意,见面时多用"您早""您好""请多关照",分手时则用"再见""请休息""晚安""对不起"等话语。

日本经济发达与日本人努力勤奋的工作精神分不开,日本的工作节奏非常快,而且讲究礼节。他们工作时严格按日程执行计划,麻利地处理一切事物;对公众对象"唯命是从",开展微笑服务;公私分明;对待上司与同事十分谦虚,并善于克制忍耐;下班后对公司的事不乱加评论。

（2）主要禁忌。日本人的忌讳礼俗很多。日本人忌紫色和绿色,认为这是悲伤和不祥之色。日本人忌讳"4"和"9",因为他们分别与"死"和"苦"发音相似。日本人喜欢奇数,不喜欢偶数,对数字 3、5、7 特别喜欢。日本人有三人不合影的习俗,因为他们认为在中间被左右两人夹着是不幸的预兆,很不吉利。

他们对狐狸和獾的图案很反感,认为这两种动物图案是晦气、狡猾、贪婪的象征。菊花和菊花图案是皇族的象征,送人的礼品上不能使用这一图案。

日本人喜欢仙鹤和乌龟,认为它们是长寿的象征。他们使用筷子有许多禁忌,如忌将筷子直插饭中,不能用一双筷子依次给每个人夹、拨菜肴。还有忌用半途筷、游动筷等。

（3）衣食特点。在商务、政务活动中,日本人要穿西式服装;在民间交往中,有时也会穿自己的国服——和服。与日本人交往时穿着不宜过分随便，因为他们认为衣着不整是没有教养的表现。

"日本料理"的特点是以鱼、虾、贝等海鲜为烹调原料，可热吃、冷吃、生吃或熟吃。主食为大米，逢年节和生日喜欢吃红豆饭，喜欢吃酱和酱汤。餐前餐后一杯清茶。方便食品有"便当"（盒饭）和"寿司"等。

在日本，人们普遍喜欢喝茶，久而久之，形成了"和、敬、清、寂"四规的茶道。茶道具有参禅的意味，重在陶冶人们的情趣。它不仅要求幽雅自然的环境，而且有一整套的点心、泡茶、献茶、饮茶的具体方法。

3）泰国民俗风情

泰国正式名称是泰王国，自称孟泰，泰语中"孟"是国家的意思，"泰"是自由的意思，"泰国"即自由之国。泰国国旗原本是清一色的红色，1899年时曾在中间画上一个象征泰国的白象。后因白象绘制不易，又受外国三色旗的影响，才于1917年改为目前的国旗。蓝色是泰国王的颜色，红色表示国家，白色则是由白象演变而来，也具有佛教的意义。泰国国徽图案是一只大鹏鸟，鸟背上蹲坐着那莱王。传说中大鹏鸟是一种带有双翼的神灵，那莱王是传说中的守护神。泰国国旗与国徽如图9-3所示。

图9-3　泰国国旗与国徽

（1）宗教信仰。佛教是泰国的国教，全国人口的90%以上信奉国教。在社会各方面，佛教都对泰国人发挥着重要作用和影响。泰国的历法采用的是佛历。泰国男子年满20岁后，都要出家一次，当3个月的僧侣，即使国王也不例外，否则会被人看不起。几乎所有泰国人的脖子上都佩有佛饰，用来趋吉辟邪。

（2）交际习俗。由于信奉佛教，泰国人在一般交际应酬时不喜欢握手，而是带有佛门色彩，行合十礼。行合十礼时，需站好立正，低眉欠身，双手十指相互并拢，并且同时问候对方"您好！"合十的双手举得越高越表示对对方的尊重。行合十礼时，晚辈要先向长辈行礼，身份、地位低的先向身份、地位高的行礼，对方随后换之以合十礼，否则是失礼的。

泰国人很有涵养，总喜欢面带微笑，所以泰国也有"微笑之国"的美称。在交谈时，泰国人总是细声低语。在其看来，跟旁人打交道时面无表情、愁眉苦脸，或是高声喧哗、大喊大叫是不礼貌的。与泰国人交往不要信口开河，非议佛教，或是对佛门弟子有失敬意，特别是不要对佛祖释迦牟尼表示不恭。

（3）主要禁忌。泰国人认为头是智慧所在，神圣不可侵犯，不能用手去触摸佛像的头部,这将被视为极大的侮辱。若打了小孩的头部,认为触犯了藏在小孩头中的精灵,孩子会因此生病的。别人坐着的时候,切勿让物品超越其头顶。见面时,若有长者在座,晚辈应坐下或蹲跪以免高于长者的头部,否则就是对长者的不恭。所以,在泰国,当人们走过或坐或站着的人面前时,都得躬身而行,表示不得已而为之。

人们认为用左手拿东西给别人是鄙视对方的行为,所以给人递东西都用右手,切忌用左手。

在泰国民间,狗的图案是被禁止的。泰国人的家里大都不种茉莉花,因为在泰语里,它与"伤心"发音相似。

在泰国,睡莲是国花,桂树是国树,白象是国兽,对于这些东西,千万不要表示轻蔑,或是予以非议。

泰国宪法规定,国王是神圣不可侵犯的,对泰国国王和王室成员,绝不允许任意评说。

(4) 饮食特点。泰国人不爱吃过甜或过咸的食物,也不吃红烧的菜肴。喜食辛辣、新鲜之食物,最爱吃的是体现其民族特色的"咖喱饭"。

泰国人是不喝热茶的,他们的做法是在茶里加上冰块,令其成为冻茶。他们绝不喝开水,而是习惯直接饮用冷水。在喝果汁时要加少许盐末。

4) 新加坡民俗风情

新加坡全称是新加坡共和国。新加坡在马来语中是"狮子城"的意思,因此新加坡也称"狮城"。由于新加坡是一个岛国,面积极小,我国的华侨普遍称其为"星洲""星岛"。新加坡气候宜人,环境优美,是一个城市国家,故又有"花园城市"的美誉。新加坡拥有世界第二大港口。

新加坡国旗由上红下白两个相等的横长方形组成,长与宽之比为3∶2。左上角有一弯白色新月和五颗白色五角星。红色代表人类的平等,白色象征纯洁和美德;新月象征国家,五颗星代表国家建立民主、和平、进步、正义和平等的思想。新月和五颗星的组合紧密而有序,象征着新加坡人民的团结和互助的精神。新加坡国徽由盾徽、狮子、老虎等图案组成。红色的盾面上镶有白色的新月和五角星,其寓意与国旗相同。红盾左侧是一头狮子,这是新加坡的象征;右侧是一只老虎,象征新加坡与马来西亚之间历史上的联系。红盾下方为金色的棕榈枝叶,底部的蓝色饰带上用马来文写着"前进吧,新加坡!"新加坡国旗与国徽如图9-4所示。

图9-4 新加坡国旗与国徽

(1) 交际习俗。在社交场合,新加坡人与他人见面的礼节多为握手。其礼仪习俗呈现多元化的特点,如在社交活动中,华人往往习惯于拱手作揖,或行鞠躬礼;马来西亚人则大多数采用本民族的"摸手礼"。所以与新加坡人打交道要遇人问俗。

新加坡特别强调笑脸迎客、彬彬有礼。人际交往中讲究礼貌及以礼待人,他们认为这不但是每个人应具备的基本素养,而且也已成为国家和社会对每一个人所提出的一项基本行为准则。

新加坡十分注重"礼治",政府专门制定了《礼貌手册》,对于人们的各种不同场合的所作所为是否符合礼仪都做出了严格的规定。在新加坡不讲礼貌会寸步难行。

新加坡人崇尚清爽卫生,对于蓬头垢面、衣冠不整的人,都会侧目而视。

(2)主要禁忌。新加坡人喜欢红色,认为红色是庄严、热烈、喜庆、吉祥的象征,会激励人们奋发向上。在一般情况下过多地采用紫色、黑色不受人们欢迎,因为他们认为紫色、黑色是不吉利的颜色。

新加坡人不喜欢"4"和"7"这两个数字,因为华语中"4"发音与"死"相仿,而"7"被认为是消极的数字。在新加坡人看来"3"表示"升","6"表示"顺","8"表示"发","9"则表示"久",都是吉祥的数字。

在新加坡是不能说"恭喜发财"的,因为在他们看来,"发财"有"横财"之意,祝愿对方发财无疑是鼓励他去发"不义之财",是一种损人利己的行为。

在新加坡乱扔果皮、废纸及随地吐痰,在公共场所吸烟、嚼口香糖及过马路闯红灯都会被罚款,罚款额之高相当于一个普通工人一个月的工资,搞不好还会吃官司,甚至被鞭打。

(3)饮食特点。中餐是新加坡人的最佳选择,粤菜、闽菜等十分受欢迎。他们口味喜欢清淡,偏好甜食,讲究营养,平日爱吃米饭和各种生猛海鲜,对于面食不太喜欢。

新加坡人大都喜欢喝茶,他们经常在清茶中放橄榄之后饮用,称为"元宝茶",认为喝这种茶可以令人财运亨通。新加坡人还喜欢喝鹿茸酒、人参酒等补酒。

5)美国民俗风情

美国全称为美利坚合众国,地处北美洲中部,每个人主要信奉基督教、天主教。美国的绰号是"山姆大叔",也有"世界霸主""超级大国""国际警察""金元帝国""车轮上的国家"等代称。

美国的国旗是星条旗,红白相间的13条横条,原意是代表美国当年的13个州。后来固定了下来,用国旗上的星代表各个州。现在旗上共有50颗星,代表美国的50个州,白色代表廉洁公正;红色代表勇敢无畏;蓝色代表警惕、坚韧和正义。美国国徽是国家的主要象征之一。只有特定的国家重要文件才能盖上国徽大印,正式生效。美国国徽的图案外围是两个同心圆,内有一只美国秃鹰雄踞中央,双翼展开,右爪握一束橄榄枝,左爪握13支利箭,尖嘴中叼着一条飘带,上书"合众为一"。秃鹰的胸前是一枚盾形纹章,纹章上部是蓝色横纹,下部是红白相间的竖纹,象征美国国旗。秃鹰的上方是蓝色天空中的13颗星,四周光芒万道,环绕着云朵组成的图案。国徽上的图案均有其象征意义,美国秃鹰象征着至高无上的统治权;橄榄枝和箭象征决定和平与战争的权力;秃鹰上方的群星图案象征着拥有主权的新生共和国。美国国徽上的中心图像就是美国秃鹰,它的正式名称是白头海雕,是美国的国鸟。今天,美国秃鹰已成为美国的象征,它不仅出现在国徽上,也出现在美国其他旗帜及硬币上。秃鹰是产于美国及加拿大的一种巨鹰,性情凶猛,有"百鸟之王"之称。其实秃鹰头部有丰满的羽毛,并非光秃。秃鹰幼时全身披黑色羽毛,长成后头颈部羽毛变为白色,老时尾部也相继变白。秃鹰虽是美国的象征,但在美国大部分地区却已濒临绝种。近年来经竭力抢救,才逐渐恢复繁殖。估计1970年美国本土48州只有秃鹰约1 000只,现已达5 000只左右,而且数量还在增长。另外两个州中的阿拉斯加州的秃鹰一直较多,约有3万只;夏威夷州则根本没有秃鹰。目前,国徽保存在美国国会中。美国宪法对于国徽在何时使用、用在何种文件上均有明确的规定。美国国旗与国徽如图9-5所示。

图9-5 美国国旗与国徽

(1) 交际习俗。美国人是"自来熟",他们为人诚挚,乐观大方,天性浪漫,性格开朗,善于攀谈,喜欢社交,似乎与任何人都能交上朋友。与人交往时讲究礼仪,但没有过多的客套。朋友见面,说声"Hello"就算打招呼。每个人都热情开朗,不拘小节,讲究效率,不搞形式主义。

社交场合一般行握手礼,熟人则施亲吻礼。较熟的朋友常直呼其名,以示亲热,不喜欢称官衔,对于能反映对方成就与地位的学衔、职称,如"博士""教授""律师""法官""医生"等却乐于称呼。经常说"请原谅"等礼貌用语。

交谈时,经常以手势助兴,与对方保持半米左右距离。不愿被问及年龄、收入、所购物品的价钱,不喜欢被说成"胖人"。对妇女不能赠送香水、衣物和化妆品。交往时必须遵循"女士优先"的原则。

(2) 主要禁忌。美国人忌"13"和"星期五"。他们不喜欢黑色,偏爱白色和黄色,喜欢蓝色和红色。崇尚白头鹰,将其敬为国鸟。在动物中,美国人最爱狗,认为狗是人类的忠实朋友。对于那些自称爱吃狗肉的人,美国人是非常厌恶的。在美国人眼里,驴代表坚强,象代表稳重,他们分别是共和党和民主党的标志。

在美国,成年同性共居于一室之中,在公共场合携手而行或是勾肩搭背,在舞厅里相邀共舞,都有同性恋之嫌。

美国人认为个人空间不可侵犯,所以与美国人相处要保持适当的距离,碰了别人要及时道歉,坐在他人身边应征得对方认可,谈话时不要距离对方过近。

美国人大都喜欢用体态语表达情感,但忌讳盯视别人、冲别人伸舌头、用食指指点交往对象等体态语。

(3) 饮食特点。美国人喜欢咸中带甜的菜肴,口味清淡。他们重视营养,爱吃海味和蔬菜。美国人早、午餐比较简单,晚餐较丰富,偏爱火鸡,饭后喜欢喝咖啡或茶。

6）加拿大民俗风情

加拿大作为国名，出自当地土著居民的语言，本意是"棚屋"。也有人讲它来自葡萄牙语，意思是"荒凉"。它位于北美洲北部，除极少数印第安人和因纽特人外，国民多是英、法移民的后裔，多数信奉天主教。加拿大境内多枫树，素有"枫叶之国"的美誉。长期以来加拿大人民对枫叶有深厚的感情，加拿大国旗正中绘有三片红色枫叶，国歌也是《枫叶，万岁》。加拿大有"移民之国""粮仓""万湖之国"等美称。

加拿大国旗长与宽之比为2∶1，从左至右由红—白—红两色组成，两条红边表示太平洋和大西洋，中间的白色表示加拿大辽阔的国土，红枫叶表示居住在这片富饶土地的全体加拿大人民。枫树是加拿大的国树，枫叶是加拿大民族的象征。加拿大国徽为1921年制定，其图案中间为盾形，盾面下部为一枝三片枫叶。加拿大国徽上部的四组图案分别为：三头金色的狮子，一头直立的红狮，一把竖琴和三朵百合花，分别象征加拿大在历史上与英格兰、苏格兰、爱尔兰和法国之间的联系。盾徽之上有一头狮子举着一片红枫叶，既是加拿大民族的象征，也表示对第一次世界大战期间加拿大的牺牲者的悼念。狮子之上为一顶金色的王冠，象征英女王是加拿大的国家元首。盾形左侧的狮子举着一面联合王国的国旗，右侧的独角兽举着一面原法国的百合花旗。底端的绶带上用拉丁文写着"从海洋到海洋"，表示加拿大的地理位置——西濒太平洋，东临大西洋。加拿大国旗与国徽如图9-6所示。

图9-6　加拿大国旗与国徽

（1）交际习俗。加拿大人讲究礼貌，但又喜欢无拘无束，不爱搞繁文缛节。加拿大人性格开朗热情，对人朴实友好，容易接近。人们相遇时，都会主动打招呼、问好，握手是其见面礼，拥抱、接吻等见面礼只使用于亲友、熟人、恋人和夫妻之间。

加拿大人在人际交往中的自由与随和，是举世知名的。他们对于交往对象的头衔、学位、职务，只在官方活动中才使用；在中国社交活动里普遍必备的名片，普通加拿大人不大常用，只有公司高层商务活动中才使用名片。

（2）主要禁忌。枫叶是加拿大的象征，是加拿大国旗、国会上的主题图案。因此，枫叶被加拿大人视为国花，枫树定为加拿大的国树，对此要充分尊重。在加拿大白色的百合花主要用来悼念死者，因其与死亡有关，所以绝对不可以将其作为礼物送给加拿大人。白雪在加拿大人心目中有着崇高的地位，并被视为吉祥的象征与避邪之物，在不少地方人们甚至忌讳铲除积雪。加拿大人很喜欢红色与白色，因为那是加拿大国旗的颜色。

与加拿大人交谈时，不要插嘴、打断对方，或是与对方强词夺理。议论性与宗教，评说英裔加拿大人与法裔加拿大人的矛盾，处处将加拿大与美国联系起来进行比较，将加拿大视为美国的"小兄弟",或是大讲美国的种种优点和长处,都是应当避免的。

(3) 衣食特点。在日常生活里,加拿大人的着装以欧式为主。在参加社交应酬时,加拿大人循例都要认真进行自我修饰,或是为此专门上一次美容店。在加拿大,参加社交活动时男子必须提前理发修面,妇女们则无一例外地进行适当的化妆,并佩戴首饰。不这样做会被视为对交往对象的不尊重。

加拿大的饮食习惯与英美比较接近,口味比较清淡,爱吃酸、甜之物和烤制食品。忌吃肥肉、动物内脏、腐乳、虾酱以及其他带腥味、怪味的食物。在一日三餐中,加拿大人最重视晚餐,他们喜欢邀请朋友到家中共进晚餐。

7) 英国民俗风情

英国的正式名称是大不列颠及北爱尔兰联合王国,有时它也被人们称为"联合王国""不列颠帝国""英伦三岛"等。"英国"是中国人对其的称呼,出自"英格兰"一词,其本意是"盎格鲁人的土地",而"盎格鲁"的含义则为"角落"。英国的主要宗教是基督教。英国的国教是英国国教会,也称圣公会。

英国国旗呈横长方形,长与宽之比为 2∶1。为"米"字旗,由深蓝底色和红、白色"米"字组成。旗中带白边的红色正十字代表英格兰守护神圣乔治;白色交叉十字代表苏格兰守护神圣安德鲁;红色交叉十字代表爱尔兰守护神圣帕特里克。此旗产生于 1801 年,是由原英格兰的白地红色正十旗、苏格兰的蓝地白色交叉十字旗和爱尔兰的白地红色交叉十字旗重叠而成。英国国徽即是英国皇室的徽章,左上、右下两部分图案相同,即红底上绘有 3 头金色雄狮,它们代表着英格兰;右上方点缀着鸢尾花的方框中有一头跃立的红狮,是苏格兰的标志,左下方镶嵌在蓝地中的金色银弦竖琴象征爱尔兰。一条嘉得勋章的蓝色绶带环绕盾徽,上面铭刻着英国上层社会的一句格言:"恶有恶报。"盾徽两侧分别侍立着一头英国王狮和银色的苏格兰独角兽,上方有一顶金银相嵌的头盔,其上供奉着华丽富贵的帝国冠冕。盾徽底部的白色丝带上英王的座右铭熠熠闪光:"神赐予我权利。"英国国旗与国徽如图 9-7 所示。

图 9-7 英国国旗与国徽

(1) 交际习俗。不喜欢被统称为"英国人",而喜欢被称为"不列颠人"。习惯握手礼,女子一般施屈膝礼。男子如戴礼帽,遇见朋友时微微揭起以示礼貌。英国人注重实际,不喜空谈,他们社交场合衣着整洁,彬彬有礼,体现"绅士风度"。妇女穿着较正式的服装时,通常要配一顶帽子。

在社交场合,英国人极其强调所谓的绅士风度,坚持"女士第一"的原则,对女士尊重和照顾。他们十分重视个人教养,认为:教养体现出细节,礼节展现出教养。他们待人十分客气,"请""谢谢""对不起""你好""再见"之类的礼貌用语,天天不离口。即使是家人、夫妻、至交之间,英国人也常常会使用这些礼貌用语。

在交际活动中,握手礼是英国人使用最多的见面礼节。在一般情况下,与他人见面时,英国人既不会像美国人那样随随便便地"嗨"上一声作罢,也不会像法国人那样非要跟对方热烈地拥抱、亲吻不可。英国人认为那样做都有失风度。

(2)主要禁忌。英国人忌4人交叉握手,忌"13"和"星期五",忌用一次火点3支烟。不喜欢大象及其图案,讨厌墨绿色,忌黑猫和百合花,忌碰撒食盐和打碎玻璃。认为星期三是黄道吉日。喜欢养狗,认为白马象征好运,马蹄铁会带来好运。

在英国人看来,夸夸其谈、自吹自擂,说话时指手画脚都是缺乏教养的表现,所以与英国人刚刚认识就与他们滔滔不绝地交谈会被认为很失态。和英国人交谈要小心选择话题,不要以政治或宗教倾向作为话题。另外,不要去打听英国人不愿讲的事情,千万不要说某个英国人缺乏幽默感,这很伤他们的自尊心,他会感到受侮辱。因为英国人历来以谈吐幽默、高雅脱俗为荣。

(3)饮食特点。通常一日四餐,即早餐、午餐、午茶点和晚餐,晚餐为正餐。不喜欢上餐馆,喜欢亲自烹调。平时以英法菜为主。"烤牛肉加约克郡布丁"被誉为国菜。进餐前习惯先喝啤酒或威士忌。讲究喝早茶与下午茶。

8)法国民俗风情

法国的正式名称是法兰西共和国。"法兰西"源于古代法兰克王国的国名。在日耳曼语里,"法兰克"一词的本义是"自由"或是"自由人"。"艺术之邦""时装王国""葡萄之国""名酒之国""美食之国"等都是世人给予法国的美称。法国首都巴黎更是鼎鼎大名的"艺术宫殿""浪漫之都""时装之都"和"花都",法国的主要宗教是天主教,近80%的人是天主教教徒,其余的人信奉基督教、犹太教或伊斯兰教。

法国的国旗以三色旗著称,最早出现在1789年的法国资产阶级革命时期(法国大革命时期),巴黎国民自卫队就以蓝、白、红三色旗为队旗。白色居中,代表国王,象征国王的神圣地位;红、蓝两色分列两边,代表巴黎市民;同时这三色又象征法国王室和巴黎资产阶级联盟,三色旗也曾是法国大革命的象征。1794年被确定为法兰西第一共和国的国旗。法国没有正式国徽,但传统上采用大革命时期的纹章作为国家的标志。纹章为椭圆形,上面绘有大革命时期流行的标志之一——束棒,这是古罗马高级执法官用的权标,是权威的象征。束棒两侧饰有橄榄枝和橡树枝叶,其间缠绕的饰带上用法文写着"自由、平等、博爱"。整个图案由带有古罗马军团勋章的绶带环饰。法国国旗与国徽如图9-8所示。

(1)交际习俗。法国人非常善于交际,即使是萍水相逢,他们也会主动与之交往,而且表现得亲切友善,一见如故。

法国人天性浪漫,在人际交往中,他们爽朗热情,善于雄辩,高谈阔论,爱开玩笑,幽默风趣,讨厌不爱讲话的人,对愁眉苦脸者难以接受。

他们崇尚自由,纪律性较差,不大喜欢集体行动,约会也可能姗姗来迟。法国人有极强的民族自尊心和民族自豪感,在他们看来,世间的一切都是法国最棒。例如,法国人懂英语的不少,但通常不会直接用英语与外国人交谈。因为他们认定,法语是世间最美的语言,与

图 9-8　法国国旗与国徽

法国人交谈时若能讲几句法语,一定会使对方热情有加。懂法语而又不同法国人讲法语,则会令其大为恼火。

法国人注重服饰的华丽和式样的更新。妇女视化妆和美容为生活之必需。在社会交往中奉行"女士第一"的原则。法国人习惯行握手礼,有一定社会身份的人施吻手礼。少女常施屈膝礼。男女之间,女子之间及男子之间,还有亲吻面颊的习惯。社交中,法国人不愿他人过问个人私事。

(2) 主要禁忌。法国人忌"13"和"星期五"。他们大都喜爱蓝色、白色与红色,不喜欢金黄色和墨绿色。法国人视仙鹤为淫妇的化身,孔雀被看作祸鸟,大象象征笨汉。它们都是法国人反感的动物。法国人视菊花、杜鹃花与核桃等为不祥之物。

向法国人赠送礼品时,宜选具有艺术品位和纪念意义的物品,不宜送刀、剑、剪、餐具,或是带有明显的广告标志的物品作为礼品。男士向一般关系的女士赠送香水,也被法国人看作是不合适的。

与别人交谈时,法国人往往喜欢选择一些足以显示其身份、品位的话题,如历史、艺术等。对于恭维英国、德国,贬低法国的国际地位和历史贡献,议论其国内经济滑坡、种族纠纷等问题,他们不愿意予以呼应。

(3) 饮食特点。法国人会吃,也非常讲究吃。法国菜风靡世界,被称为"法国大餐"。法国人喜欢吃蜗牛和青蛙腿,最名贵的菜是鹅肝。法国人喜欢喝酒,几乎餐餐必饮,白兰地、香槟和红白葡萄酒都是他们的最爱。法国菜的特点是鲜嫩。法国人也非常喜欢中国菜。

9) 德国民情风俗

德国的正式名称是德意志联邦共和国。"德意志"在古代高德语里,其含义为"人民的国家"或"人民的土地"。在世界上德国有"经济巨人""欧洲的心脏""出口大国""啤酒之国""香肠之国"等美称。德国的主要宗教是基督教和天主教。目前在德国全国总人口中,信奉基督教的约占47%,信奉天主教的约占36%。德国国旗呈横长方形,长与宽之比为5∶3。自上而下由黑、红、黄三个平行相等的横长方形相连而成。国徽为金黄色的盾徽,盾面上是一头红爪红嘴、双翼展开的黑鹰,黑鹰象征着力量和勇气。德国国旗与国徽如图9-9所示。

(1) 交际礼仪。德国人之间初次见面,如果需要第三者的介绍,作为介绍人要注意:不能不论男女长幼、地位高低而随便把一人介绍给另一人,一般的习惯是从老者和女士开始。

图 9-9　德国国旗与国徽

向老年人引见年轻人,向女士引见男士,向地位高的人引见地位低的人。

双方握手时,要友好地注视对方,以表示尊重对方。如果这时把眼光移向别处,东张西望,是很不礼貌的行为。初次相识的双方在自报姓名时,要注意听清和记住对方的姓名,以免发生忘记和叫错名字的尴尬局面。在许多人相互介绍时,要做到尽量简洁,避免拖泥带水。

由于德语自身的特点,在与德国人交往中还会遇到一个是用尊称还是用友称的问题。一般与陌生人、长者以及关系一般的人交往,通常用尊称"您";而对私交较深、关系密切者,如同窗好友、共事多年关系不错的同事,往往用友称"你"来称呼对方。交换称谓的主动权通常在女士和长者手中。称谓的变换,标志着两者之间关系的远近亲疏。对此必须熟练掌握和运用,这样才能得心应手地与德国人交往。

德国人十分遵约守时。德语中有一句话"准时就是帝王的礼貌"。德国人邀请客人,往往提前一周发邀请信或打电话通知被邀请者。如果是打电话,被邀请者可以马上口头作出答复;如果是书面邀请,也可通过电话口头答复。但不管接受与否,回复应尽可能早一点儿,以便主人作准备,迟迟不回复会使主人不知所措。如果不能赴约,应客气地说明理由。既不赴约,又不说明理由是很不礼貌的。在德国,官方或半官方的邀请信,往往还注明衣着要求。接受邀请之后如中途有变不能如约前往,应早日通知主人,以便主人另作安排。如因临时的原因,迟到10分钟以上,也应提前打电话通知一声,因为在德国私人宴请的场合,等候迟到客人的时间一般不超过15分钟。客人迟到,要向主人和其他客人表示歉意。

电影院中的迟到,人们可能已习以为常,但对于音乐会的迟到,则是令人厌烦的。这时迟到者最好等到一幕或一个乐章结束后再入座。如等不及,需慢慢走到座位上,千万别走错排数,并且要对站起来让路的人轻说"谢谢"。

赴约赴宴,如遇交通高峰期,一定要提早出门,以免迟到。迟到固不礼貌,但早到也欠考虑。德国人如遇正式邀请,往往提前出门,如果到达时间早,便在附近等一等,到时再进主人家。

德国人不习惯送重礼,所送礼物多为价钱不贵、但有纪念意义的物品,以此来表示慰问、致贺或感谢之情,去友人家赴宴,客人带上点儿小礼物,俗话说礼轻情义重,一束鲜花、一盒巧克力糖果或一瓶酒即可。当然,去德国朋友家做客的中国人如能送给女主人一件富有民族风格的小纪念品,那定会受到主人由衷的赞赏。如果只是顺便看望,那就不必带什么礼物了,最多给小孩子带点儿小玩意儿。如果是业务的聚会,双方往来都是公事,只要按时应邀出席,不必另有表示。

在德国,如遇朋友乔迁或新婚,你可以事先同受礼者开诚布公地谈谈送些什么礼物好。有的德国新婚夫妇会把自己所需的日常用品列一份清单,送礼的朋友可在此单上划上自己送的东西,这样既可使新婚夫妇得到实惠,又令馈赠者高兴。

(2) 主要禁忌。德国人对黑色、灰色比较喜欢,对于红色以及掺有红色或红黑相间之色则不感兴趣。对于"13"与"星期五",德国人十分讨厌。他们对于四个人交叉握手,或是在交际场合进行交叉谈话,也比较反感,因为他们认为这是不礼貌的。德国人对纳粹党徽的图案"卐"十分忌讳。它与我国民间表示吉祥的"卍"颇为近似。只不过前者的开口是呈顺时针方向,而后者的开口是呈逆时针方向,切不可将二者混淆乱用。另外,在德国跟别人打招呼时,切勿身体立正,右手向上方伸直,掌心向外。这一姿势过去是纳粹行礼的方式,因此也应避免。

与德国人交谈时,不宜涉及纳粹、宗教与党派之争。在公共场合窃窃私语或是大声讲话,德国人认为都是十分无礼的。

(3) 衣食特点。德国人在穿着打扮上的总体风格,是庄重、朴素、整洁。他们不大容易接受过分前卫的服装,不喜欢穿着过分鲜艳花哨的服装,并且对衣冠不整、服装不洁者表示难以忍受。德国人在正式场合露面时,必须穿戴整齐,衣着一般多为深色。在商务交往中,讲究男士穿三件套西装,女士穿裙式服装。德国人对于发型较为重视。在德国男士不宜剃光头,免得被人当作"新纳粹"分子。德国少女的发式多为短发或披肩发,烫发的妇女多为已婚者。

德国人讲究饮食,最爱吃猪肉,其次才是牛肉。以猪肉做成的各种香肠,令德国人百吃不厌。德国人一般胃口较大,喜食油腻之物,在口味方面,德国人爱吃冷菜和偏甜、偏酸的菜肴,对于辣或过咸的菜肴则不太欣赏。德国人最喜欢饮啤酒,人人都是海量,当然他们对于咖啡、红茶、矿泉水也很喜欢。

10) 俄罗斯民情风俗

俄罗斯联邦简称"俄罗斯"。俄罗斯是从其民族名称"罗斯人"演化而来的。汉译名"俄罗斯",是通过蒙古语转译过来的。"俄罗斯苏维埃联邦社会主义共和国"于1917年11月7日宣布成立;1922年12月30日加入苏联,1991年12月8日宣布建立独立国家联合体,并宣布1922年的苏联联盟条约对他们不再适用,国名改为"俄罗斯联邦"。俄罗斯联邦全国面积1 707.54万平方公里,是国土面积最大的国家。俄罗斯联邦包括16个自治共和国,5个自治州、10个自治区、6个边疆区、49个州,首都莫斯科。货币为"卢布"。官方语言是俄语。

俄罗斯国旗采用传统的泛斯拉夫颜色,旗面由三个平行且相等的横长方形组成,由上到下依次是白、蓝、红三色。旗帜中的白色代表寒带一年四季的白雪茫茫,蓝色代表亚寒带,又象征俄罗斯丰富的地下矿藏和森林、水利等自然资源,红色是温带的标志,也象征俄罗斯历史的悠久和对人类文明的贡献。三色的排列显示了俄罗斯幅员的辽阔。另外,白色又是真理的象征,蓝色代表了纯洁与忠诚,红色则是美好和勇敢的标志。1699年彼得大帝到荷兰学习造船术时,他意识到需要为俄国的海军设计一面军旗。他因此效仿荷兰的三色国旗设计,但颜色是不一样的(当时的荷兰国旗是橙—白—蓝三色)。彼得大帝当时选择的颜色是红、白、蓝三色,也就是后来的泛斯拉夫颜色。1883年5月7日这面旗帜正式成为俄国国旗,1917年十月革命后三色旗被取消。1991年8月21日这面旗帜再次被采用,成为独立的俄罗斯联邦的国旗。1993年11月30日,俄决定采用十月革命前伊凡雷帝时代的、以双头鹰为图案的国徽:红色盾面上有一只金色的双头鹰,鹰头上是彼得大帝的三顶皇冠,鹰爪抓着象征皇权的权杖和金球。鹰胸前是一个小盾形,上面是一名骑士和一匹白马。俄罗斯国旗与国徽如图9-10所示。

图9-10　俄罗斯国旗与国徽

(1) 交际习俗。俄罗斯人养成了注重礼貌的良好习惯。与客人相见,总要相互问好并道:"早安""日安"或"晚安"。言谈中"对不起""请""谢谢"时常挂在嘴边。他们在待客中,常以"您"字表示尊敬和客气;而对亲友往往则用"你"字相称,认为这样显得随便,同时还表示出对亲友的亲热和友好。外出时,总习惯衣冠楚楚。衣扣要扣得完整,从不像有些国家的人那样,把外衣搭在肩上或系在身上。

俄罗斯人对妇女颇为尊敬。"女士优先"在他们的国家里很盛行,凡在公共场所,无论是行走让路,还是乘车让座,他们对女士总是谦恭有礼。俄罗斯人时间观念很强,约会总是准时赴约。他们对马怀有特殊的感情,认为马能驱邪,会给人带来好的运气。故有不少农民非常喜欢把马头形的木雕钉在屋脊上,以示吉祥求得四季平安。他们一般偏爱数字"7",认为"7"预兆会办事成功,"7"还可以给人们带来美满和幸福。俄罗斯人对红色比较偏爱,他们把红色视为美丽和吉祥的象征。他们很讲究餐桌陈设的艺术性,认为美好的餐台设计会给人带来喜悦的心情,并有增进人们食欲的作用。由于受地理环境的影响,他们一般都怕热不怕冷,夏天尤其喜欢餐厅内带有空调设备。俄罗斯的女主人,对来访客人带给她的单数鲜花是很欢迎的;男主人则喜欢高茎、艳丽的大花。

俄罗斯人在社交场合与客人见面时,一般惯施握手礼。拥抱礼也为他们常施的一种礼节。他们还有施吻礼的习惯,但对不同人员、在不同场合,所施的吻礼也有一定的区别:一般对朋友之间,或长辈对晚辈之间,以吻面颊者为多,不过长辈对晚辈以吻额为更亲切和慈爱;男子对特别尊敬的已婚女子,一般多施吻手礼,以示谦恭和崇敬之意。吻唇礼一般只是在夫妇或情侣间流行。

(2) 主要禁忌。来访者若私带艺术品出境或与市民私下交换货币是严重的犯罪行为。决不能在街上丢弃任何东西,连一张过期的电影票也不行。这种行为有损俄罗斯的整洁,而且是违规的。约会必须准时到达。应邀去俄罗斯人家里作客时可带上鲜花或烈性酒,艺术品或图书是受欢迎的礼物。俄罗斯联邦主要宗教有俄罗斯正教、伊斯兰教、天主教、新教、犹太教和佛教。他们对盐十分崇拜,并视盐为珍宝和祭祀用的供品。认为盐具有驱邪除灾的力量。如果有人不慎打翻了盐罐,或是将盐撒在地上,便认为是家庭不和的预兆。为了摆脱凶兆,他们总习惯将打翻在地的盐拾起来撒在自己的头上。他们有"左主凶、右主吉"的传统思想观念,认为左手握手或左手传递东西及食物等,都属于一种失礼的行为。他们忌讳"13"数,认为"13"是个凶险和预示灾难的数字。他们对兔子的印象很坏,认为兔子是一种怯弱的动物,尤其若从自己眼前跑过,那便是一种不祥的兆头。他们忌讳黑色,认为黑色是丧葬的代表色,因此,他们对黑猫更为厌恶,并视黑猫从自己面前跑走为不幸的象征。

(3) 饮食特点。俄罗斯人在饮食上,一般都不吃乌贼、海蜇、海参和木耳等食品;还有些人对虾和鸡蛋不感兴趣,个别人不吃这两种食品。境内的鞑靼人忌吃猪肉、驴肉和骡子肉。境内的犹太人不吃猪肉,不吃无鳞鱼。伊斯兰教徒禁食猪肉和使用猪制品。

俄罗斯人总的饮食特点是菜汤加稀粥,餐餐上饭桌,菜肴、小吃、饮料丰富多彩。主食普遍爱吃面食;肉类偏爱牛肉;蔬菜最爱白菜、蘑菇;饮料最爱格瓦斯;酒类最爱伏特加,水果最爱吃苹果,干果最爱葡萄干。

俄罗斯各民族的饮食嗜好各不相同:俄罗斯人爱吃黑麦面包、黄油、酸牛奶、酸黄瓜、咸鱼等食品;喜欢用盐来招待客人,常用面包夹盐待客,以示热情和礼貌。俄罗斯联邦境内的鞑靼人以烤面饼、抓饭、面条、馅饼等为主食,以牛奶、羊奶、马奶为饮料。俄罗斯联邦境内的巴什基尔人主要吃奶、肉和面粉制品,也吃土豆、蔬菜;爱吃酸面包、无盐面包、面片抓肉丝、马肉香肠等;喜欢酸乳、马奶酒和茶,茶中乐于加些奶。俄罗斯境内的摩尔多瓦人爱吃油煎薄饼、奶渣饼、馅饼、麦粥、豌豆和白菜,喜欢喝蜜制啤酒。俄罗斯境内的犹太人只吃反刍的、有分趾蹄的动物,如牛、羊等肉。

俄罗斯人一般对晚餐要求较为简单,对早、午餐较为重视。他们用餐一般时间都习惯拖得很长。他们一般以吃俄式西餐为主,大多都使用刀叉用餐,也有个别人习惯用手抓饭吃。他们对中餐极为欣赏。一般都乐于品尝不同风味的菜肴,菜肴乐于熟透和酥烂。

由于受地理环境的影响,特别爱喝烈性酒,而且酒量都偏大,一般人爱饮伏特加,也愿意喝啤酒,也喜欢喝中国的珍珠水酒;对饮料中的柠檬汁、红茶、可可、咖啡、汽水、橘子汁、酸牛奶和矿泉水也很爱喝。

11) 澳大利亚民俗风情

澳大利亚正式名称为澳大利亚联邦。澳大利亚作为国家的名称,来自拉丁文。在拉丁文里其含义是"南方之地"。"牧羊之国""骑在羊背上的国家""坐在矿车上的国家""淘金圣地"等都是对澳大利亚的美称。澳大利亚的主要宗教是基督教,全国居民之中约98%的人都是基督徒。

澳大利亚国旗为长方形,旗面为蓝色,靠旗杆侧上角有英国米字旗,靠旗杆侧下部有一颗白色的七角星;其余部分有四颗较大的白色七角星与一颗较小的白色五角星,代表的是太平洋上空的南十字星座。国旗的左上角为英国国旗图案,表明澳大利亚与英国的传统关系。最大的一颗七角星代表的是澳大利亚的六个州与一个区,蓝色象征着大海环抱着澳大利亚领土。其国徽图案中袋鼠和鸸鹋是澳特有动物,为国家的标志,民族的象征。盾面上有六组图案：红色圣乔治十字形象征新南威尔士州；王冠下的南十字形星座代表维多利亚州，蓝色的马耳他十字形代表昆士兰州；伯劳鸟代表南澳大利亚州，黑天鹅象征西澳大利亚州，红色狮子象征塔斯马尼亚州。盾形上方为一枚象征英联邦国家的七角星。背景为澳国花金合欢。绶带上用英文写着"澳大利亚"。澳大利亚国旗与国徽如图9-11所示。

图9-11　澳大利亚国旗与国徽

（1）服饰礼仪。男子多穿西服，打领带，在正式场合打黑色领结。达尔文服是流行于达尔文市的一种简便服装。妇女一年中大部分时间都穿裙子，在社交场合则套上西装上衣。无论男女都喜欢穿牛仔裤，他们认为穿牛仔裤方便、自如。土著居民往往赤身裸体，或在腰间扎一条围巾，有些地方的土著人讲究些，披在身上。他们的装饰品丰富多彩。

（2）交际礼仪。澳大利亚人情味很浓，乐于同他人进行交往，并且表现得质朴、开朗、热情。过分地客套或做作，均令其不快。他们爱交朋友，爱同陌生人打招呼、聊天，爱请别人到自己家里作客。

澳大利亚的男士相处，感情不能过于外露，大多数男人不喜欢紧紧拥抱或握住双肩之类的动作。在社交场合，忌讳打哈欠、伸懒腰等小动作。

澳大利亚是一个讲求平等的社会，不喜欢以命令的口气指使别人。

澳大利亚人见面习惯于握手，不过有些女子之间不握手，女友相逢时常亲吻对方的脸。

澳大利亚人大都名在前，姓在后。称呼别人先说姓，接上先生，小姐或太太之类。熟人之间可称小名。

（3）主要禁忌。澳大利亚人对兔子特别忌讳，认为兔子是一种不吉利的动物，人们看到它都会感到倒霉。与他们交谈时，多谈旅行、体育运动及在澳大利亚的见闻，议论种族、宗教、工会和个人私生活以及等级地位问题最令澳大利亚人不满。

在数目方面，受基督徒的影响，澳大利亚人对于"13"与"星期五"普遍感到反感。

澳大利亚人不喜欢将本国与英国处处联系在一起。

澳大利亚人对于公共场合的噪声极其厌恶。在公共成所大声喧哗者，尤其是门外高声喊人的人，他们是最看不起的。

（4）饮食特点。澳大利亚人在饮食上以吃英式西菜为主，其口味清淡，不喜油腻。澳大利亚的食品素以丰盛和量大而著称，尤其对动物蛋白质的需要量更大。他们爱喝牛奶，喜食牛肉，猪肉等。他们喜喝啤酒，对咖啡很感兴趣。

7. 西方主要节日习俗

节日是指某一国家或地区为庆贺、纪念、缅怀某一事件或某一人物而约定俗成的时日。各国、各民族都有自己传统的节日庆典，有些节日还逐渐变成世界性的传统节日。

(1) 圣诞节。圣诞节本是基督教用以纪念耶稣基督诞辰的一个宗教节日,但是随着基督教势力的扩展和西方文化传播的影响,它已经成为一个世界的民间节日。它的时间延续很长,通常为12月24日至次年1月6日。在许多国家和地区,包括港澳,圣诞节都是例行假日。

西方人以红、绿、白为圣诞色,每逢圣诞节来临,家家户户都要用圣诞色来装饰。红色的有圣诞花和圣诞蜡烛。圣诞花即一品红,它被西方人用来象征圣诞节令。圣诞蜡烛不同于普通蜡烛,它五色俱全,精致小巧。过圣诞节时,家家都要点燃它。绿色的是圣诞树。它是圣诞节的主要装饰品,用砍伐来的杉、柏一类呈塔形的常青树装饰而成,上面悬挂着五颜六色的彩灯、礼物和纸花,还点燃着圣诞蜡烛。圣诞花是由圣诞树演变而成的室内装饰物,它用松、杉、柏一类常青树的枝条扎成圆形,放上几颗松果,再配上红缎带就做成了。

红色与白色是圣诞老人的颜色,他是圣诞节活动中最受欢迎的人物。圣诞老人名叫圣克劳斯,传说他白须红袍,每到圣诞夜,便从北方驾鹿橇而来。他身背大红包袱,脚蹬大皮靴,通过每家的烟囱进入室内发送礼物。因此,西方儿童在圣诞夜临睡之前,要在壁炉前或枕头旁边放上一只袜子,等候圣诞老人在他们入睡后把礼物放在袜子内。在西方,扮演圣诞老人也是一种习俗。

圣诞节前后,大多数西方国家正值严冬,洁白美丽的雪花使圣诞节富有诗意。然而,地处南半球的澳大利亚和新西兰此刻恰恰是烈日当空。由于天热,他们的节日活动极少狂欢,而是走亲访友,融洽感情。他们的圣诞食品品味以清凉为主,各种冷盘、沙拉和水果最受欢迎。

传说耶稣是夜时诞生的,因此12月24日之夜被称作圣诞夜。圣诞节庆祝活动自此夜开始,而以半夜为高潮。这一夜,天主教教堂里灯火通明,举行纪念耶稣出生的半夜弥撒。在圣诞夜里,人们会唱起圣诞歌。圣诞歌很多,以《平安夜》最为著名。

西方人在圣诞夜全家要聚餐一次,餐桌上将出现火鸡、羊羔肉、葡萄干布丁和水果饼。其中火鸡被叫作圣诞鸡,是圣诞大餐中必不可少的。英美人讲究圣诞之夜吃火鸡,德国人则习惯吃烤鹅。

西方人在圣诞节相见时,要互道"圣诞快乐"!英国人在这天一大早,就要通过窗户向邻人或朋友们高呼这一句话。

(2) 复活节。复活节是仅次于圣诞节的基督教第二大节日,是基督教用以纪念耶稣复活的一个宗教节日,但已经被世俗化了。复活节的日期是每年春分(3月21日或22日)月圆后的第一个星期日。每逢复活节来临,教会都要举行隆重的纪念礼拜。信徒们相见,第一句话就是"主复活了!"复活节期间,人们经常相互赠送复活节彩蛋,它由鸡蛋涂上各种颜色而成。在古代,鸡蛋象征着生命,并被视为复活的坟墓。西方还有复活节小兔一说。兔子是繁殖力最强的动物,所以被人们选作生命的象征。时至今日孩子们过复活节依然少不了吃兔子糖和讲述各种有关兔子的故事。

现在,西方各国在复活节时,大都举行游行活动。美国的游行队伍是化了装的,其中最受人们喜爱的是卡通人物米老鼠和唐老鸭。其他国家的游行队伍也都各具民族特色。复活节晚上,各家都要举行复活晚宴。晚宴上的传统主菜是羊肉和熏火腿。用羊祭祀是基督教信徒千百年来的传统,而猪则一直象征着幸运。

(3) 狂欢节。在现代,狂欢节已成为许多国家人们抒发渴望幸福之情的节日。由于各国的习俗不同,狂欢节的日期不统一,甚至在同一国中也有因地制宜的情况。多数国家定在气候适宜的2、3月举行。世界著名的狂欢节有法国的春季狂欢节、加拿大的冰上狂欢节、德国狂欢节等。

狂欢节起源于古罗马的农神节,发展于中世纪,盛行于当代,是欧美各国的传统节日。狂欢节主要是以辞旧迎新、憧憬未来为基本主题。在欧美诸国中保存最为完整的是德国科隆城,每年慕名从国内外赶来欢度狂欢节的人不计其数。节日里,科隆城里到处是热闹的人群,各大小酒家、舞厅及娱乐场所被挤得水泄不通,人们相互致以节日祝贺,穿上节日的盛装,尽情地打扮自己。街上有大规模的化装游行,有彩车队、乐曲队、舞蹈队等,彩车上不时有礼物抛向人群,男女老少互相争抢,热闹非凡。

巴西的狂欢节是堪称世界之最的群众性集会庆祝活动。狂欢节前,巴西人都要耗资购买节日服装、面具及食品、饮料等,即使借钱负债也在所不惜。首都巴西利亚是狂欢节的中心,狂欢节期间商店关门、工厂停工,人们不分肤色、种族、年龄、贫富、贵贱都是狂欢节的参与者,而巴西的圆舞、桑巴舞表演是狂欢节最精彩的节目。

(4) 愚人节。愚人节是每年4月1日,在欧美的一些国家及地区都以开玩笑使人上当度过这一有趣节日。

此节的起因,一说是古罗马谷物神色列斯的女儿普丽芬丝在天堂玩耍时,被冥王普路托掠走,还欺骗其父色列斯到天堂去寻找,使其白跑一趟,由此沿袭成"愚人节",成为提醒人们谨防上当的节日活动。

另一说起源于法国,1564年,法国采用阳历1月1日为一年之始的新纪元法,却遭到国内保守派的反对,他们依然按照旧历4月1日为新年,互赠礼品。为了蒙蔽保守派,改革新历法的团体继续在这天请保守派参加招待会,赠送给他们礼品。后来人们把这些上当受骗的保守分子称为"4月傻瓜",或"上钩的鱼"。从此,人们在4月1日便互相愚弄,成为法国流行的习俗,后来传到其他国家和地区。

但是不论哪一种传说,愚人节的内容与日期都是相同的。在这一天,人们可以尽情地相互开玩笑,甚至连报纸、电台、电视台也会故意制造出一些有趣的"新闻"来戏弄人们。当然开玩笑也要掌握适当的分寸,不能损害国家的整体利益,更不能触犯国家的法律、政策,否则,不仅会受到道德舆论的谴责,还会受到法律的惩处。

(5) 情人节。情人节又称瓦伦丁节,每年的2月14日许多欧美国家都把这一天作为表白爱情的甜蜜日子,是青年男女喜爱的节日。

节日这天,情侣们相互交换"情侣卡"表示自己忠贞不渝的爱情,在欢乐愉快的情人舞会中,还向情人送上自己的玫瑰花以表示自己的爱心,也有的赠送巧克力或带有"心"形的装饰物、附有祝词的小卡片等。

不过,情人节并非情侣们的"专利"。在这一天,任何年龄的人也可以向自己的父母、尊重的长者及相熟的朋友表达自己的一份情意。

(6) 感恩节。感恩节又称火鸡节,为每年11月的第四个星期日。该节日起源于1820年,一些英国的新教徒为了摆脱宗教和政治上的迫害,远涉重洋前往美国马萨诸塞州的普利茅斯避难,后来在当地印第安人的帮助下,他们学会狩猎、捕鱼、种植玉米和荞麦,才得以生存。第三年的 11 月中的最后一个星期的星期日,他们准备了大批水禽和火烤野火鸡,做南瓜馅饼招待印第安客人,并用赛跑、射箭、歌舞等活动来感谢上帝的恩赐,以报答印第安人。

美国独立后,林肯在 1863 年宣布感恩节为全国性节日,1941 年又获美国国会法定通过。从此,每年这一天,美国总统和各州州长都要发表献词,人们举行花车游行,并到教堂对上帝的慷慨恩赐表示感谢。然后一家老小团聚,围坐在火炉旁,品尝着包括火鸡和南瓜馅饼在内的丰盛晚餐,做着各种有趣的游戏,尽情欢畅。

(7)母亲节。母亲节又称省亲星期日,起源于 18 世纪的英国,原是出嫁女儿回家探望母亲的日子。1921 年美国国会将每年 5 月的第二个星期日定为母亲节。

母亲节这天,人们向母亲献上康乃馨,或在胸前佩戴一朵花,以示对母亲的敬意。此外,每个家庭和教堂都要举行各种仪式的纪念活动。现在世界上的多个国家都有纪念活动。

(8)父亲节。父亲节是美国索诺拉多德夫人于 1920 年创立的,因其母亲早亡,父亲把两个子女在极端困难的情况下抚养成人,为了感谢父亲的培育之恩而创立了这个节日。1971 年美国国会把每年 6 月的第三个星期日定为父亲节。届时子女们都亲手制作有意义的贺卡和小礼物送给父亲,以表示崇敬的心情。如今,世界上很多国家和地区都有父亲节纪念活动,我国台湾省定在 8 月 8 日,这一天,儿女们都要回家向父亲祝福。

实训项目

项目 1:模拟涉外迎送

实训目标:掌握涉外迎送的礼仪规范。

实训学时:2 学时。

实训地点:实训室。

实训方法:8~10 人一组,分别扮演相关角色,模拟迎送外国贸易代表团(具体是哪国由学生自拟),模拟见面、接站、送行、乘车的具体礼仪。

训练手记:通过训练,我的收获是_____

_____。

项目 2:到外国朋友家做客

实训目标:掌握涉外拜访的礼仪。

实训学时:2 学时。

实训地点:实训室。

实训准备:道具、小礼物。

实训方法:学生分组扮演角色,可以表演到日本、法国、美国等不同国家外国朋友家作客的情况,中方代表 1~2 人,外国友人为一对夫妇(他们对中国的了解程度各小组自定)。教师可以和推选出的 4 名学生担当裁判,根据各组表演情况,从语言表达、个人仪容仪表和举止、台词设计、表演技巧和风格、小组配合等方面综合评价,决出最佳礼仪先生、礼仪小姐和最佳礼仪团队。

训练手记:通过训练,我的收获是_____

_____。

 案例讨论

案例1

接　　待

泰国某机构为泰国一项庞大的建筑工程向美国公司招标。经过筛选,最后剩下四家候选公司。泰国人派遣代表团到美国亲自去各家公司商谈。代表团到达芝加哥时,那家工程公司由于忙乱中出了差错,又没仔细复核飞机到达时间,未去机场迎接泰国客人。但是泰国代表尽管初来乍到不熟悉芝加哥,还是自己找到了芝加哥商业中心的一家旅馆。他们打电话给那位急促不安的美国经理,在听了他们的道歉后,泰国人同意在第二天11时在经理办公室会面。第二天美国经理按时到达办公室等候,直到下午三点钟才接到客人的电话说:"我们一直在旅馆等候,始终没有人前来接我们。我们对这样的接待实在不习惯。我们已订了下午的飞机奔赴下一个目的地。再见吧!"

(资料来源:佚名.商务礼仪试卷[EB/OL].[2015-03-27]. https://www.docin.com/p-1107538024.html.)

思考题:

(1)本案例对你有哪些启示?请写下来并上传至共享群。

(2)请结合本任务所学内容对此案例进行分析。

案例2

表　　扬

一位英国老妇到中国旅游观光,对接待她的导游小姐评价颇好,认为她服务态度好,语言水平也很高,便夸奖该导游小姐说:"你的英语讲得好极了!"导游小姐按照中国人的习惯,谦虚地回应说:"我的英语说得不好。"英国老妇一听生气了,心想:"英语是我的母语,难道我都不知道英语该怎么讲?"她越想越气,第二天坚决要求旅行社给她换导游。这件事在旅游行业乃至所有的窗口行业引起极大反应。

(资料来源:佚名.酒店服务礼仪案例[EB/OL].[2012-02-18]. http://www.canyin168.com/glyy/yg/ygpx/fwly/201202/39364_4.html.)

思考题:

(1)本案例对你有哪些启示?请写下来并上传至共享群。

(2)造成案例中的现象的原因是什么?

(3)面对外宾的表扬,应怎样得体地回答?

案例 3

尊 严

20世纪90年代中期,国内的一名中学生应邀前往一个拉美国家,参加民间外交活动。有一天,当他前去出席在那个国家所举行的一次国际性会议时,发现在会场周围所悬挂的各与会国国旗之中竟然缺少中华人民共和国的国旗,便当即向会议的组织者指出了这一问题,并且严正地表示:"不悬挂我国国旗,就是缺乏对我国的尊重,假如不马上改正,我将拒绝出席这次会议,并且立即回国。"

经过据理力争,中国国旗终于飘扬在会场的上空。在会议的组织者再三表示了歉意之后,那位中学生才终于步入会场,出席会议。在他入场时,有不少与会者主动起立,向他热烈地鼓掌表示欢迎。当地的报纸事后为此发表评论说:"连一名中学生都具有那么强烈的民族自尊心,中国人的确是值得尊重的。"那位中学生之所以受到人们的尊重,主要是因为他能够在涉外交往中表现得不卑不亢。

(资料来源:佚名.商务礼仪案例集[EB/OL].[2021-01-19]. https://ishare.iask.sina.com.cn/f/5jwtB7PbSVR.html.)

思考题:
(1) 本案例对你有哪些启示?请写下来并上传至共享群。
(2) 对本案例的中学生你有何评价?
(3) 悬挂国旗有哪些礼仪要求?

案例 4

"委 屈"

下岗女工肖兰通过中介公司找到一份在外国专家家里做保姆的工作。肖兰热情活泼,精明能干,第一天就给对方留下了不错的印象。她的主要工作之一是打扫房间,包括布朗夫人的卧室。细心的布朗夫人特意给肖兰订制了一份时间表,上面规定每天上午8点清理卧室,让肖兰按照上面的计划严格执行。

开始几天,肖兰都干得相当好,很令布朗夫人满意。直到有一天,肖兰照例去清理布朗夫人的卧室,却发现布朗夫人没有像往常一样不在家,而在休息。肖兰心想,我还得按照计划办事,而且我打扫并不会影响她休息。热情的肖兰认真地干起了活了。这时,布朗夫人突然醒了,发现肖兰在她的房间里,很惊讶,马上用不是很流利的汉语叫起来了:"你来干什么?请出去!"肖兰仍是一片好心,"您接着休息吧,我一会儿就打扫完了。"布朗夫人提高了嗓门,一字一顿地说:"请—你—出—去!"并且用手指着门。肖兰不明白自己哪里惹了布朗夫人,她怎么这种态度。她心想,不是叫我按时打扫的吗?满肚子委屈地走了。

(资料来源:佚名.社交礼仪案例[EB/OL].[2019-02-09]. https://ishare.iask.sina.com.cn/f/bsRYFwlzAM7.html.)

思考题：

(1) 本案例对你有哪些启示？请写下来并上传至共享群。
(2) 肖兰为什么会感到委屈？

 课后练习

一、判断题

(1) 在涉外交往中首先要坚持相互尊重的原则。（　）
(2) 西方人喜欢直率的谈吐，忌讳言不由衷的客套。（　）
(3) 两人同行，以前者、右者为尊。（　）
(4) 上楼时，尊者、妇女在前，下楼时也应这样。（　）
(5) 迎客引路时，主人在前；送客时，则主人在后。（　）
(6) 在交往中，礼宾次序的总原则是"以右为尊"。（　）
(7) 与外国人初次见面交谈时，可以唠家常。（　）
(8) 与外国人打招呼可以说："您吃了吗？"（　）
(9) 按国际惯例，外宾前往参观时，一般都安排相应身份的人员陪同。（　）
(10) 悬挂双方国旗，以右为上，左为下。（　）
(11) 升旗时也可以随着国歌的乐曲默唱歌词。（　）
(12) 不得升挂破损、污损、褪色或者不合规格的国旗。（　）
(13) 西方的一项体现教养水平的重要标志是女士优先原则。（　）
(14) 男女见面，尊者一般有时为男方，有时为女方。（　）
(15) 两男一女同行，女士一般走在最左边。（　）
(16) 降半旗的做法是先将旗升起来至杆顶，再下降至距杆顶相当于杆长1/4的地方。（　）
(17) 男士与女士同行，路窄只能容纳一人走时男士走前面。（　）
(18) 经过危险处时，男士应主动挽女伴的手臂。（　）

二、思考与操作

(1) 对"女士优先"的交际原则你是怎样理解的？
(2) 中西方文化差异对礼仪有哪些影响？
(3) 与同学模拟跟外宾聊天的情景，评议其中有没有不礼貌之处？
(4) 接待外宾为什么要热情有度？
(5) 留意观察电视上接待外宾的系列情景，并对照教材有关内容加深理解。
(6) 模拟涉外交往中交换礼物的情景。
(7) 在涉外旅游活动中，展示中国人的文明礼仪素养有何重要意义？
(8) 请在网上收集《中国公民出境旅游文明行为指南》，并谈谈你对中央文明办、国家旅游局要颁布这一文件的看法。

 评价考核

能力评价表

内容		评价	
学习目标	评价内容	小组评价(5、4、3、2、1)	教师评价(5、4、3、2、1)
知识(应知应会)	出国的礼仪		
	国旗的悬挂		
	国外主要国家民情风俗		
	西方主要节日习俗		
专业能力	国外办公室、私人住所拜访礼仪		
	涉外接待礼仪		
	涉外会见、会谈礼仪		
	涉外参观游览礼仪		
通用能力	交际能力		
	组织能力		
	跨文化沟通能力		
态度	礼貌待人、不卑不亢、一丝不苟		
努力方向:		建议:	

礼仪

项目三　交际活动礼仪

任务10　会　　务

礼,与其奢也,宁俭。

——《论语·八佾》

礼貌是人类共处的金钥匙。

——[西班牙]松苏内吉

任务目标

- 组织发布会、展览会、赞助会等专题会议,在会议进程中注重讲究礼仪规范。
- 组织联欢会、电视电话会等礼仪活动并有得体的表现。
- 舞会上做到礼貌邀舞或委婉拒绝。
- 成功地筹备、举办一次舞会。
- 签字仪式、开业仪式、剪彩仪式符合礼仪规范。
- 较好地进行各类仪式的准备工作,在仪式进行中注重礼仪规范。
- 成功地组织各类仪式活动。

 情景导入

海达公司的新产品发布会即将开始,总经理秘书小叶正站在会议大厅的入口处,她一边做着最后的检查,一边等嘉宾的到来。她检查主席台上放置的名签时,发现有问题,一位嘉宾因故不能前来,名签却没有撤掉;而另一位嘉宾刚才来电话说要来参加新产品发布会,名签却没有准备。这时她的手机又响了,原来是接电视台记者的汽车在路上抛锚了,重新派车已经来不及了。同时,会议秘书组的人员来报,宣传材料不够。此时嘉宾已经陆续到来。

(资料来源:佚名.办公室案例[EB/OL].[2013-11-28]. https://www.wm114.cn/wen/160/319639.html.)

 任务分析

会议是指3人以上参加、聚集在一起讨论和解决问题的一种社会活动形式。人们通过会议交流信息、集思广益、研究问题、决定对策、协调关系、传达知识、布置工作、表彰先进、鼓舞士气等。随着社会的发展,人们已经难以想象"没有任何会议"的情形,而会务礼仪正是适应会议工作内容的需要而产生的。

本任务"情景导入"中的案例说明开好一次会议绝非易事,如何有条不紊地做好各项会务工作是每个服务行业从业人员必须面对而又必须做好的问题。

10.1 专题会议礼仪

1. 发布会礼仪

发布会一般指新闻发布会,又称记者招待会。政府、企业、社会团体或个人都可公开举行,邀请各新闻媒介的记者参加。举行发布会主要是为了把组织较为重要成就以及信息报告给所有新闻机构,所以,在发布会上发布的消息对产品和产品形象、组织和组织形象、先进人物和重要人物的宣传至关重要。

1) 发布会的准备

筹备发布会,要做的准备工作很多,其中最重要的,要做好时机的选择、人员的安排、记者的邀请、会场的布置和材料的准备等。

(1) 时机的选择。在确定发布会的时机之前,应明确两点:一是确定新闻的价值,即对某一消息,要论证其是否具有专门召集记者前来予以报道的新闻价值,要选择恰当的新闻"由头"。二是应确认新闻发表紧迫性的最佳时机。以企业为例,新产品的开发、经营方针的改变或新举措、企业首脑或高级管理人员的更换、企业的合并、逢重大纪念日、发生重大伤亡事故等事件时,都可以举行发布会。如果基于以上两点,确认要召开新闻发布会,要选择恰当的召开时机:要避开节日与假日,避开本地的重大活动,避开其他单位的发布会,还要避开与新闻界的宣传报道重点相左或撞车。恰当的时机选择是发布会取得成功的保障。

(2) 人员的安排。发布会的人员安排关键是要选好主持人和发言人。发布会的主持人应由主办单位的公关部长、办公室主任或秘书长担任。其基本条件是仪表堂堂、年富力强、见多识广、反应灵活、语言流畅、幽默风趣,善于把握大局、引导提问和控制会场,具有丰富的主持会议的经验。

新闻发言人由本单位主要负责人担任,除了在社会上口碑较好、与新闻界关系较为融洽之外,对其基本要求是修养良好、学识渊博、思维敏捷、能言善辩、彬彬有礼。

发布会还要精选一批负责会议现场工作的礼仪接待人员,一般由相貌端正、工作认真负责、善于交际应酬的年轻女性担任。

值得注意的是,所有出席发布会的人员均需在会上佩戴事先统一制作的胸卡,胸卡上面要写清姓名、单位、部门与职务。

(3) 记者的邀请。对出席发布会的记者要事先确定其范围,具体应视问题设计范围或事件发生的地点而定,一般情况下,与会者应是与特定事件相关的新闻界人士和相关公众代表。组织为了提高单位的知名度、扩大组织的影响而宣布某一消息时,邀请的新闻单位通常多多益善;而在说明某一活动、解释某一事件,特别是本单位处于劣势而这样做时,邀请新闻单位的面则不宜过于宽泛。邀请时要尽可能地先邀请影响大、报道公正、口碑良好的新闻单位;如事件和消息只涉及某一城市,一般就只请当地的新闻记者参加即可。

另外,确定邀请的记者后,请柬最好要提前一星期发出,会前还应用电话提醒。

(4) 会场的布置。发布会的地点除了可考虑在本单位或事件所在地举行外,可考虑租用大宾馆、大饭店举行,如果希望造成全国性影响的,则可在首都或某一大城市举行。发布会现场应交通便利、条件舒适、大小合适。会议地点确定后,应实地考察,在会议召开前应认真进行会场布置,会议的桌子最好不用长方形的,要用圆形的,大家围成一个圆圈,显得气氛和谐、主宾平等,当然这只适用于小型会议。大型会议应设主席台席位、记者席位、来宾朋友席位等。

(5) 材料的准备。在举行发布会之前,主办单位要事先准备好如下材料:一是发言提纲。它是发言人在发布会上进行正式发言时的发言提要,它要紧扣主题,体现全面、准确、生动、真实的原则。二是问答提纲。为了使发言人在现场正式回答提问时表现自如,可在对被提问的主要问题进行预测的基础上,形成问答提纲及相应答案,供发言人参考。三是报道提纲。事先必须精心准备一份以有关数据、图片、资料为主的报道提纲,并认真打印出来,在发布会上提供给新闻记者。在报道提纲上应列出本单位的名称、联系方式等,便于日后联系。四是形象化视听材料。这些材料供与会者利用,可增强发布会的效果,材料包括图表、照片、实物、模型、录音、录像、影片、幻灯片、光碟等。

2）发布会进行过程中的礼仪

（1）做好会议签到。要做好发布会的签到工作,让记者和来宾在事先准备好的签到簿上签下自己的姓名、单位、联系方式等内容。记者及来宾签到后,接待人员按事先的安排把与会者引到会场就座。

（2）严格遵守程序。要严格遵守会议程序,主持人要充分发挥主持者和组织者的作用,宣布会议的主要内容、提问范围以及会议进行的时间,一般不要超过 2 小时。主持人、发言人讲话时间不宜过长,过长了则影响记者提问,对记者所提的问题应逐一予以回答,不可与记者发生冲突。会议主持人要始终把握会议主题,维护好会场秩序,主持人和发言人会前不要单独会见记者或提供任何信息。

（3）注意相互配合。在发布会上,主持人和发言人要相互配合。为此首先要明确分工,各司其职,不允许越俎代庖。在发布会进行期间,主持人和发言人通常要保持一致的口径,不允许公开顶撞、相互拆台。当新闻记者提出的某些问题过于尖锐难于回答时,主持人要想方设法转移话题,以免发言者难堪。而当主持人邀请某位记者提问之后,发言人一般要给予对方适当的回答,不然,对那位新闻记者和主持人都是不礼貌的。

（4）态度真诚主动。发布会自始至终都要注意对待记者的态度,因为接待记者的质量如何直接关系到新闻媒介发布消息的成败。作为人,记者希望接待人员对其尊重热情,并了解其所在的新闻媒介及其作品等;作为专业人,希望提供工作之便,如一条有发表价值的消息,一个有利于拍到照片的角度等,记者的合理要求要尽量满足。对待记者千万不能趾高气扬、态度傲慢,一定温文尔雅、彬彬有礼。

3）发布会的善后事宜

发布会举行完毕后,主办单位需在一定的时间内,对其进行一次认真的评估善后工作,主要包括以下两方面。

（1）整理会议资料。整理会议资料有助于全面评估发布会会议效果,为今后举行类似会议提供借鉴。发布会后要尽快整理出会议记录材料,对发布会的组织、布置、主持和回答问题等方面的工作进行回顾和总结,从中吸取经验,找出不足。

（2）收集各方反映。首先要收集与会者对会议的总体反映,检查在接待、安排、服务等方面的工作是否有欠妥之处,以便今后改进。其次要收集新闻界的反映,了解一下与会的新闻界人士有多少人为此次新闻发布会发表了稿件,并对其进行归类分析,找出舆论倾向,同时,对各种报道进行检查,若出现不利于本组织的报道,应做出良好的应对策略。若发现不正确或歪曲事实的报道,应立即采取行动,说明真相;如果是由于自己失误所造成的问题,应通过新闻机构表示谦虚接受并致歉意,以挽回声誉。

2. 展览会礼仪

组织通过举办展览会,运用真实可见的产品和热情周到的服务,全面透彻的资料、图片介绍和技术人员的现场操作,吸引大量的参观者,使其留下深刻的印象。它是组织重要的公共关系活动之一。

1) 展览会的特点

（1）形象的传播方式。展览会是一种非常直观、形象、生动的传播方式。展览会通常以展出实物为主，并进行现场示范表演，如在产品展览会上，有专人讲解和示范产品的使用方法。这种直观、形象的活动，容易给参观者留下深刻的印象。

（2）极好的沟通机会。展览活动给组织提供了与公众直接沟通的极好机会，通常展览会上都有专人解答参观者的问题，并就他们感兴趣的问题进行深入讨论。这样参展单位在让公众了解本组织的同时，还能及时了解公众对本组织传播内容的反映，参展单位可以根据公众反馈的信息进一步做好工作。

（3）多种传媒的运用。展览会是一种复合的传播方式，是同时使用多种媒介进行交叉混合传播的过程，其集多种传播媒介于一体，有声音媒介，如讲解、交谈和现场广播；又有文字媒介，如印刷的宣传手册、资料；同时还有图像媒介，如各种照片、录像、幻灯片等。这种复合性的沟通效果是其他传播媒介无法比拟的。

2) 展览会的组织

举办展览会要精心组织，做好以下细致全面的工作。

（1）明确展览会的主题。每一次、每种类型的展览会都应有明确的主题和目的。只有主题明确，才能提纲挈领，对所有展品进行有机的排列组合，充分展示展品的风采。否则主题不明，眉毛胡子一把抓，很难把展品、各类资料有机地结合起来，杂乱无章，势必影响展览效果。

（2）搞好展览整体设计。任何一项展览都是一项系统工程，要求必须有一个详细的整体设计。包括：展览场地（图10-1所示为日本爱知博览会中国馆，张岩松摄）、标语口号、展览徽标、参展单位及项目、辅助设备、相关服务部门的设置和人员安排、信息的发布与新闻界的联络、对工作人员的培训等，都需要全面设计，周密安排。否则在某一个环节上安排不当都会影响整个展览的效果。

图 10-1　日本爱知世界博览会中国馆

（3）成立对外新闻发布机构。成立对外新闻发布的专门机构，负责与新闻界进行密切的联系，展览过程中往往会发生许多有新闻价值的东西，这就需要有关人员以敏锐的观察力去挖掘、去分析并写成各种新闻稿件发表，以扩大影响，同时，要组成专门的机构，专门负责新闻发布的计划，如确定发布内容、发布时机、发布形式等，这样效果会更好。

（4）进行展览的效果测定。展览的效果一般体现在观众对展品的反映,对组织形象的认识以及对整个展览会从内容到形式的总体看法等方面。为了检验展览会大小,检验举办各类展览活动的目的是否达到,必须对展览效果进行检测。测定的方法很多,如设立观众留言簿,召开座谈会听取反映,检验公众对展品的满意程度等。

3）展览会的礼仪

展览会的工作人员应当具备良好的素质,明确办展览的目的和主题,了解展览的知识和技能,具备与展览产品有关的专业素质,还要懂得礼仪,从各自不同的角度影响公众,使公众满意。

（1）主持人礼仪。主持人是一个展览会的操纵者,应该表现出其决定性和权威性。在着装上,要穿西服套装、系领带,拿一个真皮公文包,显示出气派的样子,由此使公众也对其主持的展览会和产品产生信赖感。主持人的形象就是组织实力的一种体现。与宾客握手时,主持人应先伸出手去,等宾客先放手后再放手。

（2）讲解员礼仪。讲解员应热情礼貌地称呼公众,讲解流畅,不用冷僻字,让公众听懂。介绍的内容要实事求是,不弄虚作假,不愚弄听众。语调清晰流畅,声音响亮悦耳,语速适中。解说完毕,应对听众表示谢意。讲解员着装要整洁大方,打扮自然得体,不要怪异和过于新奇而喧宾夺主。举止庄重,动作大方。

（3）接待员礼仪。接待员站着迎接参观者时,双脚略开,与肩同宽,双手自然下垂或在身后交叉,这种站姿不仅大方而且有力。站立时切勿双脚不停地移动,表现出内心的不安稳和不耐烦,也不要一脚交叉于另一只脚前,因为这是不友善的表示。接待人员不可随心所欲地趴在展台上或跷着"二郎腿",嘴里嚼着口香糖,充当守摊者。随时与参观者保持目光距离,目光要坚定,不可游移不定,也不可眼看别处,表示你的坦然和自信。

3. 赞助会礼仪

赞助是指组织对某一社会事业、事件无偿地给予捐赠和资助,从而扩大组织的知名度与美誉度,树立美好形象的活动。赞助会是某项赞助举行时采用的具体形式。

1）赞助的意义

（1）提高组织知名度。赞助可以使组织的名字伴随所赞助的事件一起传播。如奥运会是举世瞩目的体坛盛会,收看的公众覆盖面非常广,遍布全世界,这样的赞助活动对组织知名度的提高是可想而知的。

（2）提高组织的美誉度。由于赞助活动所赞助的往往是社会大众所关注的,想支持的事业,因此赞助可以树立一个组织关心公益事业的良好形象,改变赢利性组织"唯利是图"的商人形象。

（3）履行组织的社会责任。救灾扶贫,支持公益事业,对社会每个成员来说,人人有份,赞助活动正体现了组织在建设精神文明、履行社会责任和义务方面的积极态度。

2）赞助的类型

（1）赞助体育事业。赞助体育事业主要包括为体育馆捐资和赞助大型体育比赛,其中以后者居多,因为体育比赛是当今的社会热点之一,对其进行赞助,往往可使本单位名利双收,一举两得。

（2）赞助文化活动。主要指赞助电影、电视节目的制作,赞助广播节目、报刊开辟专栏,赞助义艺表演,赞助知识竞赛、艺术节、文化节等大型文化活动。这种赞助活动,不仅有助于社会主义文化事业的发展,有助于全民族文化素质的提高,也有助于培养组织和公众的良好情感,提高知名度。

(3) 赞助教育事业。教育的发展是关系到国家千秋大业的大事。赞助教育事业,既有利于教育事业的发展,也会使组织从中受益。赞助教育的方式,主要有赞助设立奖学金,赞助学校教学、科研经费、仪器设备、基本建设经费、赞助社会办学等。

(4) 赞助社会福利事业。这主要指为贫困地区、残疾人、孤寡老人和荣誉军人等提供帮助活动。这类赞助体现了组织高尚的道德品质,也是组织向社会表明其承担社会义务和责任的手段。

不管赞助对象是谁,赞助单位向单位和个人提供的赞助物品主要有四类:一是金钱,赞助单位或个人以现金或支票的形式,向受赞助者提供赞助;二是实物,赞助单位或个人以一种或数种具有实用性的物资的形式,向受赞助者所提供的赞助;三是义卖,赞助单位或个人将自己所拥有的某件物品进行拍卖,或是划定某段时间将本单位或个人的商品向社会出售,然后将全部所得,以先进的形式,再向受赞助者提供赞助;四是义工,赞助单位或个人派出一定数量的员工,前往受赞助者所在单位或其他场所,进行义务劳动和有偿劳动,然后以劳务的形式或以劳动所得来提供赞助。

3) 赞助会的礼仪

赞助活动实施之际,往往需要举行一次聚会,将有关的事宜公告于社会。这种以赞助为主题的赞助会,在赞助活动中,尤其是大型赞助中,大都必不可少。赞助会一般由受赞助者操办,也可由赞助者操办。

(1) 场地的布置。赞助会的举行地点,一般可选择受赞助者所在单位的会议厅,也可租用社会上的会议厅。会议厅要大小适宜,干净整洁。会议厅内,灯光亮度适宜。在主席台的正上方,需悬挂一条大红横幅,在其上面,应以金色或黑色的楷书书写着"××单位赞助××项目大会",或者"××赞助仪式"的字样。赞助会会场的布置不可过度豪华张扬,可略加装饰即可。

(2) 人员的选择。参加赞助会的人员既要有充分的代表性,又不必在数量上过多。除了赞助单位、受赞助者双方的主要负责人及员工代表之外,赞助会应当重点邀请政府代表、社区代表、群众代表以及新闻界人士参加。所有参加赞助会的人士,与会时都要身着正装,注意仪表,个人动作举止规范,以与赞助会庄严神圣的整体风格相协调。

(3) 会议的议程。赞助会的具体会议议程应该周密、紧凑,其全部时间不应超过1小时。其议程如下。

第一,宣布会议开始。赞助会的主持人,一般应由受赞助单位的负责人或公关人员担任。在宣布正式开会之前,主持人应恭请全体与会者各就各位,保持肃静,并且邀请贵宾到主席台上就座。

第二,奏国歌。此前,全体与会者须一致起立。在奏国歌之后,还可奏本单位标志性歌曲。

第三,赞助单位正式实施赞助。赞助单位代表首先出场,口头上宣布其赞助的具体方式或具体数额。随后,受赞助单位的代表上场。双方热情握手。接下来,由赞助单位代表正式将标有一定金额的巨型支票或实物清单双手捧交给受赞助单位代表。必要时礼仪小姐要为双方提供帮助。在以上过程中,全体与会者应热烈鼓掌。

第四,双方代表分别发言。首先由赞助单位代表发言,其发言内容,重在阐述赞助的目的与动机。与此同时,还可将本单位的情况略作介绍。其次由受赞助单位代表发言,集中表达对赞助单位的感谢。

第五,来宾代表发言。根据惯例可以邀请政府有关部门的负责人讲话。其讲话主要肯定赞助单位的义举,呼吁全社会积极倡导这种互助友爱的美德。该项议程,有时也可略去。至此赞助会结束。

会后,双方主要代表及会议的主要来宾,应合影留念。此后,宾主双方稍事晤谈,来宾即应告辞。

4. 联欢会礼仪

联欢会是一个宽泛的概念,它包括各种组织举办的节日联欢会(如新年联欢会、春节联欢会),各种文艺晚会(如歌舞晚会、电影晚会、戏曲晚会、相声小品晚会),游艺晚会等。联欢会对于提高组织凝聚力、向心力,活跃员工的文化生活,加强与外部公众的文化沟通,提高组织形象都起着积极的作用。联欢会重在娱乐,但也不可忽视其礼仪,否则会事倍功半。

1) 联欢会的准备

(1) 确定主题。为了使联欢会起到"教人"和"娱人"的双重作用,要精心确定联欢会的主题,使其有明确的指导思想和预期的目标。在此基础上选择联欢会的形式,适宜的形式对联欢会的成功意义重大。联欢会的形式可以不拘一格,可以不断创新。

(2) 确定时间、场地。联欢会的时间一般应选在晚上,有时也可根据情况选择在白天。其会议长度一般在2小时左右为宜。联欢会的场地选择非常重要,最好选择宽敞、明亮,有舞台、灯光、音响的场地。场地应加以布置,给人以温馨、和谐、喜庆、热烈之感。联欢会的座次要事先安排好,一般应将领导安置在醒目位置,其他公众最好穿插安排,以便于交流沟通。

(3) 选定节目。要从主题出发来选定节目,尤其是开场和结尾的节目一定要精彩、有吸引力。节目应多种多样,健康而生动,各种形式穿插安排,不可头重尾轻,更不可千篇一律。正式的联欢会上,要把选定的节目整理编印成节目单,开会时发给观众,为观众提供方便。

(4) 确定主持人。主持人是联欢会的关键人物,应选仪表端庄,表达能力强,有一定的组织能力、应变能力,熟悉各项事务的人担当主持人。一场联欢会的主持人最好不少于两人(通常为一男一女)。主持人也不可过多,以免给人以凌乱无序之感。

(5) 彩排。正式的联欢会一定要事先进行彩排。这样有助于控制时间、堵塞漏洞,增强演职人员的信心。非正式的联欢会也要对具体事宜逐项落实,做到万无一失。

2) 观众的礼仪规范

观众在参加联欢会,观看演出时应严守礼仪规范,这主要包括以下方面。

(1) 提前入场。在一般情况下,在演出正式开始之前一刻钟左右,观众即应进入演出现场,注意不要迟到。入场后要对号入座,在自己的座位上就座时,要悄无声息,坐姿优雅。切勿将座椅弄得直响,或坐姿不端。

（2）专心观看。参加联合会观看节目时要专心致志，全神贯注。不能交头接耳，窃窃私语；不能进行通信联络，要自觉关闭手机等移动通信设备，或处于"静音"状态；不要吃东西，不要吸烟，更不能随意走动或大声讲话、起哄等。总之要自觉维护全场的秩序，保持安静，使联欢会顺利进行。

（3）适时鼓掌。当主要领导、嘉宾入场或退场时，全场应有礼貌地鼓掌。演出至精彩处时也应即兴鼓掌，但时间不宜太长，演出结束时可鼓掌以示感谢。对表演不佳的演员，要予以谅解，不要鼓倒掌，更不能吹口哨、扔东西等，因为这些做法是非常没有修养的表现。演出结束时，全体演员登台谢幕时，观众应起立鼓掌，再次感谢演员的表演，不能熟视无睹，扬长而去。

5. 电视电话会议礼仪

目前电视电话会议是很普遍的会议形式。电视电话会议通过摄像及电视图像传输和讲话的电话声音传输来沟通与会者，并使与会者实现异地同时互相交流。电视电话会议一般设有主会场和分会场，领导出席的会场或主要向外发布传输信息的会场等。居于支配地位的会场设为主会场，其他会场为分会场。

电视电话会议的好处是可以省去旅途奔波的时间，节省住宿与餐饮的会议费用开销，有时还可以避免会议中激烈的辩论和紧张的气氛，不足之处是它终究无法取代人们在同一空间内进行面对面的思想交流的临场感以及情绪影响的真实性。电视电话会议依赖现代通信系统中的电话和电话系统以及摄像技术，占用频道，具有共时性和跨越空间的特点。参加电视电话会议要注意下列礼仪。

（1）重视个人形象。通过摄像机所展现的自己与平常的样子有很大的不同，因此，要注意个人的衣着打扮等外在形象。一般来说，服装通过摄像会产生放大效果，如果男士穿着花格子的西装上衣，看起来就会显得十分刺眼。若不重视穿着打扮，一旦上了荧幕，就会显得十分不得体。对于那些不习惯上电视的人，常会显得姿态僵硬、神情不自然、说话声音忽大忽小，或者常常变换姿势，显示出一副坐立不安的样子。

（2）注意说话的声音。电视电话会议上的讲话和发言，不仅本会场在听，还同时通过话筒和通信网络传送到其他各个会场。由于话筒声音敏感，讲话人在讲话中与话筒的距离及角度发生细微变化，都会造成声音一定程度的失真，经过信号放大，声音失真随之放大，使外地收听者听到的声音忽大忽小，这种现象尽管难以避免，但在讲话发言中要尽量克服。

（3）避免习惯动作。面对摄像镜头，参加会议者的任何表现，都会被一五一十地拍摄下来；有的人总是打断别人的发言，有的人不耐烦地在纸上乱画，有的人搔头发，有的人咬指甲，有的人交头接耳，有的人东张西望，这些个人习惯动作变成电视画面，显得很不雅，很失礼，应尽量控制自己，避免此类情况发生。如果是在主会场，或是自己是会议主要角色，就更应该注意这些细节。

6. 舞会的礼仪

舞会是现代交往时的重要形式之一，是一种无声的世界语言，是不同国度、不同民族、不同肤色的人进行交流沟通的一种有益的工具。

1）国际舞文化的来源与发展

国际标准交谊舞，原名为"社交舞"，也叫"交谊舞"，英文为 Ballroom Dancing，最早起源于欧洲，由古老的民间舞蹈发展演变而成，盛行于当时欧洲贵族在宫廷里举行的交谊舞会中。法国革命后，Ballroom Dancing 成为欧洲各国一种普遍的社交活动，故有"世界语言"之称。第二次世界大战后，美国人又将该舞蹈散播到全球各地，并形成一股跳舞热潮，至今不衰，所以又称它为"国际舞"。

经历一百多年的发展，"社交舞"从单一的舞蹈种发展为摩登舞、拉丁舞两大系列十个舞种，并由 1904 年成立的"英国皇家舞蹈教师协会"组织制定了有关舞蹈理论、技巧、音乐、服装的统一标准，并公布为"国际标准交谊舞舞厅舞"（简称"国标舞"），为世界各国所遵循，英国的黑池甚至成为"国标舞"的圣地。

（1）拉丁舞。国际舞中的拉丁舞包括：桑巴、伦巴、斗牛、恰恰、牛仔。这五种舞在社交场合中都很盛行。拉丁舞是由来自拉美地区的三种舞蹈即欧洲、黑人、本土人的舞蹈融合而成，舞蹈中也体现了三种古老的文化，到 17—18 世纪又逐渐融入了新的文化，产生了克立奥耳语、切分音节奏等拉丁舞的特征。

拉丁舞除了斗牛舞外，都源于美国各地，它的音乐热情洋溢、奔放，特具节奏感，以淋漓尽致的脚法律动引导，自由流畅，展现了女性的优美线条，动人入情，气氛迷人，生动活泼，热情奔放，充分表达了青春欢乐的气息；男士则展现刚强、气势轩昂、威武雄壮的个性美。

（2）摩登舞。1924 年由英国发起的，欧美舞蹈界人士在广泛研究宫廷舞、交谊舞及拉美国家的各式土风舞的基础上，进行规范和美化加工，于 1925 年正式颁布了华尔兹、探戈、狐步、快步四种舞的步伐，总称摩登舞。同时摩登舞中还增加了"维也纳华尔兹"，继而推广到世界各国，受到许多国家的欢迎和喜爱。

摩登舞除了探戈外，都源于欧洲大陆，它的音乐时而激情昂扬，时而缠绵性感；动作细腻严谨，穿着十分讲究，体现欧洲国家男士的绅士风度和女人们的妩媚。男士需身着燕尾服、白领结；女士则以飘逸、艳丽的长裙表现她们的华贵、美丽、高雅、闺秀之美。

舞会自 20 世纪 20 年代传入中国后，经历了曲折发展的历史。20 世纪三四十年代在东南沿海和长江沿岸城市掀起第一个高潮后，因地痞流氓、赌徒恶棍等利用舞会进行不正当的活动和利用舞场滋事，致使舞会蒙上了一层特殊的色彩。新中国成立后，舞会又在大陆特别是在校园里盛行，但是，随之而来的政治运动又把舞会视为"黄色""下流"之地，于是舞会几乎绝迹。从 20 世纪 70 年代末开始，舞会从无到有，从"地下"到公开，很快在全国各大城市流行起来。

2）舞会与交际的关系

高雅的舞会由于其优美的音乐、舒适典雅的布景、神秘变幻的灯光、清新怡人的空气，而成为人们结交朋友、进行文化生活和休闲娱乐的好去处。人们可在舞会中听音乐、赏美景、踏舞步、谈友谊，获得听觉、视觉等方面的美感和轻松感，宣泄紧张的情绪，缓解疲乏的身体。健康的舞会，的确是培养性情、净化灵魂、提高修养、陶冶情操的好去处。

舞会除了休闲娱乐外，还是培养感情、交流信息的极好场所。在舒适典雅的环境中，在轻松活泼的气氛中，人们往往最能以诚相见，最能理解和考虑对方的境遇和要求。因此，现在很多营销业务并不一定都是在谈判桌上谈成的，有些业务也会在舞会过程中谈成。这是因为谈判活动虽然严肃正式,但未免有些枯燥无味;舞会轻松而令人兴味盎然。其中的奥妙在于:舞会上人们愉快的心情、高昂的情绪是促使交际活动走向成功的重要条件。也正因如此,中国人才早早把舞会当作交际舞或交谊舞会。

舞会也是高雅文明的场所,能展现一个人的风度,也是较能突出地表现一个人的道德水准、礼仪修养的环境。因此,舞会吸引着国内外各社会阶层人士,任何一个出入舞会的国内、国外的公关人员、营销人员、公务人员以及商人等,都不应该等闲视之,必须懂得、了解并自觉遵守一定的舞会礼仪规范。

3) 筹办舞会的注意事项

(1) 确定舞会的时间、地点、规模、邀请对象的范围。组织舞会应尽早确定时间,尽早发出通知。舞会一般安排在晚餐后19:00—23:00为宜,时间一般不要超过3小时,否则会使客人感到疲劳以至于会影响休息和工作。舞会的场地要宽敞、雅洁。舞场的选择应视舞会的规模来确定。舞会邀请的男女客人应大致相等。被邀请的对象一经确定,就应及时发出请帖。正式舞会的请帖至少要提前一个星期发出,以便于客人及早做出安排或回复。举办舞会,最好准备一些茶点、水果、饮料等,以备客人休息时取用。

(2) 邀请乐队,布置舞场。舞会的音乐伴奏十分重要。节奏明快、旋律优美的音乐,会使人心旷神怡、陶然自得。因此,舞会最好请一个乐队伴奏,有条件的也可以请两个乐队轮流伴奏。若请一个乐队,也可以准备一些唱片及音响设备,以便于乐师们休息时使用。如受条件限制,也可采用放音乐的形式,但应注意音响效果,这对舞会的成功与否有着直接的影响。舞场除了应有一个足够客人跳舞的舞池外,还应有衣帽间、饮料室以及场外停车场。舞场应宽敞雅洁,在场边应安放桌椅,供客人交谈、休息。舞场的灯光应柔和、暗淡,不宜明亮。

(3) 确定主持人和接待服务人员。大型的较正式的舞会或有特定内容的舞会需要确定一名主持人,一般舞会可不设主持人,但必须有接待服务人员,做好迎送、接待、引导、协调等方面的服务工作。

4) 舞会的一般礼节

交际舞会会场是高雅文明的场所,是较能充分表现一个人的风采和修养的地方,所以也应该注意自己的行为举止。

(1) 服装要整洁。参加舞会者,一定要注意着装。正式的较高级的舞会,若对方邀请时对着装有一定的要求,则一定按要求着装。即使没有特殊要求,也应注意服装整洁,颜色搭配协调。男士一般穿西装或中山装、皮鞋,女士穿长裙、西服或晚礼服。在舞会中,无论是天气热或是因跳舞过多而出汗,都不可随便脱去外衣。若是冬天,进入舞池前,应先到衣帽间脱去大衣,摘去帽子、手套、口罩等,然后再进入舞池。

(2) 言行举止彬彬有礼。参加舞会者应注意仪表美,讲究清洁卫生。舞会之前不要吃葱、蒜等带有刺激气味的食物,也不应喝酒、抽烟等。若正患病最好辞谢邀请,以免将病菌传染给其他客人。进入舞场后,说话尽量轻声,不可高声大叫,更不可嬉戏打闹,满口脏话。走路脚步要轻,不可在舞池穿行。一首舞曲完毕后,应有礼貌地让女士先就座。在舞场上坐姿端正,不可跷起"二郎腿"或"抖脚"。舞场上禁止吸烟。参加舞会一般是男女成对前往,如果没有异性舞伴,也可以单独前往。一般情况下,在舞池中是不可以男士与男士、女士与女士跳舞的。

（3）邀舞的礼仪。在比较正式的舞会上，第一支舞曲响起时，往往是主人夫妇、主宾夫妇共舞。第二支舞曲响起时，往往是由主人邀请主宾夫人，主宾邀请主人夫人共舞。第三支舞曲响起时，参加舞会者可纷纷入场跳舞。在一般的交谊舞会上，则没有以上要求，音乐声响起，男士主动走到女士面前，点头或鞠躬，右手前伸，以示邀请；男士也可轻声问候并征求女士"请您跳舞可以吗？"或"您喜欢这支舞曲吗？"女士同意后起身离座，与男士一起步入舞池。女士一般不要邀请男士跳舞。女士若想和某位男士跳舞，可以用目光或语言暗示。男士邀请女士跳舞时，如果女士的丈夫和亲人在一旁，应向他们招手致意，以示礼貌和尊重。一般情况下，女士不应拒绝男士的邀请。如若女士确实累了或其他原因决定拒绝，应站起身来，委婉地说明原因并致歉。无所表示，让对方难堪是失礼行为。女士拒绝和男士跳舞之后，一般不可再与别人跳舞，即使再想跳，也须等到下一支舞曲开始才能接受他人的邀请。舞场上切忌争风吃醋，在舞会上抢舞伴是极不礼貌的行为。

（4）舞姿力求优美。跳舞时应注意舞姿。交谊舞的步法以男方为主轴，因此，男士必须熟悉舞步，否则不可贸然邀请，以免踩对方脚或碰撞他人。跳舞时的姿势是：女士的左手轻轻地搭在男士的右肩上，右手轻轻地放在男士的左手掌心上，男士的左手应与女士的右手轻轻相握，右手应轻放于女士的腰部。起舞时动作要轻松、柔和、自如，女士应尽量适应男士的舞步，女士不可过于主动，否则会使男士感到吃力，动作难以协调。如果一方由于不慎无意间踩了对方的脚，应立即道歉。男女双方之间应保持一定的距离，通常间距在15～46厘米为宜。即使是夫妇、恋人也不可靠得太近，以免给人以轻浮之感。跳舞时，眼睛不应目不转睛地盯着对方，这样会使对方感到拘谨、不自在。在舞场上，不要一味地邀请同一舞伴跳舞，以避免另有所图之嫌。

（5）礼貌地交谈、致谢。跳舞时，男女双方可以边跳边自由地交谈双方共同感兴趣的话题，但不可询问对方的年龄、收入、婚姻等隐私问题。当音乐结束时，舞步立即停止。男士应陪伴女士坐好后再道谢，然后或交谈或离开。

舞会结束后，应邀者应主动向邀请者致谢，然后握手道别。

10.2 仪式活动礼仪

仪式是指在人际交往中，特别是在一些比较重大、比较庄严、比较隆重、比较热烈的正式场合里，为了激发起出席者的某种情感，或者为了引起其重视，而郑重其事地参照合乎规范与管理的程序，按部就班地举行某种活动的具体形式。在现实生活中，我们可能接触到的仪式很多，诸如签字仪式、剪彩仪式、交接仪式、庆典仪式等。

从根本上讲，仪式是现代社会发展的产物。因为利益与仪式作为人们生活中的行为模式、行为规范，是属于社会的上层建筑，由社会经济基础决定的，并随着经济基础的变化而变化，随着社会实践的发展而不断地丰富发展，而社会生产力水平决定了一个社会的经济基础，所以礼仪及仪式的产生和发展最终是由社会生产力水平所制约和决定的，随着现代社会生产力水平提高而提高，人们物质文化水平的提高，社会所固有的仪式也在不断地发展和臻于完善。

当今社会,对组织而言仪式有着重要的作用,它有利于提高组织的知名度和美誉度,塑造组织形象;有利于鼓舞员工的士气,激发员工对本组织的热爱,培育组织员工的价值观念,增强组织的凝聚力;有利于传递组织的信息,使组织赢得更多的成功机会和合作伙伴;有利于沟通情感、传达意愿、增进友情。讲究仪式礼仪是现代交际的一项重要内容,也是组织成功的关键。

1. 签字仪式

签字仪式是组织与对方经过会谈、协商,形成了某项协议或协定,再互换正式文本的仪式。它是一种比较隆重的活动,礼仪规范也比较严格。

1) 签字仪式的准备

签字仪式是组织具有"里程碑"意义的大事,组织应予以充分准备,做到万无一失。

(1) 准备待签文本。洽谈或谈判结束后,双方应指定专人按谈判达成的协议做好待签文本的定稿、翻译、校对、印刷、装订、盖印等工作。文本一旦签字就具有法律效力,因此,对待文本的准备应当郑重严肃。

在准备文本的过程中,除了要核对谈判协议条件与文本的一致性以外,还要核对各种批件,主要是项目批件、许可证、设备分交文件、用汇证明、订货卡等是否完备,合同内容与批件内容是否相符等。审核文本必须对照原稿件,做到一字不漏,对审核中发现的问题,要及时互相通报,通过再谈判,达到谅解一致,并相应调整签约时间。在协议或合同上签字的有几个单位,就要为签字仪式提供几份样本。如有必要,还应为各方提供一份副本。与外商签订有关的协议、合同时,按照国际惯例,待签文本应同时使用宾主双方的母语。

待签文本通常应装订成册,并以仿皮或其他高档质料作为封面,以示郑重。其规格一般为大八开,所用的纸张务必高档,印刷务必精美。作为主办方应为文本的准备提供准确、周到、快速、精美的条件和服务。

(2) 布置签字场地。签字场地有常设专用的,也有临时以会议厅、会客室来代替的,布置它的总原则,是要庄重、整洁、清净。

一间标准的签字厅,应当室内铺满地毯,除了必要的签字用桌椅外,其他一切的陈设都不需要,正规的签字应用长桌,其上最好铺设深绿色的台布。

按照仪式礼仪的规范,签字桌应当横放。在其后,可摆放适量的座椅。签署双边性合同时,可放置两张座椅,供签字人就座。签署多边性合同时,可以仅放一张座椅,供各方签字人签字时轮流就座。也可为每位签字人都各自提供一张座椅。

在签字桌上,应事先安放好待签文本,以及签字笔、吸墨器等签字时所用的文具。

与外商签署涉外商务合同时,须在签字桌上插放有关各方的国旗。插放国旗时,在其位置与顺序上,必须依照礼宾序列而行。例如签署双边性文本时,有关各方的国旗须插放在该方签字人座椅的正前方。如签署多边性合同、协议等时,各方的国旗应依一定的礼宾顺序插在各方签字人的身后。

(3) 安排签字人员。在举行签字仪式之前,有关各方应预先确定好参加签字仪式的人员,并向其有关方面通报。客方尤其要将自己一方出席签字仪式的人数提前给主方,以便主方安排。签字人要视文件的性质来确定,可由最高负责人签,但双方签字人的身份应该对等。参加签字的有关各方事先还要安排一名熟悉签字仪式详细程序的助签人,并商定好签字的有关细节。其他出席签字仪式的陪同人员,基本上是双方参加谈判的全体人员,按一般礼貌做法,人数最好大体相等。为了表示重视,双方也可对等邀请更高一层的领导人出席签字仪式。

由于签字仪式的礼仪性极强,签字人员的穿着也有具体要求。按照规定,签字人、助签人以及随员在出席签字仪式时,应当穿着具有礼服性质的深色西装套装或西装套裙,并且配以白色衬衫与深色皮鞋。

在签字仪式上露面的礼仪、接待人员,可以穿自己的工作制服或是旗袍一类的礼仪性服装。

签字人员应注意仪态、举止,要落落大方,得体自然,既不要严肃有余,也不要过分喜形于色。

2) 签字仪式的程序

虽然签字仪式的时间不长,但它是合同、协议签署的高潮,其程序规范、庄重而热烈。主要有以下几项。

（1）签字仪式开始。有关各方人员进入签字厅,在既定的位次上坐好。签字者按照主居左、客居右的位置入座,对方其他陪同人员分主客两方各自职位、身份高低为序,自左向右(客方)或自右向左(主方)排列站于各签字人之后,或坐在己方签字者的对面。双方助签人分别站在己方签字者的外侧,协助翻揭文本,指明签字处,并为已经签署的文件吸墨防洇。

（2）签字人签署文本。签字人签署文本通常的做法是先签署己方保存的合同文本,再接着签署他方保存的合同文本,这一做法在礼仪上称为"轮换制"。它的含义,是在位次排列上轮流使有关各方有机会居于首位一次,以显示机会均等,各方平等。

（3）交换合同文本。双方签字人,正式交换已经有关各方正式签署的文本,交换后,各方签字人应热烈握手,互致祝贺,并相互交换各自方才使用过的签字笔,以示纪念。这时全场人员应该鼓掌,表示祝贺。

（4）共同举杯庆贺。交换已签订的合同文本后,礼仪小姐会用托盘端上香槟酒,有关人员,尤其是签字人当场干上一杯香槟酒,这是国际上通用的旨在增添喜庆色彩的做法。

（5）有秩序退场。接着请双方最高领导者及客方先退场,然后东道主再退场。整个签字仪式以半小时为宜。

2. 开业仪式

开业仪式,是指在单位创建、开业,项目完工、落成,某一建筑物正式启用,或是某工程正式开始之际,为了表示庆贺和纪念,而按照一定的程序所隆重举行的专门的仪式。筹备和举行开业仪式始终应按"热烈、隆重、节约、缜密"的原则进行。

1) 开业庆典的准备

（1）做好舆论宣传。举办开业仪式的主要目的是提高组织的知名度和美誉度,塑造良好的组织形象,吸引社会各界对组织的重视与关心,因此必须运用传播媒介,广泛刊登广告,以引起公众的注意。这种广告的内容一般应包括:开业仪式举行的日期、地点,企业的经营特色,开业时对顾客的优惠等。同时别忘了邀请新闻界的记者光临开业仪式,对组织的开业仪式进行采访、报道,进一步扩大组织的影响。

(2) 拟订宾客名单。开业仪式成功与否,在很大程度上与参加典礼的主要宾客的身份、人数有直接关系。因此,在开业典礼前应邀请上级领导、知名人士、有关职能部门、社区负责人、社团代表及新闻媒介等方面的人士参加。对邀请出席的来宾,应将请柬送达,以示对客人的敬重。请柬要精美、大方,一般用红、白、蓝色。填写好的请柬应放入信封内,提前一周左右的时间邮寄或派人送到有关单位和个人。

(3) 布置现场环境。举行仪式的现场可以是正门之外的广场,也可是正门之内的大厅。在现场应悬挂开业仪式的会标、庆祝或欢迎词语等。由于开业仪式一般是站立举行的,所以要在来宾站立处铺设红色地毯,以示尊敬和庄重。会场两边可放置来宾赠送的花篮,四周悬挂彩带和宫灯。还要准备好音响、照明设备,使整个场地显得隆重、热烈。对于音响、照明设备,以及开业仪式举行之时所需使用的用具、设备,必须事先认真进行检查、调试,以防其在使用时出现差错。

(4) 安排接待服务。对来宾的接待服务工作一定要指派专人负责,重要来宾的接待应由组织负责人亲自完成。要安排专门的接待室,接待室要求茶杯洁净,茶几上放置烟灰缸,如不允许吸烟,应用礼貌标语标牌放置在接待室中,提示来宾;要准备好来宾的签到处,准备贵宾留言簿,最好是红色或金色锦缎面高级留言册,同时准备好毛笔、砚、墨等留言用的文具。为了便于来宾了解组织的情况,可以印刷一些材料,如庆典活动的内容、意义,来宾名单和致辞,组织经营项目和政策等。

(5) 拟订仪式程序。为了使开业仪式顺利进行,在筹备之时必须草拟具体程序,并选定好称职的主持人。开业仪式的程序包括:确定主持人,介绍重要来宾,组织负责人或重要来宾致辞,剪彩或参观、座谈、联欢等。

(6) 准备馈赠礼品。开业仪式上向来宾赠送的礼品是一种宣传性传播媒介,只要准备得当,往往能产生很好的效果。礼品要突出纪念性,具有一定的纪念意义,让人珍惜,同时也要突出其宣传性,可以在礼品的包装上印上组织标志、庆典开业日期、产品图案、企业口号和服务承诺等。

2) 开幕仪式礼仪

开幕仪式是开业仪式常见的形式之一,通常它是指公司、企业、宾馆、商店、银行等正式起用前,或各类商品的展示会、博览会、订货会正式开始之前,所正式举行的相关仪式。每当开幕仪式举行之后,公司、企业、宾馆、商店、银行等将正式营业,有关商品的展示会、博览会、订货会将正式接待顾客与观众。一般举行开幕式时要在比较宽敞的活动空间中进行,如门前广场、展厅门前、室内大厅等处,都是较为合适的地点。

开幕式的主要程序如下。

(1) 宣布仪式开始,全体肃立,介绍来宾。

(2) 邀请专人揭幕或剪彩。揭幕时揭幕人行至彩幕前恭敬地站立,礼仪小姐双手将开启彩幕的彩索递交对方。揭幕人随之目视彩幕,双手拉起彩索,展开彩幕。全场目视彩幕,鼓掌并奏乐。

(3) 在主人的亲自引导下,全体到场者依次进入幕门。

(4) 主人致辞答谢。

(5) 来宾代表发言祝贺。
(6) 主人陪同来宾参观,开始正式接待顾客或观众,对外营业或对外展览宣告开始。

3) 奠基仪式礼仪

奠基仪式,是指一些重要的建筑物,如大厦、场馆、亭台、纪念碑等,在动工修建前,正式举行的庆贺性活动。其举行地点应选择在动工修建建筑物的施工现场,一般在建筑物的正门右侧,在奠基仪式的举行现场设有彩棚,安放该建筑物的模型、设计图、效果图,并使各种建筑机械就位待命。

用来奠基的奠基石应是一块完整无损、外观精美的长方形石料。在奠基石上文字应当竖写,在其右上款,写上建筑物的名称,正中央应有"奠基"两个大字,左下款刻有奠基单位的全称以及举行奠基仪式的具体年月日。奠基石上的字体,大都用楷体字刻写,并且最好用白底金字或黑字。在奠基石的下方或一侧,还应安放一只密闭完好的铁盒,内装与该建筑物相关的各有关资料以及奠基人的姓名。届时,它将同奠基石一道被奠基人等培土掩埋于地下,以示纪念。

奠基仪式的程序为:
(1) 仪式正式开始,介绍来宾,全体起立;
(2) 奏国歌;
(3) 主人对建筑物的功能、规划设计等进行介绍;
(4) 来宾致辞道贺;
(5) 正式进行奠基,奠基人双手持握系有红绸的新锹为奠基石培土,再由主人与其他嘉宾依次为之培土,直至将其埋没为止。奠基时应演奏喜庆乐曲或敲锣打鼓,营造良好的气氛。

4) 落成仪式礼仪

也称竣工仪式,它是指本单位所属的某一建筑物或某项设施建设、安装工作完成之后,或是某一纪念性、标志性建筑物——诸如纪念碑、纪念塔、纪念堂等建成之后,以及某种意义特别大的产品生产成功之后,所专门举行的庆贺性活动。落成仪式一般应在现场举行,如新落成的建筑物之外,纪念碑、纪念塔的旁边等。参加落成仪式要注意情绪,在庆贺工厂大厦落成、重要产品生产等时应表现出欢乐和喜悦,在庆祝纪念碑、纪念塔落成等时应表现得庄严而肃穆。

落成仪式的程序是:
(1) 宣布仪式开始,全体起立,介绍各位来宾;
(2) 奏国歌,并演奏本单位标志性乐曲;
(3) 本单位负责人发言,以介绍、回顾、感谢为主要内容;
(4) 进行揭幕或剪彩;
(5) 全体人员向刚刚落成的建筑物行注目礼;
(6) 来宾致辞;
(7) 全体人员进行参观。

3. 剪彩仪式

剪彩仪式是有关的组织为了庆贺其成立开业、大型建筑物落成、新造的车船和飞机出厂、道路桥梁落成首次通车、大型展销会或展览会的开幕而举行的一种庆祝活动。

剪彩作为一种庆典仪式,可以在开业典礼中举行,也可举行专门的剪彩仪式,以期引起社会各界的重视。

1) 剪彩仪式的由来

剪彩仪式起源于开张。据说美国人做生意保留着一种习俗,即一清早必须把店门打开,为了使人们知道这是一个新开张的店铺,还要特地在门前横系上一条布带。因为这样做既可以防止店铺未开张前闯入闲人,又起引人注目、标新立异的作用。等店铺正式开张时才将布带取走。

1912年,美国的圣安东尼州的华狄密镇上有一家大百货公司将要开张,老板威尔斯严格地按照当地的风俗办事,在早早开着的店门前横系着一条布带,万事俱备,只等开张。这时,老板威尔斯10岁的女儿牵着一只哈巴狗从店里匆匆跑出来,无意中碰断了这条布带。这时在门外等候的顾客及行人以为正式开张营业了,蜂拥而入,争先恐后地购买货物,真是生意兴隆。不久,当老板的一个分公司又要开张时,想起第一次开张时的盛况,又如法炮制。这次是有意让小女把布带碰断。果然财运又不错。于是,人们认为让女孩碰断布带的做法是一个极好的兆头,因而争相效法,广为推行。此后,凡是新开张的商店都要邀请年轻的姑娘来撕断布带。

后来,人们又用彩带取代色彩单调的布带,并用剪刀剪代替用手撕,有的讲究用金剪子。这样一来,人们就给这种正式做法取了个名——"剪彩"。剪彩的人也逐步被一些德高望重的社会名流甚至是国家元首代替。

2) 剪彩仪式的礼仪规则

(1) 邀请参加者。参加剪彩仪式的人员主要分为:主办单位负责人和组织仪式的人员、上级领导、主管单位负责人、知名人士、记者等来宾;主办单位企业的员工;有关管理人员和技术人员。通过参加仪式,参加者身临其境,感受项目或展览的重要,从而形成深刻难忘的印象。对仪式的参加者应做好接待工作。当宾客到达时,接待人员要请宾客签到,然后引领他们到指定的位置上。

(2) 准备工作。剪彩仪式的主席台要事先布置好,主席台要蒙好台布,摆放茶水和就职人员的名牌。为了增添热烈而隆重的喜庆气氛,可以邀请礼仪小姐参加仪式。礼仪小姐可从本组织中挑选,也可到礼仪公司聘请。对礼仪小姐要求仪容、仪表、仪态文雅、大方、端庄。着装宜选择西式套装或红色旗袍,穿高跟鞋,配长筒丝袜,化淡妆,并以盘起发髻的发型为佳。人员确定后,要进行必要的分工和演练。剪彩仪式的用品如剪刀、白纱手套、托盘应按剪彩者人数配齐,系有花结的大红缎带约2米,馈赠的纪念性小礼品也应准备好。

(3) 剪彩者形象。剪彩者是剪彩仪式的主角,其仪表举止直接关系到剪彩仪式的效果和组织形象。因此作为剪彩者,要有荣誉感和责任感,衣着大方、整洁、挺括,容貌要适当修饰,剪彩过程中要保持稳重的姿态、洒脱的风度和优雅的举止。

(4) 仪式开始。仪式主持人在宣布仪式开始时,声音要高亢响亮。然后,向到会者介绍参加剪彩仪式的领导人、负责人与知名人士,并对他们表示谢意,同时,也对在场的其他与会者表示感谢。感谢还要用掌声表示,主持人把两手高举起一些,以作为对在场各位鼓掌引导的暗示。仪式上可以安排简短发言,要言简意赅,充满热情,两三分钟即可,发言者一般为东道主的代表,向东道主表示祝贺的上级主管部门、地方政府及其他协作单位的代表。

(5) 进行剪彩。主持人宣布正式剪彩之后,剪彩者应在礼仪小姐的引导下,步履稳健地走向剪彩位置,如有几位剪彩者时,应让中间主剪者走在前面,其他剪彩者紧随其后走向自己的剪彩位置。主席台上的人员一般要尾随至剪彩者身后1~2米处站立。当礼仪小姐用托盘呈上白手套、新剪刀时,剪彩者可用微笑表示谢意并随即接过手套和剪刀。剪彩前要向手拉缎带的礼仪小姐点头示意,然后,全神贯注、表情庄重地将缎带一刀两断,如果几位剪彩者共同剪彩,要注意协调行动,处在外段的剪彩者应用眼睛余光注视处于中间位置的剪彩者的动作,力争同时剪断彩带。还应与礼仪小姐配合,让彩球落于托盘中,剪彩者在放下剪刀后,应转身向周围的人鼓掌致意,并与主人进行礼节性的谈话,然后在礼仪小姐引导下退场。

(6) 参观庆贺。剪彩后,一般要组织来宾参观工程、展览等。有时候要宴请宾客,共同举杯庆祝。

实训项目

项目1:模拟新闻发布会

实训目标:掌握新闻发布会的组织,锻炼提问能力和回答问题能力。

实训学时:2学时。

实训地点:实训室。

实训准备:采访用话筒、桌牌、发言提纲、录像机等。

实训方法:某班刚刚组建班委会,准备一次"新闻发布会"活动,会上班委会将要发布"施政纲领",还将接受班级同学的提问,请进行现场演练。要求如下。

(1) 进行会场布置;
(2) 挑选主持人、发言人,其余同学扮演各"媒体"记者;
(3) 每位发言人都以相应身份、角色发言,每位记者都应提问;
(4) 新闻媒体的名称由学生自拟,采访用的话筒、身份牌由学生自行准备;
(5) 发言材料及提问自行设计;
(6) 将新闻发布会录像,待实训结束后,在班里播放,进行评价。

训练手记:通过训练,我的收获是_____
_____。

项目2:举行舞会

实训目标:掌握舞会举办的礼仪,在舞会上表现得体,符合礼仪要求。

实训学时:1学时。

实训地点:活动中心。

实训准备:准备一篇致辞、一份舞曲目录单、音响等。

实训方法:模拟练习参加舞会的礼仪。要求如下。

(1) 举办舞会前,培训练习国标舞慢三、慢四、快三、快四、探戈和伦巴的舞步;
(2) 推选一位女主持人;
(3) 每个人为参加舞会做好精心准备。
训练手记:通过训练,我的收获是_____
_____。

项目 3:举办企业标识展览会

实训目标:通过模拟训练让学生掌握展览会的组织和相关礼仪。

实训学时:1 学时。

实训地点:实训室。

实训准备:企业标识、展板、实物、文字说明等。

实训方法:5~6 人为一组,分组进行准备。经过一周的准备后,进行展示,每组一块展板,安排一名学生进行讲解。要求如下。
(1) 尽可能收集一些企业的标识;
(2) 设计布置展台;
(3) 设置签到席。
训练手记:通过训练,我的收获是_____
_____。

项目 4:模拟开业庆典

实训目标:掌握开业庆典的组织和相关礼仪规范。

实训学时:2 学时。

实训地点:实训室。

实训准备:布置会场、挂横幅、准备致辞等。

实训方法:模拟某企业开业庆典仪式,使仪式落实在某个商业组织上。要求如下。
(1) 编制一份庆典仪式程序,仪式按照程序进行;
(2) 重要领导和来宾名单的单位、职务可由学生自己拟订,分别扮演相关角色;
(3) 编制一份庆典仪式程序;
(4) 庆典结束后,学生评析,教师总结;
(5) 实训可分组进行,让学生轮流模拟演示各个角色。
训练手记:通过训练,我的收获是_____
_____。

项目 5:模拟签字仪式

实训目标:掌握签字仪式的程序以及相关礼仪。

实训学时:2 学时。

实训地点:实训室。

实训准备:准备有关签字仪式的道具如文本、文件夹、旗帜、签字笔、签字单、吸水纸、酒杯、香槟酒、横幅、照相机、摄像机、会议桌子等。

实训背景：中国清泉饮品公司将迎来一批来自美国的摩尔集团商务考察团人员，清泉饮品公司准备向摩尔集团订购两条先进的罐装流水线设备。在这次考察活动中要进行谈判，将签订合同，举行签字仪式。

实训方法：草拟一份签字仪式的准备方案，布置签字厅并模拟演示签字仪式。要求如下。

(1) 实训分组进行，学生分别扮演相关角色；

(2) 参加实训的双方须简单演示见面礼仪，在着装上适当修饰。

训练手记：通过训练，我的收获是_____
_____。

 案例讨论

案例1

就　　座

某分公司要举办一次重要会议，请来了总公司总经理和董事会的部分董事，并邀请当地政府要员和同行业知名人士出席。由于出席的重要人物多，领导决定用U字形的桌子来布置会议桌。分公司领导坐在位于长U形桌横头处的下首。其他参加会议者坐在U形桌两侧。在会议的当天开会时，贵宾们都进入了会场，按安排好的座签找到自己的座位就座，当会议正式开始时，坐在横头桌子上的分公司领导宣布会议开始，这时发现会议气氛有些不对劲，有贵宾相互低语后借口有事站起来要走，分公司的领导人不知道发生什么事或出了什么差错，非常尴尬。

（资料来源：http://jpk.tgc.edu.cn/coursefile/lvyoufuwuliyi_20100120/index.php）

思考题：

(1) 本案例对你有哪些启示？请写下来并上传至共享群。

(2) 请指出此案例中的失礼之处。

案例2

会场的"明星"

小刘的公司应邀参加一个研讨会，该研讨会邀请了很多商界知名人士以及新闻界人士参加。老总特别安排小刘和他一道去参加，同时也让小刘见识大场面。

开会这天小刘早上睡过了头，等他赶到，会议已经进行了20分钟。他急急忙忙推开了会议室的门，"吱"的一声脆响，他一下子成了会场上的焦点。刚坐下不到5分钟，肃静的会场上响起了摇篮曲，是谁放的音乐？原来是小刘的手机响了！这下子，小刘可成了全会场的"明星"……

没多久，听说小刘就离开了该公司。

（资料来源：佚名.会议礼仪[EB/OL].[2018-03-08]. http://www.doc88.com/p-1498443024529.html）

思考题：

（1）本案例对你有哪些启示？请写下来并上传至共享群。

（2）小刘失礼的地方表现在哪里？

（3）参加各种会议应该注意哪些礼仪？

案例3

"请张市长下台剪彩！"

某公司举行新项目开工剪彩仪式，请来了张市长和当地各界名流嘉宾参加，请他们坐在主席台上。仪式开始时，主持人宣布："请张市长下台剪彩！"却见张市长端坐没动；主持人很奇怪，重复了一遍："请张市长下台剪彩！"张市长还是端坐没动，脸上还露出一丝恼怒。主持人又宣布了一遍："请张市长剪彩！"张市长才很不情愿地勉强起来去剪彩。

（资料来源：佚名.商务礼仪与职业形象[EB/OL].[2015-01-19]. http://www.doc88.com/p-7794205779716.html.）

思考题：

（1）本案例对你有哪些启示？请写下来并上传至共享群。

（2）请指出本案例中的失礼之处。

案例4

焦小姐的"行为不慎"

焦雪梅是一名白领丽人，她机敏漂亮，待人热情，工作出色，因而颇受重用。有一回，焦小姐所在的公司派她和几名同事一道，前往东南亚某国洽谈业务。可是，平时向来处事稳重、举止大方的焦小姐，在访问那个国家期间，竟然由于行为不慎而招惹了一场不大不小的麻烦。

事情的大致经过是这样的：焦小姐和她的同事一抵达目的地，就受到了东道主的热烈欢迎。在为他们举办的欢迎宴会上，主人亲自为每一位来自中国的嘉宾递上一杯当地特产的饮料，以示敬意。轮到主人向焦小姐递送饮料之时，一直是左撇子的焦小姐不假思索，自然而然地抬起自己的左手去接饮料。见此情景，主人骤然变色，对方没有把那杯饮料递到焦小姐伸过去的左手里，而是非常不高兴将它重重地放在餐桌上，随即理都不理焦小姐就扬长而去了，大家觉得非常的纳闷儿和不解。

（资料来源：国英.公共关系与现代交际礼仪案例[M].北京：机械工业出版社，2004.）

思考题：

（1）本案例对你有哪些启示？请写下来并上传至共享群。

（2）焦小姐的"行为不慎"指的是什么？

（3）为什么会由此而招惹了一场不大不小的麻烦呢？

课后练习

一、判断题

（1）恰当的时机选择是新闻发布会取得成功的保障。　　　　　　　　　　　　　　（　　）

(2) 展览会是一种单一的传播方式。（　　）
(3) 联欢会的时间一般应选在晚上。（　　）
(4) 在舞会上，女士可以邀请男士跳舞。（　　）
(5) 座谈会长度一般在两小时左右为宜。（　　）
(6) 签字时，双方人员的身份应该对等。（　　）
(7) 签字的时候，各方陪同人员分主客两方各自以职位、身份高低为序，自左向右（客方）或自右向左（主方）排列站于签字者之后。（　　）
(8) 剪彩时不许戴帽子或戴墨镜，可以穿便装。（　　）
(9) 迎送中，乘车时应请客人坐在主人的右侧，翻译人员坐在司机旁边。（　　）
(10) 开业典礼仪式上是由主办单位的负责人来致辞的。（　　）
(11) 签字仪式上助签人的主要工作是协助翻揭文本及指明签字处。（　　）
(12) 开业庆典的接待工作一般开始于门口迎宾。（　　）
(13) 签字仪式上双方助签人员分别站立于各自签字人员的后面。（　　）
(14) 剪裁开始时，主席台的人员一般位于剪彩者身后4～5米。（　　）
(15) 当剪彩者拿剪刀准备剪彩时应向四周观礼者致意。（　　）
(16) 开业庆典上备用的留言册的封面一般为墨绿锦缎面。（　　）
(17) 不宜向有男伴的女士邀舞。（　　）
(18) 舞会结束后，应邀者应主动向邀舞者致谢，然后握手道别。（　　）

二、思考与操作

(1) 作为会议或仪式的组织者，在会议或仪式之前应作好哪些准备？

(2) 作为会议或仪式的参加者应当遵循哪些礼仪原则？

(3) 晓丹是五湖四海股份公司的办公室主任，公司董事会决定在北京举行年度股东大会，晓丹受聘负责会议筹备与接待服务工作。请问晓丹应该从哪些方面着手组织这次会议呢？

(4) 某职业技术学院为推荐毕业生就业，专门邀请了10家企业的领导进行会谈。请模拟演示这次会谈程序，最后安排企业领导与师生合影。

(5) 五湖四海公司为了答谢新老顾客对公司的厚爱，决定在公司会议室举办一次座谈会。如果让你来组织，你将怎样做？

(6) 在全班模拟组织一次新闻发布会，以新近学校或系发生的较大的新闻事件为主题，同学们分别扮演发言人、记者、会议服务行业从业人员。

(7) 中国北京的兴盛公司与美国的伟达公司经过近一年的谈判，终于达成了正式合作的协议，双方将在北京某大饭店举行签字仪式，如果此次签字仪式由你准备，请列出准备的具体内容和签字仪式的现场布置工作。

(8) 如果你是一位舞会的参加者，你觉得应该遵循哪些礼仪规范？根据你所在地区的习惯逐条列出。

 评价考核

能力评价表

内容		评价	
学习目标	评价内容	小组评价(5、4、3、2、1)	教师评价(5、4、3、2、1)
知识(应知应会)	会议、仪式的特点		
	会议的筹备和总体安排		
专业能力	新闻发布会礼仪		
	展览会礼仪		
	赞助会礼仪		
	联欢会礼仪		
	舞会礼仪		
	电视电话会礼仪		
	签字仪式		
	开业仪式		
	剪彩仪式		
通用能力	人际沟通能力		
	组织能力		
态度	礼貌待人、认真、细致、热情		
努力方向:		建议:	

任务11 服务

你要别人怎么待你,就得先怎样待别人。

——[美]戴尔·卡耐基

肯替别人想,是第一等学问。

——[明]吕坤

任务目标

- 根据酒店服务的不同岗位和对象,选择合适的礼貌语言服务方式。
- 能够熟练运用导游服务流程中的礼仪和常用的礼仪语言进行服务。
- 能够根据酒店服务礼仪和导游服务礼仪的特点,有针对性地选择参加宴会和导游活动。
- 养成习惯进行酒店礼仪或导游礼仪的自我训练和检验。

 情景导入

在某酒店总台,一位服务员正在给客人办理离店手续。

这时,总台电话铃响,小姐拎起话筒。她接到值班经理的电话,原来,预订915房的客人即将到达,而915房的客人还未走,其他同类房也已客满,如何通知在房的客人迅速离店,而又不使客人觉得我们在催促他,从而感到不快呢。

小姐一皱眉,继而一努嘴,拨通了915房间客人的电话。

"陈先生吗?我是总台的服务员,您能否告诉我打算什么时候离店?以便及时给您安排好行李和出租车。"

915房间陈先生:"哈哈,我懂你的意思啦,马上安排一辆的士吧。"

就这样问题迎刃而解了。

(资料来源:佚名.酒店服务经典案例[EB/OL].[2019-03-23]. http://www.pmceo.com/kefu/20170506/112898.html.)

 任务分析

服务礼仪通常是指礼仪在服务行业的具体应用,服务人员在工作岗位上,通过言谈、举止、行为等,对顾客表示尊重和友好应遵守的行为规范。也就是说,服务人员在自己的工作岗位上向服务对象提供服务的标准的、正确的做法。

在市场经济条件下,商品的竞争就是服务的竞争。在与服务对象打交道的过程中,讲究服务礼仪,遵守服务规范,学会与顾客交往和沟通,能够展现一名服务行业从业人员的外在美和内在修养,拉近服务行业从业人员与顾客的距离,赢得顾客的满意和对企业的忠诚,提升企业的形象,实现品牌的增值。

11.1 酒店服务礼仪

1. 前厅服务礼仪

1) 前厅部的主要工作任务

(1) 销售客房。前厅部的首要任务是销售客房。目前,我国有相当数量酒店的赢利,前厅部占整个酒店利润总额的50%以上。前厅部推销客房数量的多与少,达成价格的高与低,不仅直接影响着酒店的客房收入,而且住店人数的多少和消费水平的高低,也间接地影响着酒店餐厅、酒吧等收入。

(2) 正确显示房间状况。前厅部必须在任何时刻都正确地显示每个房间的状况——住客房、走客房、待打扫房、待售房等,为客房的销售和分配提供可靠的依据。

(3) 提供相关服务。前厅部必须向客人提供优质的订房、登记、邮件、问询、电话、留言、行李、委托代办、换房、钥匙、退房等各项服务。

(4) 整理和保存业务资料。前厅部应随时保持最完整最准确的资料,并对各项资料进行记录、统计、分析、预测、整理和存档。

(5) 协调对客服务。前厅部要向有关部门下达各项业务指令,然后协调各部门解决执行指令过程中遇到的新问题,联络各部门为客人提供优质服务。

(6) 建立客账。建立客账是为了记录和监视客人与酒店间的财务关系,以保证酒店及时准确地得到营业收入。客人的账单可以在预订客房时建立(记入订金或预付款)或是在办理入住登记手续时建立。

(7) 建立客史档案。大部分酒店为住店一次以上的零星散客建立客史档案。按客人姓名字母顺序排列客史档案,记录相关内容。

2) 客房预订服务礼仪

(1) 受理预订,要做到接待热情,报价准确,记录清楚,手续完善,处理快速,信息资料输入计算机或预订控制盘无误,订单资料分类摆放整齐规范,为后面的预订承诺、订房核对等提供准确的信息。

(2) 受理电话预订,要接听及时,主动问好并询问要求。若有客人要求的房间,应主动介绍设备,询问细节,帮助客人落实订房,并做好记录;若无客人要求的房间,应向客人致歉。

(3) 当前台接收到预订网站发来的预订传真时,应立刻根据客房销售情况迅速回复传真,并注意保留网站的传真底本。

(4) 当客人来到服务台预订房间时,应主动热情接待客人,询问细节,根据客人要求迅速帮助客人落实订房。

3) 门厅服务礼仪

(1) 服饰挺括华丽,仪容端庄大方,精神饱满,恭候宾客的光临。

(2) 见到宾客抵达时,要立即主动迎上,引导车辆停妥,接着拉开车门;问候客人要面带微笑,热情地说:"您好,欢迎光临!"并致15°鞠躬礼。

(3) 遇下雨天,事先准备好雨具,及时为客人遮雨;对年老体弱者给予必要的帮助,观察车内是否有遗留物品,帮有行李的客人整理行李,并呼唤大厅行李生将客人引领到总台办理入住登记手续。

(4) 客人离店时,要引领车开到客人容易上车的位置,并拉开车门请客人上车,在看清客人已坐好且衣裙不影响关门时,再轻关车门,并向客人致意道别,欢迎客人再次光临。

4) 行李部服务礼仪

(1) 着装整洁,仪容端庄,精神饱满,客人抵达时,热情相迎,微笑问候。

（2）主动帮助客人提携行李，并问清行李件数，陪同客人到总服务台办理入住手续时，应站在客人身侧后二三步处等候，看管好客人行李并随时接受宾客的吩咐。

（3）待客人办完手续后，应主动上前向客人或总台服务员取房间钥匙，提上行李引送客人到房间。在此过程中，行李员在客人右前方1米左右，遇到转弯应回头向客人示意。并注意根据客人情况介绍饭店设施。

（4）引领客人至电梯，先将一只手按住电梯门，请客人先进电梯，进电梯后应靠近电梯按钮站立，以便于操作电梯，出电梯时自己携行李先出，出梯后继续在前方引领客人到房间。

（5）随客人进入房间后，将行李放在行李架上或按客人吩咐将行李放好；根据客人情况向客人介绍房间设备的用法；房间介绍完毕后，征求客人是否还有吩咐，若客人无其他要求，即向客人道别，并祝客人住店期间愉快。将房门轻轻关上，迅速离开。

（6）客人离开饭店时，行李员在接到搬运行李的通知后，进入客房之前无论房门是否关着，均要按门铃或敲门通报，听到"请进"声，方可进入房间，并说"您好，我是来运送行李的，请吩咐"。当双方共同点清行李件数后，即可提携行李，并负责运送到车上。如客人跟行李一起走，客人离开房间时，行李员要将门轻轻关上，尾随客人到大门口，安放好行李后，行李员要与大门接应员一起向客人热情告别，方可离开。

5）总台接待服务礼仪

（1）当客人来到总台时，应面带微笑问候客人，确认客人是否有预订，如有预订，应复述客人的订房要求，并请客人填写入住登记表；如无预订，开房员应首先了解客人的用房要求，运用一定的客房销售技巧，促使客人选择一种类型的客房。

（2）当客人确认某一种客房类型时，请客人填写登记表；验看、核对客人的证件与登记表时要注意礼貌，确认无误后，要迅速交还证件，并表示感谢；把住房钥匙或磁卡交给客人时，应注意礼貌。如客房已客满，要耐心解释，并请客人稍等。

（3）客人住下后要求换房，先询问原因，在房间允许、不和预订冲突的情况下，应同意客人换房。

（4）客人住下后，若有提前离店、延期住宿、人数变化等情况，应根据房间情况分别处理。

（5）重要客人入住接待过程中，要根据接待规格在接待安排、房间准备、加摆鲜花水果、办理入住手续等方面给予特别照顾或适当优惠，以使客人亲身感受到贵宾服务的亲切感、自豪感。

（6）总台接待服务用语如下。

您好！

欢迎光临！

这里是接待处，可以为您效劳吗？

先生（女士），请稍等一下。

对不起，让您久等了。

这里是××饭店，非常乐意为您效劳。

先生(女士),您喜欢什么样的房间呢?

先生(女士),请问您的尊姓大名?

您对这间房感到满意吗?

先生(女士),您对我们的服务感到满意吗?

请慢走!

祝您好运!

欢迎您再次光临!

6) 问询服务礼仪

(1) 对大多数住店客人来说,饭店所在城市是陌生的,客人很可能会遇到很多麻烦,作为问询员,要耐心、热情地解答客人的任何疑问,做到有问必答、百问不厌。

(2) 了解客人通常要问的问题。类似问题主要有:离这里最近的教堂在什么地方?你能为我叫一辆出租车吗?这里最近的购物中心在什么地方?我要去最近的银行,怎么走?我要去看电影,怎么走?哪里有比较好的中式餐厅、墨西哥餐厅、法国餐厅?附近有旅游景点吗?

(3) 掌握有关店内设施及当地情况的业务知识。这包括:酒店所属星级;酒店各项服务的营业时间;车辆路线、车辆出租公司、价格等;航空公司的电话号码;地区城市地图;本地特产及名胜古迹;其他一些酒店、咖啡厅的营业时间,餐厅营业时间和商场的营业时间等。

7) 总机服务礼仪

(1) 话务员是饭店"看不见的服务员"。虽然不和客人直接见面,但通过声音,也可从另一侧面反映饭店服务的水平和质量。故话务员在服务中应做到:坚守岗位,集中精神,话务时坚持用礼貌用语,接外线时,应立即问候并报出饭店的中外名称,切忌一开口就"喂"。为客人接线,动作要快而准,务必不出差错。

(2) 话务员的发音要准确、清晰,语速快慢要适中,保证客人听得懂、听得清,音质要甜润、轻柔,语调要婉转、亲切,语气要友好、诚恳。接线中语言要简练,用词要得当,避免使用"我现在很忙""急什么"等不耐烦语句。

(3) 话务服务必须热心、耐心、细心,如果接听电话的客人不在时,应问清对方是否留言,如需留言,应认真做好记录,复述肯定;讲究职业道德,不偷听他人电话;通话结束后,应热情告别,待对方挂断电话后,方可切断线路。

(4) 如遇到客人要求叫醒服务,应记录清楚,准确操纵自动叫醒机或准时用电话叫醒,不得耽误,无人接听时,可隔二三分钟叫一次,三次无人接听时,应通知客房服务员。

8) 大堂副理处理投诉的技巧

(1) 注意投诉的地点和场合。可根据投诉性质来选择地点,在办公室或现场,但不宜在大堂、餐厅等人流多的地方处理投诉。

(2) 认真听取客人的投诉。面对客人投诉,要保持头脑冷静,面带微笑,仔细倾听,并做好记录以表重视。要以自己谦和的态度感染客人,让客人的情绪渐趋平静。

(3) 对客人的投诉表示理解、同情和感谢。理解,就意味着尊重;同情,容易让客人觉得你值得信赖;感谢,让客人感觉到自己的投诉有望得到妥善解决。

（4）及时处理好客人的投诉。听完投诉后，能够立刻判断出是酒店方面出错的，要立即向客人表示歉意，做出处理，并征求客人对解决投诉的意见，以示酒店对客人的重视。当投诉处理涉及酒店其他部门时，应立即通知部门经理，查清事实做出处理，大堂副理必须跟紧事件，妥善解决问题。

（5）处理完客人的投诉后，要再次向客人表示关注、同情及歉意，以消除客人因该事引起的不快。

（6）处理投诉应详细记录投诉客人的姓名、房号、投诉时间、投诉事由和处理结果。将重大投诉或重要意见整理成文，呈总经理批示。

2. 客房服务礼仪

1) 楼层迎宾服务礼仪

（1）在客人到来之前，整理好房间，调节好客房空气和温度，掌握客情，准备好香巾、茶水。

（2）仪表整洁大方，提前到达电梯口，主动问候客人，并说出自己的身份。

（3）核对房卡，接过客人的房间钥匙，征求客人意见是否需要帮助其提行李。

（4）引领客人到客房，帮助客人打开房门，退到门边，请客人进房，并根据客人要求摆放行李。

（5）客人坐下后，及时送上香巾、茶水，根据客人精神状态，详略得当地介绍房间设施和使用方法，以及相关服务项目。

（6）在确认客人暂时无须其他服务后，祝客人住得愉快，礼貌退出客房，面向客人轻手关上房门，回到工作间写好工作记录，随时准备为客人提供服务。

2) 客房清洁服务礼仪

（1）填写钥匙领取登记表，领取客房钥匙，了解客房状态，将自己负责的房间分成退房、住房、预走房、空房、维修房等几类，决定清扫顺序，清理好工作车，准备好吸尘器等清洁工具。

（2）来到客房门前，用食指关节，力度适中，缓慢而有节奏地敲门，并通报"客房服务员"。若客人开门，要礼貌问好并说明来意，征得客人允许后方可进入；若房内无人，则用钥匙开门，并把"正在清洁"牌挂在门把手上，开始客房清洁工作。

（3）按照客房清洁流程和质量标准，做好客房清洁工作，一般流程如下。

开——开门、开空调、开窗帘。

撤——撤出用过的用品、用具、倒去茶水。

扫——扫蛛网、尘污，清去所有垃圾杂物。

铺——铺设床上用品。

抹——抹家具、设备。

摆——按陈设布置的要求补充好摆设用品、用具。

洗——洗卫生间。

封——封座厕消毒。

补——补充卫生间用品并摆好。

吸——吸尘。

看——看清洁卫生和陈设布置的效果。

关——关窗帘、关灯、关门。

填——填写客房清洁的日报表。

(4) 住房的清扫一般在客人外出时进行,要特别留意,客人房内一切物品,应保持其原来位置,不要随便移动。不可随意翻阅客人的书刊、文件和其他材料,也不可动客人的录音机、照相机等物品,更不得拆阅其书信和电报。

(5) 房间整理完离开时,若客人不在要切断电源锁好门,若客人在房,要礼貌地向客人道歉:"对不起,打扰了。"然后退出房间,轻轻关上房门。

3) 客房日常服务礼仪

(1) 客人到达前,应了解其国籍、风俗习惯、生活特点、到达时间等情况,以便有针对性地搞好服务工作。工作前严禁吃葱、蒜等有浓烈气味的食物。工作中要热情诚恳,谦虚有礼,稳重大方,使客人感到亲切温暖。

(2) 日常工作中要保持环境的安静。搬动家具,开关门窗要避免发出过分大的声响。禁止大声喧哗、开玩笑、哼唱歌曲。应客人呼唤也不可声音过高,若距离较远可点头示意,对扰乱室内安静的行为要婉言劝止。

(3) 在楼道与客人相遇,应主动问好和让路。同一方向行走时,如无急事不要超越客人,因急事超越时,要说"对不起"。

(4) 进入客人房间,须先轻轻敲门,经允许方可进入,敲门时不要过急,应先轻敲一次,稍隔片刻再敲一次,如无人回答,就不要再敲,也不要开门进去,特别是夫妇房间,更不能擅自闯入。

(5) 凡客人赠送礼物、纪念品,应婉言谢绝,如不能谢绝时,接受后应立即上报。

(6) 要关心客人健康,对病员要多加照顾。对饮酒过度或精神反常的客人,除妥善照顾外,应及时向上级报告。

(7) 服务台要随时掌握来往人员情况,发现不认识的人,要有礼貌地查问,防止无关人员进入客人房间。

(8) 客人到服务台办事,服务员要起立,热情接待。与客人说话,要自然大方,切忌态度生硬,语言粗鲁。

(9) 客人离开饭店后,应即刻清查房间,尤其是枕下、椅下等处,发现遗忘物品,若时间来得及,应追赶上并当面交给客人;如来不及,则速交接待单位。

4) 客房个性化服务礼仪

要使顾客高兴而来,满意而归,光凭标准的、严格的、规范化服务是不够的,只有在规范化的基础上,逐渐开发和提供个性化服务,才能给客人以惊喜,才能让客人感觉到"宾至如归",才能使客人"流连忘返"。以下相关做法会给我们以启发。

(1) 服务员早上清扫房间时发现,客人将开夜床时已折叠好的床罩盖在床上的毛毯上,再看空调是23℃。这时服务员立即主动加一床毛毯给客人,并交代中班服务,夜床服务时将温度调到26℃左右。

(2) 服务员为客人清扫房间时,发现客人的电动剃须刀放在卫生间的方石台面上,吱吱转个不停,客人不在房间。分析客人可能因事情紧急外出,忘记关掉运转的刮须刀,这时,服务员要主动为客人关闭刮须刀开关。

(3) 服务员清扫房间时,发现一张靠背椅靠在床边,服务员不断地观察,才发现床上垫着一块小塑料布,卫生间还晾着小孩衣裤,服务员这才明白,母亲怕婴儿睡觉时掉到地上,服务员随即为客人准备好婴儿床放入房间。

(4) 服务员清扫住房时,发现暖水瓶盖开着,不知是客人倒完开水,忘记盖好瓶塞,还是客人喜欢喝凉开水,故意打开瓶塞的?疑虑不解,难以断定。为满足客人的需要,服务员为客人送去了凉水瓶装满的凉开水;同时,暖水瓶照例又更换好了新的开水。

(5) 服务员发现客房中放有西瓜,想必是旅客想品尝一下本地的西瓜,绝对不会千里迢迢带个西瓜回家留个纪念。所以,服务员主动为客人准备好了一个托盘、水果刀和牙签。

5) 客房服务礼貌用语

您好!欢迎您光临我们酒店。
我是客房服务员,非常高兴能为您服务。
我可以帮您拿行李吗?
请往这边走。
这是您的房间,请进。
祝您节日愉快!
祝您玩得开心!
请好好休息,有事请打电话到服务台。
对不起,打扰您了。
我现在可以为您打扫房间吗?
您有衣服要洗吗?
先生(女士),听说您不舒服,我们感到很不安。
我能为您做些什么事吗?
对不起,让您久等了。
对不起,等我弄清楚了再答复您好吗?
请告诉我您今天早上大概是什么时候走。
请对我们的工作提出宝贵意见。
欢迎您下次再来,请慢走!

3. 餐厅服务礼仪

1) 餐厅服务员的个人卫生

餐厅服务员经常要与食物、餐具打交道,所以对个人卫生要求非常严格。餐厅服务员平常要勤洗澡,勤理发,勤剪指甲,勤刮胡须,勤洗手,勤刷牙,工作前不吃有刺激气味的食品。上班时应穿着干净整洁的制服,不佩戴首饰,不浓妆艳抹,不梳披肩发。在宾客面前不掏耳朵,不抓头发,不剔牙,不打哈欠,不挖鼻孔。如不得已要打喷嚏、咳嗽,应背转身体,用手帕遮住口鼻,并向宾客致歉。

2) 餐厅领位服务礼仪

(1) 着装美观,仪容整洁,仪表大方,面带微笑,在餐厅门口恭候客人。
(2) 见到前来用餐的客人,要主动上前迎接问候,热情招呼客人。

（3）有礼貌地问清客人的基本情况，根据客人意愿合理安排餐位。若餐厅座位已满或客人需要等人，可先请客人在休息室或沙发上等候。

（4）迎客走在前，送客走在后，客过要让路，同走不抢道。领位员引领宾客时，应在宾客左前方1米左右的距离行走，并不时回头示意宾客。

（5）引导客人来到餐位后，应先问："这个位置您满意吗？"然后按先女宾后男宾、先主宾后随从的顺序拉椅让座，并把值台服务员介绍给客人。

3）中餐值台服务礼仪

（1）仪表整洁大方，主动问候客人，为客人拉椅让座。

（2）待客人入座后，先为客人递上香巾斟好茶，再用双手递上菜单。

（3）客人点菜时，不要催促客人，要耐心等候，并适当介绍菜谱，让客人有充分的时间考虑或商量决定。如宾客点的菜已经无货供应，应礼貌致歉，求得谅解。

（4）斟酒时手指不能触摸酒杯杯口，应按酒的不同种类决定斟酒的程度。倒香槟或冰镇饮料时，酒瓶应用餐巾包好，以免酒水滴落到宾客身上。

（5）上菜时要看准方向，摆放平稳，手指不能碰及菜肴，不可碰倒酒杯餐具等。上菜还要讲究艺术，服务员要根据菜的不同颜色摆成协调的图案。凡是花式冷盘，如孔雀、凤凰等冷盘，以及整鸡、鸭、鱼的头部要朝着主宾。上好菜后，服务员退后一步，站稳后报上菜名，并对特色菜肴略作介绍。

（6）派菜服务时，应遵循先女宾后男宾、先主宾后主人的顺序，或者从主宾开始，按顺时针方向逐次派菜。

（7）撤换餐具时要先征得客人同意，撤盘过程中如果菜汤不小心撒在同性客人的身上，可亲自为其揩净；如撒在异性客人身上，则只可递上毛巾，并表示歉意。

（8）如宾客不慎掉落餐具，应迅速为其更换干净的餐具，不能在宾客面前一擦了事。

（9）宾客吸烟，应主动上前点火。宾客的物品不慎落到地上，应主动上前帮助拾起，双手奉上。

（10）如有宾客的电话，应走近宾客轻声提醒，不能在远处高喊。

（11）对宾客应一视同仁，生意不论大小都应服务周到。逢年过节，要对每一位宾客致以节日的问候。

（12）工作中必须随时应答宾客的召唤，不能擅离岗位或与他人聊天。

（13）客人示意结账时，应把账单放在托盘中，正面朝下递给宾客。宾客付账后，要致谢。

（14）宾客起身后，服务员应拉开座椅，并提醒宾客不要忘记随身携带的物品，帮助宾客穿大衣戴帽子，在餐厅门口与宾客友好话别："欢迎您再次光临！"

4）西餐服务礼仪

（1）西餐服务流程如下。

① 迎宾。先打招呼、问候，然后引客入座，要求2分钟内让客人落座。

② 餐前服务。服务面包和水：客人入座后2分钟内完成；客人点餐前饮料：客人入座后2分钟内完成；呈递菜单、酒单：客人入座后5分钟内完成；解释菜单：一般在客人入座后10分钟内，即在服务饮料时解释菜单；服务饮料：客人入座后10分钟内完成；点菜记录：

客人入座 15 分钟内完成,或在服务饮料后进行,如果必要,可在呈递菜单时,即客人入座后 5 分钟进行;送点菜单到厨房:记录完点菜立即送到厨房。

③ 开胃品服务。服务开胃品:客人入座 15 分钟后进行;服务开胃酒:应在上开胃品前服务到餐桌;开瓶、倒酒可在上开胃品前,也可在上开胃品后进行;清理开胃品盘:全桌客人用完后撤盘、杯;加冰水:清理完盘、杯后,主动为客人加满冰水,直到服务甜点。

④ 汤或色拉(第二道菜)服务。服务汤或色拉:在清理完开胃品盘后 10 分钟内进行;服务第二道菜用酒:同第二道菜一起服务;清理第二道菜餐具:全桌客人用餐完毕,撤走餐具及酒杯,除非另有规定;加冰水:清理完盘、杯后,主动为客人加满冰水,直到服务甜点。

⑤ 主菜服务。服务主菜:清理完第二道菜的餐具后 10 分钟内进行;服务主菜用酒:酒杯在上主菜前服务,上菜后递酒、开瓶、倒酒;清理主菜盘及餐具:客人用完主菜后清理主菜盘、旁碟、空杯等,只留水杯或饮料杯,撤换桌上烟灰缸;清理调料:撤走所有调料,如盐、胡椒等。

⑥ 清扫桌上面包屑。用刷子将桌上面包屑扫进餐盘,而不是扫到地上。

⑦ 餐后服务。布置甜点餐具:摆上甜点盘、甜点叉、甜点刀、茶匙;布置服务咖啡或茶的用品:摆上乳脂、糖、牛奶等以及热杯与杯碟;服务甜点:清理完主菜餐具后 15 分钟内进行;服务咖啡或茶:服务甜点后或与甜点同时服务;清理甜点盘:当全部客人用餐完毕后进行;服务餐后饮料:客人点完饮料后 10 分钟内进行;加满咖啡或茶:应主动问客人是要咖啡还是茶,并为客人加满咖啡或茶,不要等客人要求时再加。

⑧ 收尾工作。呈递账单:闲暇用餐服务,要等客人要求时呈递;快速用餐服务,在上完主茶或者加咖啡或加茶时呈递;收款:根据餐馆规定收取现金、信用卡、旅行支票、个人支票等;送客:当客人离开时要说"谢谢光临,很高兴为您服务",并欢迎再次光临。

(2) 西餐上菜具体流程如下。

① 头盘。西餐的第一道菜是头盘,也称开胃品。开胃品的内容一般有冷头盘和热头盘之分,品种有鱼子酱、鹅肝酱、熏鲑鱼、鸡尾杯、奶油鸡等。开胃菜味道以咸和酸为主,风味独特,而且数量少,质量较高。

② 汤。西餐的第二道菜就是汤。西餐的汤大致可分为清汤、奶油汤、蔬菜汤和冷汤 4 类。品种有牛尾汤、各式奶油汤、海鲜汤、美式蛤蜊汤、意式蔬菜汤、俄式罗宋汤、法式葱头汤。冷汤的品种较少,有德式冷汤、俄式冷汤等。

③ 副菜。鱼类菜肴一般作为西餐的第三道菜,也称副菜。品种包括各种淡、海水鱼类、贝类及软体动物类。通常水产类菜肴与蛋类、面包类、酥盒菜品都称为副菜。因为鱼类等菜肴的肉质鲜嫩,比较容易消化,所以放在肉类菜肴的前面,叫法上也和肉类菜肴主菜有区别。西餐吃鱼类菜肴讲究使用专用的调味汁,品种有鞑靼汁、荷兰汁、酒店汁、白奶油汁、大主教汁、美国汁和水手鱼汁等。

④ 主菜。肉、禽类菜肴是西餐的第四道菜,也称主菜。肉类菜肴的原料取自牛、羊、猪、小牛仔等各个部位的肉,其中,最有代表性的是牛肉或牛排。牛排按其部位又可分为沙朗牛排(也称西冷牛排)、菲利牛排、"T"形牛排、薄牛排等。其烹调方法常用烤、煎、铁扒等。肉类菜肴配用的调味汁主要有西班牙汁、浓烧汁、蘑菇汁、白尼斯汁等。禽类菜肴的原料取自鸡、鸭、鹅,通常将兔肉和鹿肉等野味也归入禽类菜肴。禽类菜肴品种最多的是鸡,

有山鸡、火鸡、竹鸡,可煮、炸、烤、焖,主要的调味汁有黄肉汁、咖喱汁、奶油汁等。

⑤ 蔬菜类菜肴。蔬菜类菜肴可以安排在肉类菜肴之后,也可以和肉类菜肴同时上桌,所以可以算为一道菜,或称为一种配菜。蔬菜类菜肴在西餐中称为沙拉。和主菜同时服务的沙拉,称为生蔬菜沙拉,一般用生菜、西红柿、黄瓜、芦笋等制作。沙拉的主要调味汁有醋油汁、法国汁、千岛汁、奶酪沙拉汁等。沙拉除了蔬菜之外,还有一类是用鱼、肉、蛋类制作的,这类沙拉一般不加味汁,在进餐顺序上可以作为头盘。还有一些蔬菜是熟的,如花椰菜、煮菠菜、炸土豆条。熟食的蔬菜通常和主菜的肉食类菜肴一同摆放在餐盘中上桌,称为配菜。

⑥ 甜品。西餐的甜品是主菜后食用的,可以算作第六道菜。从真正意义上讲,它包括所有主菜后的食物,如布丁、煎饼、冰淇淋、奶酪、水果等。

⑦ 咖啡、茶。西餐的最后一道是上饮料,咖啡或茶。喝咖啡一般要加糖和淡奶油。茶一般要加香桃片和糖。

5) 餐厅服务礼貌用语

您好!欢迎您光临我们餐厅。

请您稍等,我马上给您安排。

请往这边走。请跟我来。请坐。

对不起,现在可以点菜吗?

这是今天的特色菜,欢迎各位品尝!

真对不起,这个菜今天已经卖完了。

您喜欢喝点什么酒?

饭后您想吃点甜品吗?

请问还需要什么?

现在可以上菜了吗?

对不起,让您久等了,这是您的菜。

我可以撤掉这个盘子吗?

对不起,打扰您了。谢谢您的帮忙。

现在可以为您结账吗?

对不起,我们这里不可以签单,请付现款好吗?

希望您吃得满意。谢谢,欢迎您再次光临!

4. 康乐服务礼仪

1) 康乐服务员的素质要求

(1) 性格气质:康乐服务员的性格最好是外向型,比较热情、乐观。

(2) 道德素养:为人正派,诚实可靠,待人热情,乐于助人,能吃苦耐劳,有奉献精神。

(3) 形体形象:身体健康,精力充沛;五官端正,身材适中。康乐服务员的形象最好能给人健康、阳光的感觉。

(4) 专业知识:熟悉饭店服务的基本知识,掌握某项和某几项康乐项目的专业知识,包括项目知识、运动知识、裁判知识、设备知识等。

(5) 业务能力:有较强的人际沟通能力和一定的专业技能,普通岗服务员应具备完成一般接待服务的工作能力;特殊岗的服务员除具备所在岗的服务能力外,应通过考试取得相应的专业合格证书,如按摩师、游泳救护员、教练员等。

2)常见康乐服务项目

(1)健身房服务礼仪:①顾客到来,笑脸迎客,礼貌问候;②热情主动地介绍设备器材性能和操作方法,介绍健身项目的运动规则;③客人借用或租用物品,应以礼貌的态度示意客人此物完好,提醒用毕归还;④客人要求指导时,应立即示范,热情讲解;⑤客人健身完毕,要礼貌送客,热情告别。

(2)游泳池服务礼仪:①检查游泳池水质、水温,做好迎客准备;②端庄站立在服务台旁,恭候客人的到来;③礼貌地递送衣柜钥匙和毛巾,引领客人到更衣室,并提醒客人妥善保管好自己的衣物;④客人游泳时,时刻注意观察水中情况,确保客人安全;⑤根据客人需要,适时提供酒水和饮料,提示客人在游泳时最好不要饮用烈性酒;⑥客人离开时,主动收回衣柜钥匙,并礼貌地提醒客人衣物是否遗忘;送客到门口,向客人表示谢意,欢迎再次光临。

(3)保龄球服务礼仪:①客人到来时,要热情问候,迅速为客人办理领鞋、开道等手续,并把干净完好的保龄球鞋双手递给客人;②对初次来的客人,要根据他们的性别、年龄、体重等,帮助选择重量适当的保龄球,详细介绍活动的步骤与方法,恭敬地分配好路道,并送上记分单,主动询问是否需要协助记分;③客人打保龄球期间,服务人员应认真巡视、查看球场,确保设备运行正常,并维护好球场秩序,及时为客人提供服务;④客人所购球局已满,服务台应立即关闭机器,并及时通知客人;⑤活动结束后,要礼貌地收回保龄球鞋,恭请结账,礼貌告别。

(4)台球室服务礼仪:①顾客到来,笑脸迎客,礼貌问候,迅速为客人办理相关手续;②引导客人到指定球台,挑选球杆,为客人码好球;③客人需要示范或陪练时,陪练人员应认真服务,根据客人心理要求掌握输赢尺度;④根据客人需要,适时提供酒水和饮料;⑤客人打完球,将球杆收好,球码放整齐,台面清理干净;⑥客人离开时,送客到门口,向客人表示谢意,欢迎再次光临。

(5)桑拿浴服务礼仪:①客人来到桑拿浴服务台,要热情问候欢迎,并迅速为客人办理好相关手续;②对初次光临的客人,要根据情况适当介绍桑拿浴的方法与注意事项;③主动帮助客人寻找相应的更衣柜,并提示客人锁好更衣柜;④客人享用桑拿浴期间,每10分钟巡视一遍,确保客人的安全;⑤随时等候客人召唤,及时提供客人要求的各项服务;⑥客人离开时,要提醒是否遗忘物品,热情道别。

(6)歌舞厅(KTV)服务礼仪:①客人来到舞厅,要热情欢迎,并引领客人到厅房内适当的位置上;②根据客人需要,迅速将酒水、食品送到客人的桌上,递送酒水时不要挡住客人的视线;③主动向客人介绍歌曲,帮助客人查找歌名;④在合适的时机为客人鼓掌,调动客人情绪;⑤结束后,全体服务员到门口欢送,礼貌道别。

3)康乐服务礼貌用语

您好,欢迎光临!

对不起,让您久等了!

请问您贵姓?

很荣幸为您服务!
这边请,那边请。
请让我请示我的上级,看是否能够帮您解决。
请让我请教我的同事,看是否能够帮您解决。
××先生(女士)不在这里。
××先生(女士)马上出(下)来。
请问需要留言吗?
我马上帮您联系,请稍候。
感谢您提出宝贵意见,我们一定改正。
谢谢您,我们酒店不收小费。
您经常来就是我们最大的心愿!
谢谢您,欢迎再来!

11.2　旅游服务礼仪

1.旅行社服务礼仪

1) 门市部接待礼仪

(1) 环境宜人,赏心悦目。门市是旅行社以销售为主要目的部门,其实就是市场营销学的终端,是消费者能够和商品直接接触并做出购买行为的场所。门市选址要尽量接近有效消费市场,面积不需太大,应处于人流量多的街区,有良好的交通通达性,并辅以醒目的街边招牌以及橱窗粘贴画。门店内部由办公桌设计改为柜台设计或休闲式设计,店内设施齐全,尽量增加顾客区域而减少员工区域。可以考虑选择旅行社门市相对集中的区域,这样既有利于借鉴同行的经验,取长补短,又有助于变竞争压力为动力,拓展经营,也符合顾客"货比三家"的购买心理。

门市柜台一般设有写字台、电话、传真机、复印机、办公计算机等物件,其摆放应整齐合理,以美观、方便、高效、安全为原则。门市柜台上不要堆放过多的书包、文件,常用的材料也要摆放整齐。若用玻璃台板,应注意玻璃下的整洁,不要横七竖八地压着各种车票、请柬、发票、文字报告等。应特别重视门市柜台的卫生。试想一下,客户来联系、洽谈业务,门市柜台里满地烟头、果皮,连找个干净点的沙发都难以如愿,这笔业务还能顺利做成吗?门市部的布置,应给人以宁静、整洁的印象。墙上也可挂些各地的风景名胜、地图、旅行社的荣誉、旅行社徽标等物,显得清新大气。还可贴上工作计划表、经营图表、市场网络等,以示公司的业绩和员工的努力。此外,要注意室内空气清新,保持适宜的温度和湿度。

旅行社门市的5S管理可以提高工作效率、减少资源成本的浪费,提高员工士气,提升企业形象。旅行社门市的5S管理包括:整理(Seiri,来自日文,余同)——坚决清理不必要的东西,腾出有效使用空间,防止工作时误用或掩盖必要的物件;整顿(Seiton)——合理放置必要物品;清扫(Seiso)——彻底清洁工作场所内的物品,防止污染源(污迹、废物、噪声)的产生,达到四无(无废物、无污迹、无灰尘、无死角)标准;清洁(Seiketsu)——制度化、规范化,并监督检查;素养(Shitsuke)——培养员工良好的职业习惯,积极向上的工作态度和状态。从小事做起,养成良好的习惯,从而创造一个干净、整洁、舒适、合理的工作场所和空间环境。

(2) 讲究礼仪,主动热情。一个旅行社员工的素质,待人接物的礼仪水平,是从每个员工的言谈举止中体现出来的,门市部虽然不大,但它既是工作的地方又是社交的场所,门市部的工作人员的礼仪如何,往往是客商评价公司的重要依据。

① 注重仪表。旅行社接待人员要仪容得体,服饰整洁大方,仪态大方,体现出良好的精神状态,给顾客端庄文雅、自尊自信的良好形象。

② 遵守制度。遵守旅游公司的管理制度,按时上下班,不迟到,不早退,不能无故不上班。办公室不拨打或接听私人电话,不占用工作时间去上街买菜、逛商店,不在写字间打扑克等。在门市部工作,要注意保持安静。与同事谈工作时,声音不宜太高,不要在过道里、走廊上大声呼唤同事。拨打电话或接听电话时,语调要平和、文明。

③ 礼貌待人。旅游咨询者走进门市部后,门市部服务行业从业人员要仔细观察、判断旅游咨询者进入门市的意图,要转向旅游者,用眼神来表达关注和欢迎,注目礼的距离以五步为宜;在距三步的时候就要面带微笑,热情地问候"您好,欢迎光临",并用手势语言敬请旅游咨询者坐下。门市部服务行业从业人员要主动为旅游咨询者提供帮助,可通过接触搭话使旅游咨询者从无意注意转向有意注意,或者从对旅游产品的注意发展到对该产品的兴趣。在与旅游咨询者搭话以后,应尽快出示旅游产品,使旅游咨询者有事情可做,有东西可看,有引起兴趣、产生联想的对象。

门市部人员应实事求是地说明产品的有用信息,并列举旅游产品的一些卖点,根据旅游咨询者的情况,在旅游咨询者比较、判断的阶段刺激旅游咨询者购物欲望,促成购买,列举旅游产品的一些卖点或者亮点等特色,向旅游咨询者说明。促进旅游咨询者对打算购买的旅游产品的信任,坚定旅游咨询者的购买决心。当推销成功,旅行社门市部应当依法与旅游咨询者订立书面旅游合同,其目的是维护旅游者和旅游经营者的合法权益。旅游咨询者一旦签好旅游合同后,门市部服务行业从业人员就应该收取费用,并为旅游者开好发票。核对团款时要认真仔细,避免发生错收错付情况。门市部服务行业从业人员在为旅游者开好发票、结束销售时,还应询问旅游咨询者是否有亲人或者朋友一起去旅游?告知旅游者出发前要注意哪些事项,什么时间、地点和导游或者全陪导游联系,并可以告知旅游途中要注意的事项。这可以使旅游者体验到门市部是真心实意地为他们服务的,从而对门市部留下美好的回忆,起到良好的宣传效果。

(3) 散客代办,业务精到。办理散客代办业务要讲究流程,有条不紊地做好各项代办业务,不同的散客代办业务要区别对待。具体如下①。

① 门市接待人员在接到办理散客来本地的委托代办业务。首先,了解对方旅游者的有关情况,详细记录对方(委托方)旅行社名称、委托人姓名及通话时间等,以便有据可查,根据实际情况认真填写好任务通知书并立即按内容进行预订,若客人需提供导游服务,应及时落实导游人员。当委托的某些项目无法提供时,应在24小时内通知委托者,以便委托

---

① 洪美玉. 旅游接待礼仪[M]. 北京:人民邮电出版社,2006.

方随时准备。

②代办散客赴外地的委托业务。当门市接待人员在接受和办理赴外地旅游的委托时,应热情周到,耐心询问客人的要求并记录。认真检查其证件,并有礼貌地请旅游者本人填写委托书等表格,对客人不明白的注意事项耐心解释。如果委托书中有我方不能办到的事情应事先向旅游者说明,请其自行划除,并向其道歉。

③受理散客在本地的单项旅游委托业务。热情主动询问旅游者的要求,微笑、耐心说明旅行社所能提供的各种服务项目和收费标准,拿出委托书请旅游者自行填写,当旅游者办妥单项委托服务手续后,礼貌地与旅游者道别,并及时通知有关部门。

(4) 特殊团队,特别对待。特殊团队就是指有别于一般旅游、观光,具有其自身特点的旅游团队。在组织接待安排时,不能等同于一般观光团的操作,应根据他们的自身特点,有针对性地组织操作和接待。参照洪美玉主编的《旅游接待礼仪》一书,具体如下。

①新闻记者或旅游代理商接待礼仪。旅行社组织接待代理商或新闻记者参与旅游,目的是介绍自己组合的旅游线路,使其通过观察、了解并熟悉本社的业务和旅游目的地的旅游业情况,产生组团消费本社旅游产品的愿望,宣传并介绍本社的旅游业务。旅行社组织旅行代理商或新闻记者旅游需注意以下几点:一是精心设计最佳的旅游线路。旅行社应派专人预先按线路采访一下,并落实各地的准备工作。每个地方突出什么、活动、交通、住宿、膳食怎样安排等,要反复检查确认。二是邀请团在考察过程中的活动,尤其是交通、食宿、参观游览、文娱活动等,应与将来旅行社组团的活动基本一致。三是配备最佳导游。选择好导游是邀请团活动成功与否的关键。要选择有经验而又学识丰富的导游,讲解既深入浅出,又诙谐动听、妙趣横生,让代理商或记者感到是一次很好的艺术享受,回去后有助于更好地宣传,起到扩大影响、吸引游客的作用。

②大型团队接待礼仪。接待大型团队的旅游活动,其难度及要求比一般旅游团队都要高。接待人员必须同时具备较高的业务水平、宏观的控制能力与严密的工作作风,才能够圆满完成接待任务。应注意与各有关单位确认活动日程和确切的时间,检查接待人员的精神准备和物质准备,通知每人车号、客人数、房号;部门经理亲临机场或码头察看迎接团队的场地、乐队站立的位置、停车点;事先安排专人下榻饭店,与饭店客房部经理等共同检查房间内各种设施是否完好可用;与车队联系好出车顺序,车上贴好醒目车号和标志。

③残疾人团队接待礼仪。接待残疾人旅游团队,最重要的是要有满腔热忱,随时注意保持其自尊心。在生活服务方面,一定要细心周到,想方设法为他们提供方便;在导游工作方面应尽量满足他们的要求;在日程安排方面,要考虑到他们的身体条件和特殊需要,时间应宽松些,所去景点应便于残疾人活动。

2) 旅游产品推销礼仪

同其他实物产品一样,旅游产品这种特殊的商品也需要宣传和推销。旅游产品推销礼仪,是指销售人员在推销过程中应遵循的行为规范与准则。它指导着销售人员的言行举止,是促成良好旅游商务关系的润滑剂。

(1) 约见客户礼仪。约见客户,是指推销人员事先征得客户同意,面对面协调接触的活动。总的来说,销售员约见客户时,要事先联系好客户,征求对方同意后会面。约见时应从对方利益出发,多为客户着想,最好由客户决定约见的时间、地点等相关事宜。销售人员应视客户的具体情况,选择天气良好、对方时间宽裕、情绪好的时候进行约见,可以主动提出几种建议由客户定夺。约见时间一旦确定,销售人员就应按时到达,绝不可失约。约见地点的选择,最好尊重客户的意见,选择客户熟悉的地方,或者选择安全、轻松、无外界干扰、交通较为便利的场所,总之由客户选择约见地点比较礼貌。约见的形式可以多种多样,如电话预约、信函预约,也可以当面约见等。无论口头预约还是书面预约,都要注意措辞的礼貌、得体。

(2) 拜访客户的礼仪。旅游产品的销售人员拜访客户要注意以下礼仪。

① 重视给顾客的第一印象。心理学调查表明,人们接触的最初两分钟,彼此印象最为深刻。因此,推销人员首先要特别注意自己的外貌,这是第一印象产生的最初原因,要热情开朗,诚恳自信,争取为顾客接纳而不产生排斥。其次要选择合适的服装。据研究初次见面给人印象的90%产生于服装。当然,并不是说服装要多么高档和华丽,而是干净整洁,职业化是应当做到的。国外流行的"TPO"服装术,值得推销人员借鉴。只有在顾客心目中留下并保持良好的第一印象,才能为推销工作的进一步开展打下基础,赢得先机。

② 讲究见面礼节。旅行社的商务接洽人员,要时刻保持饱满的精神状态,面带微笑,态度和蔼可亲。称呼对方要用尊称;与对方握手时姿势要端正,正视对方的眼睛,体现出礼貌和真诚;问候、说话要谦和亲切。

③ 讲究洽谈的礼仪。在旅行社的商务洽谈中,融洽友好的气氛是洽谈得以顺利进行的重要条件。旅行社业务人员必须使自己的语言表达文明礼貌、分寸得当,使洽谈双方始终处于一种尽可能友好的气氛中。出言不逊、恶语伤人,会引起对方的反感和不满,往往会给谈判造成障碍,甚至导致洽谈的破裂。要仔细倾听对方的发言,注意观察对方的举止、神情、仪态,以捕捉对方的思想脉络、追踪对方动机,还可以通过适当的语言表达投石问路、探视对方的想法,获得必要的信息,这是更为直接有效的方法。在洽谈中说话一定要注意分寸,留有余地,不能说"满口话",要使说话具有一定的弹性,给自己留下可以进退的余地。洽谈中对某些复杂的事情或意料之外的事情不可能一下子做出准确的判断,可以运用模糊语言避其锋芒,做出有弹性的回答,以争取时间做必要的研究和制定应对方法。对一些很难一下子做出回答的要求和问题,可以说"我们将尽快给你们答复""我们再考虑一下""最近几天给你们回音"等。这样留有余地的说法,可使自己避免盲目地做出反应而陷入被动的局面。洽谈中不要急于求成,始终保持一种平和心态,耐心等待;洽谈工作较为顺利时不要喜形于色;遇到客户推辞拒绝时,也不要垂头丧气。有涵养风度的接待人员,往往是先推销形象,再推销产品。

拜访结束,别忘记要礼貌地告别。

(3) 售后服务的礼仪。对旅行社而言,售后服务主要包括处理顾客投诉和回访旅游者两个方面[①]。

① 处理投诉礼仪。当接到旅游者投诉后,无论投诉对象是谁,都要认真听取旅游者投诉,要头脑冷静,面带微笑,对宾客遇到的不快表示理解,并致歉意。接受客人投诉时,应尽量避开人群较多的地方,避免影响其他客人。无论旅游者投诉态度如何、投诉与事实有多

---

① 刘长凤. 实用服务礼仪培训教程[M]. 北京:化学工业出版社,2007.

大出入,都要虚心接受。对旅游者的投诉,旅行社是否有过错都不要申辩,尤其是对火气很大、脾气暴躁的旅游者先不要解释,可以先向客人说"对不起",表示安慰。如事态较严重要立即上报主管经理,迅速了解旅游者投诉的具体内容、投诉对象,并立即将旅游者的投诉反映给被投诉对象的所在部门,请他们迅速调查、核实处理,并将调查处理结果尽快反馈给游客,若一时难以处理,也应将有关情况及时反馈给旅游者。如投诉对象是所在旅行社或者就是导游人员本人,导游人员更应微笑接待、认真倾听,最好当着旅游者的面认真做好记录,不可边听边反驳旅游者的投诉。对一些简单、易解决的投诉,要及时解决并征求旅游者对处理投诉的意见。对一些不易解决的投诉,首先要向旅游者道歉,并感谢旅游者对导游工作提出宝贵意见,向旅游者说明并及时向相关部门经理汇报。及时将处理结果通告旅游者,并再次道歉,以消除旅游者所遇到的不快。对于重大投诉或重要旅游者的投诉,要立即上报,及时处理,不得延误。一桩投诉处理完后,要注意详细记录投诉并写明处理结果,上报批示后归档。

② 旅游者回访礼仪。高度重视旅游者的意见和建议,及时沟通、解释、感谢或补救。旅行社可以设立奖励制度,对提出合理化建议和意见者给予适当的奖励。旅行社网址和游客意见箱,应该长期设置,并专人负责,及时查看,及时回复和处理,并且长期实施。旅游者意见表由客人填写,可由导游人员直接带回并交给门市。电话访问必须及时,应在行程结束后的两天之内完成。要简洁明了,主题突出,有针对性。回访旅游者只针对重要客户,行程结束后三天之内完成。以不打扰旅游者为前提,要耐心虚心听取他们的建议和意见。

2. 导游员接待服务礼仪

1) 导游员的素质要求

导游员通常都是独立工作,需要有较强的组织、协调、沟通、控制、调动情绪、处理突发事情的能力。导游员的素质要求如下。

(1) 热情友好,爱岗敬业。导游员应该性格开朗、待人热情、活泼睿智、富于幽默感。导游员在接待过程中应该热情地关心每一位游客,提供富有人情味的服务,使游客产生一种宾至如归的感觉。导游员应该具有强烈的敬业精神,热爱导游工作,真诚热情地为旅游者服务,精力充沛地投入旅游团的接待工作中。导游员应该积极发挥自己的聪明才智和主观能动性,不怕吃苦、任劳任怨,出色地完成旅游接待任务,让游客高兴而来,满意而归。

(2) 仪表端庄,仪容大方。整洁的衣着、端庄的仪表和潇洒大方的言谈举止,做到持证上岗、挂牌服务。这样在为游客提供服务时,会给导游员增添几分气度。而衣着不整、形象邋遢的导游员则使人感到不可信任。因此,导游员的衣着必须整洁、得体;表情要自然、诚恳、稳重,让人看上去总是精神饱满、朝气蓬勃。做到微笑迎客、主动热情、端庄大方。

(3) 态度乐观,不惧困难。导游员在旅游接待过程时,经常会遇到各种意料不到的困难。例如飞机航班延误、旅游途中遇到车祸、旅游团内有人生病、旅游团内个别旅游者对旅行社的某些安排表示强烈不满等。在困难面前,导游员应该表现出乐观的态度,让游客觉得困难并不像原先想象得那么严重,增加克服的勇气。因此,导游员必须是一个乐观主义者,在任何困难面前都不应丧失信心。那种一遇困难就惊慌失措、怨天尤人的人,决不会成为一名合格的导游员。

(4) 意志坚定,处事果断。坚定的意志和处事果断的工作作风,是导游员成功地带领游客完成旅游活动的重要因素。无论担任领队、全程陪同还是地方陪同,导游员都必须在旅游者面前表现出充分的自信心和抗干扰能力。导游员应该坚定不移地维护游客和旅行社的正当权益,坚持要求有关方面不折不扣地执行事先达成的旅游合同或其他合作协议。在遇到比较棘手的问题时,导游员应保持冷静、头脑清醒,善于透过纷乱复杂的表面现象,迅速找到问题的实质,果断地采取适当措施,尽快将问题解决好。

(5) 待人诚恳,讲求信誉。导游员必须具有待人诚恳的品质,无论对游客还是对旅行社,都必须讲求信誉,做到言必行、行必果,一切事情必须光明正大,不得背着旅行社同游客、旅游中间商或其他旅行社做私下交易。导游员不应做假账,虚报各种开支,也不能欺骗旅游者,损害旅游者的利益。导游员不得讲有关他所服务的旅行社或旅游者坏话。这样既不公平又不明智,最终会让人对导游员产生恶劣的印象。

(6) 顾全大局,团结协作。导游员在接待过程中,不可避免地要同许多部门、单位、企业和个人进行合作,在合作的过程中,有时会因各种原因同这些部门、单位、企业和个人发生误会或甚至冲突。当这种情况发生时,导游员应以大局为重,在一些非原则的问题上委曲求全,尽量向对方解释,设法取得谅解,以消除误会、加强合作。另外,导游员在接待过程中要经常注意游客的情绪,发现不和谐的苗头时,应及时加以调解,使整个旅游团在团结和睦的气氛中顺利度过旅游全过程,留下旅游活动的美好印象。

(7) 身体健康,性格开朗。导游员应该具有健康的身体和心理,精力旺盛、充满朝气。旅游接待工作既是一项十分繁重的脑力劳动,也是非常艰巨的体力劳动。导游员每天不仅要提供大量的导游讲解服务,还要从生活的各个方面照顾来自不同国家和地区,具有不同文化传统和生活习惯的游客。在旅游过程中,导游员经常是全团中第一个起床和最后一个就寝的人,而且要经常面对各种意料不到的困难,需要不断地解决问题,调解各种纠纷,协调各方面的关系,这些工作会消耗导游员的大量脑力和体力,有时会弄得导游心力交瘁。

(8) 遵纪守法,依法办事。导游员应该成为遵纪守法的模范,尊重游客的宗教信仰、民族风俗和生活习惯,并主动运用他们的礼节、礼仪,表示对他们的友好和敬重。自觉维护国家的各种法律、法规,严格地按照旅行社的各项规章制度办事。导游员应该熟悉有关旅游行业和消费者权利的各项法规,能够运用法律保护旅行社和旅游者的正当权益,并勇于同各种违反国家法律和旅行社规章制度的行为作斗争。

(9) 勤奋好学,不断进取。导游员应该具有强烈的进取精神,勤奋好学,不断用各种知识充实自己的头脑。导游员不仅要学习书本知识,还要通过实践进行学习和锻炼,将书本知识同实践经验结合起来,提高自己的知识水平和业务能力。另外,导游员还应虚心地向他人学习,向同事学习,向旅游者学习。不仅学习他们的成功经验,还要了解他们的失败教训,避免重蹈他人的覆辙。

2) 导游员讲解礼仪

(1) 讲解控制好声音、语速,选择好讲解的地点。在导游过程中,导游员要熟悉业务,知识面广。讲解内容健康、规范,热情介绍、答复游客的提问或咨询,耐心细致;对游客的提问,尽量做到有问必答、有问能答;对回答不了的问题,致以歉意,表示下次再来时给予满意回答;与游客进行沟通时,说话态度诚恳谦逊,表达得体,如"请您随我参观""请您抓紧时间,闭馆时间到了""欢迎您下次再来"等。

同时,导游讲解时声量过高会造成噪声,音量过大令人讨厌,说出外行话更让人瞧不起;音量过小,游客又听不清楚,"讲话的艺术在于适中"。导游在讲解时音量不可过高或过低,要以游客听清为准。因此,导游讲解的时间、位置都要注意选择。一般来说,导游要站在游客围成的扇面中心,这样有利于声音传播,使客人都能听到导游的讲解,导游也能听清客人的议论和问题。导游讲解如果讲得过快,游客听不清楚,精神高度紧张,容易引起疲劳。如果讲得过慢,又会耽误时间,影响游客观赏景物,让人感到不舒服。一般说来,需要特别强调的事情、容易招致疑惑误解的事情、重要的地名(人名、数字等)应放慢语速;遇到众所周知的事情、不太重要的事情、故事进入高潮时,要加快语速。当然,导游语言要讲究变化。"所应遵循的原则,就是随时注意变化",要根据讲解内容,做到宜徐则徐、宜疾则疾、徐疾有致、快慢相宜。

(2) 导游语言表达符合要求。导游员讲解时语言要做到准确流畅、生动自然、条理清楚。

① 准确流畅是导游语言礼仪的核心。根据语言学的研究,导游语言是一种线性语言,讲解一定要流畅。一旦中断,游客就无法领会你想要表达的意思和感情,会产生诸如你准备不充分等其他不好的印象,伴随而来的是对导游的怀疑、不信任心理。因此,导游语言表达准确流畅,对导游人员来说至关重要。同一导游材料,不同导游去讲解,收到的效果会有所差别,甚至有天壤之别。我们在讲解之前,一定要把有关景点材料准备得滚瓜烂熟,并反复加以操练。同时,还要避免使用不良的习惯语,也就是我们平常所说的口头禅,诸如"这个……这个……这个……""嗯……嗯……嗯……"之类,最影响讲解内容的连贯性。只有这样,才能达到"黄河之水天上来,奔流到海不复回"的境界,取得庐山瀑布"飞流直下三千尺"的效果。

② 生动自然是导游语言礼仪的特色。导游员在讲解内容准确的基础上,应以生动、有趣且具感染力的语言活跃气氛,增添游客的游兴,以趣逗人。如果讲解过度使用书面语言,照本宣科、死板老套不可取,"黄色幽默"和低级趣味的笑话更应杜绝。例如,在介绍千佛山公园概况时有位导游是这样讲的:"千佛山山脉来自岱麓,它翠峰连绵,树木翁郁,松柏满谷,楼台高耸,殿宇错落,为济南天然屏障。"这段讲解由于玩弄华丽辞藻,过多使用书面语言而让人感到不自然,不能给游客以生动易懂、赏心悦目的感觉,无法实现导游讲解的目的。正确的办法是应将其修改为通俗、生动的口头语言。我们可以尝试着将上面一段文字修改如下:"千佛山属于泰山的余脉,海拔 258 米。你看它东西横列,翠峰连绵,盘亘于济南市区的南面,被人形象地称为泉城的南部屏风。清朝著名文学家刘鹗在他的小说《老残游记》中,就有一段描述千佛山的话,他说从大明湖向南望千佛山,'仿佛宋人赵千里的一幅大画,做了一架数十里长的屏风',形容得十分贴切。"导游这样的讲解让游客如身临其境、回味无穷。

③ 条理灵活是导游语言礼仪的基本要求。条理清楚,是导游与游客沟通的根本。特别是对于内容丰富、复杂的景点,讲解必须有条理。先讲什么、后讲什么、中间穿插什么,都要事先组织好,否则会让人不知所云。导游要克服一些不良的口语习惯。有的导游用语暧昧、含糊不清,有的解说反复啰唆、拖泥带水,这些不良习惯都会影响导游的表达能力,是应当想方设法克服的。导游语言运用要妥当、有分寸,以做到真正体现对游客的尊重为前提。

灵活强调的是导游员的语言表达应做到因人、因地、因时而异,导游员在讲解时必须充分考虑游客的文化背景、认知水平、兴趣爱好及职业特点等异同,并据此有针对性地决定内容的取舍和表达方式的选择,以提高游客的接受和理解能力。

3) 导游迎送礼仪

旅游团队接送礼仪是导游人员的一项十分重要的工作,接团工作的礼仪是否周全,直接影响着旅行社和导游本人在客人心目中的第一印象;而送团则是带团的最后一项工作,如果前面的工作客人都非常满意,但送团工作出现了礼貌不周的问题,同样会破坏旅行社和导游人员在客人心目中的整体形象,并使陪团前期的努力前功尽弃。为此,在导游服务工作程序中,迎送礼仪是十分重要的。

(1) 导游迎接过程的规范礼仪具体如下。

① 接站前导游人员到机场、车站、码头迎接游客,必须比预订的时间早到,等候客人,不能让游客等候接团导游员。

② 接团应事先准备好足够旅游团游客乘坐的旅游车,并督促司机将车身和车内清洗、清扫干净。

③ 导游员的导游证、旅行社的徽章,应佩戴在服装的左胸的正上方;制作好醒目的接团牌,要事先了解全陪的外貌特征、性别、装束等,当游客乘交通工具抵达后,举起接团的站牌,向到达游客挥手致意。

④ 接到游客后,应说"各位辛苦了!"然后主动介绍自己的单位及姓名,尊重老人和妇女,爱护儿童,进出房门、上下车,要让老人妇女先行,对老弱病残的人要上前搀扶,主动给予照顾。

⑤ 介绍过后,迅速引导游客来到已安排妥当的交通车旁,指导游客有秩序地将行李放入行李箱后,再引导游客按次序上车;游客上车时,最好站在车门口,用手护住门顶以防游客碰头。

⑥ 游客上车后,待游客稍作歇息后,将旅游活动的日程表发到游客手上,以便让游客了解此行游程安排、活动项目及停留时间等。为帮助游客熟悉城市,可准备一些有关的出版物给游客阅读,如报纸、杂志、旅游指南等。

⑦ 注意观察游客的精神状况,如游客精神状况较好,在前往酒店途中,可就沿途街景做一些介绍;如游客较为疲劳,则可让游客休息。

⑧ 到达酒店后,协助游客登记入住,并借机熟悉游客情况,随后,将每个游客安排妥帖。

⑨ 游客进房前先简单介绍游程安排,并宣布第二天日程细节。第二天活动如安排时间较早,应通知总台提供团队游客的叫早服务,并记住团员所住房号,再一次与领队进行细节问题的沟通协调。

⑩ 不要忘记询问游客的健康状况,如团队中有人身体不适者,首先应表示关心,若需要应想办法为游客提供必要的药物,进行预防或治疗,以保证第二天游程计划的顺利实施。与游客告别,并将自己的房间号码告知游客。

(2) 导游送站过程的规范礼仪。主要包括以下内容。

① 游客活动结束前,要提前为游客预订好下一站旅游或返回的机(车、船)票;游客乘

坐的车厢、船舱尽量集中安排,以利于团队活动的统一协调。

② 为游客送行,应使对方感受到自己的热情、诚恳、有礼貌和有修养。临别之前应亲切询问游客有无来不及办理、需要自己代为解决的事情,应提醒游客是否有遗漏物品并及时帮助处理解决。

③ 火车、轮船开动或飞机起飞以后,应向游客挥手致意,祝他们一路顺风,然后再离开。

4)导游沟通协调礼仪

导游工作的性质与任务,不仅是景点介绍、讲解,还包括许多其他的工作,涵盖了旅游六大要素中吃、住、行、游、购、娱的方方面面。游客中的兴趣、爱好、要求各不相同,素质参差不齐,要使每个团员满意确实相当不易。对于导游人员来说,要做好以下沟通协调工作。

(1)善于回答疑难问题。回答疑难问题可以运用下列礼仪技巧。

① 原则问题是非分明。游客提出的某些问题涉及一定的原则立场,一定要给予明确的回答。这些问题有些涉及民族尊严,有些涉及中国的国际形象,如"香港的一国两制""台湾问题"等,要是非分明、毫不隐讳,并力求用正确的回答澄清对方的误解和模糊认识。例如,西方游客在游览河北承德时,有人问"承德以前是蒙古人住的地方,因为它在长城以外,对吗?"导游员答:"是的,现在有些村落还是蒙古名字。"又问:"那么,是不是可以说,现在汉人侵略了蒙古人的地盘呢?"导游答:"不应该这么说,应该叫民族融合。中国的北方有汉人,同样南方也有蒙古人。就像法国的阿拉伯人一样,是由于历史的原因形成的,并不是侵略。现在的中国不是哪一个民族的国家,而是一个统一的多民族国家。"客人听了都连连点头。

② 诱导否定。游客的性格各异,要求五花八门,有些合理要求作为导游人员应当尽量予以满足,而有些要求却不尽合理,按照礼貌服务的要求,导游不要轻易对客人说"不"。对方提出问题以后,不马上回答,而是讲一点理由,提出一些条件或反问一个问题,诱使对方自我否定,自我放弃原来提出的问题。

③ 曲语回避。有些游客提出的问题很刁钻,使导游在回答问题时肯定或否定都有漏洞,左右为难,还不如以静制动,或以曲折含蓄的语言予以回避。有一位美国人问导游员:"你认为是毛泽东好,还是邓小平好?"导游巧妙地避开其话锋,反问道:"您能先告诉我是华盛顿好还是林肯好吗?"客人哑然。

④ 微笑不语。遭人拒绝是最令人尴尬难堪的事,为了避免遭遇这种难堪,一般人通常选择不轻易求人,所以,无论是何种情况,导游人员都不应直截了当地拒绝游客的要求。但有时游客提出的一些要求,我们又不得不拒绝,此时,微笑不语可谓是最佳选择。满怀歉意地微笑不语,本身就向游客表达了一种"我真的想帮你,但是我无能为力"的信号。微笑不语有时含有不置可否的意味。

⑤ 先是后非。在必须就某个问题向游客表示拒绝时,可采取先肯定对方的动机,或表明自己与对方主观一致的愿望,然后以无可奈何的客观理由为借口予以回绝。例如,在故宫博物院,一批外国游客看到中国皇宫建筑的雄伟壮观,纷纷要求摄影拍照,而故宫的有些景点是不允许拍照的。此时,导游员应该诚恳地对客人说:"从感情上讲,我真想帮助大家,但这里有规定不许拍照,所以我无能为力。"这种先"是"后"非"的拒绝法,可以缓解对方

的紧张情绪,使对方感到你并没有从情感上拒绝他(她)的愿望,而是出于无奈,这样在心理上他们容易接受。

⑥ 婉言谢绝。婉言谢绝是指以诚恳的态度、委婉的方式,回避他人所提出要求或问题的技巧。即运用模糊语言暗示游客,或从侧面提示客人,其要求虽然可以理解,但却由于某些客观原因不便答复。为此只能表示遗憾和歉意,感谢大家的理解和支持。拒绝游客的方法还有不少,如顺水推舟法。即拒绝对方时,以对方言语中的某一点作为拒绝的理由,顺其逻辑性得出拒绝的结果。顺水推舟式的拒绝,显得极有涵养,既能达到断然拒绝的目的,又不至于伤害对方的面子。

(2) 善于激发游客兴趣。游客游兴如何是导游工作成败的关键。游客的游兴可以激发导游的灵感,使导游在整个游程中和游客心灵相融,一路欢声笑语;相反,如果游客兴味索然,表情冷漠,尽管导游竭尽所能,也会毫无成效。激发游客游兴的礼仪包括两个方面:一是利用景观本身的吸引力;二是导游借助语言功能调动和引导的礼仪。

导游的景点介绍,一定要注意讲解的针对性、科学性和语言表达主动性的完美结合,应根据不同的景点(人文景观,如故宫、颐和园;自然景观,如桂林山水)进行详略不同介绍的礼仪;有的具体详尽,有的活泼流畅,有的构思严谨,有的通俗易懂。总之,景点介绍的风格特点和内容取舍,始终应以游客的兴趣为前提。

另外,在游览过程中,要善于变换游客感兴趣的话题,可根据不同游客的心理特点,选择以下话题:满足求知欲的话题、刺激好奇心理的话题、决定行动的话题、满足优越感的话题、娱乐性话题等。

(3) 善于调节游客情绪。情绪是人对于客观事物是否符合本身需要而产生的一种态度和体验。旅游活动中,由于有相当多的不确定因素和不可控制因素,随时都会导致计划的改变。例如有时由于客观原因游览景点要减少,游客感兴趣的景点停留时间要缩短;预订好的中餐因为某些不可控制的因素,临时改变吃西餐;订好的机票因大风、大雾停飞,只得临时改乘火车,类似事件在接团和陪团时会经常发生。这些都会直接或间接影响到游客的情绪。

调节游客情绪要注意以下几点。

① 避免以自我为话题中心。调解游客情绪时,最忌讳一方自以为是、夸夸其谈、炫耀自己,完全忽视他人。如果听者始终找不到机会参与谈话,心理上就会产生抵触情绪。为了促进双方情绪的沟通,在谈话中应尽量使对方多开口,借以了解对方,挖掘双方的共同点,找出双方共同的话题,不能一个人垄断话题,也不要放弃调节情绪的机会。

② 谈论游客感兴趣的内容。在交谈中,应随时注意游客的反应,观察游客的表情、体姿,判断其对谈话的关注程度,并经常征询游客的意见,给予对方谈话的机会。如果发现游客对话题不感兴趣,应立即停住并转移话题,调整谈话的内容和方式。交谈中不要涉及个人隐私、敏感问题,否则谈话会陷入难堪的局面。

③ 谈话内容应以友好为原则。在调节游客的情绪中,双方可能会因对问题的不同看法而发生争论。有时争论是有益的,但争论也容易导致友谊破裂、关系中断。因此,应防止或避免无意义的争论,尤其是不冷静的争论。一旦争执起来,如果对方无礼,不要以牙还牙、出言不逊、恶语伤人,也不要旁敲侧击、冷嘲热讽,而应宽容克制,尽可能地好言相劝,再

寻找新的话题。

5）处理突发事件的礼仪

由于旅游活动有较多的不确定因素,加之涉及需要协调、衔接的部门、环节较多,很难预料在组织游览过程中会发生怎样的突发事件。只有在服务的全过程中,具有预测和分析突发事件的能力,充分做好防范的准备,才能减少和杜绝那些影响服务正常运作的突发事件。导游员如何对突发事件做到防患于未然？常见的突发事件及其处置原则如下。

第一,尽量在带团出游前对游览计划、线路设计、搭乘交通工具、景点停留时间、沿途用餐地点等做出周密细致的安排,并根据以往的带团经验充分考虑容易出现问题的环节,准备好万一出现问题时所采取的对策及应急措施。

第二,应准备一些常用的药品、针线及日常必需品,将处理突发事件需要联系的电话号码(如急救、报警、交通票务服务、旅行社负责人、车队调度等)保存好并随时带在身上。

第三,出发前应亲切询问团队客人的身体健康状况,对老年团队成员尤其要细心。

第四,游览有危险因素的景点或进行有危险的活动,如爬山、攀岩、游泳等,一定要特别强调安全问题,并备有应急措施。

第五,事件发生以后要沉着冷静,既要安抚客人、稳定客人情绪,又要快速做出周密的处理方案和步骤,尽量减少事件带来的负面影响。

在具备了上述的基本条件后,可针对突发事件的性质和种类采取补救、协调、缓和、赔偿、行政手段、法律手段等相应的对策。一旦突发事件发生,导游应该如何面对呢？

(1) 路线与日程变更。应对此类事件时一定要讲究处理程序,具体要从以下方面着手。

① 如果遇到特殊情况需要改变旅游路线,包括增减或变更参观景点,增减旅行的天数或改变交通工具等,必须由领队提出,经与接团社研究认为有可能变更,并提出意见请示组团社后,导游才可实施新的旅游计划。

② 如个别游客要求中途离团或全团旅行结束后延长在旅游地的时间,导游必须请示接团社、组团社后才可同意。

③ 如遇上接团社没有订上规定的航班、车次的机票、车票、船票,而更改了航班车次或日期,应向游客做好解释,并提醒接团社,及时通知下一站做好准备。

④ 如雨天或其他不可抗力的原因临时取消航班,不能离开所在城市时,应注意争取领队、全陪人员的合作,稳定游客情绪,并立即与内勤人员联系,配合民航安排好游客当天的食宿。

(2) 行李丢失和损坏。其处理程序如下。

① 在机场发生行李丢失,应凭机票及行李牌在机场行李查询处挂失,并保存好挂失单和行李单,与机场密切联系追查。

② 抵达饭店时才发现行李丢失,应按行李交接手续从最近环节查起。

③ 行李损坏,应掌握谁损坏谁赔偿的原则。一时查不清责任,应答应给受损失者修理或赔偿,费用掌握在规定的标准内,请客人留下书面说明,发票由地陪人员签字,以便向保险公司办理索赔。

(3) 游客病危或死亡。其处理程序如下。

① 游客病危时,全陪人员要及时向接团社汇报,积极组织抢救。如遇游客在乘火车途

中发生急症,应及时与乘务员联系,进行抢救或通知前方站准备抢救。

② 如遇游客死亡,应立即报告接团社、组团社和保险公司,按照程序规定进行处理。

(4) 游客财物损失被盗。其处理程序如下。

① 游客丢失护照,领队应首先详细了解丢失情况,找出有关线索,努力寻找。如确实找不到,应尽快报告当地旅行社开具证明,由陪同人员协助游客快速照相,拿着照片去其护照国使领馆办理临时护照,没有使领馆的地区,到当地公安机关开具出境证明。

② 导游员迅速了解物品丢失前后经过,做出正确判断,是失主不慎丢失,还是被盗?并迅速报告公安部门,并协助查找。

(5) 交通事故。如果在旅途中发生交通事故,导游员不要惊慌,稳定游客情绪,并在第一时间通知旅行社和当地交通部门。导游员要采取下列措施。

① 要立即将伤员送往距出事地点最近的医院抢救。全陪人员应立即向组团社和接团社汇报,并请示事后处理意见。

② 保护现场,并尽快报告交通警察和治安部门。

③ 做好全团人员的安全工作,事故发生后,除有关人员留在医院外,应尽可能使其他团员按原定日程继续活动。

④ 做好事故善后工作。交通事故处理就绪或该团接待工作结束后,导游应立即写出事故发生及处理的书面报告。

 实训项目

项目1:门厅迎送服务

实训目标:熟练掌握门厅迎送服务的礼仪和流程。

实训学时:1学时。

实训地点:大教室或实训室。

实训准备:模拟汽车、前台、行李等。

实训方法:每5个学生一组,分别扮演2位迎宾员和3位客人,轮换角色操作门厅迎送客人服务的流程,按照教师要求和示范,掌握散客、团队客人和重要客人的门厅迎送服务的礼仪,评出"最佳迎宾员"。

训练手记:通过训练,我的收获是_____

_____。

项目2:入住接待服务

实训目标:在入住接待服务中根据客人的不同要求,合理分配客房,快速高效地为客人办理入住登记手续。

实训学时:2学时。

实训地点:实训室。

实训准备:计算机、入住登记单、有效证件、标牌、模拟大堂等。

实训方法:每7个学生一组,分别扮演前台服务员、散客、VIP客人、团队客人等,轮换角色操作入住登记手续服务的流程。评出"最佳前台服务员"。

训练手记：通过训练，我的收获是_____

_____。

项目 3：接转电话与留言服务

实训目标：熟练掌握接转电话及留言服务的有关知识及操作步骤。

实训学时：1 学时。

实训地点：教室或实训室。

实训准备：电话交换机、计算机、话务台等。

实训方法：每 2 个学生一组，分别扮演话务员和客人，轮换角色操作接转电话及留言服务，评出"最佳话务员"。

训练手记：通过训练，我的收获是_____

_____。

项目 4：楼层迎宾服务

实训目标：熟练掌握楼层迎宾服务的礼仪流程。

实训学时：1 学时。

实训地点：大教室或实训室。

实训准备：模拟电梯门、住宿凭证、行李等。

实训方法：每 3 个学生一组，分别扮演 1 位楼层服务员和 2 位客人，轮换角色操作楼层接待服务的流程，按照教师要求和示范，掌握散客、团队客人和重要客人的楼层迎宾服务的礼仪，评出"最佳楼层服务员"。

训练手记：通过训练，我的收获是_____

_____。

项目 5：客房清洁整理服务

实训目标：熟练掌握客房清洁与整理的工作流程及服务技巧。

实训学时：2 学时。

实训地点：实训室或模拟客房。

实训准备：工作车、吸尘器、抹布、客房清洁工作表等。

实训方法：每 2 个学生一组，分别扮演客房服务员与客人，轮换角色操作客房清洁整理服务的流程。评出"最具行动力客房服务员"。

训练手记：通过训练，我的收获是_____

_____。

项目 6：针对特殊客人的服务

实训目标：设置情景，锻炼学生临场应变以及解决问题的能力。

实训学时：2 学时。

实训地点：模拟客房。

实训准备：课前针对不同课题上网查询相关资料，并分组排练服务小品。

实训方法：把全班学生分成 A、B、C 三组，每组分配一个课题，A 组负责醉酒客人的服务，B 组负责残疾客人的服务，C 组负责生病客人的服务，先分组讨论服务措施及应对技巧，把解决方案整理成文，再派代表现场表演服务小品，表演完后进行总结，并写出实训报告。

训练手记：通过训练，我的收获是_____
_____。

项目 7：餐厅领位服务

实训目标：熟练掌握餐厅领位服务的礼仪流程。

实训学时：1 学时。

实训地点：大教室或实训室。

实训准备：模拟服务台。

实训方法：每 5 个学生一组，分别扮演 1 位领位服务员和 4 位客人，轮换角色操作领位服务的流程，评出"最具亲和力领位服务员"。

训练手记：通过训练，我的收获是_____
_____。

项目 8：中餐值台服务

实训目标：熟练掌握点菜、斟酒、上菜、撤盘、结账等服务技巧。

实训学时：2 学时。

实训地点：实训室或餐厅。

实训准备：菜单、餐具、托盘、酒瓶等。

实训方法：每 9 个学生一组，分别扮演餐厅服务员与客人，轮换角色操作餐饮服务的各个环节，评出"最受欢迎服务员"。

训练手记：通过训练，我的收获是_____
_____。

项目 9：西餐服务

实训目标：掌握西餐服务技巧。

实训学时：2 学时。

实训地点：实训室或西餐厅。

实训准备：西餐餐具等。

实训方法：先参观西餐厅，再把学生分成若干小组，在酒店资深西餐服务员的带领下进行西餐服务技能训练。

训练手记：通过训练，我的收获是_____
_____。

项目 10：健身房服务

实训目标：熟练掌握健身房服务的礼仪流程。

实训学时：1 学时。

实训地点：学校健身房。

实训准备：模拟服务台等。

实训方法：每 5 个学生一组，分别扮演 1 位健身房服务员和 4 位客人，轮换角色操作健身房服务的流程，评出"最专业服务员"。

训练手记：通过训练，我的收获是＿＿。

项目 11：保龄球服务

实训目标：熟练掌握保龄球服务技巧。

实训学时：2 学时。

实训地点：实训室或保龄球馆。

实训准备：模拟服务台等。

实训方法：每 3 个学生一组，分别扮演服务员与客人，轮换角色操作保龄球服务的各个环节，评出"最受欢迎服务员"。

训练手记：通过训练，我的收获是＿＿。

项目 12：旅游门市接待模拟训练

实训目标：掌握旅游门市接待的礼仪规范。

实训课时：1 学时。

实训地点：教室。

实训准备：布置旅游门市接待现场，准备必要的办公用品。

实训方法：学生分成若干个组，分角色模拟练习，分别扮演旅游门市接待人员和旅游者。最后，师生共同讲评。

训练手记：通过训练，我的收获是＿＿。

项目 13：地接生活服务中的礼仪活动

实训目标：通过接站服务中的程序、礼仪训练，学生熟练操作接站服务程序。

实训学时：2 学时。

实训地点：多功能餐厅教室或者流动教室——校园汽车大巴上。

实训准备：接站旗、接站牌、游客资料、数码摄像机或照相机等。

实训方法：将全班学生分为 3 个组，12 人为一个合作单位，团体分工合作。并进行接站程序和接站礼仪训练，确认团队—核对人数—集中清点行李—集合登车—致欢迎词—酒店入住。

训练活动程序如下。

（1）手拿接站牌和旅行社旗，模拟一个团队，如北京第三中学师生20人团队。

（2）地接人员与全陪人员相互介绍确认。

（3）核对人数，确认与接待计划有没有变化。

（4）清点行李物品。

（5）引导游客上车，地陪人员站在车门，微笑提示：晕车靠前座。

（6）车上致欢迎词。

（7）教师注意提示学生训练程序、礼仪要点。

然后，用数码摄像机（或数码照相机）记录整个过程，再进行大屏幕回放。学生做自我评价，授课教师总结、点评学生存在的个性和共性问题。最后评选"最佳设计团队"。

训练手记：通过训练，我的收获是＿＿＿＿＿＿＿＿＿＿＿＿＿＿＿＿＿＿

＿＿＿＿＿＿＿＿＿＿＿＿＿＿＿＿＿＿＿＿＿＿＿＿＿＿＿＿＿＿＿＿＿＿。

项目14：模拟导游讲解服务中的礼仪活动训练

实训目标：通过定点导游讲解的训练，学生在接老年团和学生团后，能灵活、有针对性地进行礼仪服务。

讲解景点：大连星海广场。

情景模拟：

一是模拟一个老年旅游团队，让学生联系讲解针对老年团的星海广场的导游词。注意提醒学生训练时，第一，在语速、语调上注意适合老年人接受的特点；第二，在内容的选取上，要以历史沿革为主要线索，能够引起老年人回忆、共鸣。

二是模拟一个学生团队，让学生结合自身的特点，讲解星海广场的导游词，提醒他们讲解时注意强调时尚、超前和各种刺激性的游乐项目内容，要能引起学生的广泛兴趣。

实训学时：2学时。

实训地点：多媒体教室。

实训方法：播放星海广场的影像资料，让学生对照影像进行训练讲解。

内容与时间：包括星海广场景点内容、特色、周边的交通环境。每位学生3～5分钟

然后，用数码摄像机（或数码照相机）记录整个过程，再进行大屏幕回放。学生做自我评价，授课教师总结、点评学生存在的个性和共性问题。最后评选"最佳讲解员"。

训练手记：通过训练，我的收获是＿＿＿＿＿＿＿＿＿＿＿＿＿＿＿＿＿＿

＿＿＿＿＿＿＿＿＿＿＿＿＿＿＿＿＿＿＿＿＿＿＿＿＿＿＿＿＿＿＿＿＿＿。

案例讨论

案例1

审　视

南方某星级饭店，客人李先生急着赶飞机，提着旅行包从房间匆匆走出，他来到服务台，对值班服务员说："小姐，房间钥匙交给您，我这就下楼去总台结账。"却不料服务员小

王不冷不热地说："先生,请您稍等,等查完您的房后再走。"一面即拨电话召唤同伴。李先生顿时很尴尬,心里很不高兴,只得无可奈何地说:"那就请便吧。"这时,另一位服务员小张从工作间出来,走到李先生跟前,将他上下打量一番,又扫视一下那只旅行包,李先生觉得受到了侮辱,气得脸色都变了,大声嚷道:"你们太不尊重人了!"小张也不搭理,拿了钥匙,径直往房间走去。她打开房门,走进去仔细地搜点:从床上用品到立柜内的衣架,从储物柜里的食品到盥洗室的毛巾,一一清查,还打开电视机开关看了看屏幕。然后,她来到服务台前,对李先生说:"先生,您现在可以走了。"李先生早就等得不耐烦了,听到了她放行的"关照",非常气恼地离开了酒店。

(资料来源:佚名.酒店客房部服务经典案例[EB/OL].[2015-10-29]. https://www.docin.com/p-1337760711.html.)

思考题:

(1) 本案例对你有哪些启示?请写下来并上传至共享群。

(2) 服务员小王、小张按程序办事,为何惹恼了客人?

案例2

亲 身 经 历

一位作家以自己的亲身经历,详细谈了希尔顿饭店先进的管理情况。他说,他在饭店早上起床,一打开门,走廊尽头站着的漂亮服务员就走过来说:"早上好,凯普先生。"叫我早上好很正常,知道我叫凯普也不难。我马上问她,"你怎么知道我叫凯普?""先生,昨天晚上你们睡觉的时候,我们要记住每个房间客人的名字。"后来,我从四楼坐电梯下去,到了一楼,电梯门一开,有一个服务员站在那里微笑着对我说:"早上好,凯普先生!""你知道我叫凯普?怎么可能?""先生,上面有电话下来,说您下来了。"然后,我去吃早餐的时候,服务员送来了一个点心。我就问,这中间红的是什么?服务员看了一眼,后退一步说,那是什么什么。我又问旁边那个黑黑的是什么。她又看了一眼,后退一步说,那是什么什么。她为什么后退一步?原来,她为了避免她的唾沫碰到我的菜。或许大家都有过这样的经历,只是觉得很正常而忽略了。但我觉得这些看起来是很小的事,却体现出很深刻的道理。

(资料来源:佚名.细节决定成败[EB/OL].[2017-11-18]. http://m.sohu.com/a/205126205_120055.)

思考题:

(1) 你从本案例中获得了哪些启示?请写下来上传至共享群。

(2) 这些小事体现出了什么深刻道理?

(3) 这个案例给了你什么启示?

案例3

真的送礼别人不拿怪吗

国内某家专门接待外国游客的旅行社,有一次准备在接待来华的意大利游客时送每人一件小礼品。于是,该旅行社订购制作了一批纯丝手帕,是杭州制作的,还是名厂名品,每个手帕上绣着花草图案,十分美观大方。手帕装在特制的纸盒内,盒上又有旅行社社徽,显得是很像样的小礼品。中国丝织品闻名于世,料想会受到客人的喜欢。

旅游接待人员带着盒装的纯丝手帕,到机场迎接来自意大利的游客。欢迎词致得热情、得体。在车上他代表旅行社赠送给每位游客两盒包装甚好的手帕,作为礼品。

没想到车上一片哗然,议论纷纷,游客显出很不高兴的样子。特别是一位夫人,大声叫喊,表现极为气愤,还有些伤感。旅游接待人员心慌了,好心好意送人家礼物,不但得不到感谢,还出现这般景象。中国人总以为送礼别人不会拿怪,这些外国人为什么怪起来了?

(资料来源:王连义.怎样做好导游工作[M].北京:中国旅游出版社,2005.)

思考题:
(1)你从本案例中获得了哪些启示?请写下来并上传至共享群。
(2)外国游客接到礼物为何反应异常?
(3)从本案例中服务行业从业人员学到了什么?

案例4
某旅行社门店接待案例

以下是某旅行社门店接待案例。案例中,A表示接待人员,B表示顾客。

A:您好,欢迎光临,请问我可以为您做点什么?(温文尔雅,又不硬性推销。)

B:我想趁暑假出去旅游,放松一下。

A:您是和您的家人一起去享受快乐的假期吧?(委婉地了解出游人数。)

B:对,我们三口人一块去。

A:看起来先生一家经常外出旅游。都去过哪些地方呢?(了解游客的旅游经历。)

B:本省我们都已经去遍了,另外还去过北京、上海等许多国内的大城市。现在我对都市旅游已经不太感兴趣了。

A:现在是夏天,天气炎热。去亲近山水是个不错的选择,您说呢?就像我们这个门店布置得一样,清凉舒畅。(有针对性地试探游客的旅游偏好,并充分利用门店为夏季促销而特别进行的布置吸引顾客注意。)

B:有道理。

A:那您看,我们这里有几条适合夏季旅游的线路,距离较远的有四川九寨沟、内蒙古的草原、江西的庐山等线路;距离较近的有湖南的张家界、福建武夷山等。价钱适中,行程也都比较轻松,适合家人一起出游。您可以具体了解一下这几条线路的具体情况,这里有线路介绍的小册子和精美的图片。(有针对性地提供不同选择,及时为游客提供直观的资料、图片,便于游客决策。)

B:那增城的白水寨怎么样?

A:非常漂亮,而且是消夏避暑的好选择。这里有我们的旅游团队在白水寨旅游的录像资料,我给您播放一下。(在较简单直观的图片等资料的基础上,对有强烈意向的潜在游客播放时间更长、效果更直观的录像,推动其做出正确选择。)

B:真的非常漂亮。

A:您还可以用这台计算机上网,登录白水寨的网址,仔细浏览一下该景点的详细情况。(通过游客上网进行自行浏览,促使其最终做出决策。)

B:没问题,就是白水寨了。既清凉避暑,距离又近,不至于让孩子感觉疲惫。

(资料来源:佚名.散客接待礼仪[EB/OL].[2016-12-02].https://wenku.baidu.com/view/908efae39-a89680203d8ce2f0066f5335a81674a.html.)

思考题：
(1) 你从本案例中获得了哪些启示？请写下来并上传至共享群。
(2) 本案例中的旅行社门店接待员为什么实现成功促销？
(3) 旅行社门店接待中讲究礼仪有何意义？

案例5
把顺利圆满带回家

我国某个赴新马泰旅游的团队，愉快地结束了旅行，即将返程回国。在新加坡机场的礼品商店里，有一种很漂亮的狮身鱼尾水果叉，非常具有新加坡特色，很多游客都购买了一些，希望回国后作为礼物送给亲朋好友。可是，在经过一道安检门时，安检人员要求游客打开背包，欲没收背包里的水果叉，并礼貌地解释说："对不起，按照规定，手提行李中不能携带水果刀、叉等物品，您的水果叉属于受管制物品，禁止携带，希望您能谅解。"正在游客们纷纷感到遗憾的时刻，随团导游迅速组织大家，将他们购买的水果叉拿出来，集中在一个旅行包内，又办理了一次托运手续，保证了游客们按时顺利登机的同时，又能将购买的水果叉带回家，游客们非常高兴地结束了此次旅行。

(资料来源：佚名.新马泰旅游[EB/OL].[2018-06-26].https://wenku.baidu.com/view/cfb540d2960590c69fc3760d.html.)

思考题：
(1) 你从本案例中获得了哪些启示？请写下来并上传至共享群。
(2) 本案例反映了导游员怎样的品格？
(3) 如何才能更好地处理旅游过程中的突发事件？

课后练习

一、判断题
(1) 酒店员工的穿着打扮是酒店礼仪重要的组成部分，所以员工着装的要求就是"时髦时尚"，否则会破坏酒店的形象。（　　）
(2) 酒店的"窗口"是客房，这也是酒店管理的核心区域。（　　）
(3) 酒店员工在服务中要做到三轻，即"走路轻，说话轻，动作轻"。（　　）
(4) 前厅所有来的电话，务必在响铃三次之内接听，只有这样才能充分体现酒楼的工作效率。（　　）
(5) 酒店服务员在服务工作完成之后，可以在客房内看电视，听音乐，陶冶情操。（　　）
(6) 酒店服务员要主动与客人握手，以表示热烈欢迎。（　　）
(7) 在旅游过程中，游客物品丢失后，导游员要停止旅游活动，发动全团的游客帮助寻找。（　　）
(8) 导游活动中，游客提出的某些问题如果涉及一定的原则立场，一定要给予明确的回答。（　　）

二、思考与操作

（1）个别客人在临走时出于贪小便宜，或是为了留个纪念等心理，常会顺手拿走酒店客房的茶杯、毛巾等用品，碰到这种情况，服务员该如何处理？

（2）下面是某星级酒店对客房服务员的工作要求，对照各条自查一下，看你能否做到。

"三轻"：即要求客房服务员工作时，要说话轻、走路轻、操作轻。

"六无"：即客房卫生要做到无虫害、无灰尘、无碎屑、无水迹、无锈蚀、无异味。

"五声"：宾客来店有欢迎声，宾客离店有告别声，宾客表扬有致谢声，工作不足有道歉声，宾客欠安有慰问声。

"五个服务"：包括主动服务、站立服务、微笑服务、敬语服务、灵活服务。

"八字"：要求客房服务员从宾客进店到离店，从始至终要做到迎、问、勤、洁、灵、静、听、送八个字。

- 迎：客人到达时要以礼当先，热情迎客；
- 问：见到客人要主动、热情问候；
- 勤：服务员在工作中要勤快、迅速稳妥地为宾客提供快速敏捷、准确无误的服务，不图省事，不怕麻烦；
- 洁：房间要清洁，勤整理，做到每日三次进房检查整理房间。坚持茶具消毒，保证宾客身体健康；
- 灵：办事要认真，机动灵活，眼观六路，耳听八方，应变能力强；
- 静：在工作中要做到说话轻、走路轻、操作轻，保持楼层环境的安静；
- 听：在工作中要善于听取客人意见，不断改进工作，把服务工作做在客人提出之前；
- 送：客人离店送行，表示祝愿，欢迎再次光临。

（3）某烹饪协会理事认为：餐饮服务员不仅要懂服务，还要懂菜肴，要弄懂不同菜肴的原材料、价格、营养成分、制作程序及其色、形、味等特点。你是否赞同这个观点？说说你的看法。

（4）中国是一个餐饮文化大国，长期以来在某一地区由于地理环境、气候物产、文化传统以及民族习俗等因素的影响，形成有一定亲缘承袭关系、菜点风味相近、知名度较高，并为部分群众喜爱的地方风味著名流派。其中，粤菜、川菜、鲁菜、淮扬菜、浙菜、闽菜、湘菜、徽菜被称为"八大菜系"。你了解"八大菜系"的特点吗？请把你掌握的信息跟同学们分享一下。

（5）通过网络搜索或实地参观，了解一下现代酒店的各种康乐设施。

（6）走访本地的几家旅行社，了解他们的规模、经营业务范围，感受旅行社的氛围。

（7）走访所在地区几家旅行社，向旅行社工作人员了解他们主要有哪些旅游产品或旅游线路。

（8）设定几个消费群体，为他们设计旅游线路或旅游产品，并向他们模拟推销这些旅游线路和旅游产品。

（9）模拟导游。由学生扮演导游和游客在校园进行导游带团的服务礼仪演示，师生现场观摩评议。

（10）由教师预先设计数个景点，写在纸上，学生抽取，对景点进行讲解。

（11）由教师预先设计数个旅游"突发事件"，写在纸上，学生抽取，说出如何预防或处理该情况的发生。

评价考核

能力评价表

内　　容		评　　价	
学习目标	评价内容	小组评价(5、4、3、2、1)	教师评价(5、4、3、2、1)
知识(应知应会)	前厅部主要工作任务		
	客房部主要工作任务		
	餐饮部主要工作任务		
	康乐部主要工作任务		
	旅行社门市部环境布置与5S管理		
	导游员的素质要求		
专业能力	前厅部服务工作流程		
	客房部服务工作流程		
	餐饮部服务工作流程		
	康乐部服务工作流程		
	旅行社门市部接待、产品推销和售后服务礼仪		
	导游讲解、迎送、沟通协调和突发事件处理礼仪		
通用能力	人际沟通能力		
	协调能力		
	倾听能力		
	服务推销能力		
	语言表达能力		
	应变能力		
态　　度	热爱服务工作;礼貌待人、一丝不苟;热情、大方;遵守服务规范		
努力方向:		建议:	

附 录

1. 传统敬语

拜望——意为探望。

拜服——意为佩服。

拜辞——意为告辞。

赐教——给予指教。

呈——恭敬地送上去。用于晚辈对长辈或下级对上级。

呈正——把自己的作品送请别人批评改正。

重教——尊称长者给予的教诲。

重问——尊称长者或上级的问题。

重念——尊称长者或上级的挂念。

大作——尊称别人的文章。

奉告——意为告诉。

奉还——意为归还。

奉陪——意为陪伴。

贵庚——询问对方年龄。

贵姓——询问对方姓名。

惠存——请保存。多用于送人相片、书籍等纪念品时。

惠顾——指对方到自己这里来。多用于商家对顾客。

华翰——尊称别人的书信。

华诞——尊称别人的生辰。

恭候——恭敬地等候。

请便——请对方自便。

钧鉴——敬请长辈或首长者信。用于书信开头的称呼之后。

高就——指离开原职就会较高职位。

高寿——用于询问老人的年纪。

府上——尊称对方的家或老家。

光临——宾客来到。

光顾——商家多用以欢迎顾客。

璧还——用于归还原主或辞谢赠品。

璧谢——意为退还原物并表示感谢。多用于辞谢赠品。

千金——称别人的女儿。

驾临——指对方到来。

宽衣——请别人脱下衣服。

仰承——意为遵从对方的意图。

2. 传统谦辞

敢——表示冒昧地请求别人。

敝——旧时用于与自己有关的事物。

寒门——贫寒的家庭。

刍议——指自己的议论。

错爱——表示感谢对方的爱护。

斗胆——形容大胆。

痴长——用于年纪较大的人,说自己白白地比对方大若干岁。

不才——自我谦称。

笨鸟先飞——指能力差的人,做事恐怕要落后,比别人先行动。

拙——多谦称自己的文章、见解等。

卑职——旧时官吏自我谦称。

老朽——老年人的自我谦称。

才疏学浅——意为学而不广,学而不精。

过奖——对方过分地表扬或夸奖。

不敢当——表示承受不起。

3. 数字礼仪寓意

数字	寓 意	忌 意	主要适用对象
0	以0结尾的数是积极的		印度人
	完美、独尊、起始		西方人
3	神性、尊贵、祥瑞		希腊及埃及人
	天、地、人的尊贵		佛教徒
	敬意、尊重、诀别		多国人
4		巫术	非洲贝宁人
		死兆,不祥	一些西方人
		死亡,厄运	朝鲜及日本人等
	宠爱、好感、美感		泰国人
	长生不老、重视		阿拉伯人
5	尊重、好感、重视		埃及、印度北部人
6		无赖,二流子	日本人
		无用之人	
7	吉祥、好意、福运		一些欧洲人
	吉祥、坦然、尊重		阿拉伯及犹太人
	纯洁、神奇、崇尚		多国人

续表

数字	寓　意	忌　意	主要适用对象
8		不吉利,背运	新加坡人
		不顺利	新加坡人
9	至极、祥瑞、长久		华人
	十分神圣		西方人
11	自豪、吉利、崇尚	苦命,痛苦	日本人 瑞士人
13		不幸、噩运、倒霉	西方人等
		不吉利,不顺	新加坡与加纳人
17		不祥,不顺	加纳人
37		不祥,不吉利	新加坡人
42		死,死兆	日本人
69		不吉利	新加坡人
71		不吉利	加纳人
108	神秘、驱邪		华人,日本人
奇数	消极的象征		多数非洲人
	祝贺、兴旺、美满		日本人
	非常尊重、祥和		泰国及北欧人
偶数	积极的象征		多数非洲人
	庄重、和美、尊重		华人等

4. 礼仪相关网址

名称或内容	网　　址
中国文明网	http://www.wenming.cn/
礼仪学堂	http://www.kids21.cn/zgwcnrwsyjh/lyxt/
形象礼仪网	https://www.cnida.com/index.asp
文明礼仪网	http://www.wml1.com/
北京未来之舟礼仪培训	http://www.chinaliyi.cn/
文明礼仪	http://www.gov.cn/ztzl/wmly_index.htm
礼仪常识	http://www.zhonghualiyi.com/

参考文献

[1] 褚倍. 商务礼仪[M]. 北京：清华大学出版社，2020.
[2] 王玉苓. 商务礼仪案例与实践[M]. 北京：人民邮电出版社，2018.
[3] 韩江峰. 秘书手机微信礼仪[J]. 秘书之友，2018(7).
[4] 王芳. 公关礼仪与口才[M]. 北京：人民邮电出版社，2017.
[5] 孙玲，江美丽. 商务礼仪实务与操作[M]. 北京：对外经济贸易大学出版社，2017.
[6] 高琳. 人际沟通与礼仪[M]. 北京：人民邮电出版社，2017.
[7] 张永红. 商务礼仪实践[M]. 北京：北京理工大学出版社，2017.
[8] 张铭. 现代实用社交礼仪[M]. 北京：人民邮电出版社，2017.
[9] 孙淑艳，兰福. 商务礼仪[M]. 北京：北京理工大学出版社，2017.
[10] 张岩松. 知书达礼——现代交际礼仪畅讲[M]. 北京：清华大学出版社，2016.
[11] 秦保红. 职场礼仪教程[M]. 北京：中国人民大学出版社，2016.
[12] 徐汉文，张云河. 商务礼仪[M]. 北京：高等教育出版社，2015.
[13] 王玉苓，徐春晖. 商务礼仪[M]. 北京：人民邮电出版社，2014.
[14] 于丽新. 礼仪文化教程[M]. 南京：南京大学出版社，2013.
[15] 吴尚忠. 说故事 学礼仪：常用公务商务礼仪趣谈[M]. 南京：东南大学出版社，2013.
[16] 金常德. 现代交际礼仪[M]. 大连：大连出版社，2012.
[17] 毕文杰. 你的职场礼仪价值百万[M]. 北京：中国画报出版社，2012.
[18] 张建宏. 现代商务礼仪教程[M]. 北京：国防工业出版社，2011.
[19] 伍新蕾. 服务礼仪与形体训练[M]. 大连：东北财经大学出版社，2016.
[20] 吴运慧，徐静. 现代礼仪实务[M]. 上海：上海交通大学出版社，2008.
[21] 张晓梅. 晓梅说礼仪[M]. 北京：中国青年出版社，2008.
[22] 谢迅. 商务礼仪[M]. 北京：对外经济贸易大学出版社，2007.
[23] 刘长凤. 实用服务礼仪培训教程[M]. 北京：化学工业出版社，2007.
[24] 吕维霞，刘彦波. 商务礼仪[M]. 北京：清华大学出版社，2007.
[25] 徐克茹. 商务礼仪标准培训[M]. 北京：中国纺织出版社，2007.
[26] 牟红，杨梅. 旅游礼仪实务[M]. 北京：清华大学出版社，2007.
[27] 彭红. 交际口才与礼仪[M]. 上海：华东师范大学出版社，2007.
[28] 李嘉珊. 国际商务礼仪[M]. 北京：电子工业出版社，2007.
[29] 周庆. 商务礼仪实训教程[M]. 武汉：华中科技大学出版社，2007.
[30] 彭澎. 礼仪与文化[M]. 北京：清华大学出版社，2007.
[31] 李莉. 实用礼仪教程[M]. 北京：中国人民大学出版社，2006.
[32] 唐树伶，等. 服务礼仪[M]. 北京：清华大学出版社，2006.
[33] 杨海清. 现代商务礼仪[M]. 北京：科学出版社，2006.
[34] 冯玉珠. 商务宴请攻略[M]. 北京：中国轻工业出版社，2006.
[35] 李嘉珊，刘俊伟. 旅游接待礼仪[M]. 北京：中国人民大学出版社，2006.
[36] 马志强. 语言交际艺术[M]. 北京：中国社会科学出版社，2006.
[37] 韦克俭. 现代礼仪教程[M]. 北京：清华大学出版社，2006.
[38] 沈杰，方四平. 公共关系与礼仪[M]. 北京：清华大学出版社，2006.
[39] 田长军. 有礼任走天下[M]. 广州：中山大学出版社，2006.

[40] 胡晓涓.商务礼仪[M].北京：中国人民大学出版社,2005.
[41] 孙乐中.导游实用礼仪[M].北京：中国旅游出版社,2005.
[42] 黄琳.商务礼仪[M].北京：机械工业出版社,2005.
[43] 辽宁省教育厅.高职生就业与创业指导[M].沈阳：辽宁大学出版社,2005.
[44] 王伟伟.礼仪形象学[M].北京：人民出版社,2005.
[45] 祝艳萍,张洁梅.公关礼仪[M].北京：光明日报出版社,2005.
[46] 鲍日新.社交礼仪：让你的形象更美好——献给大学生朋友[M].上海：上海教育出版社,2005.
[47] 李鸿军,石慧.交际礼仪学[M].武汉：华中科技大学出版社,2004.
[48] 陈柳.职业人形象设计与修炼[M].上海：上海远东出版社,2004.
[49] 国英.公共关系与现代交际礼仪案例[M].北京：机械工业出版社,2004.
[50] 吕维霞,刘彦波.现代商务礼仪[M].北京：对外经济贸易大学出版社,2003.
[51] 丁立新,江泽瀛.国际商务礼仪实训[M].北京：对外经济贸易大学出版社,2003.
[52] 北京康世经济发展研究所.白领礼仪[M].北京：中华工商联合出版社,2001.
[53] 何浩然.中外礼仪[M].大连：东北财经大学出版社,2002.
[54] 杨军,陶犁.旅游公关礼仪[M].昆明：云南大学出版社,2001.
[55] 张金霞.导游接待礼仪[M].北京：旅游教育出版社,2007.
[56] 王华.金融职业服务礼仪[M].北京：中国金融出版社,2009.
[57] 王琦.旅游礼仪服务实训教程[M].北京：机械工业出版社,2009.
[58] 洪美玉.旅游接待礼仪[M].北京：人民邮电出版社,2006.
[59] 舒伯阳,刘名俭.旅游使用礼貌礼仪[M].天津：南开大学出版社,2008.
[60] 金正昆.社交礼仪教程[M].北京：中国人民大学出版社,2005.
[61] 金正昆.商务礼仪教程[M].北京：中国人民大学出版社,2005.
[62] 杜明汉.营销礼仪[M].北京：电子工业出版社,2007.
[63] 崔志锋.礼仪[M].北京：科学出版社,2008.
[64] 胡爱娟,等.商务礼仪实训[M].北京：首都经济贸易大学出版社,2008.
[65] 林友华,杨俊.公关与礼仪[M].北京：高等教育出版社,2008.
[66] 郭东斌.格言大辞典[M].沈阳：辽宁人民出版社,1990.